青山学院大学総合研究所研究叢書

松尾精文
佐藤　泉
平田雅博
編著

戦争記憶の継承

語りなおす現場から

社会評論社

戦争記憶の継承　語りなおす現場から＊目次

はしがき

本書は、青山学院大学総合研究所より、二〇〇八年度と二〇〇九年度に研究費を交付された、同研究所創立二〇周年記念特別研究プロジェクト「戦争記憶の検証と平和概念の再構築」の研究成果である。

このプロジェクトは、青山学院大学が二〇〇五年十二月から二〇〇七年六月に都合三回催した学内公開フォーラム「私たちは戦争体験をどのように受けとめ、引き継げばよいのか」を母胎にしている。一連の学内公開フォーラムの詳細については第9章で述べられているが、このフォーラムをおこなう過程で、①体験者の個人の記憶と歴史の語りとの関わり、②戦争遺跡、記念碑、博物館など、戦争記憶をつなぎ止めている公共的な場の問題、③被害、加害、協力など、戦争との関わり方と記憶の問題、④責任意識と責任論の変容など、多面的な検討を要する課題に、さらに取り組むことの必要性が明らかになった。そのため、これらの課題を考察するために、フォーラム実行委員会委員以外の教員にも参加を呼びかけ、総合研究所創立二〇周年記念特別研究プロジェクトの募集に応じ、二年間にわたって研究費の交付を受けた。また、本書の刊行に際しても出版助成を受けた。

プロジェクト構成員は、本学から研究代表者の平田雅博（イギリス近現代史）、研究員の北村文昭（臨床心理学）、佐藤泉（近代日本文学）、杉浦勢之（近代日本経済史）、宋連玉（朝鮮近現代ジェンダー史）、新倉修（刑事法学、国際人権法）、松尾精文（社会学）、客員研究員として東京学芸大学の君塚仁彦（博物館学、歴史学・資料保存）の計八名である。

このプロジェクトの参加者は、おおむね次の四つの視線を共有し、研究に取り組んだ。

①多元性、複数性への視線――戦後の日本社会は平和主義を共通理念としてきたが、それを重視しつつ、被害者として戦争の悲惨さを記憶する制約を取り払い、他民族の戦争記憶への視点を組み入れた多元的な記憶としての叙述を再編する。

②公共性への視線――戦争の記憶を個人心理の問題のみでなく、社会的な構築物としてとらえる視点から、記憶の継承を公共的な課題へと置き直す。

③歴史性への視線――集合的な記憶としての戦争記憶は、過去の現実に関わるとともに、戦後の歴史叙述のなかに再編される。こうした歴史性の視点から、各社会の戦争記憶を総合的な戦後史として再理解する。

④学際性への視線――戦争記憶という課題は、各学問領域にかかわらざるを得ない。そこで相互の視点を対話的に組み込んだ学際的な研究を模索する。

研究活動は、研究会の開催と、フィールドワークを中心におこなわれた。研究会には、本書に寄稿された吉川麻衣子氏や宮城晴美氏をはじめ、さまざまな分野で戦争記憶の伝達に努力されている方々をゲスト講演に迎え、知見の交換がおこなわれた。また、日本、韓国、中国、アメリカ合衆国、ドイツ、ポーランドにおける戦争記憶の場で、フィールドワークがおこなわれた。

編者　松尾精文
佐藤　泉
平田雅博

［序章］

戦争記憶を記憶する

佐藤泉

1　「戦争記憶」への関心

「記憶」に対する関心が一般的に高まるなか、とりわけ歴史の封印が解かれたかのように噴出したのが「戦争記憶」である。日本社会についていえば一九八二年の教科書検定をきっかけに教科書の歴史記述が中国、韓国からの批判を招き、戦争記憶がいわば「国際問題」化するにいたった。国際化が喧伝される時代の到来とともに、それまで戦争の記憶を枠付けていた一国史的な歴史認識も維持でき難いものとなったのである。「国際問題」のみではない。同年の検定では沖縄戦で起こった日本軍による住民殺害の記述の削除を促す修正要求が出され、これに対し沖縄からの強い抗議の声が上がっている。それから三〇年近い時を経た今も、歴史認識と戦争の記憶をめぐる日本社会とアジア諸国・諸地域との間での齟齬に関してどれひとつ解決済みといえる問題はない。ポスト冷戦の秩序再編以後、アジア地域の経済的連携が深まるとともに、異なる記憶をもった人々の間で下からの対話の関係を開くチャンスが増えてよいはずだった。が、しかし実際には世紀転換を挟んだ二〇年ほどの間に過去の記憶のナショナルな再編成が進み、記憶をめぐる対立はそれ以前よりむしろ尖鋭化した感がある。

　戦争の記憶は個々人の自伝的時間を国家の歴史に結びつける綴じ目となり、なおかつ「私」と国家との間を媒介する集合的で社会的な記憶の厚みとして存在してきた。だが、現代的な変容とともに噴出した問題点は、個人と国家、個人と社会との同心円的構造に亀裂を入れるものでもあった。日本社会では、戦後何十年かの期間を「平和」の時代として表象してきたが、これと同じ時期に民族分断と戦争を経験した南北の朝鮮、米軍政統治下におかれた沖縄、冷戦対立の向こう側にあった中国は、私たちの「戦後」とまったく異なる歴史を経験していたのである。それは「戦後」と呼び得る時代では必ずしもなかった。過去の事実としての戦争を知るとともに、それぞれの場の歴史構造において過去の戦争がどのように「記憶」されてきたのか、公約数などとうていありそうもない記憶の層としての「戦後史」を、私たちは知る必要があるようだ。

　日本社会では戦後五〇年の九五年、六〇年の二〇〇五年を前後して戦争記憶の波が寄せ、社会的に大きい論点として意識された。第一波、第二波とも証言や回想から学術書まで、私的体験の枠内に止まろうとするものから政治的に敏感な領域に踏み込もうとするものまで、さまざまな性格をもった著作物があいついで刊行されている。

　五〇年、六〇年の各周期には戦争体験者がしだいに世を去っていく不可逆的な時間の流れがかさなり、戦争の直接体験をもたない世代は、体験継承の問題を意識せざるをえなくなっている。非体験者にとってこの課題は、自分のものではない記憶、他者の記憶を記憶するという逆説的な問いである。が、難問から出発するこの企ては、難問ゆえに私たちが歴史や記憶、自己性や他者性について考える際の様々な前提をもういちど問い、繰り返し問い返す糸口となるにちがいない。

　戦争記憶は確かにアクチュアルなテーマである。それは反戦平和の思想に接合されるのみではなく、九〇年代以降若い世代を中心に広がったアイデンティティの言説を補強する現代的ナショナリズムと絡み合い、情動に訴える論議を引き起こす係争点となっていった。背景には、冷戦解体以後の労働力・情報・経済金融のグローバル化と並行して、一国史の枠組みに回収することのできない他者の記憶によって「歴史」の形そのものが変容をせまられることになった事情、そしてグローバルな規模での新自由主義経済の深化が人々の中に引き起した不安、不確定、予測不可能の感覚が、補完的にナショナリズムの情動を呼び覚ます方向に強く作用したこともしばしば指摘される通りである。

2 「歴史」の認識論的転回

この間の「戦争記憶」の争点化のありようを理解するために、まず「歴史」と「記憶」をめぐる認識論的な転換を捉えておこう。人文社会科学の領域で「言語論的転回」と呼ばれる変動とともに、それまで動かぬ事実として理解されてきた「過去」が、もはやそれを語る行為と切り離して「客観的」に存在するものと考えることができなくなった。「記憶」は記憶される過去の事実に関わるより以上に現在の問題意識に関わって構築されること、なおかつそのプロセスには相互に結びついた社会的コード、選択可能な語りの様式や解釈の規則、耳を傾ける聞き手と語り手との言語行為の場の総体が証言の内実をどのように形づくるかについての認識など、言語的な秩序と実践とが分離不可能なかたちで絡みあっている。こうした言語的で社会的な構築物として、「記憶」に関心が向けられるようになったのである。ただし、人文社会科学の場に生じた理論的変動と、社会的な広がりをもった記憶「ブーム」とが、ほぼ同時におこったのは注目すべきである。理論的な転回は決して理論の場にのみ閉じていたのではない。記憶の「ポストモダン」はまさに社会的現象とよびうるものだった。

この認識論的な転換とともに、九〇年代の記憶論のテーマとして浮上したのは「証言」の問題系、トラウマ記憶、語り得ぬもの（表象可能性・不可能性）といったテーマであり、のみならず政治的争点ともなった戦争の解釈の脱コード化、といった現象だった。

理論的な「転回」は、当初、公式的・支配的な歴史記述に対する対抗理論として理解されていた。たとえば実証主義的な歴史学が「一級の史料」とみなしてきたのは、公文書をはじめとする文書史料だったが、文書史料の作成に参与しうるのは一定以上の学歴のある男性、といった特定の身分集団ではなかったかが疑われる。「客観的事実」を脱構築するポストモダンの理論によって、支配的な歴史記述がいかに構築され、なにを排除することでその一貫性を維持しているのかを論じることができるようになったのである。あるいは「法」の例をここで挙げることもできよう。二〇〇〇年末に開催された女性国際戦犯法廷は、かつて戦争を裁いた「東京裁判」には、日本の植民地支配への視点や日本軍の戦時性暴力を戦争犯罪として裁く視点が希薄であったという問題意識から出発した。右派の主張によれば日本を裁いた東京裁判は「勝者の裁き」だが、立場の異なるこの民衆法廷にとっても東京裁判は戦争のアクターたる国家の視点によって必然的に取り落とされた多くの問題点を残していたのである。従来の法と法廷につらなる主体は暗黙のうちに男性ジェンダーによって中心化され、またその構造が特に問題視されることはなかった。そのため戦争を裁く場にあっても戦時性暴力は男性集団としての軍隊につきものの、褒められたことではないながら所詮は二次的で派生的な事件として軽視され、深刻な「犯罪」としてカウントされることがなかった。犯罪認識を欠落させたままこの問題は半世紀あまり放置されたが、冷戦後の民族紛争の段階にいたって、女性に対する性暴力は対立する民族の「血」に攻撃を加える「民族浄化」という意味を付与されるにいたり、すでに戦争の武器そのものと化していた。戦時性暴力を自然視するジェンダー構造をそなえた法廷においては、ついに問題が問題化されず犯罪が犯罪として認識されなかったのだが、そのために事後も暴力の連鎖を断つことができなかった。

「客観的事実を扱う歴史」という観念と同様に、「公正な裁きをもたらす法廷」という観念にあっても、その疑わしい中立公正性を脱構築する理論的「転回」のもつ意味は大きかった。また「理論的」転回は、沈黙を強いられていた証言者が自らの声を回復し、またその声に耳を傾けようとする「記憶」コミュニティの形成とも深く関わってきた。しかしながら「被抑圧者」の立場に身をおいて語り出したのは、女性やマイノリティだけではない。「戦後日本」の言説空間は、戦前的価値に依拠した言論に対して弾圧を加えてきたという「異議申し立て」も、他方に登場してきた。あるいは、自信を失った日本には自らの祖父と父の誇りを取り戻すことのできる物語＝歴史が必要だとする主張が表面化したが、この場合の根拠も歴史はつねに現在の問題意識から出発して構築されるという、それとして異論の余地なき歴史論だった。マイノリティのみならず戦前支配層的な価値に共感する政治的右派の立場もまた歴史と記憶をめぐる認識論的転回を自らの思想的資源として理解していたのである。戦後日本の言説空間のなかで、彼らもまた自らを「マイノリティ」として表象していたのかもしれない。いずれにせよその視野に現れないのは、戦前と戦後とを問わず一国史として構成された歴史によってかき消されてきた「他者」の記憶である。

3 相対主義の時代と倫理の問題

歴史学においても「記憶」や「言説の規則」の次元が強調されるに至った。事実を事実たらしめてきたのは誰か、支配的な歴史記述は誰の声を排除することによって成り立ってきたのかというマイノリティの異議申し立てが学の枠組みに変容を迫った結果である。と同時に、「動かぬ事実」を前提とした実証主義、認識論的リアリズムが大きく揺らぐことになった背景には、より広範な影響をもつ転換があった。

土佐弘之は蓄積体制の変化という視点から、この転換の文脈を説明している（『安全保障という逆説』青土社、二〇〇三年）。二十世紀の中心的な蓄積様式が大量生産・消費を特徴とするフォーディズムだったとすれば、二十一世紀におけるそれは少量多品種の生産・消費を特徴とするポストフォーディズムへの転換を果たしたといえる。以後、現代化された蓄積体制に対応し、人々はそれぞれの「個性」を表現することに喜びを見いだすことになるだろう。この移行を促した要因のうちでももっとも重要だったのは、新しい情報様式の登場である。「情報化」の急速な進展にともなって擬似的環境が支配的になり、ヴァーチャルなものとリアルなものとの間の境界線は曖昧になった。私たちは地球の裏側で起こっている事件を、時を置かず、そして「リアル」な映像を通して知ることもできるが、そのリアリティを劇映画のそれと区別するのは難しい。これに伴って「現実」の実在を前提とした認識論的なリアリズムは大きく揺らぐことになった。こうした幅広い変動の文脈から考えるなら、マイノリティの異議申し立てに基盤を与えたのと同じその「理論」が、歴史を主観的に語り直すことのできる「物語」としてとらえ直し、そして自国の過去を美化する右派の活動を「理論的」に補強する機能をもはたしたことも理解可能になる。

自らの理論的資源としてポストモダンの相対主義を使用するほど「洗練」された現代的ナショナリズムの出現は、あらためて事実の実証やなにを事実とするかの構造的な認識を軽視するわけにいかないことを再確認するきっかけとなる。土佐氏はジュディス・バトラーの思想の推移に注目している。「構築主義」の徹底化という理論的な功績を果たしたことで知られるバトラーは、しかしながらその後、「身体」がテクスト外との通路であること、それゆえ暴力が身体を通してテクスト世界を揺さぶると述べ、身体の還元不可能な=物質性のレベルを再問題化した。ヴァーチャルなものとリアルなものとの間、あるいは意味世界と現実世界の境界には、「身体」が消しがたく存在している。もし全てが「テクスト」であり「レトリック」の問題であるなら、暴力、あるいは身体に負った傷とは一体何であるか。こうして「暴力にさらされる身体」を再び見出すことによって、全てがテクストであるとするような相対主義をくつがえし、倫理的立場の明確化を促したのである。

テクストに還元できない実在として「身体」がポストモダンの相対主義の地平に再び立ち現れる。そこに傷ついた身体が実在する以上、事実の実証、および構造的な認識は歴史学の不可欠な仕事なのである。半世紀あまり封印されていた「記憶」を彼女らが語りだし、私たちは彼女らの「身体」に直面する。どのように、だれが、彼女たちを「日本軍慰安婦」にしたのか。慰安婦制度の仕組みは、軍組織の全貌を見渡す場にいなかった被害者の「記憶」から解明できることではない。他者の「記憶」という問題系は、むしろ同時に実証的「歴史」の再構築を促すものでもある。

4 「表象（不）可能性」「記憶の場」「継承」

戦後五〇年、記憶の第一波の時期には日本でも「ショアー」の上映運動がおくればせながら成功した。この作品をめぐって展開された議論に象徴的であったように、この時期の戦争記憶論の焦点となったのは「証言」、そして「表象（不）可能性」の問題系だった（鵜飼哲・高橋哲哉編『「ショアー」の衝撃』未来社、一九九五年）。さらに、戦後が還暦をむかえた第二波の時期に前後して、人々の集合的で社会的な記憶を可視化する物理的な「場」への関心が記憶論の新たな焦点として浮上し、「記憶」の問題系に新たなアプローチが加わった。個人の記憶と国家の歴史を仲介し、個人的記憶を構成する契機となり、そこに一定の形式を与える記念の「場」、社会的記憶をつなぎ止める記念碑、博物館、人名や事件などの名を与えられた公園や通り、記念式典など、狭義の言語行為に止まらない身体的実践への関心、つまり物質的次元をもった記憶の「場」への関心である。ピエール・ノラの「記憶の場」プロジェクトが日本社会にも紹介されたことを一つのきっかけとして、ある場所を記憶の地層の重なりとして、歴史的時空の磁場として捉える視点が歴史研究のみでなく広く人文学の思考をインスパイアした（谷川稔監訳『記憶の場』岩波書店、二〇〇二〜〇三年）。現在、記念碑が設置され意味化されている場所も、その来歴を遡る社会的記憶が組み替えられていった軌跡が見える場合がある。こうした関心は歴史それじたいの歴史、第二ステージの歴史、という分析視点を新鮮なテーマとして押し出した。

この時期には集合的記憶がどのように構築、再構築されてきたか、されうるかが、究明されるべきテーマとなった。背景には戦争非体験の世代が、世代集団として戦争記憶の継承の手だてを考えなければならない時期に入ったという、切迫した時間意識があったと考えられる。戦後六〇年の年に、かつてひめゆり学徒隊の一人として沖縄戦を体験した上江田千代氏がご自身の記憶を語ったときに、「私たちには戦後七〇年はない」と述べていた。氏は、戦後六〇年の節目をもって体験者が体験を伝える最期のチャンスになるかもしれないという思いを抱えておられた。

戦争博物館や記念碑、記念の場は、一定のやり方で集合的記憶をつなぎ止める。それは非体験者が戦争を記憶するさいの支えとして今後も一層重要になることだろう。と、同時に、その意味生産過程を解読するリテラシー、つまり、博物館、記念碑が、誰によって、どのような経緯、どのような動機で、どんな論議を引き起こしながら造られたのか、歴史的出来事を記念し、表象し、記憶することを通して、どのような「現在」が表明されているのかを読み解く必要が、あわせて発生する。

本研究も含めて一般的に、日本社会が記憶継承の問題に気付いたのは滑り込みというべきタイミングだった。あの戦争が「世界大戦」と呼ばれる以上、この問題もまた世界同時的に立ち現れてきてもよいはずだったが、しかし実際には必ずしもそうなっていない。しばしば日本社会と比較されるドイツでは、父親世代が戦争中に何をしていたのかを厳しく問いただす六八年世代の登場とともに、歴史家論争、記念碑論争を通して困難な加害記憶の問題が（日本と比較すればずっと早くから）論議されていた。冷戦期に東西分断を経験したドイツが再統一を果たすにあたっても、新たな「国民」構築の問題とともに、ホロコーストをどのように想起するのか、それによってどんな想起の主体を立ち上げることになるかが、捨て置くことのできない問題として意識されていた（米沢薫『記念碑論争――ナチスの過去をめぐる共同想起の闘い（1988～2006年）』社会評論社、二〇〇九年）。

一方、日本においては「いまだ」始まってさえいない問いが、自らの体験として戦争の記憶をもつ世代の退場とともに「すでに」途切れようとしている。戦争記憶について社会的議論の必要性が感じられないまま長い戦後の時がすぎたことそれ自体が日本の戦後史のテーマであり、冷戦期の社会意識として再度捉え直すべき検討課題であろう。

一九八九年、ベルリンの壁が崩れ、中国では六・四天安門事件が起こった。同年の日本では昭和天皇の死とともに新しい元号年でのカウントが始まり、「昭和」の問題に決着を見ないまま「昭和」が終わりを告げた。記憶の欠落が公式化した感があったが、だからこそ代補としてのアーカイブ、他者の声を自らに引き入れた上での想起の方途が考えられなければならないだろう。この転機は同時にグローバリゼーションが加速し、それまで同質性の内に閉じられていた共同体が、異なる歴史を歩んできた「他者」の記憶と向き合わなければならない時代に重なっていた。公式的にはこの時期から文化相対主義、文化多元主義、共生といった標語が用意されたが、むしろその一方で、暗がりの排外主義の根深さに改めて気づく機会が増していた。先に触れた戦争記憶をめぐる抗争のきっかけも日本の自信喪失のみではなく、その文脈にはグローバルな秩序再編があったものと考えられる。

東アジア冷戦期の問題はなにひとつ解決の目途がたっていない。しかし韓国で民主化が進展するとともに、植民地時代の負の遺産、封印されていた事件が明るみに現れ、記憶をめぐる環境は劇的に変化した。冷戦下で事実検証をおこなうことすらできなかった記憶、植民地体制と四五年以降の軍事体制の検証が「解放」に向かった。痛烈な事件の記憶を復元するについてはなお多くの困難があろうが、民主化の経験をみずからの思想資源とする韓国社会の人々の間では、もはや時代が後戻りすることはないという共通理解がおおむね成立している。日本社会の「記憶」が戦後の体制下でどのように構築されたのかは、こうした隣国の経験を正しく羨望しつつ、その傍らで検証されるのでなければ決して明らかになることはないだろう。

5　日本社会の記憶の輪郭

日本はアジアの各方向に支配地域を拡大し、隣国の人々に深刻な打撃を与えつつ近代化を進めていった。その歴史的な経緯ゆえに、日本の国家意識は現在の日本内部に密閉した肯定的なものとして処理することはできず、侵略戦争と植民地支配の犠牲者を想起することなく歴史とアイデンティティを考えるわけにはいかない。しかしながら一般的に日本の戦争記憶は国内化され、日本本土の内に密閉されてきたのが実状である。それは偶然そうなったのではなく、経緯と原因、歴史がある。ここでは、第二次大戦後の戦後処理としての講和条約を検討しておこう。

連合国による占領の下におかれた日本は、一九五一年に締結されたサンフランシスコ平和条約の発効をもって「独立」した。が、この条約は、それまでの講和とは異なる新しい発想の講和であったことに注意しよう。それ以前の「講和」は、日清戦争の講和である下関条約にせよ、日露戦争の講和であるポーツマス条約にせよ、戦勝国と敗戦国との間で賠償金や領土の割譲の交渉を行って戦争を終了させるものだった。が、サンフランシスコ条約に関して言うなら、戦勝国は敗戦日本に対し破格の「寛大」さを示した。冷戦形成期に策定された対日講和は、「戦争」を正式に終了させること以上に、「戦後」の新たな国際秩序を構築する機会としての意味を持っていた点で「新しい」発想の講和となっている（佐々木隆爾『サンフランシスコ講和』岩波書店、一九八八年）。その「新しさ」は、旧来の植民地主義の時代から、第二次大戦以後の新植民地主義の時代への移行を告げるものだったといってよい。

旧来の植民地経営がもはやコストに見合わないことを学習したかつての「帝国」は、次第に旧植民地の「独立」を応援し、独立した新興国を自らの政治、経済、軍事的なヘゲモニー構造に組み込むことをもって潜在的な支配を深める新植民地主義の時代へと歩みを進めていく。アメリカによる日本占領は、この歴史的文脈における最初の「成功」例だったといえるだろう。占領軍は、日本の軍国主義を解体するとともに急速度で「民主主義」を普及させることに成功したが、酒井直樹氏が言うように、それはいったい誰にとっての成功であり、何を成功させていたのかという問いを付け足しておくべきことでもある（『希望と憲法――日本国憲法の発話主体と応答』以文社、二〇〇五年）。

歴史に類例のない惨劇を世界規模で繰り広げた第二次大戦以後、国際社会は戦争を起こすことはもうできないという共通了解を持つに至った。そこで、連合国による戦後処理の方針は、ファシズム・軍国主義勢力を解体し、かつその復活を阻むような制度を社会に確立することを最大の目的と位置付けていた。この方針にそって、アメリカの対日政策担当者も当初は普遍主義的な立場で日本社会の改革にあたった。ところが一九四六年二月のスターリン演説に続いて、三月にはチャーチルが大陸を断ち切って「鉄のカーテン」が下ろされているという言葉でソ連を非難、四七年三月にはトルーマンが社会主義「封じ込め」政策を表明し、米ソ間の「冷戦」が決定的に開幕する。先の戦争をともに戦った米ソは、冷戦の開始とともに一転して互いを敵国として向き合った。戦争終結の四五年時点と、講和条約締結の五一年の間で、歴史はその軌道を変えたのである。対日講和条約は、これをもって対戦国のすべてと講和を結ぶ「全面講和」の形をとることが不可能となった。

一九五〇年六月に朝鮮戦争が勃発する。当初の内戦に米国、中国が参戦し、戦線は半島全体にわたってローラーをかけるように往復した。アジア大陸の端の小さな半島に、戦後国際秩序の形成にかかわる強烈な歴史的負荷の重量がのし掛かったのである。この戦争の軍事拠点として、占領下の日本は重要な役割を果たしている。朝鮮の戦場に出払った在日米軍の補充として警察予備隊を創設するよう指令が発せられたほか、軍需物資やサービスの調達によって、戦後資本主義の復興は急速に進展した。結果として「朝鮮戦争」は記憶されず「朝鮮特需」が社会的記憶として残った。

ダレスの使節団は、朝鮮戦争渦中の五一年、二度にわたって来日し、講和条約締結にむけた折衝を行っている。すでにこの時点で講和は、もはや太平洋戦争の「戦後」問題ではなく、現在進行中の朝鮮戦争を支えるものとなっており、そのため、日本の戦争責任の追求や反植民地主義の思想は薄められ、被害国と被害者たちの声をそのなかに反映させるものではなくなっていた。

九月、講和会議には、日本を含めて五二か国が参加した。が、台湾政府、北京政府ともに招請されず、また日本の植民地だった朝鮮は講和条約に署名する立場にないため講和会議にも招請されないというのがダレスの立場だった。戦争責任、植民地支配責任の思想を消去した講和条約の構図によって、日本社会の「戦争記憶」のおよぶ範囲は大きく限界付けられた。ソ連全権は、中華人民共和国を除外しては極東の永続的平和は確立できないという立場から、チェコ、ポーランド代表とともに調印式を欠席し、条約に反対の立場を示した。インド、ビルマなど新興国は民族独立、平和共存を理念とする立場から独自外交を構想し、事前に不参加を通知するとともに日本の再軍備と米軍の駐留継続がアジア地域に再び戦争の可能性をもたらすのではないかという点に懸念を示した。こうしてアジア人口の大量部分をもつ国を除外したものとなった条約に、九月八日、残る四九か国が調印し、同日、日米二国間で日米安保条約の調印が行われている。

日本社会では西側とだけ講和をむすぶ単独講和に対し、反対の声があがっていた。⑴再軍備反対、⑵在日米軍駐留反対、⑶対戦国のすべてと講和をむすぶ「全面講和」要求、⑷一方の側に加担して冷戦の激化を促すのではなく「永久中立」の維持を訴えるという「平和四原則」が提案され、左派の政治綱領には賛同しない国民からも、この提案は広い支持を得た。講和条約が発効してから五か月後の五二年九月、日本は独立国とはいえないと考えられる点があるか、という世論調査の質問に対し「ない」は一八パーセント、「ある」が三九パーセント、その他は「わからない」だった。

現在の日本社会は一般に、講和条約が発効し日本が主権を回復した「四・二八」の日付を記憶していないが、鵜飼哲氏はそれがいかに奇妙なことであるか、なぜこの奇妙な忘却があり得たのかは一考に値する問題だと指摘している。むろん改めてこの日を記念しナショナリズムを再構築せよという主旨の指摘ではない。国家は年に一度の祝日や式典を通して建国や独立を記念する。建国記念日や独立記念日は、一般にその国民にとってアイデンティティの一部をなす重要な日付として記憶に刻まれ、世代を超えて共有される。是非はともかく、国家は記念の実践を通してナショナリズムの涵養につとめ、統治の正統性を調達しようとするものである。ところが、日本において「四・二八」は、特に若い世代の間では、ほぼまったく知られていない。国家はこの日を祝うべき日としてこなかった。そもそもこの日、占領は本当に終了したのかが曖昧だった。講和をめぐって議論がなされていたこの時期には、大きい疑問をいだきながら四・二八を迎えた日本人がむしろ多数派をなしていたが、しかしその疑問も六〇年代の「成長神話」によって上書きされ、国民意識涵養のための資源はそれで十分賄われることとなった。「四・二八」の日付は、その曖昧さがはらむ問題もろとも押し流され、そして現在の「国民」はこの日付を記憶していない。

当初から疑問符付きだったこの日付を「記念日」として復権すべき、なのではない。それはそらぞらしいというものだ。が、この日をもって成立した戦後東アジアの輪郭が、現在の日本社会の戦争記憶をどのように枠付けてきたかについては考えておく必要がある。この講和条約の枠外におかれた国、つまり韓国とは一九六五年の日韓条約締結まで、中国とは一九七二年の国交正常化まで、正式の国交は停止していた。北朝鮮の共和国については、いまだ国交がとぎれたままである。この間の対話の欠落によって、日本における記憶は、被害国の人々の記憶から切断され、相互の距離は広がった。他者たちの生々しい声を耳元で聞きながら、対話と応答の関係のなかで戦争を記憶することができなかった。記憶以前の起源の欠如ともいうべきこのブランクが日本社会の「戦争記憶」の輪郭を規定し、認識論的な外部をもたない記憶として形成することになったものと思われる。加えてベトナム戦争が本格化する一九六五年に締結された日韓基本条約は、「一九一〇年における日韓合併条約はいまや無効である」という表現で植民地支配の評価をあいまいにし、そして日本と韓国の経済軍事関係を開くものとなった。つまり朝鮮併合はかつて「合法的」に行われたという日本側の解釈の余地をのこし、今日まで両国間の歴史認識の問題に禍根をのこした。

いうまでもなく日本社会は戦争を記憶しなかったわけではなく、むしろ戦争を嫌悪する心情にかけて人後におちる国ではない。その根強い厭戦感情は戦後平和主義の強固な支えとなって、五〇年代後半以降、間歇的に高まりを見せる改憲論をまがりなりにもせき止める社会的基盤となってきた。しかし一方で、「日本人」が苦しんだ戦争という枠に収納された戦争記憶が、他者の戦争記憶に向き合ったとき、逆に対話の阻害要因を形作ってしまったことは否めない。さらに自らの記憶の限界を客観視しそこなった結果、中国や韓国の「反日ナショナリズム」に対し日本側が「冷静さ」をもとめるという転倒さえ起こった。

「記憶」の切り離しという点で深刻な意味をもったのは、講和条約第一章第三条である。講和発効をもって日本は「独立」の運びとなったが、日本の基地自由使用を占領終了の第一条件と考えた米国の戦略により、日本「独立」のために沖縄がアメリカの軍政下に置かれることになった。日本国民は「四・二八」の日付を忘れている。が、沖縄では忘れることなどできないでいる。

「日本国は、北緯二十九度以南の南西諸島（琉球諸島及び大東諸島を含む。）、孀婦岩《そふ》の南の南方諸島（小笠原群島、西ノ島及び火山列島を含む。）並びに沖の鳥島及び南鳥島を合衆国を唯一の施政権者とする信託統治制度の下におくこととする国際連合に対する合衆国のいかなる提案にも同意する。このような提案が行われ且つ可決されるまで、合衆国は、領水を含むこれらの諸島の領域及び住民に対して、行政、立法及び司法上の権力の全部及び一部を行使する権利を有するものとする」。

合衆国は、期限を限ることもなくこの地域の全権を掌握することができる。が、そこには同時に日本の「主権」が残存しており、新規の植民地を奪ったという非難を受けることはない。こうして日本本土は沖縄と切り離され、アメリカ兵よりも恐ろしいのは日本軍だったとしばしば言われる沖縄の「戦場の記憶」を耳にする機会からも遠ざかった。戦後史を規定した冷戦構造は、また日本社会の「記憶」の形を規定した。東京裁判が戦争を裁く法廷であり日本の植民地支配責任を裁かなかったことに加え、さらにかつて日本支配下におかれた台湾、韓国が日本とともに米国傘下の同陣営に置かれ、ブロック内の責任追及は封印された。対戦国はどうか。最も長期にわたって対戦した中国は、七二年まで冷戦の向こう側へと遠のいたままだった。

この間、一九五六年に中国の戦犯管理所から旧日本軍兵士が帰国し、中国戦線での日本軍の加害行為を語り出している。彼らの手記をまとめた『三光』が一九五七年に刊行されるや、賛否両論の大きな反響を呼びつつ初版五万部は短期間に売り切れたが、中国敵視政策を進めていた当時の政権下で、版元の出版社は旧軍人らの圧力や右派の脅迫に悩まされ、再販は中止となった（新井利男「供述書はこうして書かれた」、『侵略の証言――中国における日本人戦犯自筆供述書』岩波書店、一九九九年）。日中戦争当時の統制下におかれた日本社会では、中国戦線で日本軍が何を行ったかの報道はなされず、五〇年代に帰国した旧日本軍兵士が自らの手で行った行為として語り出した加害証言は文字通り「信じがたい」という扱いを受けた。第一次戦後派の小説家として知られる野間宏も帰国者たちの証言の重要な意義を認めながら、同時に「一般の人には理解できないのぢゃないかな。〝三光〟にはそういう欠点がありますね。大切なことはその過程をわかりやすく説明することだと思います」と述べている。

証言者側の「欠点」かどうかはともかく、証言者たちが証言するにいたるまでの「その過程」を理解することは、「記憶」の問題に関してことのほか重要だと思われる。戦場で残虐行為に関与し、しかも日本軍に帰属していた当時さして深い疑問を感じることなくそうしていた自分自身と、自らの罪を罪として認識するに至った自分との間には、質的な切断というべき瞬間がなんらかの形であっただろう。彼らが戦場で何を行ったか、という過去の事実が重要であると同程度に、あるいは記憶論の立場からはその事実以上に、過去をいかに想起したのかが重要なテーマである。戦争犯罪を犯罪として認識する想起のプロセスがなかったならば、「過去の事実」そのものが加害側の記憶からその起源において欠落したであろうからだ。だが、旧兵士たちが被害者たちがそこにいる場所で記憶を記憶するに至った、その質的な切断を含むプロセスに日本社会が思いを巡らすのは難しかった。五〇年代後半の日本社会は、かつて「満洲」経営に辣腕を振るい、戦後A級戦犯容疑者となった岸信介が復権し、内閣総理大臣に就任したごとく、ちょうど「戦中と戦後の間」の切断の意識が希薄化されようとしている時期にあたる。それゆえ当初、彼らの証言は共産主義中国による「洗脳」の所産と要約された。

戦争記憶の形を規定したひとつの大きな要因は「新しい」発想で策定された講和条約だったが、日本はその背景をなす米国の冷戦戦略との合作で、他民族の記憶や戦場の記憶を切り離し、外部を持たない記憶を成形することになったといえる。講和条約は、第一義的には国際関係レベルでの戦後枠組を作りだすものだったが、同時にその枠は国内の記憶の形を規制し、そこで生活する個々の人々の記憶を大きく枠付けることになった。戦後に再設定された「国境」の形にちょうど重なる記憶の輪郭を創り出したのである。冷戦体制解体後の今、こんどは人々の間の対話を通した記憶の作業、他者の記憶とともに戦争を再記憶する「想起」の作業が次の課題として見えてきている。他者の記憶とともになされるべき想起からは、これまでに私たちが知っているものとは異なった思想が創出されるに違いない。

この点について、次に沖縄の記憶の作業から考えておきたい。

6　記憶の記憶化への参与

ひめゆり平和祈念資料館は、沖縄戦を身をもって体験した人々が証言員として自らの体験を語る「ことばの資料館」として知られてきたが、二〇〇四年には展示方法を刷新し、あるいは戦後六〇年の周期をむかえた二〇〇五年に若い世代の仲田晃子氏を説明員として採用するなど、戦争非体験の世代への記憶継承を意識的に進めている。「ひめゆり学徒隊」の表象を題材に、戦争記憶の生成と変容について自覚的な研究を進めてきた研究者である仲田氏(「「ひめゆり」をめぐる語りのはじまり」、屋嘉比収編『沖縄・問いを立てる4　友軍とガマ――沖縄戦の記憶』社会評論社、二〇〇八年)は、記憶の継承という課題について十分に意識的であったことと思われる。それゆえ、資料館説明員に就任する前後にしばしば受けた質問、つまり「体験してない戦争をどうやって語るのか」という質問が、戦後五〇年の自分に集中したことについて、いくぶんか違和を感じたとのことである。沖縄では、沖縄戦後に生まれたいわゆる非体験の人々による「記憶の継承」の実践がすでに早くから始まっている。平和ガイドも沖縄戦の聞き取りや研究をしている多くの人たちもみな非体験者であり、若い世代の仲田氏ならずとも――特に若くはない五十歳代の人たちでも非体験者である。あるいは沖縄戦を描いた画家の丸木位里、俊夫妻も、体験を再現したのではなく、聞き取りを通して沖縄戦を描いたのであり、事実を描くこと以上に戦場を聞き取ろうとする画家が自分の位置を作品の内におのずと描き込んでいることも含めてその作品が評価されている。

こうした一連の記憶継承の運動においては、体験者と非体験者とを問わず、自らが記憶の作業にたずさわる戦後の時間への意識、戦後の主体としての自覚的な意識がより重視されているように感じられる。仲田氏は、ひめゆり資料館の証言員、資料委員への尊敬の思いを語ったが、それは彼女らがいわば沖縄戦の真正の体験を持っているからではなく、資料館を開設し活動を続けてきたからであると述べていた。ひめゆり学徒隊の生存者は、それぞれの場で沖縄戦後の時を過ごしたのち、八二年に同窓会で資料館建設を決議し、資料収集、調査、資金準備など資料館の設立にむけた準備を進め、八九年に開館を果たした。ドイツの記念碑論争の過程で「記念碑建設までの論争は記念碑の一部」であるという了解が成立したように、資料館にもまた資料館建設までの経緯が貴重な体験として織り込まれていると理解してよいだろう。

自分達の記憶を記憶しようとする作業が意識的に始まるまでには、量的にも質的にも長い時間が経過していたようだ。森口豁氏によるドキュメンタリー「ひめゆり戦史　いま問う、国家と教育」(日本テレビ製作、一九七九年五月十三日放送) は資料館設立以前の時期にひめゆり同窓生を追って、映画等を通して広く形成されてきた「ひめゆり」のイメージとは異なる生存生徒の言葉を拾い上げている。と、同時に取材を断った生存生徒がいたことをもそこに描き込んでおり、体験者の戦後の生には、担うには重い戦争記憶がいつでもついて離れなかったことを暗示していた。資料館もまた記憶を伝える資料館であると同時に慰霊の場所であり、伝えかねた記憶の存在＝語る言葉の不在を指し示す場でもあることへの想像力も必要とされる。ひめゆり学徒による手記は比較的早い時期からあるが、手記を書いても語らなかった方、家族には語らなかったという方、教員となった方のなかには自分のことではないように教室の生徒に語っていた方もあったという。「復帰」とともに自衛隊が沖縄にやって来ると考え、それをきっかけに語り始めた方、かつての場所が観光地に変わっていたことに衝撃を受けて語り始めた方など、語り出すまでの経緯はさまざまである。そして、やはりそこには「復帰」を含む沖縄現代史の出来事が、記憶を記憶する行為の刻み目のように大きく作用していた。

資料館設立のみでなく、平和ガイドや証言活動の発想も昔からあったのではない。復帰が日程にあがる時期から「日本とは」「沖縄とは」という意識が生まれ、そこから戦争を振り返る機運が生じる。復帰とともに日本の自衛隊がやってくるという矛盾を前に、その危機感が記憶を記憶する作業へとつながっていく。聞き取りの活動が広がって、大規模な動きとなり、町村史があれほどの規模で作られた。沖縄戦の記憶は、記憶を記憶しようとする戦後の時間と不可分に伝わり、広がった。他者の記憶を記憶するという難問を引き受けた非体験者とともに、体験者もまた戦後の時間を生き、その運動の場をともにしたことによって自らの記憶を記憶していったのではないかと考えられる。ひめゆり平和祈念資料館の第六展示室で「戦後」の時の展示がなされているほか、二〇〇三年に映像作品『ひめゆりの戦後』が製作されている。その意味は深い。

記憶の「風化」といった比喩はかならずしも妥当ではないように思われる。当初は鮮明だった記憶が時とともに薄れていくのではなく、現代史のいくつかの画期において聞き取りの機運がたかまり、記憶が語り出されたというのが実情に近いようである。人々は、なぜそれまで語り出さなかったのか。沖縄戦の後にもなお過酷な時代が引き続き、この時期の人々はみな戦場を知っているのだから「語り伝える」段階ではなかっただろう。そして、みなそれぞれ苛酷な経験を持っていることを互いに知っている。言葉がないというトラウマ的な部分も少なくはない。生き残ったことの罪責感といわれる感情も、私たちの想像のおよぶ範囲を超える。長い沈黙の後に記憶はようやく記憶されたのであり、明白な事実が時とともに風化するのではなかっただろう。死者、遺骨の「戦後」、「戦死後」の時を調査し的確な言葉で記述した北村毅氏の『死者たちの戦後誌——沖縄戦跡をめぐる人びとの記憶』(御茶の水書房、二〇〇九年)が最もよく代表するように、重要なことは何であるかをとらえる努力や人びとの痛みの在処と記憶の繊細なプロセスに注意を払う研究の構えも、この間に意識化された項目のひとつだっただろう。

7 「聞き手」の思想

沖縄で文学活動を続ける目取真俊氏は「記憶の作家」とよぶべき作家として、済州島四・三事件を描き続ける「記憶の作家」金石範氏とともに、日本語の文学史に比類ない軌跡を描いてきた。記憶の文化をたどろうとするなら、こうした文学作品の力とともに批評の領域を見過ごすことはできない。文学批評の新城郁夫氏は、言語、性意識といったいわば根源的レベルから沖縄と植民地主義の暴力を問い続けている（『沖縄文学という企て――葛藤する言語・身体・記憶』二〇〇三年、『到来する沖縄――沖縄表象批判論』二〇〇七年、ともにインパクト出版会）。また、映像批評の分野で活動する仲里効氏らが、戦争の記憶を芸術文化、そして思想のレベルで捉えている（『オキナワ、イメージの縁（エッジ）』未来社、二〇〇七年）。仲里氏が、自分たち戦争非体験の世代は、一九七二年の日本「復帰」を前後して展開した「反復帰」の思想を通して沖縄戦を記憶したという主旨の発言をしている。「今」を切迫した危機の時と感じとり、そこから振り返った戦争記憶が「思想」となっていく。「沖縄の思想」が立ち上がる瞬間が目にみえるような喚起力にみちた言葉だった。非体験者が戦争記憶を自らの思想とするプロセスから、沖縄の現在進行形の「伝統」が生まれでている。思想の持続的継承がなされない、としばしば嘆息交じりに語られる「日本の思想」との比較において、この「伝統」の意味を記憶「継承」の観点からも改めて確認しておきたい。

沖縄にあっても戦争を自らの体験とする世代はいまや残り少ない。沖縄の六十五歳以上の割合は四七都道府県のうち最も低い四十七位だという。「長寿県」のイメージからするとこれは意外な数値であるが、しかし沖縄戦を体験した年齢層は、当然ながら沖縄戦の犠牲となった年齢層でもある。体験し、生存し、記憶しておられる方たちは、あらかじめ数少なかったのだ。沖縄においても沖縄戦の後に生まれた世代は、自分のものではない記憶をどうしたら記憶することができるのかという難問に直面している。

沖縄近現代史の研究者、屋嘉比収氏の論考は、戦争記憶の継承という喫緊の課題が、その最も深い地点で思想としての普遍的次元にわたっていることを示唆してあまりある。沖縄に生まれ育った屋嘉比氏は戦争体験者の記憶に近く接してきたことだろう。しかしながら氏は戦後に生まれた「非体験者」としての自らの位置を確認し、体験者との共同作業により沖縄戦の〈当事者性〉をいかに獲得していくことができるか、という課題を設定している（『沖縄戦、米軍占領史を学びなおす——記憶をいかに継承するか』世織書房、二〇〇九年）。

「非体験者」の位置を確認することから出発する思想は、同じ経験、同じ前提など何もない者たちの間で想起の共同作業がどのようにして可能かをめぐって展開する。それは、他者の声を聞き、自分のものではない体験に耳を傾ける行為をめぐって幾層もの次元にわたる問いの糸となっている。記憶継承の難問が、それ以上の何かに転化する瞬間が、氏の論考のなかに訪れていたように思われる。鍵となるのはまず「歴史」と「記憶」をめぐる繊細な考察、そして「他者の声」に耳を傾ける「聞き手」への注視である。

屋嘉比氏によれば、沖縄戦研究においても当初は戦後歴史学の影響下で文書記録が重視されていたという。「文書」ならざる「声」の聞き取り調査を行う場合でも、これと同根の価値観によって「事実性」や「客観性」が重視された。が、体験者の記憶を聞く作業の過程で、「記憶」の語りには「客観的事実」の概念から漏れ落ちるものがあまりに大きいことに気付く。

客観的に検証された「歴史」は、客観的に検証可能な要素へと体験を純化し、その意味を限られたものへと封じ込めてしまう。歴史学が定義した事実基準によって、人々の固有の身体に刻まれた記憶が切り縮められる。一九八二年の教科書検定はそのケースだった。前述したように、このとき沖縄戦でおこった日本軍による住民殺害の記述に対し削除を促す修正要求が出された。理由は、住民殺害の事実の典拠とされる『沖縄縣史』は県民の回顧談、体験談にすぎず一級史料ではないから、だとされている。事実と事実ならざるものを分かつのが、戦争を経験した人々ではなく歴史家の権威主義であってよいのか、という「歴史学」にとって本質的な問題が、この事件を通して露呈したのである。

この検定についてはただちに沖縄からの強い抗議が起こり、「住民殺害」の記述は復元された。が、その後日談はいくぶん奇妙な道筋をたどることになる。日本軍による「住民殺害」を書くのであれば、それよりも数の多い「集団自決」について記述するようにとの検定意見が付けられたのである。住民殺害の記述をカットしようとした立場が、集団自決について書き加えるよう指示するというのは奇妙なことではないだろうか？　文部省は突如として反戦思想に目覚めたのだろうか？　だがその背景には「集団自決」をめぐる沖縄と日本との認識の落差があった。文部省の理解による「集団自決」は、日本軍の戦闘の邪魔にならないように崇高な犠牲的精神で住民が自ら命を絶った事件であり、つまり日本軍免責の論理を含むものとして「住民殺害」記述とのバランスを取る意味合いがあったものと考えられる。

それから四半世紀、二〇〇七年の教科書検定で「集団自決」の記述から日本軍に強いられたという表現が削除された。屋嘉比収氏は、この時の教科書検定事件と、その背景にあった当時係争中の訴訟を視野に収めつつ、軍命令の有無を問い、証言の真偽を問うという問いの形式そのものに対する違和感を表明している。二〇〇五年夏から大阪地裁で始まった「集団自決」裁判は、沖縄戦当時、慶良間諸島の守備隊長であった原告が、米軍上陸の夜、住民に自決を命じていないと主張するものであり、当時係争中だったこの裁判が教科書修正の根拠に使われたのである。この裁判については本書第1章の宮城晴美氏の論考、および同氏による『母の遺したもの〈新版〉――沖縄・座間味島「集団自決」の新しい事実』（高文研、二〇〇八年）を参照されたい。

この提訴と、先の検定意見の「歴史的事実」認識とには同質の問題が底流していた。軍命が有ったか否かは「実証」できないという教科書検定意見が出たとき、沖縄の人びとはすぐさま反論した。が、沖縄の人々の怒りの本質は「有った」という反論で表現しつくされるものではなかった。むしろ有った無かったという一点に沖縄の体験を限定するような議論の土俵が作られ、そこに引きだされること自体に怒りを覚えていた。原告は争点を将校個人の命令の有無という一点に限定したが、事件はその一点へと矮小化されてよいものではなかった。法が法の言葉の寸法にあわせて出来事の本質を切り落とし、そして歴史学が「事実」の枠をあらかじめ定義し、その枠に収まるかぎりでの「客観的に検証可能の事実」をのみ検証するなら、そのとき法廷と歴史学は深刻な問題を共有することになっただろう。

しかしながら、その問題点は屋嘉比氏の言及する「聞き取り」においてさえ、作業の過程で意識に上ってきていたことである。戦争体験の聞き取りを進めるうち、聞き手の聞き方、質問の形が語り手の声、語りの形を予め問いの枠内に限定していなかっただろうかという反省的な問いが生じたのである。すると真の対立軸は、文書史料を扱う客観的「歴史学」と記憶や声を扱う「聞き取り」との間に引かれているわけではない。軍命令が有ったか無かったかという自分たちの関心＝利害に基づいて整序された質問事項を突きつけるのは真に「聞く」ことではない。いわんや答えはどちらであるかと聞くことは「聞き手」の姿勢ではない。自分たちの認識の枠組みの外に響く声が聞こえてくるまで、沈黙の息づかいに耳を傾けるとき、その聞き手が真に「聞き手」になっていくのではないか。

大切なのは文書と声を対立させること、歴史と記憶を対立させることではない。歴史研究の作業を軽視することなく、しかも記憶における位置の抗争を認識することが、歴史と記憶を通じて重要な「記憶」からはじめる思考である。両次元のそれぞれの肌理の差異を凝視し、既存の正史がその一貫性を維持するために意識的無意識的に聞き落としてきた「歴史の他者」の声をその場に響かせ、記憶の舞台を更新する共同の作業に加わること。このように「聞く」という行為の意味を屋嘉比氏は、深めていった。歴史を記述する主体とも体験の主体である証言者とも区別された「聞き手」という主体に、固有の役割が認められる。おそらく「非体験者」の椅子はそこに準備されている。

屋嘉比氏は、「聞き手」という主体をめぐる美しい文章を残した。行為の名に値するのは「語る」という明白に主体的な行為ばかりではない。語る者と聞く者との共同作業の場が証言、語りを可能にしてきた。読谷村楚辺区の写真家・比嘉豊光氏、そして村山友江氏らによる「島クトゥバで語る戦世《いくさゆ》」の実践が示したのは、語り＝聞く場の手触りが、証言そのものを可能にも不可能にもするということだ。沈黙の層のなかによどんでいた声を、語り＝聞く共同の場に招き入れること、そのため聞く行為には声になった言葉を聞くこととともに沈黙に耳を傾けることが含まれる。それは同じ経験を共有しない者たちの新たな共同の場の到来を促す行為となるだろう。そのうえで、自らの体験を語る語り手と他者の言葉を聞く聞き手はあくまで「一体」の主体になるのではないと、氏は書いている。二つの項の完全な融合、一致を意味するのではない。このことはいくつかの意味でとても重要だ。

聞く行為とは、自分ひとりのうちで始まるのでも終わるのでもない。他者の声に耳を傾け、それによって自分自身の思考枠組みを繰り返し問い直し、思考の閉域を開いていく。聞くことは、語る行為の能動性に単純に対応する受動的行為ではなく、それ以上に自らの思考の場を拡げ、自らを繰り返し生み出す行為でもあるだろう。聞き手は、他者である語り手の声を聞き、その目に世界がどう映じているのかを想像し、そして自己の解釈枠組みに向い会う。このプロセスは、話し手と聞き手のあいだ、他者と私のあいだ、のみならず私と私のあいだにさえ抗争を開始するものとなる。それは最終的な一致、同一化に至るものではない。

戦争の実態について確定した事実認識を正確に継承するという「透明な伝達」のコミュニケーションモデルがここで覆っているばかりではない。屋嘉比氏がその文章のなかに定着させている沖縄のこの思想は他者性、自己性、共同体といった本質的なテーマを、一挙に未聞のものへと変えていく。氏の聞き手論はまだ私たちがうまく想像できないでいる共同の場を遠い地平に見出しているかのようにさえ感じられる。

氏の「聞き手」論は二重になっており、その重なりのなかに汲みとるべき重要な意味が宿っている。まず第一には、以上に述べた記憶継承の運動の場で、証言の場面を構成する不可欠なアクターとしてとらえ返された「聞き手」だが、聞き手論の第二層は、氏の沖縄戦の研究と重層的で不可分な関係にある。歴史研究者の立場として屋嘉比氏は、ほかならぬ沖縄戦の場に「他者の声」を聴くことができたかどうかが、ただちに生死を分かつ局面へと繋がった事例を示している。「集団自決」の現場に、「死なない」「逃げなさい」という声が響いた。その声を聞いて「我にかえった」。その声が死に向かおうとする人々を、生きる方向へと振り向かせた。

追い込まれた人々が一体になって「集団自決」になだれ込もうとするまぎわに響いた子どもの声を、屋嘉比氏は「他者の声」として捉えている。共死の論理に統括された共同体のなかで、そのただなかに亀裂を入れるように声を響かせ得た者、それが共同体にとっての「他者」である。伝統的な共同体論には、有限で孤立した個人は共同体にとって意味ある死を死ぬことで最終的に意味ある生をまっとうする、というロジックがそなわっている。逆にいうなら、ナンシーが論じるように「死は共同体と切り離しえない。というのも、死を通して初めて共同体は開示されるし、その逆もまた然りだからである」ということになるのだろう（西谷修訳『無為の共同体』以文社、二〇〇一年）。共に死に向かって雪崩れようとする極限の共同体の内側から響いた「死なない」の声は、この意味で共同体を破砕する「他者の声」である。それを聞き、振りかえることができたか否かが、文字通り、人々の生死を分けた。沖縄戦研究者としての屋嘉比氏は、実証主義の手続きにのっとって、こうした事例をいくつか挙げているのだが、同時にこの場面に目をこらす氏は、まぎれもなく共同体の思想を根源的に批判し、かつ深化させている。

おそらくその背景には、岡本恵徳氏「水平軸の発想——沖縄の共同体意識について」をはじめとして（『叢書　わが沖縄　第六巻　沖縄の思想』収録、木耳社、一九七〇年）、「集団自決」とは何であったかを繰り返して問い返してきた「沖縄の思想」の系譜がある。「反復帰」論の思想家、岡本氏は同質共同体の行き着く先に共死の論理が立ち現れざるをえなかった道行きをたどり、なおかつこの経験を継承しようとする思想が共同体を断ち切って「近代的個人」へと転じていくのではない隘路を切り開こうとしていた。その思索の重さを感じとらなければなるまい。「共同体」は日本の戦後思想においても個を抑圧する原理として一貫した否定的シンボルだったが、どこよりも沖縄で、その「共同体」原理が共死の論理として現実化することになった。なおかつその矛盾の深みにおいてふたたび別の共同体、つまり他者と聞き手との共同体を到来させる思想的作業が始まっていたのである。

非体験者の位置から出発し、「他者の声」に振り向く「聞き手」という場面を思想化する屋嘉比氏は、同じ体験、同じ前提など何ももたない者たちの間で、なお共同でなされる想起の可能性をくみたてた。こうして「聞く」ことをめぐって幾層もの次元にわたる氏の問いは、戦争記憶の継承という課題を「事実を正確に伝える」こと以上の何かにし、同質共同体ならざる「共」の場の意味を書き直し、もうひとつの近代を描きなおす重層的な思想の場を開いていた。あるいは『沖縄を聞く』（新城郁夫、二〇一〇年、みずず書房）など、別の場の思考へと指し渡され、新たな「伝統」を形成するだろう。こうしたいわば過剰なもの、記憶をめぐる起伏ある戦後の時間経験の数々を自らへと引き入れ、自らをずらしていくことが、私たちの当初の難問、単調な学校教科のごとくイメージされる平和教育を、こちら側から解体・再構築するための糸口となるように思う。

この間に、中国の戦犯管理所から帰国し自らの戦争犯罪を証言してこられた湯浅謙氏はじめたくさんの記憶者を喪った。のみならず「非体験者」の思想を紡いでこられた屋嘉比収氏をあまりに早く喪った。途方にくれる思いとともに、たくさんの方たちが身をもって示してくださった貴重な記憶論に対し、改めて言いがたい尊敬を感じる。彼ら、そして彼女らが、確かに何かを指し示してくださっていたことに、その時気付かず、後になってから、あるいは何か別のきっかけで、その意味を遅れて理解するということが非常に多かった。遠く光る灯台の灯りのように思っていた方たちを失い、残りの時はより切迫感を増している。同時に遅れる時の余儀なさを感じざるをえない。取り返し難く遅れるという感覚も、「他者の記憶」というテーマの隅の方で常に感じてきたことである。

8　本書の構成

序章の最後に、本書の構成を示しておきたい。

第1章　「沖縄戦「集団自決」をめぐる記憶の抗争」（宮城晴美）

二〇〇五年夏、沖縄戦における座間味島、渡嘉敷島の「集団自決」は、戦隊長命令によって引き起こされたものと著書に記述した大江健三郎氏と、その著書の版元である岩波書店が、座間味島の元戦隊長らに提訴された。沖縄の歴史をジェンダーの視点から見直してきた歴史研究者であり、また座間味島の出身である筆者は、この訴訟に「証人」として関わった。

訴訟の過程で、地元のある男性から「戦隊長は命令しなかった」という「新証言」が法廷に提出される。この男性の話によれば、「集団自決」前夜の一九四五年三月二十五日、戦隊長の元に役場職員らがやってきて住民の「集団自決」のための弾薬をくれるよう頼むが、戦隊長は自決するなと言った、ということだ。ところが、実際にその時、戦隊長を訪れた地元女性、当の戦隊長、そしてこの男性と、三人それぞれの証言は異なっていた。男性が戦隊長の言葉として語った内容には、元戦隊長本人から「自分はそんなことは言わない」と否定される内容も含まれており、判決では男性の「新証言」そのものが虚言として一蹴された。その場にいた女性が死亡した後に出てきた「新証言」。背後には、「皇軍の名誉のために」戦隊長命令を否定する必要があると考えた「新しい歴史教科書をつくる会」会長の藤岡信勝氏らの存在があった。自らの目的を実現するために創作された「記憶」。沖縄の悲惨な「集団自決」が政治的に利用され、沖縄戦の実相そのものが歪曲されようとしている。

第2章「沖縄戦の戦闘体験者のいま――戦争体験の捉え方の変化に注目して」(吉川麻衣子)

執筆者は、臨床心理学研究者の立場からリサーチパートナーである沖縄戦の体験者とともに十数年の期間にわたって研究を続けてきた。本稿では、体験者たちの posttraumatic growth となる契機に注目している。

筆者は、二〇人の語り部を対象にインタビューを行い、沖縄戦での多大な被害の後、悲しみや憎しみの感情に圧倒されていた時期から、それぞれの人生の歩みの中で次第に変化していく過程を聞き取っていった。語りの内容を分析した結果、戦争体験者たちの思いや体験の捉え方が変化する契機として、「追想・追悼」「歴史的節目」「真実を知り伝える」「体験の開示・共有」「沖縄の精神的文化」の五つのカテゴリーに分類でき、それぞれのカテゴリーの意味について考察した。戦争体験を語ること、聴かせてもらうことに関しては、個々の語り手のペースに添った、当事者に役立つ活動・研究が行われるべきであると筆者は考える。沖縄戦の体験者の声を直接聴くことができるのは、おそらくここ数年までのこととなるだろう。体験者の想いを紡いだ記録を通して、これまでとは違った沖縄戦の実相が見えてくるかもしれない。本章は、戦争体験者の聴き取り活動を行っている方、あるいはこれから始めようとしている方、特に沖縄戦のことをあまり知らない日本本土の方にとってきわめて意義あるものと思われる。

第3章「戦争記憶の戦後世代への継承」(北村文昭)

第2章とともに、心理学の研究者による記憶論である。この章では、戦争記憶の継承に関する困難を、主として心理学の観点から論じていく。カウンセリングにおける「目的的な語り」が、戦争記憶の継承においても有効であることを示唆している。さらに、「ひめゆり平和祈念資料館」に勤務する人々への調査を行い、章の後半にその回答を掲載した。

第4章「映画に見る朝鮮戦争の記憶——米・韓・日の比較において」(宋連玉)

集合的な記憶を考察するにあたって、「文化表象」の分析を欠かすことはできない。この章は、映画による朝鮮戦争の表象を、地域的、通史的な観点をおり込んで分析している。朝鮮戦争を描いたアメリカ映画は一九五〇年代にもっとも多く制作された。スクリーンに登場するのは米兵、米国人家族、日本人娼婦、韓国人の少年、獰猛な集団としての北朝鮮兵、あるいは中国人兵士である。内容は戦争を懐疑するセリフが挿入されながらも、おおむね米国式反共民主主義を正当化する内容となっている。また、米兵、日本人娼婦、韓国人少年の配役はそのまま米日韓の政治・軍事的関係性を表象している。一方、朝鮮戦争を描いた韓国映画は一九六〇年代から今日まで、社会的変化を反映して、登場するジェンダーやテーマが大きく変わっている。当初は反共イデオロギーを体現する人情味あふれた韓国人兵士だったが、一九九〇年代以降は女性や子どもが主人公として登場する。朝鮮戦争が女性の視点から描かれるようになると、「ふしだらな女」は性暴力被害者としてパラダイム転換を果たし、また戦争について何も知らない無邪気な少年のまなざしは、どちらのイデオロギーにも与せず、戦争の悲劇を直視し、国家の嘘を浮き彫りにするという役割を帯びる。アメリカ映画に登場する受身の少年とは違い、主体的で未来創造的である。朝鮮戦争をテーマにした日本映画は残念ながら今なお制作されておらず、そもそも朝鮮戦争の記憶そのものが不確かである。映画に見られる朝鮮戦争の記憶は、米・日・韓でかくも大きな隔たりを見せるが、記憶を共有する映画制作は遥かな道のりであっても、決して不可能な作業ではないだろう。

第5章「加害記憶の伝達と継承を支える方法とは何か?」（君塚仁彦）

筆者は戦争博物館の研究・調査に関する第一人者であり、これまでも戦争記憶の保存と表象について数多くの研究を行うほか、大文字の歴史がとり落とすような戦争記憶をすくい取る博物館、「記憶を逆撫でする」博物館を訪ね、多くの印象的な紹介文を書いている。今回は、ドイツの首都ベルリンの小さな博物館「オットー・ヴァイト視覚障害者工作所博物館」を取り上げ、またホロコースト犠牲者がそれぞれ最後に住んだ場に設置された小さな「記念碑」である「躓きの石」に注目した。筆者は、こうした小さな博物館、記念碑が加害の地において「負の記憶」を想起させ、隠れた歴史を伝達するための装置として存在することに感銘を受け、その理念と方向性を明らかにしている。同時に、「歴史戦争」状態にある東北アジア地域における戦争・植民地記憶、その記憶の抹殺に抵抗する博物館の存在に思いを馳せ、ベルリンの事例との共通性や平和構築への存在意義を論じた。

第6章「ロンドンの帝国戦争博物館」（平田雅博）

戦争体験の次世代への継承は、戦争を語ろうとする者が戦争の当事者ではなく、またその場所が戦争の現場でもない場合には、いっそうの困難を伴うものと思われる。しかし、戦争の現場を遠く離れた場で、しかもいわば当事者ならざる「部外者」が継承の仕事を担っている事例も少なくはない。この論文では、そうした事例のひとつとして、ロンドンの帝国戦争博物館にあるホロコースト展示室をとりあげる。非現場において、若い世代の部外者が、どのように次世代への継承＝戦争教育をすすめているのか、その事例について考察した。

第7章「戦争の記憶と戦争犯罪追及」（新倉修）

この章は、法学研究者の視点からの戦争論、記憶論となる。戦争が「人道に反する出来事」であり、「人権」のありか（「人間の尊厳」を中核とする「世界人権宣言」を生み出したという歴史的な意義をもつ）が厳しく問われる事態であったことを、アウシュヴィッツへの旅を通して振り返る。日本での「歴史」の扱われ方と対比しつつ、人類の共時的な体験として、法的な記録との異同にも視線を延長しなければならないということを、「アウシュヴィッツへの旅」は問いかけている。

第8章「いま「戦争」を語ること」（杉浦勢之）

この章では、経済史研究者による「戦争を語る」言葉の原理的問題が扱われている。最初にバブルとその崩壊の過程で、語られる言語が時間表象に捻じれをおこすことを指摘し、社会が危機に際し、一方向に雪崩を打ったときに言語表象に現れる「徴候」を示す。論者は同様のことが総力戦としての近代の「戦争」にも現れることを指摘し、ネーションの創出と主権獲得過程で生じる「戦争」の中に置かれたユダヤ人知識人の言語表象の中にその「徴候」を見出すとともに、ベトナム戦争や中東の戦争など、第二次世界大戦後の戦争を語る言葉にもその残響が続いていることを示唆し、そこに近代における「戦争」の本質を見ようとしている。

第9章「学生たちは戦争記憶とどのように向き合ったか」（松尾精文）

この章では、青山学院で開催された戦争記憶に関するフォーラムの記録報告書を、同大学の学生たちがどのように読み、戦争体験、戦争記憶の継承問題と向き合ったのかを分析している。素材となるのは、同大学文学部史学科日本史コースのゼミに提出された課題レポートである。各レポートは、書き手それぞれが自分の生活歴のなかで、またこれまで受けてきた歴史教育や育んできた歴史認識を、自分たち世代の戦争責任への問題意識も含めて振り返りながら戦争記憶と向き合い、継承のために自分たちに何ができるかを考えようとする努力を示している。他方で、戦後の日本社会が、アジア太平洋戦争そのものが何であったのかを、戦争責任の問題も含めて検証、確認するのを怠ってきた、あるいは回避してきたために、現在の大学生の世代は戦争の原因と経緯を知る機会が乏しいという実態が一様に証言されていた。戦争記憶を継承する場を設定し、ともに考えていく時間をもつことの重要性を確認している。

【第1章】

沖縄戦「集団自決」をめぐる「記憶」の抗争

一九四五年三月二十五日夜の出来事

宮城晴美

はじめに――法廷を利用した「記憶」の再構築

二〇〇五（平成十七）年八月五日、沖縄戦当時の座間味島、渡嘉敷島の元日本軍戦隊長とその家族によって、大江健三郎氏と岩波書店が大阪地方裁判所に提訴された。その内容は、岩波書店の発行した『太平洋戦争』（家永三郎著）、『沖縄ノート』（大江健三郎著）、『沖縄問題二十年』（中野好夫・新崎盛暉著、すでに絶版）の各書籍が、太平洋戦争後期の一九四五年三月に座間味島、渡嘉敷島で起こった住民の「集団自決」は当時の戦隊長が命じ、住民を多数死なせながら自らは生き延びたという「虚偽の事実」を記述し、原告らの社会的地位を著しく低下させその名誉を甚だしく毀損したとして、人格権に基づき各書籍の出版、販売、頒布の差し止め、中央紙全国版への謝罪広告の掲載、慰謝料の支払い（岩波書店は各一〇〇〇万円、大江氏は各五〇〇万円）等を求めたものだった（以下、この裁判を沖縄戦「集団自決」訴訟という）。

この訴訟によって、沖縄県内外で「集団自決」にまつわるさまざまな動きがあったことは論を俟たない。とりわけ、元戦隊長ら原告側の主張を前提として、文部科学省が「集団自決」への日本軍の関与を否定する内容の意見をつけた教科書検定は、県内のメディアをして、黙して語らなかった「集団自決」体験者に重い口を開かせ、文科省への抗議とともに沖縄県民に沖縄戦史記録の再認識を促すきっかけとなった。★[1]

二〇〇八年三月二十八日に下された一審の判決内容は、「集団自決という平時ではあり得ない残虐な行為を命じたものとして〔各書籍は〕元戦隊長らの客観的な社会的評価を低下させるもの」★[2]と認めながらも、「各記述に係る表現行為の目的がもっぱら公益を図る目的であると認める」★[3]として、原告らの求める出版停止、謝罪広告の掲載、慰謝料の支払いのすべてを却下したものだった。さらに座間味島に関する判決では、自らの体験を証言した女性たち一人ひとりの名前を掲げ、「沖縄戦の体験者らの体験談等は、いずれも自身の実体験に基づく話として具体性、迫真性を有するものといえ、また、多数の体験者らの供述が、昭和二十年三月二十五日の夜に忠魂碑前に集合して玉砕することになったという点で合致しているから、その信用性を相互に補完しあうものといえる。また、こうした体験談の多くに共通するものとして、日本軍の兵士から米軍に捕まりそうになった場合には自決を促され、そのための手段として手榴弾を渡されたことを認めることができる」★[4]としたうえで、「第三二軍司令部を最高機関とし、座間味島では原告梅澤を頂点とする上意下達の組織であったと認められるから、座間味島における集団自決に原告梅澤が関与したことは、十分に推認できる」★[5]として、むしろ、原告の元戦隊長の「陳述書」や供述の中に疑問があることを摘示している。

この判決を受けて元戦隊長らは控訴したが、その支援者たちは、住民に「集団自決」を強いた日本軍の動向や住民の証言を黙殺し、死者をも鞭打つような「新証言」を作成して、新たな「証拠」として高裁に提出した。その〝作業〟の中心的役割を担ったのが、歴史修正主義者たるジャーナリストや作家らの応援をとりつけながら狂奔した藤岡信勝氏（拓殖大学教授・新しい歴史教科書をつくる会会長）だった。

言わずもがな、藤岡氏を代表とする「新しい歴史教科書をつくる会」は、日本軍「慰安婦」問題と南京大虐殺をターゲットに「自虐史観」の歴史教科書からの削除をねらっており、日本軍による沖縄住民への「集団自決」の強制を否定するのもその延長線上に位置づけたものだった。大江氏・岩波書店提訴四か月前の、藤岡氏を代表とする自由主義史観研究会の機関誌『歴史と教育』第九二号（二〇〇五年四月）では、「集団自決」の軍命令という認識は「日本軍の名誉に関わるものであり、児童生徒の健全な歴史認識及び国防意識の育成にとって見過ごすことができない」（傍点は引用者）として、「皇軍および無念の冤罪を着せられた軍人の名誉を回復する授業」を例示している。つまり、子どもたちの国防意識を培うためには、歴史認識を歪曲してまでも、旧日本軍の「名誉」に関わる被害住民への蛮行をリセットする必要があった。二十世紀末から二十一世紀初頭にかけて、自民党・公明党政権が次々に打ち出した、九条を含む憲法「改正」をはじめ、かつての戦時体制下の国民の思想統制を思わせる法律の制定、そして日米同盟のもとでの自衛隊の軍事行動、小泉純一郎首相の靖国神社参拝等、政府の動きに呼応するかたちで藤岡氏らは戦争のできる国づくりのため、学校教育の環境整備の一つとして、元戦隊長らの「冤罪」を晴らさなければならなかった。

高裁に新たな「証拠」として提出されたのは、藤岡氏が座間味島で〝偶然〟に出会ったとされる「新証人」A氏（男性・一九三〇年生まれ）の「陳述書」や藤岡氏の「意見書」、それにインタビュービデオ（チャンネル桜）などであった。ところが藤岡氏の尽力もむなしく、元戦隊長らは、一審から約七か月後の十月三十一日に下された二審判決でも、請求のすべてが却下されるという憂き目に遭うのである。藤岡氏とA氏との合作ともいえる「新証言」は、A氏が過去にメディアに証言してきた内容と多くの矛盾点があることが浮き彫りにされ、裁判官に「〔A氏の陳述内容は〕明らかに虚言」とまで言わしめている。A氏の「陳述書」の内容に対し、大江氏・岩波書店側から問題点を指摘された藤岡氏が、「新証言」を正当化するために事実関係を〝創作〟したことが招いた結果だといえる。後述するように、そのなかには、A氏が証言した元戦隊長の発言が当の元戦隊長から否定されるというハプニングも生じた。にもかかわらず、藤岡氏は元戦隊長が「すっかり忘れている」とA氏の発言を擁護する論述を繰り返し、むしろ「新証言」（A氏陳述書）には「画期的意義」があるとした論評を加えて新たに活字にしているのである（秦郁彦編『沖縄戦「集団自決」の謎と真実』ＰＨＰ研究所、二〇〇九年）。

「死人に口なし」の時宜を得て、藤岡氏は座間味島の「集団自決」に対する「記憶」の再構築をはかりだした。その「記憶」とは、もっぱら座間味島の元戦隊長・梅澤裕氏をサポートするための、住民不在のいびつな「記憶」のことである。これらの一連の〝作業〟のなかで最も懸念されることは、筆者を含め、元戦隊長の〝冤罪〟の証明に不都合な人たちへの人格攻撃である。藤岡氏は「戦隊長は命令しなかった」という座間味島在住のA氏の証言を「陳述書」として自らまとめあげ、その論拠からはずれる拙著の『母の遺したもの――沖縄・座間味島「集団自決」の新しい事実』（高文研、二〇〇八年。以下『母の遺したもの』とする）や『沖縄県史』一〇巻（沖縄県教育委員会、一九七四年）、『座間味村史』下巻（座間味村、一九八九年）等掲載の住民証言を、「意見書」や月刊誌で批判するだけでは飽きたらず、故人まで非難しだしたのである。

本稿では紙幅の都合もあり、米軍上陸前夜・一九四五年三月二十五日夜の日本軍本部壕における出来事に焦点をあて、母の手記（『母の遺したもの』収録）に対する梅澤氏の言い分、法廷に持ち込まれたA氏の戦場下の「記憶」、そしてそれぞれの戦後の動向を交えて、裁判所の判断を織り込みながら検証する。ただその前に、私事ながらA氏と筆者との関係を述べておきたい。

A氏は筆者の母の異母弟にあたり、民法上の「親族」、つまり筆者の叔父にあたるが、母が生まれつき「家制度」の弊害を被ったこともあり、A氏とは「家族関係」を形成したことはない。ただ、父の友人の一人として、また「親族」の冠婚葬祭に同席するなどA氏と筆者との交流は長年続いてきた。したがって筆者の家族間のトラブルであるかのような誤解を招きかねないが、母の証言を収録した『母の遺したもの』（初版）が今回の訴訟で元戦隊長の〝無罪〟の「証拠」とされたことや、藤岡氏によるA氏証言の記述が客観性を逸しているため、これらを検証することで「記憶」の抗争の実態を見てみたい。なお、筆者の母を含め「ヤマト（本土）」の人間にコンプレックスを持つ島民性

（近代沖縄の民族性）・世代という性格から、藤岡氏に取り憑かれたA氏を、筆者は歴史修正主義者の〝犠牲者〟の一人と捉えていることをまずお断りしておきたい。

1 座間味島「集団自決」の概要

a 秘密基地にされた慶良間諸島

本題に入る前に、座間味島における、住民の「集団自決」に至る経緯について概観する。

アジア太平洋戦争末期の一九四四（昭和十九）年、沖縄守備軍の第三十二軍は米軍の上陸地点を「沖縄本島南部の西海岸」[★6]と予測し、沖縄本島に向かう米艦船の背後から、一二四〇キロ爆弾を搭載した一人乗り特攻艇を一斉に出撃して体当たりさせるという作戦計画を打ち出した。その手段としてとられたのが、同年九月、未成年約一〇〇人から成る海上特攻隊員を、那覇に最も近い慶良間諸島の三つの島にそれぞれ配備することだった。座間味島の海上挺進第一戦隊（梅澤裕戦隊長。隊長・部隊長とも）、阿嘉島の第二戦隊（野田義彦戦隊長）、渡嘉敷島の第三戦隊（赤松嘉次戦隊長）がそれであり、さらにその戦隊に付随する形で、特攻艇の整備や秘匿壕掘り、陣地構築等、守備隊の役割をもつ約九〇〇人の海上挺進基地大隊（以下、基地隊という）もそれぞれの島に併せて配備された。

座間味島に駐屯した日本軍は、特攻隊員が学校を宿舎にしたのに対し、梅澤戦隊長、小沢義廣基地隊長をはじめ、将兵の宿舎はすべて座間味集落の民家に割り振られた。当時、人口約六〇〇人の座間味集落に、それを上回る日本軍将兵が分宿したため、家人は裏座敷の狭い部屋での生活を余儀なくされ、集落内は日本軍であふれかえった。座間味島には、役場や学校、郵便局などの官公庁が集中する座間味集落のほかに、その北東に阿佐《あさ》、西には、七人の日本軍

「慰安婦」を擁する二軒の軍慰安所が設置された阿真《あま》という集落があったが、日本軍は座間味集落を宿泊地にした。そのことが座間味集落の人たちだけに「集団自決」が起こった大きな要因となるのである。

日本軍の駐屯により、「特攻隊」基地という軍事上の機密を負わされた住民は軍の厳しい監視下におかれ、日常生活のすべてが軍主導へと変わっていった。日本軍が駐屯したその日から、住民に特攻艇揚陸にからむ作業が命じられ、その後連日、日本軍の防空壕掘りや陣地構築、食糧増産のためにと、役場職員の伝令が各家庭を廻り、「軍命令・隊長命令」を住民に伝えて動員を呼びかけた。その呼びかけは軍から兵事主任を通し、それを役場職員が受けて住民に伝えるという命令系統になっていた。兵事主任は村の助役が兼務したが、行政上は村長の下に位置する助役でも、軍事上は村のトップの地位にあり、軍と住民のつなぎ役として重要な任務を担わされた。助役はさらに防衛隊長、在郷軍人会分会の代表も兼ねており、軍に最も近い位置づけにあった。

さらに日本軍は、スパイ防止のため、漁に出る住民はおろか、集落内の往来でさえ、スパイではないという証明のマークの着用を強制するのである。これは、一九四四年八月に沖縄の第三十二軍に着任した牛島満司令官による「防諜ニ厳ニ注意スヘシ」[★7]という基本方針に基づくもので、この方針を受けて沖縄に駐留する全部隊が、民間人への厳しい監視の目を光らせるのである。座間味島でも、毎日のように動員を命じられる住民は日本軍の規模や防空壕の場所、その機能についていやでも知ることになり、防諜対策上、当然日本軍の監視下におかれざるを得なかった。

その一方で、一つ屋根の下で暮らす将兵と住民は、日常的に会話を交わしたり、たまに食卓を囲むほどの親しい関係をも築いていった。しかしながら、将兵と親しくなればなるほど、男手のない女性たちを震撼させる話題も増えるようになった。日を経るごとに伝わる情勢の悪化とともに、住民はやがて「〝鬼畜米英〟に捕まると男は八つ裂きにされ、女は強姦されてから殺される」という恐怖心を将兵から植え付けられるのである。とりわけ中国戦線から転戦してきた兵士たちからは、日本軍による中国女性に対する強姦を例に、敵に捕まると同様の仕打ちを受けることが喧伝され、朝鮮半島から拉致同然に座間味島に連れてこられた日本軍「慰安婦」を〝見せしめ〟に、敵に捕まる前の

「玉砕」が強要された。あわせて全住民に対しては、敵への投降を厳しく禁じた。

b 米軍上陸前夜

日本軍駐屯から半年後の一九四五（昭和二十）年三月二十三日、座間味集落は米軍による突然の空襲で、乳児を含む二三人が死亡、ほとんどの家屋が焼き尽くされてしまった。激しい衝撃を受けた住民は、その日から防空壕生活へと移った。空襲は翌日も続き、さらに二十五日には艦砲射撃が加わった。島は米軍艦隊に十重二十重に取りまかれ、艦砲弾は間断なく座間味集落に猛撃を加えた。空襲後の艦砲射撃が敵の上陸の前触れであることは、住民は日本軍から知らされており、サイパンの「玉砕」の次は沖縄だという噂を誰もが実感するようになった。

夜が更けるにつれ艦砲射撃は激しくなり、敵の上陸が目前となった事態に、住民の恐怖心は極限に達していた。そんな状況のなか、役場職員だった宮城初枝（当時二十三歳・筆者の母）は、上司の助役・宮里盛秀から声をかけられ、一緒に着いてくるよういわれる。以下、梅澤氏の手記、藤岡氏のまとめたA氏の「新証言」との対比の必要性から、長い引用になるが初枝の手記をそのまま掲載する。

——助役について行ったところ、そこには当時の村の指導的立場にある収入役の宮平正次郎さん、国民学校長の玉城盛助さん、役場吏員の宮平恵達さんの三人がいました。

「これから部隊長の所へ小銃弾を貰いに行くから一緒に行ってくれ」

と頼まれました。役場には当時三八式歩兵銃（手動の五連発銃）と九九式歩兵銃（五発装弾式）の二丁の銃がありました。私はてっきりその弾を貰いに行くのだろうと思い、弾を入れる袋が必要かと、手持ちの袋の中のモンペを取り出して雑木の間に押しこみ、空になった袋をもって、四人の後をついて行ったのです。

艦砲射撃の中をくぐってやがて隊長の居られる本部の壕へたどり着きました。入口には衛兵が立って居り、私たちの気配を察したのか、いきなり「誰だ」と叫びました。

「はい、役場の者たちです。部隊長に用事があって参りました」と誰かが答えると、兵は「しばらくお待ちください」と言って壕の中へ消えて行きました。

それからまもなくして、隊長が出て来られたのです。助役は隊長に、

「もはや最期の時が来ました。私たちも精根をつくして軍に協力致します。それで若者たちは軍に協力させ、老人と子供たちは軍の足手まといにならぬよう、忠魂碑の前で玉砕させようと思いますので弾薬をください」と申し出ました。

私はこれを聞いた時、ほんとに息もつまらんばかりに驚きました。重苦しい沈黙がしばらく続きました。隊長もまた片ひざを立て、垂直に立てた軍刀で体を支えるかのように、つかの部分に手を組んでアゴをのせたまま、じーっと目を閉じたっきりでした。

私の心が、千々に乱れるのがわかります。明朝、敵が上陸すると、やはり女性は弄ばれたうえで殺されるのかと、私は、最悪の事態を考え、動揺する心を鎮めることができません。やがて沈黙は破れました。

隊長は沈痛な面持ちで「今晩は一応お帰りください。お帰りください」と、私たちの申し出を断ったのです。

私たちもしかたなくそこを引きあげて来ました。

ところが途中、助役は宮平恵達さんに、「各壕を廻って皆に忠魂碑前に集合するように……」。後は聞き取れませんが、伝令を命じたのです。そして私には、「役場の壕から重要書類を同じく忠魂碑の前に運ぶように」と命じてきました。

ここで私は助役たちと別れました。その結果、あの晩、隊長の所へ行った五名のうち私一人だけが生存し、残りは農業組合の壕の中で自決されてしまったのです。したがってその後のことは、私には皆目わかりません。★8

伝令を命じられた宮平恵達は、前述した、日本軍の陣地構築や食糧増産などの動員を毎日のように住民に呼びかけてきた役場職員であった。連日の軍からの命令は、兵事主任（宮里盛秀助役）を通して宮平によって住民に伝えられており、この日、その役割を全うすることになった。

艦砲射撃により壕の周りは火の海と化し、途切れることのない炸裂音におびえ続ける住民の元へ、忠魂碑前での「玉砕」命令が宮平によってもたらされた。ただ、宮平が来る数時間前に、村当局から非常米の配給が告げられていたため、「米の配給だ」「いや玉砕だ」と住民の情報は錯綜した。激しく撃ち込まれる艦砲弾の合間をぬって防空壕を廻るため、いずれもすべての防空壕に伝令の声が届いたわけではなかった。直接、「玉砕命令」を聞いた人たちは、最後の食糧を口にし、晴れ着に着替えて忠魂碑に向かった。男手のない子連れの女性たちの一部が、阿佐集落の裏海岸にある大きなガマ（洞窟）への移動をはじめた。情報の届かなかった防空壕の人たちは、外の気配に全く気づかなかった。

飛んでくる艦砲弾をぬうように忠魂碑に向かったものの、ほとんどの人たちが自分の家族だけ、あるいは少人数という不安感で引き返し、またしばらく留まった人たちも照明弾の落下で四散するなど、結果的にこの場所での「集団自決」の決行はなかった。ただ忠魂碑前に来た人や、近くの防空壕に避難している住民には日本兵から手榴弾が配られ、米軍に捕まる前に死ぬよう促されている。忠魂碑前から引き返したのは、必ずしも自家の壕とは限らなかった。「兵隊さん」と一緒に玉砕しようと、日本軍の壕へ向かった家族がいたり、また、子ども、年寄りを連れ、どうしてよいかわからない女性たちは、役場職員のいる産業組合壕（農業組合壕ともいう）をめざした。しかしながら、日本軍の壕は、すでに将兵が移動した後で空になっており、また役場職員とその家族でいっぱいになった産業組合壕では、はみだした住民がうろたえながら別の壕へと移動していった。

翌三月二十六日午前、米軍の上陸を合図に、忠魂碑前から引き返した人たちによって「集団自決」が各防空壕で繰り広げられた。直に米軍を目にした者は、はじめて見る人種「鬼畜米英」を前にパニックになり、次々と妻子を手にかけていった。ロープによる絞殺・縊死、カミソリを使った首切り、「猫いらず」（ヒ素）の服毒……、生活用品が〝武器〟となり、あるいは日本軍から手渡された手榴弾が叩かれた。その結果、村長、助役、収入役以下役場職員、学校長、婦人会長、青年団長ら住民の指導者すべてを含む座間味集落の一三五人（現段階の筆者の調査による）が命を絶ったのである。将兵との交流のなかった阿佐・阿真集落には、「集団自決」による犠牲者はいなかった。

2　元戦隊長の「記憶」

a　〝策動〟する梅澤氏

艦砲射撃のなか、梅澤戦隊長を訪れた宮城初枝は助役ら四人と別れ、友人たちとともに日本軍に合流し、弾薬運びを手伝う。一度は「自決」を試みるが未遂に終わり、その後は日本軍の道案内、炊事などの役割を担い、一兵卒として梅澤戦隊長の〝配下〟に入った。地元では天皇に匹敵するほどの戦隊長の元で、初枝は〝女だてら〟に「兵士」としての誇り高い気持ちで日本軍と行動を共にした。しかしながら米軍に包囲されて逃げ回るなか、艦砲弾で負傷し、敵手におちることになる。

戦後、初枝は自身の日本軍との行動をつづった体験を、雑誌『家の光』（一九六三年四月号）で発表した。この中には戦隊長との面会のくだりはなく、住民の動きとして一九四五年三月二五日「夕刻、梅澤部隊長（少佐）から、住民は男女を問わず、軍の戦闘に協力し、老人子どもは全員、今夜忠魂碑前において玉砕すべし、という命令があった」[★9]と記述した。日本軍と行動したことで住民の動向を知らない初枝は、この文言を、住民の証言を記録した座間味村の公式文書「座間味戦記」から引用したのである。初枝の体験記は一部修正が加えられ、一九六八（昭和三十八）年に刊行された『沖縄敗戦秘録——悲劇の座間味島』（下谷修久）に収録された。いつしかこの本が座間味島の「集団自決」の実相として来島者に読まれ、初枝は自らの体験のみならず、住民の「集団自決」体験の〝語り部〟にされてしまうのである。

住民が証言する「隊長命令」については、一九五六（昭和三十一）年に行われた、戦後の「援護法」適用をめぐる厚生省の調査の場でも、初枝は「住民は隊長命令で自決をしたと言っているが、そうか」という事務官の問いかけに「はい」と答えていた。本来、「援護法」は軍人・軍属の戦没者遺族や負傷者に国が補償金を支払うという根拠になるもので、民間人には適用されなかった。しかし沖縄には「一般戦闘協力（参加）者」（準軍属）という枠が設けられ、結果的に「集団自決」やスパイ嫌疑による虐殺などの二〇項目にそれが適用された。

戦後数十年経ち、毎年行われる慰霊祭に初枝の「戦友」たちが座間味島を訪れるようになった。その交流のなかで、初枝は梅澤元戦隊長が「集団自決」命令の張本人にされ苦しんでいるという話を聞き、心を痛める。そして戦後三五年目のある日、梅澤氏との再会を果たし、米軍上陸前夜の本部壕でのできごとについて直接本人に伝えた。「玉砕」の弾薬をもらいに行ったが帰され、あの時戦隊長は命令しなかったこと、「集団自決」への「援護法」適用が隊長の命令を要件としたため、「隊長命令」を信ずる住民証言を肯定したという内容である。そして初枝は、自らの体験に沿って前述の三月二十五日の夜のできごとを書いた新たな原稿を執筆した（筆者はこの原稿のコピーが初枝から直接梅澤氏に送られていたことを、裁判の証拠として出されていたことで知った）。

梅澤氏は初枝と再会したとき、「あの夜」の助役らの面会について覚えていなかったようだが、「あの時隊長は命令しなかった」という初枝の一言によって記憶をたぐりだす。そして一九八五（昭和六十）年七月三十日の『神戸新聞』に、座間味島の「集団自決」は、「米軍上陸後、絶望のふちに立たされた島民たちが、追い詰められて集団自決の道を選んだもの」との談話を載せ「事あるごとに、私が命令を下したように言われつらかった」と自分の〝無罪〟を主張し、これを皮切りに、梅澤氏はその後積極的な行動を開始した。まず自身の体験をまとめて『沖縄史料編集所紀要』

第一一号（沖縄県沖縄史料編集所、一九八六年）に掲載し、[★10]さらに一九八七（昭和六十二）年には座間味島に渡り、宮里盛秀助役の弟を泥酔させたあげく「昭和二十年三月二十六日の集団自決は梅澤部隊長の命令ではなく当時兵事主任（兼）村役場助役の宮里盛秀の命令で行われた。（中略）遺族補償のためやむを得ず隊長命令として申請した」という〝念書〟を書かせたのである。それをもとに『神戸新聞』（一九八七年四月十八日）は「座間味島の集団自決の命令者は助役だった」「遺族補償を得るため〝隊長命令に〟」という大見出しで記事を掲載し、続いて五日後の『東京新聞』も同じ内容で報道した。[★11]

『沖縄史料編集所紀要』に掲載された梅澤氏の手記は、ほぼ同じ内容で大阪地裁に「陳述書」として提出された。梅澤氏は、一九四五年三月二十五日夜の出来事について、次のように記述している。

二十五日夜二十二時頃戦備に忙殺されて居た本部壕へ村の幹部が来訪して来た。助役宮里盛秀氏、収入役宮平正次郎氏、校長玉城政助《ママ》氏、吏員宮平恵達氏及び女子青年団長宮平初枝さん（現在宮城姓）の五名。

その用件は次の通りであった。

1. いよいよ最後の時が来た。お別れの挨拶を申し上げます。

2. 老幼婦女子は予ての決心の通り軍の足手纏いにならぬ様、又食糧を残す為自決します。

3. 就きましては一思いに死ねる様、村民一同忠魂碑前に集合するから中で爆薬を破裂させて下さい。それが駄目なら手榴弾を下さい。役場に小銃が少しあるから実弾を下さい。以上聞き届けて下さい。

私は愕然とした。今時この島の人々は戦国落城にも似た心底であったか。

私は答えた（「陳述書」では、「私は毅然と答えた」になっている）。

1. 決して自決するでない。軍は陸戦の止むなきに至った。我々は持久戦により持ちこたえる。村民も壕を掘り食糧を運んであるではないか。壕や勝手知った山林で生き延びて下さい。共にがんばりましょう。

2. 弾薬は渡せない〔「陳述書」では「弾薬、弾薬は渡せない」としている〕。

しかし、彼等は三十分程も動かず懇願し私はホトホト困った。折しも艦砲射撃が再開し忠魂碑近くに落下したので彼等は急いで帰って行った。★12

初枝の文章にはない、梅澤氏の強気ともいえる発言がここには記されている。「老幼婦女子は予ての決心の通り〔自決する〕」となれば、予てから軍（隊長）との話し合いで「集団自決」が決まっていたと考えられる。「自決」したのが結果として「老幼婦女子」だけではなかったのはどうしてだろう。また、あのせっぱ詰まった状況のなかの「決して自決するでない」という戦隊長の発言は、生死の選択を迫られた助役の決断を促す重要な意味を持つ。それに「自決するな」と命ずる上官に背いて、助役が独断で住民への「自決」の命令を出せたはずもない。こうした疑問はともかく、かつての〝上官〟の手記の「虚言」を見抜きながらも、初枝は反論できないほど精神的に追い込まれていた。梅澤氏のメディアを使った座間味島住民への攻撃に、初枝は梅澤氏と住民との板挟みに遭い、心身ともに衰弱していたのである。こうした気苦労がたたり、一九九〇年十二月、初枝は鬼籍に入った。

b　大阪地裁の判断

その一〇年後、筆者は生前の初枝との共同作業でリライトした手記を、本人の遺言を受け、地元住民の体験や海上挺進戦隊の組織の経緯、戦後の座間味島の出来事等を加えて『母の遺したもの』と題して刊行した。梅澤氏はそれを証拠の一つに、米軍上陸前夜の座間味島の「集団自決」の「隊長命令」は、「援護法」適用のために座間味島住民によって〝捏造〟されたものだと、なぜか大江健三郎氏と岩波書店を提訴したのである。

ところが、一九五六（昭和三十一）年の「援護法」適用の調査以前から、「集団自決」の「隊長命令」あるいは

「軍命令」は記録されていた。まず、米軍上陸間もない一九四五（昭和二十）年四月の「慶良間列島作戦報告」には「民間人たちは、三月二十一日に、日本兵（複数）が、慶留間《げるま》島（座間味村の一つ）の島民に対して、山中に隠れ、米軍が上陸してきたときには自決せよと命じた」★13という記述があった。そして一九五〇（昭和二十五）年刊行の『鉄の暴風』（初版は朝日新聞社、二版以降は沖縄タイムス社）、さらに一九五五（昭和三十）年に沖縄市町村長会が発行した『地方自治七周年記念誌』でも、座間味島における「集団自決」の「隊長命令」は記録されていた。こうした資料の存在を含め、第一審の判決では、つぎのように大阪地裁の判断が示された。

(1)「援護法」適用問題について

集団自決が戦闘参加者に該当するかの判断に当たっては、隊長の命令によるものか否かは、重要な考慮要素とされたものの、要件ではなく、隊長の命令がなくても戦闘参加者に該当すると認定されたものもあった。〔中略〕梅澤命令説及び赤松命令説は、沖縄において援護法の適用が意識される以前から存在していたことが認められるから、援護法適用のために捏造されたものであるとする主張には疑問が生ずる。また前記のとおり、隊長の命令がなくても戦闘参加者に該当すると認定された自決の例もあったことが認められるから、梅澤命令説及び赤松命令説を捏造する必要があったのか直ちには肯定し難い。〔中略〕

初枝は、座間味村の住民が玉砕命令の存在を信じていたことから、援護法適用の調査に「はい、いいえ」で答えたと語るにすぎず、〔中略〕援護法適用のために原告梅澤の自決命令をねつ造したことを直ちに窺わせるものではない。〔中略〕

(2)『母の遺したもの』について

〔一九四五年三月二十五日夜の初枝の〕この記述は、座間味島の住民が原告梅澤に集団自決を申し出、弾薬の提供を求めたのに対し、原告梅澤がこれを拒絶した内容になっており、原告梅澤が座間味島の住民の集団自決につ

いて、消極的であったことを窺わせないではない。〔中略〕

しかしながら、この記述は、原告梅澤が「今晩は一応お帰りください。お帰りください」と述べたことを記述するのみで、「一応」という表現が付されていることや、盛秀助役らの申出に対し、原告梅澤がしばらく沈黙したこと〔中略〕を考慮すると、原告梅澤との面会の場面全体の理解としては、原告梅澤による自決命令を積極的に否定するものではなく、盛秀助役や初枝らの申出を受けた原告梅澤の逡巡を示すものにすぎないとみることも可能である。〔中略〕原告梅澤作成の陳述書の記載内容の信用性についての、これまでの検討結果からすると、原告梅澤の供述等は、初枝の記憶を越える部分について、信用し難い。〔中略〕

初枝は座間味島の集団自決の際、現場である忠魂碑前にいなかったことになり、原告梅澤と面談した後、原告梅澤はもちろん、集団自決に参加した者との接触も断たれていたのであるから、直接的には原告梅澤の集団自決命令の有無を語ることのできる立場になかったこととなる。

したがって、〔中略〕「母の遺したもの」の記述から、直ちに梅澤命令説を否定できるものではないというべきである。★14

こうして請求を棄却された梅澤氏らは大阪高裁に控訴するが、そこに一九四五年三月二十五日の夜の出来事について新たな証言が登場するのである。

3　A氏の証言

a　梅澤氏がA氏に異議

A氏は「三月二十五日の夜」の艦砲射撃のなかを家族の壕に向かう途中、日本軍本部壕にさしかかった際に助役の宮里盛秀らが梅澤隊長と会って話している内容の一部始終を聞いたという。

本部壕の前には、助役・宮里盛秀の他、村長・野村正次郎、収入役・宮平正次郎の村役場の三役と、国民学校校長・玉城盛助、村役場吏員の宮平恵達、それに私の姉の宮平初枝（のち結婚して宮城姓）がいました〔傍点引用者〕。

〔中略〕盛秀は、「もう、明日はいよいよアメリカ軍が上陸すると思いますので、私たち住民はこのまま生き残ってしまうと鬼畜米英に獣のように扱われて、女も男も殺される。同じ死ぬぐらいなら、日本軍の手によって死んだ方がいい。それで忠魂碑前に村の年寄りと子供を集めてありますから、自決するための弾薬を下さい」と懇願しました。

すると梅澤隊長は、「何を言うか！　軍も明日敵がやってくるのに、補給もなく非常に困っている。戦うための武器弾薬もないのに、民間人に武器弾薬を渡すのはもっての他だ。あなた方を自決させるような弾薬などない。帰って、集まっている民間人を解散させろ」と強く断りました。助役はなおも「弾薬やダイナマイトがダメならば毒薬を下さい。手榴弾を下さい。鉄砲があるから、小銃弾をわけて下さい」と食い下がりました。

そこで、ついに梅澤隊長は次のように命令しました。

「俺の言うことがきけないのか！　よく聞けよ。われわれは国土を守り、国民の生命財産を守るための軍隊であって、住民を自決させるためにここに来たのではない。あなた方に頼まれても自決させるような命令は持っていない。あなた方は、畏れおおくも天皇陛下の赤子である。何で命を粗末にするのか。いずれ戦争は終わる。村を復興させるのはあなた方だ。夜が明ければ、敵の艦砲射撃が激しくなり、民間人の犠牲者が出る。早く部落の者を解散させなさい。今のうちに食糧のある者は食糧を持って山の方へ避難させなさい」。
村の三役たちは30分以上も粘っていましたが、仕方なく帰っていきました★15。

A氏によれば、助役は本部壕からもどっていく際、宮平恵達に個人壕にいる住民を忠魂碑前によびだすように、また初枝には役場の重要書類を持ち出して焼却するように命じていたそうだ。そしてA氏は忠魂碑に向かう助役ら三役の一五メートルくらいあとをついていったところ、そこにはA氏の家族を含め老人と子供ばかり八〇人くらいの住民がいた。やがて村長が住民に対して近くまで寄るよう声をかけ、忠魂碑の階段にのぼって話をはじめた。

「みなさん、ここで自決するために集まってもらったんだが、隊長にお願いして弾薬をもらおうとしたけれど、いくらお願いしても爆薬も毒薬も手榴弾ももらえない。しかも死んではいけないと強く命令されている。とにかく解散させて、各壕や山の方に避難しなさい、一人でも生き延びなさいという命令だから、ただ今より解散する」。
村長の話は2～3分で終わりました。村長が解散命令を出したのは午後11時ころです★16。

同じ時間帯の同じ場所での出来事として、初枝、梅澤氏、A氏の証言はそれぞれ違う。しかもA氏の陳述には村長が加わり梅澤戦隊長に面会したのは全員で六人となっている。何よりも違和感があるのは、当の梅澤氏本人が手記に書かなかった多くのことを、A氏は梅澤氏の言葉として雄弁に語っていることである。藤岡氏がA氏の証言について梅澤氏にたずねたところ、「「大体、こんなところだったと思う」と答えた」というが、「ただ一つ、「天皇陛下の赤子」については、〈中略〉梅澤は「こういうことは自分は言わない」というのである。他者の発言の趣旨を聞き手が自分の中で解釈しているうちに、自分の言葉が混入してしまうことは普遍的に見られる現象で、少しも不思議なことではない」[★17]と藤岡氏はA氏証言を正当化する。

しかしながら、A氏の証言にはあまりにも「自分の言葉が混入」し過ぎており、真偽のラインがきわめてあいまいなのである。梅澤氏にしても、難局に直面した指揮官としての自身の言動が、「大体、こんなところ」と第三者の「記憶」にゆだねる程度の瑣末なものだったのだろうか。とりわけ疑問に思うのは、「新証言」が事実であれば、当然証人尋問でA氏を法廷で証言させそうなものを、「控訴人ら訴訟代理人は、期日前には、当審でA氏の証人調べを求めるとしていたが、結局、証人申請はされなかった」[★18]という。変わりに藤岡氏が証人申請をしたが却下された。

b　A氏の弁明

そもそも、A氏が戦後六十数年間、「三月二十五日の夜」のできごとについて〝沈黙〟してきたのはなぜだろうか。しかも、頻繁に筆者宅に父を訪れて雑談を交わしてきたし、そこには当然初枝もおり、時折戦時下の話にも及んだ。その間一度も、A氏自身が「三月二十五日の夜」の目撃情報を話題にしたことはなかった。

藤岡氏は、戦後、座間味村のT村長から「集団自決」の「隊長命令説」を覆すような証言に対して「村人に厳重な箝口令」が布かれており、A氏も村長に呼ばれてマスコミにしゃべってはいけないとか、「援護金がもらえなくなったら座間味の人は飢えてしまう」[★19]など強く言い渡されたという。A氏によれば、同様に初枝、A氏の母親へも村長から口止めがあったそうだ。

A氏の母親（一九〇〇年生まれ）は筆者の母（初枝）の継母にあたり、晩年は、筆者が担当していた『座間味村史』

の、近代の住民生活の証言者として積極的に協力してくれた人である。一九八〇年代後半の聞き取り調査の一つに戦争体験があり、その証言も『座間味村史』下巻に収録した。その際、一度も村長からの「口止め」について話題にしたことはなかった。A氏の母親の証言によれば、「三月二十五日の夜」はA氏は母親と一緒だったといい、壕の場所が奥まった所にあり、「玉砕命令」の伝令が来なかったため忠魂碑前に行かなかったそうだ。そうなると、A氏の証言は根っこからくずれることになる。それについてA氏は二つめの「陳述書」を提出し、その中で「〔筆者＝宮城が〕村史編纂の当時から、村当局の都合に合わせて」「村長の解散命令の事実をかくすため」「母にいわせたものだとしか考えられません。母はテープに証言を吹き込む時、〔筆者から〕「そこは、ストップ」、「はい、戻って」などとくり返し指示され、終わって帰ってきてから「ああ、疲れ果てた」とこぼしていました」と記述している。[★20] もちろん、藤岡氏が書いたと思われるが、聞き取り調査でインフォーマントの発言を中断させるほどの〝度胸〟は筆者にはない。

　筆者に対する人格攻撃はあらゆる所に出てくるが、ここで紙面を割くほどの価値はないので捨て置くことにして、要はT村長への中傷である。一九九二（平成四）年に製作されたビデオ「戦争を教えて下さい・沖縄編」（記録社）で「三月二十五日の夜」の証言が陳述書と異なることが大江氏・岩波書店弁護団から指摘されると、A氏は、T村長の奥さんが「わざわざ私の家の台所のところに来て、母に「〔Aさんに〕集団自決のことを喋らせてはいけない」とクギをさしました。それで母は「壁に耳ありだから、おおごとになる」と言って、家中の電気を消し〔中略〕カメラのスポットライトをあびて撮影しました」。そして、T村長から脅かされていたので、「うっかりしたことを口にしてしまわないかと大変緊張し、苦しい思いをしました[★21]」という。

　このビデオ撮影に関する陳述には大きな問題点があった。まず、部屋を暗くしてスポットをあてるのは、効果を得るためのよくある手法である。それより、A氏の母親は当時、ぜんそくの持病からくる慢性呼吸不全を患っており、「在宅酸素」の必要から沖縄本島に住むA氏の妹宅で療養をしていた。筆者は何度か見舞いに行っており、少なくとも一九九一年から亡くなる一九九三年まで、座間味島に帰っていない。そして最も重要な点は、T村長が、ビデオ撮影二年前の一九九〇年にはすでに亡くなっていたということである。こうした基礎的な検証を怠り、当事者が亡くなったことを好都合に、藤岡氏はA氏証言のでっち上げに加担したのである。

藤岡氏や歴史修正主義ジャーナリストは可能な限りのメディアを駆使し、A氏証言の正当性を主張したが、A氏の証言は破綻し、高裁は「〔出された諸々の証拠を〕総合すると、A証言は明らかに虚言であると断じざるを得ず、上記関連証拠を含め到底採用できない[★22]」と一蹴した。

おわりに——歴史修正主義者の意図するもの

藤岡氏がA氏証言に執拗にこだわったのは、一審で原告が敗訴したため、次の手段としてA氏の証言なる「⑴昭和二十年三月二十五日夜、本部壕前で梅澤隊長と村の幹部が会見した際、梅澤が「自決するな」と制止し、自決するために集められた村民の解散を求めていたこと、⑵それを受けて村長が忠魂碑前で村民に解散を命令していたこと[★23]」をポイントに、梅澤氏の〝冤罪〟を晴らそうとしたことである。そのため、どうしても村長を登場させる必要があった。その結果、〝創作〟のボロが露呈したのである。

六十数年間、座間味島の住民がどんなに「箝口令」を守ったにしても、それはメディアや研究者など外部の人間に対するものであって、体験者同士が「箝口」することはあり得ない。筆者は一九七〇年代初頭から三十数年にわたって座間味村民の戦争体験の聞き取り調査をし記録してきたが、「玉砕命令」の伝令を受けて忠魂碑前まで行った住民の誰一人として、村長が「解散命令」を出したと証言をする人はいなかった。夫を戦地に送り、子ども、老親を抱えて、生きるか死ぬかの極限に追い込まれた状況を語る女性たちに打算はない。

藤岡氏は、忠魂碑前の村長の「解散命令」を「八〇人の村人が聞いている。もっとも、八〇人の多くは老人や子供だったから、今となっては生き残りの証言者は極めて少ない。老人は当然亡くなっているし、子供はものごころもついていない小さな者が多かった」★24ために、A証言を証明する人がいないという。ところが、その老人、子供を引き連れていたのはほとんどが成人女性たちであり、法廷に証拠として提出された住民証言は、前述した一審の「裁判所の判断」で評価された女性たちの証言なのである。藤岡氏にとって、女性の証言は取るに足らぬものであり、ここには大きくジェンダー差別が横たわる。つまり、これまでの歴史書を例にあげるまでもなく女性不在、男性中心の歴史の記録を正史とする考え方である。これこそ、「新しい歴史教科書をつくる会」が目標とする伝統に基づく「家族制度」をベースに、女性は良妻賢母として「家庭」に入るものであり、〝社会的無能力者〟としての女性は歴史の証人になり得ないということを意味する。

ジェンダー差別はそのまま民族差別にも連なる。沖縄県民の戦争犠牲を踏み台にいまなお居座り続ける米軍基地の押しつけ、そして中国、北朝鮮の脅威を大義名分に自衛隊の沖縄配備を強化する動き等々、たとえ政権は変わっても、沖縄の声は無視され続ける。沖縄県民は基地被害の痛みを知っているからこそ、宜野湾市民を筆頭に普天間基地の辺野古移設に反対しているのであり、誰にもその痛みを味わわせたくないと思っている。しかし、日米同盟を最優先するあまり沖縄を切り捨てる民主党、自民・公明党への失望は言うまでもなく、藤岡氏ら歴史修正主義者のような、露骨に沖縄を差別する「ヤマトンチュ（日本人）」がいるために、沖縄県民の多くが心ならずも「県外（本土）」への米軍基地移設を訴えているのである。

「集団自決」をめぐる「記憶」の抗争は、事実関係を問うことが目的ではなく、アジア太平洋戦争における日本軍の醜行にふたをし、武士道を中心とした国防意識を子どもたちに植え付けるための条件整備を目論むものであり、その手段として利用されたのが沖縄戦「集団自決」訴訟といっても過言ではあるまい。

［註］

（1）この経緯については、宮城晴美「座間味島の「集団自決」」、屋嘉比収編『沖縄・問いを立てる4　友軍とガマ』社会評論社、二〇〇八年、八一～四頁参照。

（2）沖縄戦「集団自決」訴訟大阪地裁判決書、一〇六頁。

（3）同前、一一〇頁。

（4）同前、二〇三頁。

（5）同前、二〇五頁。

（6）防衛庁防衛研修所戦史室『沖縄方面陸軍作戦』朝雲新聞社、一九六八年、二二七頁。

（7）同前、八五頁。

（8）宮城晴美『母の遺したもの――沖縄・座間味島「集団自決」の新しい事実』高文研、二〇〇八年、三八～四〇頁。

（9）宮城初枝「とっておきの体験実話――沖縄戦最後の日」、『家の光』一九六三年四月号、一〇七頁。

（10）その経緯については、大城将保『沖縄戦の真実と歪曲』高文研、二〇〇七年、五五～六五頁。

（11）宮城晴美『母の遺したもの』、二六九～七三頁。

（12）『沖縄史料編集所紀要』第一二号、一九八七年、四一～二頁。

（13）林博史『沖縄戦――強制された「集団自決」』吉川弘文館、二〇〇九年、三三頁。

（14）沖縄戦「集団自決」訴訟大阪地裁判決書、一六二～七六頁。

（15）A氏「陳述書」甲B158、五～六頁。

（16）同前、九頁。

（17）藤岡信勝「集団自決「解散命令」の深層」、『正論』二〇〇八年四月号、二三一頁。

（18）沖縄戦「集団自決」訴訟大阪高裁判決書、二四〇頁。

（19）藤岡氏「意見書」甲B132、一四頁。

（20）A氏「陳述書」甲B142、三頁。

(21) 同前、四頁。
(22) 沖縄戦「集団自決」訴訟大阪高裁判決書、二五一頁。
(23) 藤岡氏「意見書(2)」甲B145、一頁。
(24) 藤岡氏「意見書」、甲B132、一五頁。

【第2章】

沖縄県の戦争体験者のいま

戦争体験の捉え方の変化に注目して

吉川麻衣子

はじめに――語り手のペースを大切にすること

沖縄で生まれ育った筆者は、ここ十数年、臨床心理士の立場で沖縄戦の体験者と共に研究を続けている。これまでおよそ五〇〇人の体験者と会い、戦争当時の辛かった体験、戦前から終戦直後にいたる家族の状況や喪失体験、戦後の生活を送る上で糧となっていたこと、現在の戦争に対する想いなどを聴かせてもらってきた。

二〇〇五(平成十七)年からは、「戦争体験の語らいの場」を沖縄県内七地域で実施している。「同じ体験をした者同士が、安心して率直に自らの体験を語ることができる場が欲しい」という声を具現化しようと立ち上げたサポート・グループ[★1]は、今年で六年目を迎えた[★2]。そこに参加している人びとは、戦後六十余年もの間、自らの戦争体験の記憶を封印してきたが、「実は聴いてもらいたかった」ということで、参加している人が多い。

筆者は、臨床心理士の立場で体験者の語りを聴かせて頂いている。体験者が自らの体験を「語ろうとしない」ことを問題だとは捉えていない。このスタンスは、本書の他の論者と異なるのかもしれない。「語りたくない」「語ることができない」と言われる方に、語ることを強いることも、誘うこともしない。それぞれの方の気持ちを第一に尊重し真摯に寄り添ってきた。一人一人が、語りたいと思った時に、語ることができる範囲で、聴かせてもらうというスタンスでいる。沖縄戦の体験者それぞれのペースを大切にすることを心頭に置きながら関わってきたということを、まず記しておきたい。

1　沖縄戦の体験者との研究

本邦において、心理臨床学の見地から「戦争体験」を直接的に扱った研究は寡少である。とりわけ、太平洋戦争時に地上戦（沖縄戦）が展開された沖縄県ではほとんどない。[★3]研究としてなされてこなかった背景には、様々な理由があると聞いているが、今、ここにおいてしか取り組めない課題であるという認識のもと、筆者は沖縄戦の体験者と共に研究を続けてきた。彼らは単なる研究対象者ではない。リサーチパートナーである。

まず、二〇〇〇年、沖縄戦の体験者についての基礎的調査を実施した。[★4]約三年をかけてフィールドワークを行って、その地域の風土と人びとの生活を教えてもらいながら一人一人を訪ね、沖縄戦当時の体験や想い、戦後の生活や自らの「戦争体験」に対する現在の捉え方を中心に話を聴かせて頂くという内容であった。その結果、沖縄県においては、関東近郊を対象とした長田由紀子・長田久雄の調査[★5]と比して、戦争の記憶が現在の適応状態に悪影響を及ぼしている可能性が数値的に高いことが推測された。同様の手法で実施した二〇〇三年の調査でも、そのような傾向が見られた。[★6]また、戦争でどのような体験をしたのか、どのような被害を受けたのかが、終戦当時の想いに影響を及ぼしていることや、軍国主義教育の影響は戦争時の立場（兵役、学徒隊、一般住民、疎開）によって特徴づけられていたこと等々、貴重な示唆が得られた。[★7]

沖縄県では太平洋戦争時に日米最大の地上戦が展開され、一般住民も戦場へかり出され多くの尊い命が失われた。沖縄戦で体験されたことの記憶が、現在の適応上の課題となっている高齢者は少なくない。戦争体験の継承という意味合いばかりではなく、戦争を体験した世代が加齢にまつわる症状を伴ってくるようになることを鑑みると、戦争体験者に関する心理臨床学的研究をさらに蓄積していく必要があると痛感した。

さらに、数値では表せないが、二〇〇〇年の調査における二一七人の体験者との対話を通して次のことに気がついた。戦争において多大な被害を受け、当時は辛さや憎しみの感情に圧倒されていた「戦争体験」に対する想いや捉え方は、それぞれの人生の歩みの中で次第に変化してきたという体験者の語りがあった。例えば、「あの時は辛かったけど、戦争体験から得たものはある」と「戦争体験」の肯定的な側面に目を向けて語っていたり、「あの体験があったからこそ今の自分がある」と「戦争体験」を人生において意味のある体験として位置づけて語っていたりする人びとの存在があった。つまり、ポストトラウマティック・グロースの語りである。特に、現在あるいは過去に「語り部活動」の経験のある者の多くが、自らの戦争体験の意味を捉え直していることに気がついた。[★8] 肯定的、否定的と安易に二分することは本意ではないが、少なくとも、各々にとっての肯定的な意味が語られる場面が多かった。そこで、そのような捉え方の変化は、どのような事柄がきっかけとなったのかを本稿において、探索的に明らかしてみたい。

なお、「戦争体験」という用語を、戦争での個々人のさまざまな体験を包括する意味合いで用いることとし、以下、戦争体験と表記する。

2　沖縄戦を体験した二〇人の語り部たち

表1は、二〇人（男性七人、女性一三人）の詳細な属性について示す。インタビューは二〇〇三年五月上旬から

［表１］対象者の詳細

No.	性別	年齢／（ ）は 1945年時の年齢	当時の立場
1	女性	76（18）	学徒隊
2	女性	75（17）	学徒隊
3	女性	70（12）	一般住民
4	男性	76（18）	学徒隊
5	女性	75（17）	学徒隊
6	女性	74（16）	学徒隊
7	男性	88（30）	防衛隊
8	女性	74（17）	学徒隊
9	女性	82（25）	一般住民
10	男性	73（15）	一般住民
11	女性	71（13）	一般住民
12	女性	88（31）	一般住民
13	女性	76（18）	学徒隊
14	男性	73（16）	学徒隊
15	男性	83（25）	軍人
16	女性	77（19）	軍属
17	女性	75（18）	学徒隊
18	女性	75（17）	学生
19	男性	78（20）	防衛隊
20	男性	72（14）	本土疎開

七月中旬にかけて実施され、「5　語り部の語り」で挙げる二人には二〇一〇年七月に更なるインタビューを行った。平均年齢は七十七歳で、一九四五年当時には十九歳であった。二〇一一年時点では、うち一五人が亡くなられている。

対象者選定の手順として、まず、沖縄県内で「語り部活動」を行っている二五人に対して研究の趣旨を説明した。趣旨に賛同していただいた二二人と日程調整を行い、実施日を決定した。そして、実施当日に、意思を再度確認して承諾が得られた者のみを対象とした。なお、「語り部活動」とは、資料館及び祈念館、または地域において、来館者や地域の子どもたちなどに、自らの戦争体験を語り聴かせる活動のことである。

3　語り部たちへのインタビューの方法

a　手続き及び実施時期

インタビューは、筆者があらかじめ用意した質問内容について、話者の話の流れを遮らない態度で聴き進めていく半構造化面接の中で行われ、承諾が得られた場合のみ、録音機で記録された。調査場所は、語り手の要望に添い、全て語り手の自宅において実施された。適宜に休憩を挟み、人によっては数回に分けて実施され、三時間～一二時間半を要した。

b　インタビュー内容

以下の三点を中心とした。①戦時中の体験（太平洋戦争及び沖縄戦においてどのような立場にあり、どのような体験をしたのか）、②終戦当時の想いや戦争体験に対する現在の想い（終戦の知らせを聞いた時はどのような想いだったのか、自分自身の戦争体験に対して現在どのような想いを抱いているのか）、③戦争体験に対する捉え方が変化したきっかけとその過程（どのような事柄がきっかけとなって、自分自身の戦争体験に対する捉え方がどのように変化したのか、終戦から現在に至る過程の中での気持ちの変化はどのように起こったのか）。

c　臨床的配慮

インタビューを始める前に、話したくないことは無理に話さなくてもいいこと、無理に想い出さなくてよいこと、途中で辞退しても構わないこと、そして、本調査は心理学の基礎研究であり、特定の政治・宗教や思想信条には全く関係がないことを説明した。また、結果を公表する際には、語り手のプライバシーを十分に配慮した上で行うことを説明した。

調査内容が、対象者にとって精神的負担になる可能性に十分留意し、単なるデータ収集のための単発の面接ではなく、事前に数回面接をした上でインタビューに参加するか否かを自己決定してもらうプロセスを経た。相手のペースに添って真摯に傾聴する姿勢で実施することを心頭に置いた。調査終了一か月後、半年後に、全員に対してアフターフォロー面接を実施したが、調査を機に心身の調子を崩された方はいなかった。

4 戦争体験に対する捉え方の変化のきっかけとなった事柄・体験者の想い

表2は、捉え方の変化のきっかけとなった事柄あるいは想い、そして、後述の考察のために便宜的に分類したカテゴリーと各項目について語った対象者の番号を示す。★9

5 語り部の語り

インタビューの一部を事例として示す。作成した逐語録をもとに、本稿に掲載する部分について本人と話し合い、承諾が得られた部分のみを掲載する。プライバシー保護のため、複数の事例を合成するなどして加工した。

a 金城さん（仮名） 八十三歳（二〇一〇年時点） 女性

金城さんは、一九四五年三月当時、師範学校の卒業学年であり、幼少より憧れていた教職に四月から就くはずだった。しかし、戦況が悪化し、卒業学年である金城さんらも召集され、野戦病院に動員された。

召集命令を受けた当時のことについて、

［表２］戦争体験の捉え方を再構成するきっかけとなった事柄・想いおよびカテゴリー

事柄・想い	挙げた方	カテゴリー
①戦争当時の想い出の場所を訪ねたこと ②戦争で亡くなった方の遺骨を収集しに行ったこと ③戦没者の御霊が眠る祈念碑・慰霊碑を訪ねたこと ④戦争の真実を伝える平和（戦争）資料館・展示会を訪ねたこと	No. 1, 4, 15	a. 追想・追悼
⑤米軍統治下から沖縄が日本へ返還されたこと（1972年） ⑥終戦から50年目の沖縄戦慰霊祭に参加したこと（天皇の来沖）	No. 4, 14	b. 歴史的節目
⑦戦争の真実を知った（知ろうとする）こと ⑧平和活動に参加した（する）こと	No. 8, 19	c. 真実を知り伝える
⑨自分自身の戦争体験を誰かに話したこと ⑩戦争体験に関する手記や体験記を書いたこと ⑪他の人の体験を聞いたり読んだりする機会があったこと	No. 2, 3, 6, 9, 13, 16, 17, 18	d. 体験の開示・共有
⑫戦争で亡くなった方の33回忌を終えたこと	No. 5, 9, 20	e. 沖縄の精神的文化
⑬家族や友人の支えがあったこと	No. 11	
⑭戦後の自分の仕事が充実していたこと	No. 10	
⑮自分の人生における戦争体験の意味を考える機会があったこと	ほぼ全員	
⑯戦争を生き抜いてこられたことを励みにすること	No. 2, 4, 9	
⑰生き残った者は、戦没者の分も精一杯生きなければならないという信念を持つこと	No. 3, 6, 7, 13,15, 20	
⑱長い時間が経過したこと	No. 8, 11	
⑲個人的な体験	No. 7	

「あの頃の私は、根っからの軍国少女でした。〔中略〕父母に戦場へ動員されることを告げた時の二人の顔が今でも忘れられないさ。父は軍事教練を担当する教員だったからね、私が動員されたことを喜んでくれると思っていた。「国のために尽くしてこい」と言われると思っていた……。でも、父は大声で怒鳴った。「お前を戦争で死なせるために、育ててきたんじゃないんだぞ！」と。そのそばで母は、「もう卒業証書はいらないから、私たちと一緒に残って」と泣いていた。そんな母に、「お母さん、そんなことをしたら、みんなに非国民と言われるよ！」と言ったんです。今思えば何て親不孝な子どもなんでしょう」。

当時の体験について、

「負傷兵の包帯を交換したり、傷にくっついたウジを取り除いたりすることが仕事。一番仲の良かった友だちが目の前で砲弾に当たり亡くなった。今考えると、とても悲しかったはずなのに涙も出なかった。感情が枯れていたのかもしれない。〔中略〕切断した手足や死体を穴に埋める作業も行った。動けない兵士の下の世話は、始めのうちは恥ずかしかったが慣れた。自分の出来る事、やれることだけをやってあげるしかない。疲れを感じないくらい疲れていた。とにかく綺麗な下着が欲しかった。それが一番欲しかった。食べる物よりも」。

終戦の知らせを聞いて、

「終戦間近の時、私は密かに、もういよいよ日本は負けるのかもしれないと思っていた。それで、終戦を知った時には、「やっぱりそうか」という気持ちと、「天皇陛下に大変申し訳ない」という気持ちが入り交じっていたんです」と話した後、金城さんはうつむきがちに、戦争の時に傷ついた自分の手を見ながら沈黙した。

「……この傷は終戦の日にできたもの。壕には居られなくなって、海岸の岩に隠れていた。海にはアメリカの船がいっぱい、陸からはあちこちで銃声とわめき声が聞こえていた。

〔中略〕私らは逃げようと必死で、海に入ってみたり、銃弾が飛び交う中を突破しようと考えたが駄目だった。もう誰もがこれで人生が終わるんだと思っていた。あの当時は、これまで生きてきた短い人生をふり返っていたんですよ。ああ。弟たちと遊び回ったこと、父や母を悲しませてしまったこと、友だちと一緒に笑っていた時のこと……」と時折言葉を詰まらせながら、ぽつりぽつりと語った。「その時一緒にいた友だちと先生が手榴弾の栓を抜いて……自決したんです。……この傷はその時に飛んできた友だちの遺体の一部（骨）で付いた傷。〔中略〕だから、いつもこの傷を見ると、あの子たちの分も私は生きなくてはならないんだ……と思って生きてきたの」。その思いが金城さんの人生を支えてきたようだった。

金城さんは、戦争が終わり、しばらくしてから、目の前で亡くなっていった友人らの遺骨を収集するために、その土地を訪れることになった。

「ずっと考えていたんです。もうあの場所には二度と行きたくない、あの記憶はもう忘れてしまいたい、でも、彼女たちの最後を知っているのは私。何にも知らない家族の人たちに伝えてあげなくてはと思うのだが……怖いという気持ちもあって……。

〔中略〕でも今では、あの場所にもう一度訪れることができて良かったと思っている。友人らとのお別れの意味はもちろんあるけど、私にとって新たな人生をスタートさせるためには必要なことだったと思います。あれがあったから、冷静に自分の体験と向き合えるようになった」。

戦争体験に対する現在の想いについて、

「本当に、五〇年以上経った今でもあの時の記憶は鮮明です。忘れることができません。でも忘れてはいけないとも思います。私にとって、戦争というのは「自分の人生、運命にはなくてはならなかったもの」だと思うの。確かにあの戦争でたくさんの命が奪われてしまったけれど、だからこそ、生き残った者は精一杯生きなくてはならないだと思うことができた」と言う。

それまでは想い出すことも話すことも避けていた戦争体験の記憶だったが、友人が最期を遂げた場所に赴き、遺骨を収集して遺族に届けるという活動を通して、冷静に自分の体験と向き合えるようになったということだった。

金城さんは戦後まもなく教壇に立った。

「戦争や天皇、皇民化教育に対しては何の疑問も持っていなかった。今では信じられないが、教育の恐ろしさ。だから、教壇に立つようになったとき、自分が本当に正しい事を子どもたちに教えているのかということをずっと念頭に置きながら教員生活を続けていた。一生懸命にやってきた。ほんとうに……正しいことを。そのことが、戦争を経験して良かったと思えることかもしれない。自分が身をもって体験した戦争の悲惨さ、平和の大切さを伝えることができたから」。

そして現在、戦争資料館において多くの人に戦争の実情を語り伝えている。

「退職後、自分の人生をふり返り、残りの人生を想ったとき、自分の出来る事は何かと考えたんです。戦争を直に体験した者として、亡くなった多くの人々のためにも語り継がなくてはならない、声にしなければならないと想い、語り部を始めた。自分の人生において、戦争と向き合うことは避けては通れない道。始めの頃は話している途中で止めたくなったこともあったが、だんだん自分の体験が明確になるにつれ、堂々としていられるようになった。語ることによって、もっと戦争体験というものと向き合うことができた気がします」。

b　城間さん（仮名）　八十八歳（二〇一〇年時点）　女性

城間さんは、沖縄戦の最中、幼子と病気がちの夫を連れて逃げまどい、その途中でわが子を看取るという体験をされた。「米軍が近くまできているということで、昼は壕に隠れ、夜に少しずつ北へ向かって避難を始めました。その頃まではあまり恐怖感はなかった」。淡々と沖縄戦の記憶を語り始めた。

ある避難壕でのこと、

「壕の中では、「米軍の馬のり攻撃〔壕などの上に陣を取り、中から出てくるよう呼びかけ、壕から出てきたところを攻撃するという手法〕の時には、艦砲は落ちてこない。避難民はみんな、声を出すなよ声を出すと大変だよ」と言い合っていた。馬のり攻撃を受けたら、兵隊たちは「馬のり攻撃になったぞ、お前たちは邪魔者だ！」と怒鳴る。銃剣をちらつかせながら、大声で、「子どもは戦争の邪魔者だ！　殺してやるぞ！　子どもを泣かすと誰でもいいから殺してやるぞ！」と怒鳴った。私の子どもが死ぬ二、三日前から、朝夕と避難民の所へ軍隊が来て、そう言って脅かした。それで私たちはその時、自分の子どもが泣かなくなったのをかえって良かったというような安心もあった。とても今では想像もつかんでしょ？　自分の子どもが目の前で泣かなくなって（亡くなって）良かったと思うなんて。でも当時の正直な心境だった。子どもは餓死状態になって、元気がなくて泣かなかったんだけど、他の子どもが泣いて、あんな脅しをかけられているんだから、自分の子どもは大人しいから良いんだと考えていた。

〔中略〕その壕では、色々な体験をした。水汲みに行く時、二、三日の間は良かったんだけど、四日目ごろから、行く途中は人が死んで……真っ暗で手探り状態だから、歩こうとしたら、今まで人がいたところに、何だか冷たいものがある。とうに餓死しているわけ。死んで冷たくなって……そういう死体のところを通るのも怖くもない。そして死体の上をまたいだり、踏んだりして歩いて水を汲んできては子どもに与えていた。お腹が空いて、恐怖もあまり感じなくなっていた。ほんとにみんな、精神異常になりかけていたんでしょう。ノイローゼ気味になっていたと思う。

〔中略〕そういう中で、私は死んだ子どもを一日中抱きかかえていた。姉さんが、「あんたはこんなに冷たい子を一日中抱きかかえてどうにもならないではないか」と言うが、私は生きられる間は子どもを抱いて一緒に居たいと思っていた。「大変だから手探りして、二人で壕の中に埋めておこうよ」と姉は促した。夫もいたが、夫は病弱。兵隊検査も合格しないような状態だった。私は、暗くて子どもの顔も見えない。壕に入る時に見た子どもの顔を思い出しながら、主人と姉さんと三人で弔った。壕の誰もいない所を手探りして行って、「ここらは誰もいないからこの石を開けて入れようね」と言って、動物がするように、自分の手で土を掻き出して穴を掘って、「ごめんなさいね、母ちゃんも後でついていくから、あんた一人ではないんだよ」と言って聞かして埋めたのよ。

〔中略〕そうしたら翌日から、四歳になる子がダダをこね出してね。「かあちゃん、ご飯食べたいよう」と。でもどうしてあげることもできず……。ただぼんやりと一日の二四時間という時が過ぎていくのも分からない状態で、もうほんと、朦朧としていたさ。私だけじゃなくて、あのときの壕の声がまだ耳の中に残っている。〔中略〕みんなが糞や小便もしている水を汲んできて子どもたちに飲ませて三日くらいは水ばかり飲ませた。〔中略〕生のエンドウをかじって何とか生き延びた」。

終戦当時について、

「非常に怯えていたさ、あの時は、死ぬことより生き残ることの方が怖かった。アメリカにつかまったら、男はみんな殺され、女はみんな恥ずかしい目に遭わされるって言われていたからね。だから女の人はそんな目に遭うくらいだったら死んだ方がましだと言って自決する人も多かったわけ。でも実際は違っていた。アメリカは優しかった。食べ物もくれたし、服もくれた。何だったんだ……と思ったさ。だから収容されてからすぐに病気になってしまった。それまで緊張感でいっぱいだったから急に安心してしまってから、病気になった人も多かったよ」。

戦争体験に対する現在の想いについて、

「何も知らない、戦争の意味なんて何も知らない子どもたちの命を奪った戦争は確かに憎い。戦争がなければねって。子どもは死んで私は生き残って……。でもね、私の子の三十三回忌を終えた後からは、これからは私の人生を生きていって良いんだと思えたの。三十三回忌を終えてようやくあの子は神様になって、気持ちの整理がついた。今でも毎日ウガン（祈願）しているさ。うちの子どもと戦争で亡くなった人たちにね。それが今の私にできること。あとは精一杯生きること。これだけよ。いつまでもくよくよしていても仕方がないもの。私はあと何年かしたらあの子の所に行ける。それまでは頑張ろうって。

〔中略〕楽しかったさ、人生。戦争があったけど、子どもが死んでしまったけど、楽しかったさ。いい想いもいっぱいした。だから生きてこられて良かったさ。でも、そう思えるようになるには、長い時間が必要だった。私の場合は、戦後の生活がうまくいったからそう思えるのかもしれない。そうじゃない人も沖縄にはいっぱいいる。〔中略〕平和活動を始めたと同時に、語り部を始めた。〔中略〕戦争を直接経験していない世代に戦争の実情を伝えることが、私の贖罪」。

6　沖縄戦の体験者にとっての戦後の意味

前述した戦争体験に対する捉え方が変化したきっかけとして挙げられた事柄・想いについて、語りを踏まえて、沖縄戦の体験者にとってのそれらの意味を考察する。

a　追想・追悼

銃弾により負傷した場所、ずっと身を潜めていた壕、戦地でずっと一緒だった友人が亡くなった場所、御霊がねむる祈念碑を訪れた、というものであった。いずれも、終戦から一〇年以上が経過した後にそのような行動をとっていた。終戦直後は、当時の悲惨な記憶に触れることを避け、なるべく想い出さないようにしたという。

体験や戦没者を追想・追悼することは、戦争体験者にとってどのような意味があるのだろうか。事例で挙げた金城さんは、戦地を訪れ、友人の遺骨を収集し、家族に届けたことについて、「新たな人生をスタートさせるために必要なことだった、それまでは、戦争のことを想い出すことも話すことも避けていたが、冷静に自分の体験、自分の過去と向き合えるようになったと思う」と語った。また、他の対象者の語りを通して、戦没者の遺骨を収集し身内に届けるなどの行為は、「⑰亡くなった人の分も生きなくてはならない」という想いにもつながっているのではないかと推察された。

ヴァン・デア・コルク、マクファーレン、ヴァン・デア・ハート★10は、トラウマについて話すだけでは決して十分ではなく、トラウマのサバイバーには、無力さと絶望とに勝利したことを象徴するような何らかの行為が必要であるとし、こう述べている。

「エルサレムのホロコースト祈念碑やワシントンのヴェトナム戦争祈念碑は、それぞれの出来事を生き延びた人たちが亡くなった人たちを悼むことを可能にし、トラウマとなった出来事に歴史的、文化的な意味を打ち立てるための象徴の好例であるとされる。そして何よりも、これらの象徴は、連帯感と共感の可能性が現在でも存在しているのだということを生き延びた人々に思い起こさせるものであるのかもしれない」。

沖縄県では、「沖縄の歴史と風土の中で培われた「平和のこころ」を広く内外にのべ伝え、世界の恒久平和を願う」という趣旨のもとに、国籍や軍人、民間人の区別なく、沖縄戦などで亡くなったすべての人々の氏名を刻んだ祈念碑「平和の礎《いしじ》」が、太平洋戦争・沖縄戦終結五〇周年を迎えるにあたり建設された。その礎に身内や知人の戦没者が刻銘されたことによって、戦争体験の苦悩から解放されたと語る対象者も多かった。このようなことから、戦争体験者にとって、戦地を訪問すること、戦没者の遺骨を収集する作業、祈念碑や資料館を訪問することは、戦没者を追想、追悼する機会であると同時に、自己の人生の確認作業を行う機会でもあるのではないかと推察された。

b　歴史的節目

「⑤一九七二年に沖縄県が本土に復帰したこと」「⑥終戦五〇周年目の慰霊祭に参加したこと」に共通する点は、天皇が沖縄県を訪れ、戦没者に対する哀悼の意を述べたということである。

ある方は、戦後五〇周年目の慰霊祭に参加したことについて、「それまでは、自分だけが生き残ってしまったという気持ち、国や天皇陛下を恨む気持ちがあって慰霊祭などには参加できなかったが、五〇年が経ち、慰霊祭で述べた天皇陛下の言葉を聞いて、ようやく過去の過ちを認めてくれたという気持ちになった」と語っていた。そして、「⑯あの激しい戦争を生き抜いて、ここまで（五〇年）生きてくることができたということを励みにすることができた」と語った。第二次世界大戦当時、「天皇陛下のために」という気持ちで戦ってきた者にとって、天皇が直接言葉を述べたということは重要な出来事であったのではないかと推察された。

ジョン・H・ハーヴェイ★11は、かつての戦場で行われる祈念式典には、次のような意味があると述べた。

「半世紀もの間、時には人知れず喪失を悲嘆してきた何千もの帰還兵や親族、親しい友人に、新しい人生、意味、そして希望を与えたようであった。命を落とした仲間に敬意を表すために八五歳の元落下傘兵が飛行機から飛び降りることなど、これらの行事は多くの帰還兵と生存者にとってカタルシスとなり、若さを取り戻し、償いをすることであった」。

また、ある対象者は、「過去に何が起こったかを想い出すために戦地を訪れ、自己を確認する作業を行っている」と語っていた。戦争体験者にとって、祈念碑を訪れることは、一つの通過儀礼であり、戦争体験に対する捉え方が見直される一つの区切りとなるのかもしれない。

c　真実を知り、訴える

「真実を知る」という事柄は、長田由紀子・長田久雄★12の調査においても、「戦争に対する見方が変わるきっかけ」として、もっとも多くの対象者が回答していた。

ある対象者は、戦争時には事実が歪められて伝えられ、「自分たちのしていることは正しいことだ」という想いで戦闘に参加していたが、戦後、事実を知り、怒りを感じ、平和活動に参加するようになったという。また、事例で挙げた城間さんは、「今でも戦争のことを憎んでいる」と語った。しかし、重要なのは、戦争の真実を知った上で、その実情を「伝えること」であったように思われる。城間さんの場合、平和活動を通して、「戦争を直接経験していない世代に戦争の実情を伝えること」を、自分自身の使命と捉えることができるようになったことで、気持ちが少し穏やかになり、徐々に戦争に対する憎しみが収まっていったという。そのように語る城間さんの目には涙が滲んでいた。「本土上陸の最後の砦」となった沖縄戦の真実を戦後知り得た体験者たちは、やり場のない怒りや憎しみを抱えながらも、「自分たちと同じ体験を二度とさせたくない。平和を願うから、私たちは、平和活動を通して自らの体験を語るのです」と語り部たちは言う。

d　体験の開示・共有

対象者はすべて、語り部活動を行っており、日頃から自らの戦争体験を語っている。しかし、捉え方の変化のきっかけとして、「体験の開示・共有」を挙げた対象者は、自分自身の体験を「聴き手との対話を通して再吟味する機会」と捉えていたという点が特徴的であったように思われる。つまり、語ることが、「⑮自分の人生にとっての戦争の意味を考える機会」になっていたと考えられる。同じく語り部活動をしている者でも、各々にとっての意味は異なり、

「訴える」という意味合いを強く意識して活動されている者もいた。

また、「体験を文字にすること」は、体験を外在化でき、客観的に「自分自身の体験と対峙できる」という感覚を得ることができるのではないかと考えられる。さらに、自分と同じような体験をした者の話を聞いたり読んだりする機会を得ることで、「苦しんでいたのは自分だけではなかった」という想いになれるのではないかと考えられる。

e　三十三回忌を終える

沖縄では、三十三回忌を過ぎると死者の霊は今までよりも遠いグソー（後世）に去って、神の国に行ってしまうといわれている。[★13] また、それまでの期間は、旧暦の一日と十五日にヒヌカン（火の神様）への祈願を欠かさないという伝統文化がある。三十三回忌を終えてしまうことで、死者との距離が遠のき、余計に寂しさが増してしまうこともあると考えられるが、城間さんのように、「〔子どもの三十三回忌を終えて〕これからは私の人生を生きていっても良いんだ」と思えるようになることもある。つまり、その後の生き方に影響を及ぼす精神的な節目となるのかもしれない。戦時下であったとはいえ、わが子を目の前で看取るしかなかった者にとって、「⑱長い時間が経過したこと」によって、ようやく自分への許しを与えられるきっかけとなったのかもしれないと推察された。

おわりに──戦争体験を語ること・聴くことについての私論

忘れてしまいたいような辛い体験を語る。それは、心理的な負担を伴う行為である。インタビューを通して、日頃から戦争体験を語っている者でも、その語り方は様々であると感じた。「あの悲劇を再び繰り返してはならない」という想いは共通しているが、自分の辛い体験に光を当て、その明るい部分を見るのか、影を見るのかで体験の意味づけが異なってくる。つまり、語り始める前の回想のプロセスによって語り方が変わるのではないか。[★14] 体験と自分を切り離して客体化して語る者と、自分の中に体験を内在化させた上で語る者では、辛い体験に対する意味づけが異なってくるのではないかと考えられる。

そして、本稿の冒頭でも述べたように、「語らずにいること」が、必ずしも心理的に不適応な状態にあるとは言えないと改めて感じられた。誰にとっても、「語ること」が効果的な対処方略になるとは限らない。自分にとって大事な体験だからこそ、「語らずに大事にしまっておきたい」という想いを抱くことも当然である。むしろ、抱えていられる強さがあると捉えることもできる。どのような資質が、語り方に違いをもたらすのか、また、「語ること」によって適応する者と、「語らずにいること」によって適応する者の差違は、どのような点にあるのかということに関しては、今後、検討していきたい。

また、ある対象者から次のような話があった。「今回話ができてよかった。これまでは、誰にも語ったことのない内容もあった。〔中略〕実は、語り部として活動している中でも、語ってはいけないことがあるんです。このような類の内容（日本軍による沖縄の人々に対する差別があったことなど）は語ってはいけないと言われているのです。だから話したくても言えなかった。国からの規制、暗黙のうちにふせられてきた真実がたくさんあるのです。援護金[★15]のこともあってね」というものであった。公的な施設で語り部をしている者は、語る内容を国によって規制されている。戦争体験を語るという背景には、様々な社会的事情が存在することを知った。

さらに、かつて受けた戦争体験の聞き取り調査について次のように語る人びとがいた。「事実を聴取しようとされるばかりで、語りたいことが語れなかった」「語りたくないことまで語らされた」「胸の中にしまい込んでいたものを、えぐり取られるような体験だった」という声であった。正確な証言をより多く集めようとするあまり、体験者を取り巻く「想い」を置き去りにしてはならないと筆者は考える。

高齢者になった戦争体験者の想いを聴き取り、伝え残す作業はここ数年のうちにしか取り組むことのできない課題である。世界で今なお戦渦が絶えない昨今、戦争記憶の検証と平和概念を構築していこうとする本書の方向性には、全く異論を持ち得ない。ただ、体験者（＝語り手）の個々のペースに添い、語り手に「役に立つ」聴き取り活動、研究を行わなければならないと強く感じている。筆者は、これまでの研究を通して、沖縄戦の体験者の様々な感懐を、言語化できない想いも含めて、聴かせてもらってきた。これからも、「体験者にとって役に立つことは何か」を共に模索しながら、「自分たちの体験を活かして欲しい（平和な世界のために活かして欲しい）」というオジィ、オバァたちの想いに少しでも近づけていけるよう共に研究を創っていきたい。

〔付記〕

本研究にご支援・ご協力を頂きました沖縄のすべての方々に深謝申し上げます。貴重な話を聴かせていただき、ほんとうにありがとうございました。

〔註〕

（1）サポート・グループ（support group）とは、特定の悩みや障がいを持つ人たちを対象に行われる小グループのことである。その目的は、仲間のサポートや専門家の助言を受けながら、参加者が抱えている問題と折り合いをつけながら生きていくことである。専門家あるいは当事者以外の人びとによって開設・維持されるが、参加者の自主性・自発性が重視される相互援助グループである。（高松里「サポート・グループとは何か？」、同編『サポート・グループの実践と展開』金剛出版、二〇〇九年）。

（2）吉川麻衣子「沖縄県における「戦争体験者中心の語り合いの場」の共創に関する研究――調査と実践の臨床心理学的・社会的・歴史的意義」、九州産業大学大学院国際文化研究科博士学位論文（未刊行）、二〇〇八年、同「沖縄県の戦争体験者のサポート・グループ」、高松前掲『サポート・グループの実践と展開』所収。

(3) 吉川麻衣子・村山正治「戦争体験に関する臨床心理学的研究の概観——現状と今後の研究で求められる方向性」、『心理臨床研究』九州産業大学大学院紀要、二〇〇五年。

(4) 吉川麻衣子・田中寛二「沖縄県の高齢者を対象とした戦争体験の回想に関する基礎的研究」、『心理学研究』日本心理学会、二〇〇四年。

(5) 長田由紀子・長田久雄「高齢者の戦争体験の人生における意味と老年期の適応に関する研究」、『平成七年—平成九年度科学研究費補助金研究成果報告書』、一九九八年。

(6) 吉川麻衣子「戦争体験からの回復過程に影響を及ぼす要因に関する探索的研究——沖縄県高齢者の生活史調査と調査研究を通して」、研究助成論文（明治安田こころの健康財団）、二〇〇四年。

(7) 吉川前掲「沖縄県における「戦争体験者中心の語り合いの場」の共創に関する研究」。

(8) 同前。

(9) 吉川麻衣子・村山正治「戦争体験の捉え方の再構成に影響を及ぼした事柄とその意味——沖縄県の戦争体験者へのインタビュー調査を通して」、『臨床心理学論集』九州産業大学大学院臨床心理センター紀要、二〇〇六年より改変。

(10) van der Kolk,B.A., Mcfarlane,A.C., & van der Hart,O. van der Kolk,B.A., McFarlane,A.C., & Weisaeth,L. (Eds.), *Traumatic stress: The effects of overwhelming experience on mind, body, and society.* The Guilford Press.,1996〔西澤哲訳「外傷後ストレス障害の治療に関する概略」、ベゼル・A・ヴァン・デア・コルクほか編『トラウマティック・ストレス——PTSDおよびトラウマ反応の臨床と研究のすべて』誠信書房、二〇〇一年〕。

(11) Harvey,J.H. *Perspective on loss and trauma: assaults on the self,* Sage Publications,Inc.,2002.〔和田実・増田匡裕編訳「喪失体験とトラウマ」北大路書房、二〇〇三年〕

(12) 長田由紀子・長田久雄前掲「高齢者の戦争体験の人生における意味と老年期の適応に関する研究」。

(13) 城間政州「戦渦のかげに——三三回忌」、『メンタルヘルスを語る——心の安らぎを求めて』沖縄高速印刷、一九九〇年。

(14) 吉川麻衣子「沖縄県在住高齢者の戦争体験の捉え方に関する探索的研究」、東亜大学大学院総合学術研究科修士論文(未刊行)、二〇〇四年。

(15) 援護金とは、石原昌家(『沖縄タイムス社』二〇〇二年六月二十日朝刊)によると、沖縄戦の遺族にとって、「援護法」による年金等は、生活費を補填する上で大きな比重を占めているために、沖縄戦体験の真実を記録する上で大きな障害になっているとされる。それは、「援護法」が適用される条件は、沖縄戦でいかに「戦闘協力」したかによって支給されるからであるとされる。つまり、援護金を受給するためには、①義勇隊、②直接戦闘、③弾薬、食糧、患者などの輸送、④陣地構築、⑤炊事、援護などの雑役、⑥食糧供出、⑦四散部隊への協力、⑧壕の提供、⑨海上脱出者の輸送、⑩飛行場破壊、⑪集団自決、⑫勤労奉仕作業など二〇類型のいずれかに該当しなければならない(石原、同上)。例えば、日本軍が住民を壕から追い出した行為が沖縄戦では一般的であったとされるが、「援護法」の適用を受けるためには、「日本軍部隊の作戦に参加して壕を提供した結果、二四時間以内に砲煙弾雨のもとで戦没したと記載しなければならない。事実を歪曲しなければ、適用されない仕組みになっている。

【第3章】

戦争記憶の戦後世代への継承

心理学の視点から

北村文昭

はじめに

本章は、大きく分けると前半部と後半部から成っている。前半の「1　本章担当者について」から「6　今、語りを継承する意義」までは、継承をめぐる私事からやや学問的な事柄をピックアップし継承にまつわる話題として提供した。後半の「7　調査について」では「ひめゆり平和祈念館の人々の思い」として私が作成した調査紙への回答を集めて載せた。

本章に流れる基底的な考えを、教育テレビでの放映で馴染み深くなったサンデル[★1]が、東京大学の学生の前で「戦争責任を議論する」と題して講義した時の言葉によって代えたい。「私が素晴らしいと感じたのは、みんなが異なる見解を示し、みんなが心に深く根ざした信念によって異議を唱えながらもなお、お互いの意見に耳を傾け合ったということだ。〔中略〕このような考え方、議論の仕方、論法、お互いの意見を聞きあうやり方は、意見が一致しない場合でもお互いに学び合うことがある。たぶん、これが我々の社会の中で、公共的生活を実現できるやり方なのだと思う」。

サンデルの講義では、教授と学生との、ある時には学生同士の会話がふんだんに盛り込まれている。テレビ放送を見ると、異なる見解を持つ者同士が、会話を続けることが、共に生きる方途であることを講義自体が体現していることが伝わってくる。

本章では、私たちが会話を成立させ、継続して行くときの付帯的条件として、体験と想起、そしてメディアからの情報の特性について簡単に触れた。次にカウンセリング場面における目的的な物語について記述した。カウンセリング場面と同型の展開を継承される側の人々は傾聴しているのではないかと思う。最後に継承の場面に立ち会う人々から回答いただいた文面をそのまま掲載した。

1　本章担当者について

本書の性格上、執筆者自身について簡単に語ることが、読み進む手助けになるかも知れない。私は福岡市出身で一九五五年生れである。父は広島県福山市から勤務の都合により福岡に住むようになった。父の生家は福山駅から歩いて数分のところにあったことが災いしてか、一九四五年の空襲のときに焼けてしまった。父は終戦のとき軍医学校に在籍していて、もう数か月戦争が続いていたら、戦地に赴いていたと語ったことがある。母は岡山県笠岡市で生まれたが、戦争のときは倉敷の軍需工場に動員されたという。

もちろん、先の大戦にまつわる直接の記憶は全くないが、小学生のころは家の近くの小さな山に防空壕の跡が残っていた。落ちてきた不発の焼夷弾を近所の人が見せてくれたこともある。その頃は傷痍軍人が駅前で今でいうライブをしていたりした。現福岡空港は、当時アメリカの板付空軍基地でもあり、ジェット戦闘機が轟音とともに福岡の空を編隊飛行していた。休日に繁華街にでかけるとアメリカの将兵がグループでのんびりとコーヒーを飲んでいた。小学校の高学年の文集に「真の平和」と題した一文を載せたことがある。他愛のない内容だったが、現在の平和への意識になんらかの形で影響しているのかも知れない。

私が青山学院の総研プロジェクト「戦争体験の検証と平和概念の再構築」に参加したのは、本書の序章を執筆された佐藤先生がディスカッションの中で、「語りを継承される人々の体験を聞きたい」という主旨の発言をされたことに動かされたからであった。体験自体が伝わらないことは言うまでもない。しかし、そうであるなら、語ることによって何が継承されるのか。何を継承される人々は受け止めているのか。この問いにまつわる様々な事柄を少しでも深く考えてみたいと思ったのである。

世界を見渡すと、遺棄もされず、忘却にまかせることもなく、戦争の惨禍として残された事物を収集する資料館が設立され、激戦の場には戦死者を悼む記念碑が建てられている。新たに開設されるものも少なくない。プロジェクトに参加してからは休日になると東京近郊の平和を祈念する施設や慰霊碑や戦争遺跡を訪れた。また、広島や長崎、呉、そして沖縄に足を延ばして、私自身が継承の体験を試みる時間を過ごした。いくつもの心に残る光景があるが、そのひとつを記しておく。二〇一〇年の夏に広島平和記念資料館を訪問すると、「後悔（Regret）」と題された絵とそれに添えられた解説が目に留まった。「たった一杯の水を与えられなかったことが、生き残った彼らを苦しめています。（Many survivors are haunted by the water they did not give.）」オバマ大統領が「核兵器なき世界」を訴えたことが影響してか、広島の資料館にはざっと見積もっても三、四割が外国人らしき来館者であった。彼らにも届く英語の説明文であろうと思う。

現在、臨床心理学、とりわけカウンセリングを通して、クライエントの物語（ナラティヴ）に耳に傾ける仕事に従事している。特に摂食障害のクライエントからの語りを聴くと、見えない権力者からの強い力に押しつぶされそうな声が聞こえてくるように感じる。その語りの苦痛や懊悩を正当なものとし、たとえば「ごはんが食べられないことは無理もないこと」と承認する作業を進めることによって、人間が環境に即して生きる力があることを信じながら仕事をすること、語りの場に謙虚に居合わせることを心がけている。

2　継承について

さて「継承すること」という本書の基底に流れる人々の行為について考えることから始めたい。基本的な事実として、世代から世代への伝達手段として、まず思い浮かぶのは遺伝である。十九世紀のメンデル以降、「遺し、伝えること」の機能を果たす遺伝子が想定された。二十世紀中葉には、遺伝の精巧な仕組みが明らかになるにつれて、DNA（デオキシリボ核酸）という言葉が人口に膾炙するようになった。しかし、遺伝や遺伝子について語る時、その伝達は「再生産」や「生殖」という言葉と結びつくことはあっても、「継承」にはつながらないことのほうが多いかも知れない。では、「継承」とは何か、そして、どのように「継承される」のであろうか。

東京理科大学ゲノム創薬センターの田沼靖一は、生物、および細胞の死に関する研究を続けてきた。彼は遺伝研究における先駆的研究者のひとりである一方で、「人間とは心を継承する動物である」と述べていることは興味深い。また、最近の著作『ヒトはどうして死ぬのか』で、「人間が生きている間に遺せるものは、究極的には「善い精神」しかないのだと思います」とも記している。[★2] 彼が述べるように、私たちの精神活動が依って立つ基盤は先代からの遺産に依るところが大きい。「私が今書いている」という記述自体がすでに、日本語や漢字やワードプロセッサーなどの有形無形の先達の心の所産によっている。それらが曲がりなりにも集積されて機能している私の心から、新しい誰かの心へのなにがしかのメッセージをしたためている。生物としてのヒトは遺伝情報を伝えるが、人間という存在は「善い精神」を遺すのである。それでは「善い精神」とは何か、という次の問いが出てくる。彼は同書の別の所で

「「心と命を大切にする社会のために、役立つ」と思える気持」とも言っている。「心を継承する」という特徴をもつヒトは、しかし、「心を継承する」ために少なからぬ努力を払い工夫を重ねながら作業を続けなければならない。「心」が必然的に持つ恣意性の表裏の関係として、継承しようとする意志が必要になるからである。次に継承の困難さと継承する社会的条件としてのメディアの性質について考えてみよう。

3　継承の安定性について

私たちは、先代から継承されたものを次代に継承して行く。しかし、この作業は大きな困難を伴っている。私たちが何気なく使う、「お絵描き」という言葉の中の「絵」は、音読み、すなわち、中国語からの借入語である。ところが、訓読みが伝えられていないため、本来の大和言葉で「絵」をどのように呼んでいたのか不明である。このような身近な事物ですらどうしたわけかその単語の継承が途切れてしまうことがある。このような極端な例ではないにしても、死語、廃語といった継承されなくなった言葉は決して少なくない。新しい世代はそのかわりに新しい言葉を生みだしていく。このことは「若者の言葉の乱れ」としていつの時代も問題視されてきた。継承は絶え間なく危機に瀕してきたとも考えられる。しかし、これは、「継承の危機」が継承されてきたことをも意味している。

もうひとつ、私にとって卑近な例をあげると、鴻臚館という平安時代の中国との交易館の遺構が一九八七年に福岡市の平和台球場の外野席修復のおりに発見された。公的記録が残る平安時代の遺構が、人々が住み続けた福岡という街の中で人々に知られず眠っていたことになる。

世代から世代へという継承を課題にする前に、そもそも個人の体験の想起が、十分に機能しないことがあることを心理学者は指摘している。言い換えると、人間の記憶は容易に変容することが起こりえるのである。[★3] リンゼイとリード[★4]は抑圧されていた幼児期の性的虐待の体験が、セラピーによって回復された記憶としてよみがえったというエピソードに対して、客観的な証拠のない偽りの記憶であると述べたのである。偽りの記憶の嚆矢としてロフタスの研究[★5]があり、記憶の再生のときに「偽り」が含まれることをいくつかの実験から明らかにしている。彼女の研究は実際の裁判の際の目撃者の証言の信憑性についての議論に反映もしている。

人から人へ、世代から世代への継承はこのように二重の脆さ、危うさを内包していると言えるだろう。しかし、そうであるからこそ、継承することはますます重要なのである。

4　メディアの信頼性について

マスメディアがいかに時流におもねるかということについて、面白おかしく持ち出されるエピソードがある。一八一五年のモニトゥール紙によるとナポレオンがエルバ島を脱出し皇帝に復位するまでの五月九日から二週間足らずの間に、「悪魔が流刑地を脱出」という報道から「暴君、首都に六〇里に迫る」などに変わり、パリに到着したときには「皇帝陛下、昨夕チュイルリー宮殿に到着」へと変化したという内容である。しかし、この二〇〇年前の報道の定見のなさ、権力への迎合を嗤える者は多くはないだろう。本書がテーマとする大戦において、マスメディアは誇大そして虚偽の代名詞のように使われている「大本営発表」をそのまま広める役割を果たしただけである。ちなみに、保阪正康は大本営が終戦を伝えていない点について無責任であると指摘している[★6]。このようにマスメディアが信頼性に欠くという例証は、新聞記者によるやらせ事件や健康食品を紹介するテレビ番組による健康被害の続発など、ここ数年を取り上げても枚挙に暇がない。

このような報道に「踊らされる」人々がいなくなったわけではもちろんない。心理学の教科書には、一九三八年にアメリカで放送した、ラジオ番組「宇宙戦争」が、本当に火星人が襲来したと信じた人々を恐怖に陥れたことを紹介している。この出来事が二十一世紀にも繰り返されたことは記憶に新しい。二〇〇八年のグルジアでテレビ局がロシア軍の首都侵攻を偽って伝えるニュースを伝えたことにより、パニックが発生した。

オルポートとポストマンは、噂の流布は、その重要性と曖昧さの積であると指摘し、批判的に情報チェック行動をすることが重要であると述べている。★7 近年は、メディアリテラシーとして、メディアの利用法、そして情報の真偽についての検討法などが議論されている。また、批判的思考（クリティカルシンキング）もメディアに騙されない姿勢として重要であろう。★8

マスメディアの嘘に対抗するものとして、インターネットという多様な情報の流入と流出が常態化しているメディアが情報チェックに活用できるだろう。たとえば、この節の冒頭に記したモニトゥール紙によるナポレオン報道は事実ではないようである（http://blogs.yahoo.co.jp/desaixjp/50438704.html）。また、インターネット上のフリー百科事典「ウィキペディア」は、その三つの編集方針として「中立的な観点」と「独自研究は載せない」を示し、さらに「検証可能性（信頼できるソースを参照することにより「検証できる」こと）」を掲げている。真実かどうかではなくチェックが可能であること、すなわち検証することに開かれていることが、執筆の条件なのである。

戦争体験をした私の親世代の人々から話を聞くと、「戦争指導者や国にだまされた」という言葉が出てくることがある。近年、ヨーロッパにおいては、「ホロコースト否認論」が、我が国においても、「南京大虐殺論争」や「従軍慰安婦問題」が、長く議論されている。その真偽についての論争も意義があるだろうが、ここで指摘したいことは、発信する側にとっては信頼に足る証拠（エビデンス）を提供する責任があり、一方の受け手にとってはそれらの話題がその証拠によって信頼に足るか否かという判断が委ねられているということである。

5　目的的な語りについて――目的の変わりのなさ

カウンセラーはクライエントの物語を聴いている。敢えて補足すると、それは未来のための物語である。過去の語りを語りなおすことによって、未来へ拓かれた新しい語りが構築されていく。カウンセリングでの語りは、未来のある時点に設定された目標に向かって発展する。すなわち、例外もあるにせよ概ね目的的である。たとえば、拒食症という「問題」であればその症状から脱して健全な食生活を取り戻すことが目標になる。

「死を予見するわれわれは物語を必要としている」[★9]。田沼の指摘するようにヒトは死ぬが、「善い精神」の物語は人から人へ継承されることを私たちは知っている。本章で話題になっている語りの継承は、暗黙のしかしほぼ同意を得ている目的、「戦争を繰り返さないこと」を含意している。語り手は変わっても目的は変わらない。そのためにその時代を生きる人による生きている時間の中でのその人自身が継承された戦争の語りをさらに語り直して行く必要があるだろう。あるいは、それは語りにおいて同じ言葉であっても新しい啓示として切り出す作業かも知れない。

6　いま、語りを継承する意義

ベン・アリは、我が国において戦争に関する公的行事や著作がここ二〇年間に過剰なほどに増えていると述べている[★10]。その原因として、日本の危機的状況を打開するために過去を探求するようになったこと、次に海外赴任や異文化と接触することによってアイデンティティを求めるようになったこと、第三に経済的豊かさが「記憶ブーム」の社会的基盤を形成していること、第四に昭和天皇の死と第二次大戦に関する記念日の周期性をあげている。

その指摘はどれも正鵠を射ているものばかりであろう。世界的な事象としては、一九九一年のソビエト崩壊と民族主義の台頭、二〇〇一年のアメリカにおける同時多発テロ事件に象徴される新しい世界的対立の図式なども戦争と平和を深く考えさせる契機になっていると思われる。

さらに、壮大な時間的規模で戦争の内実が変化していることを指摘する者もいる。伊藤憲一は、「戦争は今から一万年前にいくつかの社会的条件が満たされて発生した社会現象の一つ」として、社会構造の変質とともに「ナショナリズムが終わり」、不戦時代に入りつつあると指摘している。[★11]さらに九・一一以降の暴力の衝突を「紛争」と呼ばれるものとして「戦争」と区別している。もし、私たちが時代の大きな境界に立っているのであれば、今日この時の語りの継承は貴重なことこの上ない。

敢えて語り手に焦点づければ、語り手に残されたおそらくそう多くない時間が語りを継承しようとする大きな動因となっているのであろう。語ることも語らないことも語り手に委ねられている。しかし、語り手が重い口を開き、語ろうとする意志を示すのであれば、そのときに、聴き手に継承の機会が与えられ、自らの体験と融合した新しい体験を次の世代に継承する権利と責任が生まれるのであろう。

7 調査について——戦後生まれのひめゆり平和祈念館の人々の思い

a 回答者の概略と質問紙の内容

依頼文を添えた調査質問紙（次ページ図1）をひめゆり平和祈念資料館に勤務する戦後生まれの人々に回答してもらった。回答者のうちわけは、五名（男一、女四）で、年齢は二十九歳から五十一歳であった。出身地は、沖縄県三

［図１］調査質問紙

〝戦争記憶プロジェクト〟の調査

(男、女)　　　　歳

ご出身（　　　　　都　道　府　県）

資料館でのポジション（説明員、学芸員、その他）

0．ご家族・親戚の中で先の戦争についてお話になった方がいらっしゃいますか。その内容についても差し障りがなければお聞かせください。

1．ご自分がひめゆり平和祈念資料館で活動しようと思ったきっかけは何ですか。

2．ご自分のどんな性格がこの活動に向いているとお考えですか。

3．戦争を直接体験した世代（第一世代）から引き継ぐべき最大の事柄は何ですか。

4．第一世代から引き継ぐことが困難な事柄は何ですか。

5．私たちの次の世代に引き継ぎたいことは何ですか。

6．他の人々のどのようなサポートが活動を続ける力になっていますか。

7．ひめゆり平和祈念資料館での活動という視点から、現在の日本の内外の情勢についてお感じになっていることは何ですか。

8．ひめゆり平和祈念資料館が日本や世界にどのように貢献しているとお考えですか。

9．ひめゆり平和祈念資料館での活動を続けていて、良かったと思うエピソードは何ですか。

10．青山学院との交流はひめゆり平和祈念資料館にとってどのような意義がありますか。

11．その他に〝戦争記憶の継承〟に関してお考えのことなどを自由にお書きください。

どうもありがとうございました。

名、福岡県一名、三重県一名であった。資料館でのポジションは、学芸課課長、学芸係長、学芸員、および、説明員二名であった。回答時期は二〇一〇年十一月であった。なお、九月に尖閣諸島で中国漁船が海上保安庁の巡視船に衝突する事件が、十一月に北朝鮮軍による延坪島砲撃事件が発生した。

b　調査に対する回答

問いの設問順に回答を転載する。なお回答者おひとり分の文章は〈　〉に入れた。〈　〉の前のA氏、B氏、C氏……は回答者の仮名である。

0．ご家族・親戚の中で先の戦争についてお話になった方がいらっしゃいますか。その内容についても差し障りがなければお聞かせください。

A氏〈学生のころには、特に家族から戦争体験の話を聞いたことがなかった。これは元ひめゆり学徒生存者に聞いても同じような状況だったようである（自分の子どもに戦争体験をきちんと伝えたという人は少ない）。私が学生のころ、一九八〇年代前半までは、家族の中で積極的に戦争体験が語られるというのは少なかったのではないかと思う。自分の子どもだけでなく社会的にも戦争体験を伝えることが大事であるという認識が広がるのは、確か一九八〇年代半ば辺りからではなかっただろうか。なぜそのころから沖縄で戦争体験が重要視されるようになったかということ自体大きな研究テーマだと思うが、私見では「①原爆体験や空襲体験など他の本土での戦争体験の聞き取り活動の活発化の影響」「②教科書問題への沖縄戦記述の改変問題（住民虐殺記述の削除）の波紋」「③修学旅行の増加による戦争体験講話のニーズの増加」「④上記に関連してマスメディアによる戦争体験の重要視」などが挙げられるのではないかと思う。
大学三年の時、ゼミの一環として、身近な人からの戦争体験を聞くという課題があって、叔母から聞き取りをしたことがあった。母に聞こうとしたら、「姉さん（叔母）のほうが戦争の話はよく覚えているから」と薦められたのである。母から戦争体験をしっかり聞いたのは、この仕事をするようになってからだった。この仕事をするようになって、身内の戦争体験もしっかり聞き取っておかなければと意識するようになったからである。今でも時々実家に立ち寄るときには積極的に何度も戦争の話を聞いている。時にはその話の輪の中に、親戚や近所の人が加わることもある。

最近そのように母や親戚から戦争体験を聞いていて考えることは、①家族や親戚、近所の人たちは、戦争体験の話になると、みんな、ほかの話より熱を帯びて一生懸命話すということ（もちろん中には戦争の話はしたくないという人もいる。おそらく辛い体験があったからだと思うのだが、追及はしていない）。それは彼らにとって、それだけ人生の中で大きな体験であり、波瀾万丈の体験だったからであろうと推察される。②戦争の話を聞き取るという場が、戦後生まれの世代との交流の場になっており、このことが話し相手のいないお年寄りの孤独解消の場になっているのではないかということ。その他の世間話よりは戦争体験のほうが熱をもって、真剣に会話する場面が生まれているような気がする。それは私だけではなく、他の戦争体験の聞き取りの場でも生まれていることではないかと思う。〉

B氏〈学生の頃、戦争体験に関心を持つようになり、父と母に空襲の体験を聞きました。父は、町内会の防空壕の近くに焼夷弾が落ちたため、怖くなって丘の上に逃げ、朝鮮の人たちの防空壕に入れてもらいました。街が燃えるのを見て衝撃を受けたものの、建物疎開のおかげで自宅は焼けずにすみました。母は、近くの軍需工場をめがけて落とされた爆弾が、走って逃げていた自分の目の前の地面に突き刺さり、怖かったと話してくれました。それが不発だったため母は命拾いしました。〉

D氏〈本人からは聞いていないが、母方の祖父は中国戦線に行っていたと母親から聞いたことがある。しかし具体的にどういった体験をしたのかなどは、祖父本人から聞くことなく亡くなってしまったので聞きそびれてしまった。〉

E氏〈特別に沖縄戦の話を聞いたことはない。両親ともに沖縄戦中は幼く、また、戦闘の激しい地域ではなかったため、沖縄戦の戦場をくぐったとの認識は両親とも持っていないと思われる。

両親から、沖縄戦の体験は聞いていないが、戦争の特番などは必ず家族で見ていて、戦争は本当に恐ろしいことで、大変なこと、絶対にいけないことと両親が考えていたため、私自身もそのように受け止めるのは、自然なことであったと思う。〉

1. ご自分がひめゆり平和祈念資料館で活動しようと思ったきっかけは何ですか。

A氏〈私は大学卒業後、新聞社や地方公務員などの職に就いていた。しかし、人生に迷って三度職場をやめ、某市の地域史編纂の嘱託の仕事に就いていたときに、ひめゆり平和祈念資料館の募集があり、応募した。学生時代から戦争を伝えるのは大事なことだと考えていたし、また同じように戦争を伝えることを重要視するジャーナリズムの仕事にも興味があったことが応募する動機になった。〉

B氏〈大学生のときに、ひめゆり平和祈念資料館を訪れました。そこで印象的だったのは、展示室に立ち続け、観光客に語りかけるひめゆり学徒隊生存者の姿でした。また、資料館のすみずみから、戦争によって命を奪われた友だちや先生への思いがこめられていて、私は「こんな悲しみをもう誰にも味わってほしくない、だから絶対に戦争をしてはいけないよ」。そんなメッセージを感じました。〉

C氏〈大学時代に卒業論文でひめゆりのことを取り上げた。それがきっかけで、卒業後、資料館から声がかかり、勤めることになった。〉

D氏〈私は小学生の頃から、「どうして人間はこんな悲しいことしか起こらない戦争をし続けているのだろう」と疑問に思っていた。大学進学時もその疑問をもっと勉強したいと思っていた。大学二年の必修ゼミで「沖縄」と「ひめゆり学徒隊」という研究テーマに出会った。そして、大学・大学院と一貫して、研究テーマをひめゆり学徒隊としていた。その関連でひめゆり資料館学芸員に名前をおぼえてもらっていたこともあり、大学院を修了したときにちょうど、育児休暇に入る学芸員がいたため、補充に声をかけてもらったことが、資料館で働くきっかけである。その補充は一年という話だったが、ちょうど資料館としては説明員を増員しようと考えていたため、説明員をやってみないかと声をかけてもらった。大学院での研究テーマが「ひめゆり学徒隊がいままでどのように伝えられてきたか」ということでもあったため、自身が伝える側になって、そのテーマを探るチャンスと思い、説明員をやってみることにした。〉

E氏〈「ひめゆり」が戦後どのように語られてきたかというテーマで修士論文を書いたが、修了してしばらくフリーターをしていたときに、資料館から採用したい旨の電話がかかってきた。資料館は展示リニューアルを終えたところで、これまで証言員しか行ってこなかった、展示室内で来館者に対応する仕事を将来的に引き継いでいくためにポストを新設し、職員を増員するとのことであった。全くひめゆり資料館で働けるとも働こうとも思っていなかったが、文系の修了生の例にもれず就職に大きな不安を抱えていたところにお誘いがあり、いただいた電話で即、了承の返事をした。正採用ということだけで私にとっては十分魅力的であったが、沖縄戦について積極的に表象する側にまわることは、沖縄戦の表象について研究してきたことが生かすことができ、また、自分の修士論文をまとめる段階で考えてきたことの妥当性を問いなおす経験にもなると考えた。さらに、来館者と接する仕事は、そのとき続けたいと考えていた接客の仕事でもあり、私にとってはとてもよい話であった。資料館の採用のタイミングと私がフラフラとしていたタイミングが合って、全く運がよかったと思える出来事だった。〉

2．ご自分のどんな性格がこの活動に向いているとお考えですか。

A氏〈文章や展示会などを通して「表現すること」が好きであったり、年配の方から話を聞くのが好きであったり、歴史が好きであったり、そういうことが学芸員という職種に、また平和ミュージアムスタッフという職種に向いていると思う。

ここで「活動」という言葉が何回か出て来るが、誤解を避けるために確認しておきたい。私たちは活動ではなく、「ひめゆり平和祈念資料館という職場で仕事をしている」と考えている。もちろん、戦争の記憶を継承し後世に伝えていくということはとても大事なことだと思っているが、あくまでも基本は、資料館の職員として仕事に取り組んでいるということである。偏見かもしれないが、あえて「活動」という表現を使うと、本業の仕事とは離れた例えば、ボランティアや趣味の活動のように受け取ってしまうのである。〉

B氏〈ひめゆり平和祈念資料館の活動に、どんな性格が向いているかということは考えたことがありませんし、性格よりも価値観、つまり何を大切にしているかということが重要ではないかと思うのです。資料館の活動において、私は戦争の実態を伝えることを最も大切にしたいと考えています。〉

C氏〈性格に関しては自分ではよくわからないが、館での業務を通して、戦争の記憶をつないでいくことの重要さ

に気づき、次の世代につなげていくことが大切であり必要だという認識を培ってきたのではないかと思う。〉

D氏〈自分自身が二度と戦争をしないため、戦争がどういうものなのかを知る必要は必ずあると思っている。なので、同じテーマでもずっとずっと考え続けていけると思う。

また、戦争を知っている人を少しでも多くして「戦争は絶対にしない」と考える仲間をつくる必要もあると思っている。そういう戦争を伝えること＝戦争をしないための仕事に携われているという自負はあるので、そういう考え方ができるという点では向いているといえるのではないだろうか。〉

E氏〈性格が向いていると思ったことはない。特に向いている性格があるとも思っていない。仕事としては、本を読んだり、調べ物をしたり、人の話をきいたり、議論したりすることは嫌いではないので、向いていないわけではないと考えている。〉

3．戦争を直接体験した世代（第一世代）から引き継ぐべき最大の事柄は何ですか。

A氏〈体験者が自らの体験を通して痛感した、「戦争は絶対おこしてはならない」という思いは絶対に引き継ぐべきだと思う（もちろん体験者の中にも「必要な戦争もある」と考える人もいるが）。体験者が伝える戦争の実相の前では、「いかなる大義名分があろうとも、戦争を起こしてはならない」という気持ちになる。その気持ちも次世代に継承していきたい。

戦争の実相のひとつではあるが、「戦争になったら、弱い者にほどむき出しの暴力が向けられる」、「極限状況の中では人間性さえも破壊される」ということも忘れないようにしたい。それらの体験者から引き継いでいくものが詰

まったものが、体験者の直接の語りや、文字、・映像・音声で残された「戦争体験者の証言」だと思う。〉

B氏〈ひめゆり学徒を始め、さまざまな立場で戦争を体験した方たちにお話を聞いてきました。夫と子どもたちを失って未亡人になり、一人だけ生き残ったことに苦しむお母さん、両親が亡くなって孤児になったために、幼い頃から働かなければならなくなり、まともに学校に行けなかった女の子、耳が聞こえないので爆弾の音がしても平然としていたら「怪しいやつだ」とスパイ扱いをされて殺されそうになった少年など、戦争が何十年もの間、体験者の人生に影響をおよぼし、深く心を傷つけ続けていると知りました。そのように、長期にわたって人々を苦しめる戦争の実態を聞き取り、記録に残し、多くの人に伝えたいと考えるようになりました。〉

C氏〈「戦争を二度と起こしてはいけない」という気持ちの強さ。

体験者である彼女たちと同レベルでその気持ちを保っていけるかという不安はあるが、大勢の学友や教師、そして家族を亡くした気持ち、ひとりひとりの人生を断ち切ってしまった戦争を再び起こさないという気持ちを持ち続けることが大事だと考えている。〉

D氏〈ひめゆり平和祈念資料館という体験者たちが自らの手でつくりあげた「伝える場」は、私たちで終わらせてはいけないと思う。この戦争を知るための「場」を次の世代にもずっと引き継いでいかなければいけないと思う。〉

E氏〈最大というと難しいが、当館にとっては、資料館を、設立理念を体現し続ける場として継続していくことが挙げられるのではないかと思う。戦争体験を具体的に伝えることで平和の大切さを訴える資料館と理念にもうたわれているので、理念の実現のためには、ひめゆり学徒の戦争体験を、本人たちが語れなくなっても具体的に伝えていく必要がある。そのための展示リニューアルや映像記録の事業があったが、直接体験者から話をきける私たちは、話をもっとたくさん聞いておく必要があるし、直接聞けない世代に伝えていくためにはアーカイブも重要度を増していくので、記録をもっととっておく必要がある。

当の元ひめゆり学徒は、私たちに「ひめゆりの心」を継いでほしいという。「ひめゆりの心」とはとても曖昧だと思うので、度々「ひめゆりの心とは何か」と問うてみるが答えは明確には帰ってこない。「戦争体験」でもなく、「平和への思い」でもなく、「命の大切さ」でもない「ひめゆりの心」。いくつかの応答から想像するに、戦後の、死んだ学友や遺族への思い、死んだ方が良かったと思っていたこと、戦争体験を伝えてきた中で感じてきたことなども含めて理解してほしいということがあるようにも思われる。曖昧でわかりづらいと言っても、「ひめゆりの心」を継いでほしいと語っているところをみると、これだ、とは言い切れないものも含めて継いで欲しいと考えていることは理解できる。さらには、「あなたたちなら大丈夫」とも話していて、おだての話半分で聞いたとしても、私たちの仕事は元ひめゆり学徒が継いで欲しいと思っているかたちを、少しは実現しつつあるらしい。〉

4．第一世代から引き継ぐことが困難な事柄は何ですか。

A氏〈体験者が戦場で実感した様々な感情（爆撃の中を逃げ回る恐怖、人が殺されていくのを目の当たりにした時の衝撃、肉親や知人を失ったときの悲しさ、無念さ、極限状況の中で人間性を失ってしまったことに対する絶望、憤りなどなど）、体験者しか持ち得ない感情を非体験者がストレートに引き継ぐことは不可能だと考える。例え想像力を駆使しても限界があろう。そして、この体験者が戦場で体験した感情は、おそらく「戦争を他人に伝える際の強い原動力」にもなっていて、またそれが、伝えられる者への「伝わる強さ」にも影響しているのではないかとも思う。つまり、戦場の様子について同じように語っている場合でも、体験者と非体験者とでは伝わる力が違ってくるのではないかということである。

一方で、体験者だからといって、戦争を全体的、多角的な視野から視るということは、必ずしもできているわけではない。体験者の多くは、自らの体験という限られた状況から戦争を捉えているのが通常である。しかし、戦争について考えたり、語ったりするときには、全体的、多角的な視野から視ていくことが非常に大切だと思う。そして、それを可能にするのは、歴史を学び、歴史と対話することであると思う。むしろ、このことは戦後世代に課された課題ではないかと思う。

また、この設問の際に忘れてはならないのは、非体験者が体験者から継承するという場合、決して古代の「語り部」のように、体験者の話をオウム返しに伝えるのではないということである。「戦争体験（戦争の記憶）の継承」は、必ず非体験者という一個の人間のフィールターを通してしか行われない。非体験者が体験者から聞き取ったこと、歴史を学び、自ら思考したことなどが相互作用しながら、「非体験者の戦争の語り」となって出て来るのである。戦場のストレートな語りはできなかったにしても、非体験者から出て来る、このような「戦争の語り」は、次世代への継承の、重要な活動であると思う。〉

B氏〈体験者にとっては当たり前のことも、戦後世代にとってはわからないこと、理解しにくいことがたくさんあります。例えば、学徒たちは戦場にも櫛《くし》を持って行きました。私はそれを単なる身だしなみのためと思っていました。しかし、学年ごとに校則で決められた髪型にするために、櫛が必要だったのです。これは、学徒にとって、戦場が学校の延長線上にあったことを意味します。漠然と想像するだけでなく、率直に質問したり、どのように表現すれば理解しやすいかを話し合ったりするなかで、その資料や証言の奥にある意味がようやく見えてきます。逆に、そのような機会がなければ、引き継ぐことが困難であると言えます。〉

C氏〈〝戦争体験〟そのもの。話を聞いても分かったような気になっているだけで、どうしても理解できない体験や心情がある。実際に体験することは不可能だし、もちろん体験したくもないが。彼女たちが「自らの戦争体験を語ること」で戦争にNOを突きつけてきたかたちを引き継ぐことは出来ないと思う。〉

D氏〈私たちはその場にいるわけではないので、どんなにわかったといっても、体験者の体験をそっくりそのまま「わかる」ということはできないと思う。それは私も体験者も感じている。でも、そっくりそのままではなくていいと思うし、「引き継ぐ」ということでなくてもいいと私は考えている。

とにかく、戦争体験を聞くと、悲しくなり、「どうしてこんなことをするのだろうか」と疑問がわきあがり、絶対に、自分は、こんな体験をしたくないし、二度と誰にもさせたくないと思う。そして体験しないため（戦争をしないため）にはどうしたらいいのだろうと考える。私は引き継ぐ上でこの感情が重要だと思うので、困難な事柄というのはあまり頭に浮かばない。引き継ぐことより、その思いを自分の言葉で発信し、伝えることのほうが難しいと感じている。〉

E氏〈戦争体験そのもの。〉

5．私たちの次の世代に引き継ぎたいことは何ですか。

A氏〈次世代に引き継ぎたいのは、上記の3、4に書いたように、体験者から引き継いだことと、第二世代として「戦争の歴史」から学び、「戦争の歴史」と対話したことである。当館には年間八〇万人前後の入館者が訪れる。その人たちの感想文を読んで思うことは、「戦争の歴史」に向き合うということは、単に「戦争の歴史」そのものだけに向き合うことではなく、自分自身の生き方や今という時代や沖縄問題など、あらゆるものと向き合う「入口」になっているのだなということである。この「入口」を守り、維持し続けていくことが、資料館に勤める私たちの次世代への継承だと考えている。〉

B氏〈戦争を始めるとき、国家は「虐げられた人々の解放」や「正義」「平和」のための戦争を掲げて戦争を正当化し、国民を動員します。これは現代の戦争においても同様です。しかし、この資料館の展示や体験者の証言は、戦争の実態がそのような口実と正反対であることを教えてくれます。戦争の正当化や美化にだまされることのないよう、戦争の実態を伝え続けていきたい、それを引き継いでいきたいと思います。〉

C氏〈体験者の心情を少しでも理解して引き継げれば。

ひめゆり学徒隊生存者がなぜ資料館を設立するまでに至ったのか。

なぜ開館後もずっと語り続けてきたのか。

その原動力は何なのか。

もちろん、〝戦争体験〟を学び、戦争についての認識を深めることは前提だが、ひめゆりに限らず、戦争体験者が各地で語っているのはなぜなのか。それを知ることが戦争を否定することに繋がるのではないか。〉

D氏〈「体験していないから、戦争がどういうものなのかわからないから、知らなければいけない」と非体験者は言う。私はこの資料館に来たら、もう知らない人ではないと思う。戦争被害のすべてではなくても、ひめゆり学徒隊体験者たちが体験した沖縄戦というものを知識として知ったのだから。そういう「知らせる場」を必ず次の世代にも引き継ぎ、その後もずっと引き継いでいってもらいたい。〉

E氏〈ひめゆり学徒が戦場でどのような体験をしたのかということと、戦場から生き延び、戦後を生きてきたなかで、恩師や学友を亡くしたことを悔しいと思っていること、戦争は絶対にいやだと考えていること、人の命が一番大切だと考えていることなど、彼女たちが自身の戦争体験をどのように捉えてきたのかも含めて伝えていきたい。〉

6．他の人々のどのようなサポートが活動を続ける力になっていますか。

A氏〈まず、当館の運営の主軸を担い、私たちの上司であり仲間でもある体験者たち（ひめゆり学徒生存者）の〈一生懸命やってくれて、ありがとう。これからも頑張ってちょうだいね〉という励ましが大きな支えになっていると思う。ひめゆり学徒生存者は元教員という経歴からか、若い人を快く受け入れ、励ますことが上手のように思える。

また、「戦争の記憶と向き合うことは大切であると考えている」多くの来館者や戦跡ガイドたち、マスメディアの人たち、研究者たちと出会い交流することが、私たちの大きな励みになっている。それは、当然これまで体験者たちの活動にも大きな励みになってきた。〉

B氏〈来館者、研究者や平和ガイド、マスコミ関係者など、多くの方々が資料館の活動に心を寄せ応援して下さっていると感じています。また、どのように何を伝えるかについて元ひめゆり学徒の証言員、同僚に相談できることが非常に大きな支えとなっています。〉

C氏〈サポートというのとは少し違うが、資料館で働いている中で、タクシーの運転手さんやガイドさんなど、ひめゆりについて質問があることも多く、ガイド講習会などを開催した際、受講生の熱心な様子を見ていると、それだ

け、ひめゆりについて関心を寄せてもらえていることを実感し、資料館の存在意義の大きさを感じる。〉

D氏〈体験者たちと一緒に仕事ができるというのは、大きな力になっていると感じる。彼女たちの伝えようとするパワー、実際伝え続けている姿勢をそばで見て感じることで励まされ、力になっている。また、体験者ではなくても、同じように戦争や平和を伝える活動をしている人たちとの出会いや横のつながりも、資料館としても今後どんどん重要になっていくと思うし、個人的にも、交流したり話をしたりすることで元気をもらい、活動の力になっていると感じる。青学との交流もその一つ。〉

E氏〈たくさんあるが、ひとつは、戦争体験を伝えてきた元ひめゆり学徒。大先輩、同僚としての彼女たちの存在がなければ、このような仕事にたずさわることになったかも怪しい。彼女たちの熱に巻き込まれたと感じている。もちろん、戦争体験のない同僚たちも直接の助けになっている。

また、資料館を続けるにあたって大切なのは、入館者。活動資金を得ているというだけでなく、戦争体験を知ることや平和には大切な価値があると考えている人が多く訪れており、入館者の支持が活動そのものの助けになっていると思う。入館者とは、展示室で接するほか、感想文を寄せてくださる方もあり、直接的にも支えになる言葉をいただいている。〉

7. ひめゆり平和祈念資料館での活動という視点から、現在の日本の内外の情勢についてお感じになっていることは何ですか。

A氏〈資料館の仕事を通して得たことは、「残酷で非道で、あらゆるものを奪う戦争を二度と起こしてはならない」

「過去の歴史や戦争については、複眼的に視ていくことが必要である」とか「弱肉強食の国際社会の中では、そのような〝絶対平和主義〟は通用しない」という批判を受けることがある。確かに、そのような複眼的な歴史との対話は必要であるし、複雑な国際社会を「現実的に考察していくこと」は必要なことであろうと思われる。しかし、その場合でも、絶対に戦争という事態をあらしめないようにするという信念は失ってはならないと思う。〉

B氏〈ひめゆり平和祈念資料館の活動は、沖縄に限定されるものではありませんが、沖縄戦が残したもの、例えば米軍基地や不発弾などが、今も安全な暮らしと平和を脅かしていることを実感しています。沖縄戦を過去の出来事としてではなく、現在の問題につながっていることも伝えていきたいと考えています。〉

C氏〈どう答えていいのかよくわからないが、年間八〇万人近くの方が来館し、体験者が毎日のように戦争の悲惨さや、二度と起こしてはいけないと語り続けているのにも関わらず、彼女たちが安心して、「もう戦争は起こらないね」と言える状況にいつまでもならないのは個人的にとても残念なことだと思う。〉

D氏〈現在中国やロシアと領土問題を巡っていざこざが起こっている。でもまだ、世論は「戦争だ！」とはならないと思う。でも、もし中国が攻めてくるという疑心暗鬼に陥ったら、どうなるかわからない。しかし資料館を見て、戦争とはどのようなものかを少しでもその疑心暗鬼に陥ったときに思い出してくれれば、戦争は止められると信じている。〉

E氏〈世界のあちこちの戦争の報道などを見ると、沖縄戦と同じだと思われることが度々あり、恐ろしいと感じる。

もちろん全く同じではないかもしれないが、戦争で死んだり傷ついたりした人について、なぜ、死傷するのがその人でなければならないのかという問いは、沖縄戦と同じように立てることができるように思われる。マスメディアでは、国や行政レベルの戦争への対応のことがよく報じられており、国家の枠組みで戦争が語られているように思うが、それとは異なる感覚で反戦の意志もつ人々は世界で決して少なくないことは、よくよく見ようとしないと感じられないような気がしている。当館が、ひめゆり学徒の視点で戦争を語ることは、そのような人々と有形無形に交流しようとするときに大切なのではないかと感じる。〉

8．ひめゆり平和祈念資料館が日本や世界にどのように貢献しているとお考えですか。

A氏〈先述したように、現在、当館には年間八〇万人前後の入館者が訪れる。入館してくださる方の中には、「戦争の記録や記憶と向き合おう」という目的意識を持たずに来館される方も少なくない。その方たちの一部が残した感想文を読むと、「旅先で気軽な気持ちで入った資料館で戦争の記録や記憶と向き合ったことで感じた様々な思い」が伝わってくる。そしてここにすべてがあるわけではないが、ここを「入口」にしてものを考え始めている人たちも少なくないようである。

「戦争の記録や記憶と向き合うこと」は学校やマスメディアでも行われていることではあるが、ややもすればマンネリ化しがちであるという批判がある。旅や修学旅行の一部にそれとの出会いがあるということは、またそれを展示という手法で表現・提示しているということはとても大切なことであると思っている。

当館は日本平和博物館会議（広島平和記念資料館をはじめ全国の一〇館が加盟）や平和のための博物館市民ネットワーク（第五福竜丸展示館をはじめ数十館が加盟）に加盟しており、また現在、平和のための博物館世界ネットワークへの加盟を検討中である。こういう戦争と平和に関する日本や世界のネットワークとつながることは、国内や国外で平和の大切さをアピールしていくうえで、重要なことだと思っている。戦後半世紀に当たる一九九五年に国連のユネスコが出した『世界の平和博物館』という本で、当館をはじめ日本の平和博物館一五館が紹介されたことはたいへん意義のあることだと考えている。〉

B氏〈国内・国外を問わず、この資料館を訪れる方たちに、戦争というものの実態を伝える場となっていると思います。多くの来館者から「戦争について少しは知っているつもりでいた。でも、何もわかってなかった。ここに来て初めて本当の戦争を知った」という感想文が寄せられています。それは外国人も同様です。例えば、アメリカや中国、韓国などの方たちも、「戦争は敵も味方もたくさんの人を殺す」「戦争で苦しんだのは自分の国だけではなかった。日本にも戦争があった」など、国家ではなく、市民の視点から「戦争」を考える意見が寄せられています。〉

C氏〈当館に寄せられる感想文等を読んでいると、多くの人がひめゆり学徒の体験を通して「戦争はよくない」と感じてくれることが伝わってくる。その気持ちがどれだけ長い期間つづくのか、時折ふっと思い出すくらいか、もしくは忘れてしまうかもしれないが、その瞬間にそう感じてくれる人が多くいるということだけでも「戦争を否定する」ことに少なからず貢献しているのではないか。〉

D氏〈この資料館は、観光地でもあるため、年間およそ80万人以上の人が訪れる。もちろんリピーターで何度も足を運んで、ここがどういう場所であるのかをよくわかっている方も多いが、中には、「ひめゆりの塔が資料館の中にあると思って」とか、資料館がどういう場所かよくわからずに入館する方も少なくない。そういった方たちには、中々普段考えたり触れたりすることの少ない「戦争」に、出会う場所となっている。はじめから興味を持っている人だけではなく、興味や知識のない人たちにも知ってもらう場になっているというのは、日本の平和教育においては大きな役割を担っているのではないか。

また、外国人の来館者を見、感想を読んでも、ここがどういう場所なのか、この資料館が何を伝えようとしているのかがちゃんと伝わっていると感じる。世界の中でも、この資料館は「戦争が人に何をもたらすのか」ということを、明確なメッセージを伝えている場だと感じる。〉

E氏〈あまり、大きな貢献をしているというふうには考えたことがないが、自殺をしに沖縄に来たが、やめようと思ったという感想文がこれまでに何件か寄せられており、人の命がひとつでも失われずに済んだのであれば、それだけでも大変な価値があると思う。

また、中国、台湾、韓国からいらした方の感想文の中に、沖縄戦の被害というのを初めて知った、日本にも被害があったことを知った、という驚きを記したものや、具体的に沖縄戦の体験を知ったことで、多少の戸惑いのようなものを感じているようなものもある。当館は、まだ日本語と英語のパネルしかないためか、アジアからの来館者は多くないが、見学をされた方は少なからず、その人の歴史認識がゆらいでいるように見受けられる（もちろん、当館の展示に反発している方もいらっしゃるかもしれない）。戦争の被害が誰の下にどのようにあらわれるのかを具体的に知らせること、知ることは、国家の枠組みで語られる歴史とは別の歴史認識と平和への意志をつくりあげていくことに役立つのではないかと感じる。外国の人々に知らせていくことは、思わぬ反発や軋轢もあるかもしれないが、それが顕在化するだけでも、これから平和を創っていくうえで意味があるのではないかと思う。この点は、今の活動の中ではあまり意識していないが、今後は重要なテーマになっていくのではないかと考えている。〉

9．ひめゆり平和祈念資料館での活動を続けていて、良かったと思うエピソードは何ですか。

A氏〈戦争体験者たちと日常的に接することで、体験者たちの心のヒダの一部に触れることができたことは、文字などの記録に残されたものには出てこないものを受け取ることができたのではないかと思う。また体験者たちは戦争を体験したということだけでなく、人生の先輩でもある。普通の職場以上に、人生の先輩が多い場所で、その人柄に触れ合うことができたことは、とてもよかったと思う。

また、この職場で「戦争と平和の問題」に向き合うことによって、歴史との対話の仕方、物事への多様な見方などについても広い視野を持つことができたのではないかと思う。

何よりも、この仕事をしていて充実感がある、楽しいのである（楽しいと表現をすると誤解される恐れがあるが）。それは仕事が自分の性格や学生時代から考えていたことと一致するということでもあろうが、仕事が常に学ぶ喜び、表現する喜び、伝える喜びを感じさせる場であるということも大きな理由であろうと思う。〉

B氏〈私は勤務して二年足らずですが、ひめゆり平和祈念資料館の巡回展を証言員（元ひめゆり学徒）と一緒に準備できたことは貴重な経験として、大変良かったと思っています。分担して展示のキャプション案を書き、それを証言員と一つひとつ読み合わせて、議論し完成させていきました。この作業の中で、ひめゆり学徒隊と沖縄戦に関する認識を深めることができました。〉

C氏〈ひめゆり学徒生存者と、戦争の話だけではなくいろいろな話ができること。

たとえば、お子さんやお孫さんの話を聞くと、いいお母さん、おばあちゃんだと思うし、だからこそ、遺影を見ているときなどに「この人たちも生きていたら私たちと同じように子供も孫もいて幸せな人生だったかもね」などという言葉を耳にしたりするとその言葉が重く聞こえてくる。自然にそういう言葉が聞けるところにいられるということは、今後資料館をつなげていく上で大切なことだと思う。

いま資料館では「戦前戦後体験の聞き取り」を進めているが、体験者の個人的なエピソードや考え方を知ることは、非体験者世代だけになったとき、重要なモチベーションになり得るのではないか。〉

D氏〈資料館という場が結節点となって、同じことに興味を持ち、同じように「戦争を伝える」「考える」ということを仕事にしている人たちと出会い、その知識やスキルを分けてもらって、また自分の考えが広がる。そういうことが、この職場では得られる。また、館内に立つことで、さまざまな意見や思いを来館者から聞けるのも、館内に立っていないとこの人には出会えないし、話をしたり聞いたりすることはないと思うので、とても良い経験になっている。〉

E氏〈今は、伝えられてよかった、と思うことよりも、私自身が知ることができたことや、考えが深まってよかったと感じることの方が多い。一般の来館者や、平和ガイドをしている方など、日常的にやりとりする中で質問を受けるが、疑問にすぐに答えることができたときは、これまでの学びが役に立ったと実感でき、良かったと思う。また、答えられない場合でも、自分とは異なる視点について知ることができたり、考えておくべき課題のありかを知ることになったり、自分の知識の曖昧さや足りなさに気がつくことができる。

戦争や平和に関することは興味のある方だけではなく、戦争や平和について日常的に学んだり考えているわけではない方々にも伝えていく必要があると思う。その意味では、当館は、戦争や平和に特に興味を持っているわけではない方々も多く訪れており、戦争や平和を訴える言葉や思考を試される場面が多いと感じている。それは、私にとって学びの場面であるが、当館が理念を実現する意味においても、当館の伝える経験の蓄積となっていくのではないかと思われる。〉

10．青山学院との交流はひめゆり平和祈念資料館にとってどのような意義がありますか。

A氏〈青山学院との交流は、二〇〇五年の「青山学院高等部の入試出題問題」に端を発している。戦後六〇年の節目だったということもあって、これに関する報道がセンセーショナルに取り上げられすぎたきらいもあるが、それが問題化したことによって、青山学院自身にとっても私たちひめゆり平和祈念資料館自身にとっても、また社会的にも「戦争の記録や記憶をいかに次世代に継承していくか」を考える、貴重な機会になったことは間違いないと思う。また、このことが問題化したとき、青山学院がただ謝罪に終わらせないで、シンポジウムを開いたり、平和学の授業を開設したり、研究会を発足させたりして、積極的に「戦争の記録や記憶をいかに次世代に継承していくか」を考える機会としていったことに敬意を表したい。〉

B氏〈認識のずれや誤解によって対立することがあっても（あるいは対立の構図をつくられてしまっても）、当事者同士がそれを機会として問題に取り組み、話し合うことで、相互の理解を深めていくことが可能であり、それこそが対話であるというメッセージになったのではないでしょうか。〉

C氏〈関わりの発端が良かったとは言えないが、現在、戦争体験をどう受け継いでいくかをお互い関わりを持ちながら、同じ問題を共有する仲間として考えられる立場にあるということは、当館にとってもやはり意義のあることだと思う。〉

D氏〈青山学院がはからずも投げかけた問いは、さまざまな人に「戦争体験を伝える」ことと「聞く」ということは一体何なのかということを考えるきっかけになった。それは資料館でも同じことだ。交流する中で、青山学院もこ

の問いを考え続けてくれているという姿勢を感じているし、資料館も絶えず、考え続けるべき課題だと考えている。〉

E氏〈特に青山学院との交流というよりは、問題意識を共有する方々と繋がることは重要であると常々感じている。青山学院全体がどのように対応するかというレベルもあると思うが、問題を契機に、この件に自分が応答しなければならないと感じた多くの青学関係者（大学・短大教員、高中部教員、学生、高校生、事務方の職員、同窓生など）に接し、「戦争体験の継承」の課題を共有する方々があちこちにいるということを目の当たりにした。

入試問題の件は、「体験者のひめゆり資料館」対「非体験者の青学高等部」、あるいは、「沖縄のひめゆり資料館」対「本土の青学高等部」という図式で報道されたように思うが、実際には、ひめゆり資料館にも非体験者がおり、また、戦後世代の職員が沖縄出身であることは必要要件ではない。ひめゆり資料館の職員ではあっても、体験がないという意味では青学高等部の入試問題を作成した方と同じである。体験のない世代として、意見の相違はあっても、問題や課題を共有し、議論していくことは意義のあることだと思う。

シンポジウムなど、「戦争体験の継承」とは何か、何が問題であったのかを考える場をつくった方々の動きそのものも励みになる出来事であったし、その中での議論は、私自身にも大きな学びとなり、いろいろと考えを深めることができた。〉

11．その他に〝戦争記憶の継承〟に関してお考えのことなどを自由にお書きください。

A氏〈言うまでもなく、先人たちから継承しなければならないのは、〝戦争の記憶〟だけではなく、先人の歩んできた歴史、文化、暮らし方などあらゆるものがあると思う。とはいえ、〝戦争の記憶〟がことさら重視されているのは、それが、今を生きる私たちの思念や〝生〟に強い影響を与え続けているからであろう。

近現代の戦争を考えるときに私が重視しているのは「国民国家」という概念である。近代以降、私たちは「国民国家」の中に生きてきたし、今も紛れもなくその中に生きている。近代以降の戦争は、「国民国家」間で起きたし、それは今も同じであると思う。「国民国家」の中では、「国民（個人）の利益と国益は不離一体である」と考えがちである。このことは、今なお、私たちが戦争や政治や経済の問題を考えるときに、私たちの思念に強い影響を及ぼしている。大事なのは、この「私たちは国民国家の中に生きている」という現実をしっかりと踏まえたうえで、戦争にならないためにはどうしたらいいのかを模索することだと思う。

〝戦争記憶の継承〟に関して私が大切だと考えているのは、「発達段階に応じた働きかけが必要である」ということである。「友だちと仲良くすること」「いじめをしないこと」「差別をしないこと」「無関心でいないこと」「多角的な見方をすること」「平和への志を強くすること」「平和を築く活動に希望を失わないこと」などなど、小中学生には小中学生なりの、高校生には高校生なりの、大人には大人なりの働きかけが必要であると考える。

そしてまた、継承活動に携わる者（親、祖父母、教員、平和ガイド、「平和のための博物館」職員等々）が、それぞれの立場から、継承活動の内容を工夫し取り組むことも必要であると考える。「平和のための博物館」に勤める私たちは、展示や館内案内、講演会、講座、ワークショップ、フィールドワーク、刊行物などを通して、工夫を怠らずに取り組んでいきたいと考えている。

さらに〝継承〟にとって重要なことは、社会が、多くの人々が「戦争の記憶を継承することは大事なことである」と意識し続けることだと思う。戦争記憶の継承活動は、これまでも常に「戦争の記憶を継承することは大事なことである」という多くの人の意識に支えられてきたし、それはこれからも重要であると考える。〉

C氏〈戦争記憶そのものを継承するのは難しい、というか「記憶」を「継承する」のはやはり不可能ではないかと思う。他の設問との繰り返しになるが、「戦争体験」を学び、知ることは大前提として、重要なのは体験者がその体験からどういう行動をとってきたかを知ることではないかと思う。

ひめゆり学徒の生存者に関して言えば、四〇年近く話さなかったのはなぜなのか、逆に、話し始めたのはなぜなのか、そして現在、話したくないようなつらいことを繰り返し伝えているのはどういう理由からなのか、を知ることは「継承」を考える上でとても重要なことだろう。

また、いまだに戦争体験を話すことができない体験者も大勢いると思うが、その人たちが話せないのはなぜなのか、それも戦争の悲惨さを物語るひとつの事象であり、非体験者世代が継承していく上で必要ではないか。

体験そのものをそのまま継ぐことが難しい以上、非体験者世代は、いまのうちに体験者の心情をなるべく寄り添うかたちで理解し（どこまで可能かわからないが）、次へつないでいく、継承へのモチベーションを高め、将来においても継続していくことができればと思う。〉

〔付記〕

本稿執筆にあたり、何よりもまず、本調査にご快諾をいただいたひめゆり平和祈念資料館の尾鍋拓美氏、古賀徳子氏、仲田晃子氏、普天間朝佳氏、前泊克美氏に深謝する。この方々には私が沖縄を訪問したときの無知なインタビューにも辛抱強くお付き合いをいただいた。特に普天間氏には私の祈念館訪問やまた調査の際に一方ならぬご助力をいただいた。同時代をともに生き、平和のために献身的な努力を続ける多くの人々に敬意と感謝の言葉を申し上げたい。最後に戦火の中で非業の死を遂げた人々にはさまざまなところで出会い無言のメッセージをいただいた。ご冥福を祈るとともに心から感謝の意を表する。

〔註〕

（1）Sandel,Michael J."Justice with Michael Sandel and Special Lecture in Tokyo University". Hayakawa Publishing,2010.〔小林

正弥・杉田晶子訳『ハーバード白熱教室講義録・下＋東大特別授業』早川書房、二〇一〇年〕。

（2）田沼靖一『ヒトはどうして死ぬのか――死の遺伝子の謎』幻冬舎、二〇一〇年。

（3）高木光太郎『証言の心理学――記憶を信じる、記憶を疑う』中央公論社、二〇〇六年。

（4）Lindsay, Donald S. & Read, J.D. *Psychotherapy and memories of childhood sexual abuse: A cognitive perspective*, Applied Cognitive Psychology, 8, 281-338, 1994.

（5）Loftus, Eizabath F. *Eyewitness Testimony*, Harvard University Press, 1979.〔西本武彦訳『目撃者の証言』誠信書房、一九八七年〕。

（6）保阪正康『大本営発表は生きている』光文社、二〇〇〇年。

（7）Allport, Gordon Willard & Postman, Leo Joseph. *The Psychology of Rumor* Henry Holt, 1947〔南博訳『デマの心理学』岩波書店、一九五二年〕。

（8）菊池聡『「自分だまし」の心理学』祥伝社、二〇〇八年。

（9）北村文昭「クライエントの物語とカウンセラーの好奇心――物語の発展のための登場人物と時間と空間をともに創造する」、『青山学院大学心理臨床研究』第三巻、二〇〇三年。

（10）ベン・アリ、エアル「戦争体験の社会的記憶と語り」、関まゆみ編『戦争記憶論――忘却、変容そして継承』昭和堂、二〇一〇年。

（11）伊藤憲一『新・戦争論』、新潮社、二〇〇七年。

【第4章】

映画に見る朝鮮戦争の記憶

米・韓・日の比較において

宋連玉

はじめに

二〇〇三年、ブリティッシュ・コロンビア州立大学（ＵＢＣ）の客員研究員としてカナダ・バンクーバーに滞在していた時に、海峡を隔てた州都ビクトリアにいる友人を何度か訪ねたことがある。ある日、いつものフェリーでサウスバンクーバーからビクトリアへ直行するコースはとらず、ノースバンクーバーからナナイモを経由してビクトリアに向かった。ナナイモでフェリーを下船、途中のシュメイナスまでバスで、シュメイナスからビクトリアまでは廃線寸前のディーゼルカーに乗ることにした。ディーゼルカーの時間待ちに、アートギャラリーのようなシュメイナスの街を見学することにした。歩いていて街道沿いに立つ三柱の石碑に何気なく目をやると、思いがけなくも朝鮮戦争で犠牲になった兵士の追悼碑だった。カナダの片田舎から遥か「極東」の朝鮮へ派兵され、命を落とした若者の存在に驚いたが、このことで内戦として見がちな朝鮮戦争が、まぎれもない国際戦争だったことを異国の地で実感することになった。

［図 1］朝鮮戦争参戦兵士像（ワシントン DC）

時を隔てず米国の首都、ワシントンDCに行き、リンカーン記念館の前に、朝鮮・ベトナム両戦争の戦没者慰霊碑と行軍兵士の記念像が設置されているのも見学した。米国では朝鮮戦争が「忘れられた戦争[★1]」と呼ばれるが、米国の心臓部に立ち並ぶ兵士像からは決して忘れられたようには思えず、むしろそこには「勝利」できなかった朝鮮戦争への屈折したこだわりが感じられた。

田舎町の追悼碑と対照的なワシントンDCの国家の記憶装置としてのモニュメント、両者の記憶の隔たりは大きい。『勝利なき戦い』（日本語タイトル）というハリウッド映画がテレビ放映された時（二〇〇九年七月二十九日、NHK・BS2で放映）、これらの体験から期待して見たが、朝鮮を舞台にしたスクリーンに登場するのはアメリカ人と中国人だけであった。これ以来、朝鮮戦争を主題にしたアメリカ映画において朝鮮がどのように描かれているのか、あるいは描かれていないのか、入手できるものをもとに確かめてみたいと思った。

本論では、朝鮮戦争を描いた映像作品を一次資料に、東アジアに軍事的冷戦をもたらしたばかりか、世界の政治的秩序を変えた朝鮮戦争が米国、韓国、日本でどのように記憶されているのかを探り、記憶の政治史的意味を考察してみたい。

1　朝鮮戦争とはどのような戦争だったのか

a　研究状況

韓国において一九八七年の民主化、冷戦の崩壊によるソ連との国交樹立（一九九〇年）、中国、ベトナムとの国交樹立（一九九二年）が追い風となって解放直後から一九五〇年代を対象にした政治史研究が大いに進展した。朝鮮戦争に関しても、冷戦終結後に利用できるようになった史資料を活用して全三巻の公刊戦史が刊行され、日本語訳も六巻まで進められた（韓国国防軍史研究所編『韓国戦争』一〜六巻、二〇〇一〜一〇年）。

朝鮮戦争の研究には内戦の側面を強調するものと、外因を強調するものがあるが、前者にはブルース・カミングスに続き、朴明林の研究を挙げることができる。二〇〇九年に戦争初期の六か月間を扱った『戦争と平和――朝鮮半島一九五〇』が日本語に翻訳されて出版されているので、韓国での若手研究者の朝鮮戦争観に触れることができる。戦争に苦しめられる民衆の目線から朝鮮戦争の意味を問う研究が登場するのも民主化以後の成果として挙げられるが、日本語に訳されたものとして金東椿『朝鮮戦争の社会史』を紹介したい。

日本史における朝鮮戦争研究は活発とは言えないが、朝鮮戦争を東北アジア戦争と捉える和田春樹の『朝鮮戦争全史』、内外の要因を有機的に見ようとする赤木完爾の研究、朝鮮戦争と日本との関係を論じた大沼久夫『朝鮮戦争と日本』などがある。

米国ではブルース・カミングス以外に、W・ストゥーク『朝鮮戦争――民族の受難と国際政治』、一九四八年から一九五〇年を朝鮮戦争の第一期と捉えるアラン・ミレット、ベトナム戦争の取材で関係者が漏らす朝鮮戦争に関心を持ち、『ザ・コールデスト・ウィンター』で朝鮮戦争の記録と記憶を掘り起こしたディヴィッド・ハルバースタムが挙げられよう。

b 戦争の経緯と概要

一九五〇年に始まった朝鮮戦争は韓国[★2]では「六・二五」「韓国動乱」「韓国戦争」、北朝鮮では「祖国解放戦争」、米国では「Korean War」、中国では「抗美援朝戦争」と呼ばれ、日本では「朝鮮動乱」と呼ばれたこともあるが、現在は「朝鮮戦争」という名称に落ち着いている。

北朝鮮が「祖国解放戦争」と呼ぶのは、祖国を解放し、朝鮮半島の革命と統一をめざして始めた戦争だからである。しかし南北朝鮮間の内戦は五か月後には米中の国際戦として展開された。

一九五〇年六月に始まり、一九五三年七月に休戦協定が結ばれた朝鮮戦争は、次のように時期区分できる。

第一段階（一九五〇年六月二十五～九月十五日）奇襲攻撃した北朝鮮は洛東江まで進出、国連軍・韓国軍は釜山地区に追いつめられる。

第二段階（一九五〇年九月十五～十一月初め）マッカーサー率いる国連軍が仁川上陸作戦を成功させ、あわせて釜山からの反撃で、北朝鮮軍は退却となり、国連軍は北朝鮮のほぼ全域を占領。その間南西部では、残留した北朝鮮軍がゲリラ闘争を続行。

第三段階（一九五〇年十一月初め～一九五一年一月四日）中国軍の介入で国連軍は押し返され、一時はソウルを再占領される。その後国連軍が反撃、一進一退を繰り返す。

第四段階（一九五一年二月～五月）前線が膠着し、休戦が模索される段階

最終段階（一九五一年五月～停戦）休戦協商と三八度線をはさんでの消耗戦

この間、もっとも激戦を展開したのは第一段階の多富洞（慶尚北道漆谷郡）[★3]と一九五二年十月の鉄原（江原道）の「鉄の三角地帯」と言われているが、米国映画、および民主化以前の韓国映画は、この激戦をテーマにしたものが多い。

朝鮮戦争に参戦した国連軍は、最終的に米軍を主力に、イギリス、オーストラリア、ニュージーランド、カナダ、南アフリカの他、一六か国の実践部隊と、インド、ノルウェー、スウェーデン、デンマーク、イタリア（国連未加盟）の五か国の医療部隊からなる。

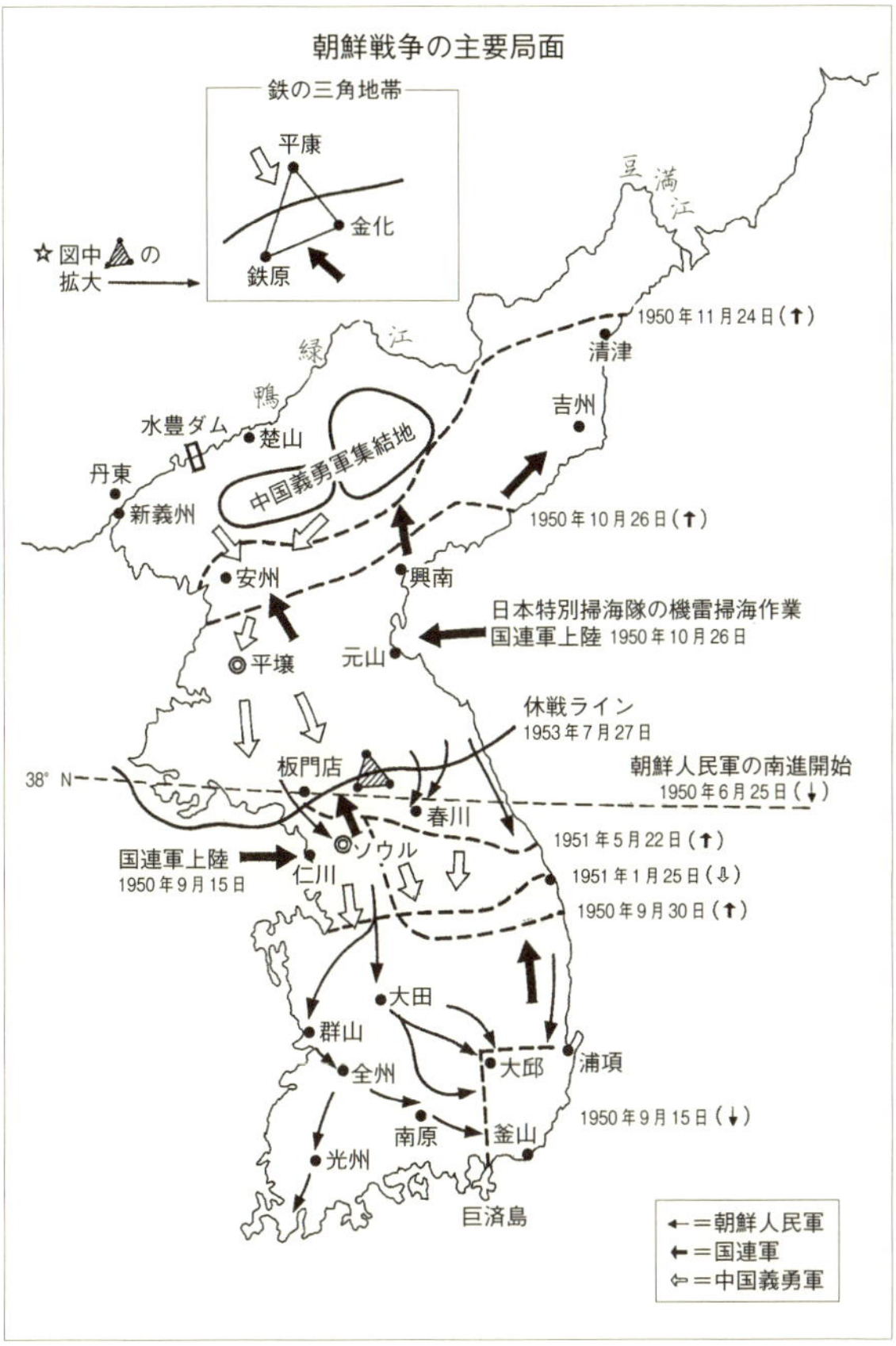

［図2］朝鮮史研究会編『朝鮮の歴史　新版』三省堂、1995年より

開戦直後の七月に、日本占領の連合国最高司令官のマッカーサー元帥は国連軍最高司令官を兼務することになり、日本占領軍の主力である第八軍のW・H・ウォーカー司令官が韓国派遣軍地上部隊派遣軍司令官に任命され、第八軍を率いて韓国に移動する。七月二十五日には国連軍司令部が東京に設置される。

米軍が国連軍に占める比率は、陸軍で約五〇％、海軍は約八五％、空軍は九四％を占めていた。ちなみにその中で韓国軍はそ

［図 3］1952 年本国の家族に新年を祝うメッセージを送る米兵
（出典：http://www.flicker.com/photos/imcomkorea/sets/72157607808414225）

れぞれ約四〇%、約七%、約五%を占める。地上軍は五一年末には約五五万人、五二年六月末には約七八万人、五三年七月には約九三万人と膨らんでいっている。[4]

信頼できる資料によれば、戦闘死傷者数（捕虜含む）は韓国、約二四万人、北朝鮮、約六三万人、中国、約三八万人（内、戦死者は一四万人）、米国、約一四万人（内、戦死者は三万六千人）、米国を除く国連軍は、イギリス、トルコ、カナダ、オーストラリアの順で総計約一万七〇〇〇人[5]となっていることから、国際戦としての側面から見た朝鮮戦争はまさに米中戦争だといえる。

C　朝鮮戦争の歴史的意義

朝鮮民族にとっては、南北双方で三〇〇〇万人が犠牲となる総力戦だった。同一民族の戦いが与えた深いトラウマは容易に癒されず、憎悪心は南北の両政権の独裁化に利用され、冷戦構造が崩壊した後にも休戦状態が解けず平和条約を締結することが未だに実現していない。一〇〇〇万人の離散家族は今日なお身内の消息を求めるが、その願いも実現しないまま関係者の高齢化、死亡により記憶の風化が進む。

米国は朝鮮戦争への介入を契機に軍事超大国となり[★6]、反共イデオロギーが支配する中で、一九七二年まで米中関係は断絶し、東南アジアの一国の共産化がドミノのように拡大するのを恐れてベトナム戦争に突入していった（一九六四〜一九七五年）[★7]。

朝鮮戦争の出発点となった朝鮮の分断に日本が原因を提供しているにもかかわらず、朝鮮戦争に対する日本の国民的記憶、関心は希薄である。朝鮮戦争の前夜、一九四九年七月から八月にかけて下山事件、三鷹事件、松川事件といった国鉄を巡る謎の事件が起こったことや戦争勃発後の一九五〇年八月に警察予備隊令が制定されたこと、一九五二年四月発効の単独講和としてのサンフランシスコ講和条約、日米安保条約など、朝鮮戦争が日本の政治的方向を大きく変えたが、日本現代史から朝鮮戦争を問う研究は決して多いとはいえず、社会的に共通認識を構築するところには至っていない。

その理由に、日本が戦争の「当事者」でなかったことや活字メディアの限られた情報に求めることもできようが、朝鮮戦争がもたらした特需で日本経済が息を吹き返し、国民経済が好転したことで、人びとの関心は政治よりも経済に向けられ、冷戦下にあってアジア民衆と断絶したためであろう。

2　朝鮮戦争を描いた映画（米、オランダ、北朝鮮、中国、韓国）

a　朝鮮戦争を描いたアメリカ映画

米国において第二次世界大戦は〝Good War〟と呼ばれるに対し、朝鮮戦争は勝てなかった戦い、ベトナム戦争は負けた戦争である。ベトナム戦争の最大の敗因は、米国国内の反戦運動だといわれるように、米国国民の戦争記憶は朝鮮戦争に比べると確かなものとして残されている。

戦争観は映画にも反映されており、作品数からすると最も多い第二次世界大戦映画は、内容的にも英雄的な娯楽アクション作品が多い。それに対し、ベトナム戦争映画は精神的な不安や陰惨さが描かれているが、国民的な反戦運動の高まりから映画も秀作が制作された。しかし朝鮮戦争の場合、映画やテレビドラマでも記憶に残る作品がないといわれ、[★8]優れた作品も多くない。オリエンタリズムは作品の随所に見られ、文化考証的にも正確さを欠く。朝鮮戦争に参戦した米兵は、日本に駐屯し、日本の基地から出撃したので、映画には日本の街が描かれ、日本人、とくに日本人女性が登場するのが特徴的である。

朝鮮戦争のあった五〇年代の米国は、統制的、全体主義的国家のもとで社会内部では深刻な問題をはらんでいた。戦時体制から移行する過程でのインフレーション、ストライキの急増、物資不足と闇市の価格高騰に募る消費者の不満などの一方で、マッカーシズムと呼ばれる反共主義が極点に達していた。トルーマンは一九四五年から四九年の間に蒋介石に三〇億ドルの援助を行ったにもかかわらず中国を失った責任を問われていた。さらに介入した朝鮮戦争での人的、経済的損失は大きかったが、そこでも中国との戦いに決着をつけることはできなかった。[★9]

米政府の内政・外交への国民の不満をマッカーシズム旋風が吸いあげる手段として、映画はその政治宣伝に用いられたのである。

本稿で朝鮮戦争を描いたアメリカ映画の内、リストアップしたものは二七本だが、その内の一九本は一九五〇年代に作られている。内容的には、初期に苦戦した地上戦と中国・北朝鮮の国境近くまで北上した国連軍が中国軍の人海戦術に押され再び南下した時期、休戦協定交渉中の消耗戦の時期に集中している。日本でVHSやDVD化され、手軽に鑑賞できるものに『鬼軍曹ザック』『トコリ橋』『最前線』『追撃機』『勝利なき戦い』『M★A★S★H』『影なき狙撃者』『三八度線』（オランダ）などがあるが、それ以外の作品もテレビ放映されている。[★10]

ＤＶＤ化された作品の広告文には、史料的価値、芸術性、主演俳優や監督の知名度よりも陸・海・空軍の協力の下に撮影された、実戦さながらの戦闘シーンのスリリングなおもしろさをアピールするものが多い。

『鬼軍曹ザック』は朝鮮戦争を初めて扱った一九五〇年制作の作品である。[★11] 戦闘において冷徹なザック軍曹であるが、自分を助けてくれた朝鮮人の戦災孤児を連れて、途中で出会った伍長や斥候隊と合流して長安寺という古寺を占拠する。そこで友軍砲兵隊に無電連絡して、攻撃の機会を狙う。古寺に潜伏していた北朝鮮将校は黒人兵や日系人兵士に人種差別の記憶を想起させ、転向させようとするが失敗する。ザックは北朝鮮将校を捕虜にするが、彼が少年を射殺したことでザックは怒り、北朝鮮将校を殺す。やがて古寺は北朝鮮軍の砲火に見舞われ、多くの仲間を失うが、辛うじてザックらは危機を脱し本隊と合流する。

監督のサミュエル・フラーはこの作品に続いて翌年も一九五〇年冬の戦いを素材にした『折れた銃剣』を制作しているが、これらの作品が後のベトナム戦争映画に多大な影響を与えたそうだ。舞台となった長安寺の場所は不明だが、[★12] 画面に登場する寺は建築様式や内装において朝鮮のものとは全く異なり、堂内に見られる文字も得体が知れない。少年が英語を話す設定になっていること以外にも、文化考証的には見る者に違和感を感じさせる。

『トコリの橋』の時期設定は、一九五二年十一月、休戦会談が無期限休会に入り、休戦ラインを少しでも自分たちの陣営に取り込もうと激しい消耗戦を戦っていた時期に当たる。

朝鮮東海岸に沿って北上中の米海軍第七十七機動部隊のパンサー・ジェットが海中に不時着し、ブルーベイカー中尉はヘリコプターに救助される。その後、ブルーベイカーは東京で妻と二人の子供と再会し、つかの間の休暇を箱根で過ごす。ブルーベイカーを救助した水兵のマイクは恋人キミコを奪った水兵と喧嘩し、ＭＰ本部に拘引されるが、ブルーベイカーはマイクを救い出しに横須賀まで駆けつける。再び出動したブルーベイカーは、妻へ遺書を書くほどに悲壮な覚悟をしていた。パンサー・ジェットの編隊は要衝地のトコリの橋を二回に亙って爆撃し、すべての目標の爆破に成功するが、ブルーベイカーの機は敵弾をうけて敵地に不時着し、味方の援護攻撃やマイクのヘリコプターによる救援も虚しく北朝鮮兵士に包囲され、遂にマイクもブルーベイカーも戦死する。ブルーベイカーは死を目前にして、間違った場所での間違った戦いだと言いながらも、自己の死の意義を見出そうと煩悶する。

横須賀の米軍基地から出撃する設定により、当時大々的な日本ロケが行われたそうだが、横須賀や箱根のホテル、日本人女性の姿にはアメリカの日本へのオリエンタリズムが投影され、文化的偏見を窺わせる。また、この作品は海軍の全面協力の下で発着艦シーンやトコリの橋の空爆シーンが撮影されており、日本発売のＤＶＤ広告文も戦闘の臨場感を売りものにしている。

映画の舞台となったトコリの橋の位置であるが、韓国の映画研究でも場所を特定できないでいる。セリフには元山《ウォンサン》の近くとあるが、元山には徳源里（Togwol-Ri）以外は該当する地名がない。韓国ではこの作品タイトルを『恨みの道谷里（Tokok-Ri）の橋』と翻訳しているが、道谷里でも独狸里（Tokko-Ri）でも推測の域を出ない。米軍にとって激戦地となった場所さえ特定されず、対象が不確かなだけ、個々の兵士には意味不明の戦争であったことが伝わってくる。

『最前線』

この映画はハリウッドの第一級のスタッフ、キャストによって作られた戦争佳作と評価されている。朝鮮戦争下のアメリカ軍小隊が最前線で孤立し、敵の攻撃を受けながら、内部対立し撤退していくさまが描かれる。

開戦直後、米軍は北朝鮮軍に押され、釜山への後退を続けていた。九月六日、洛東江近くにいたベンスン中尉の歩兵小隊も一五キロ南方の四五六高地に向って後退していたが、輸送車を爆破され、兵隊が武器を背負って進むありさまだった。途中、ショック症にかかった一大佐とモンタナ軍曹が乗るジープを見つけて強引に停車させる。釜山へ向かうというジープに、武器を積み込ませて高地に向かうが、途中で敵の攻撃を受け兵士は相次いで倒れ、意識を取り戻して戦った大佐も戦死する。辛うじてベンスンとモンタナは高地を占領したが、残ったのは二人と、後から這い上がって来たリオーダンだけだった。夜が明け、味方機の爆音が三人の生還を予測させる。

殺された北朝鮮兵の胸から水着姿の女性の写真が出てきたり、米兵が「甘かった。この戦争は長引く」といったセリフが印象に残る。

『追撃機』

一九五二年。第二次大戦を経験したサビル少佐は日本の伊丹空軍基地でアボット中尉を知る。戦闘機隊に編入されて死の恐怖から酒びたりとなった中尉は、妻クリスを顧みなくなっていた。彼女は寂しさからサビル少佐と親しくなり、互いに惹かれていく。

少佐はアボット中尉やペル中尉を率いて韓国上空に出動することになるが、戦闘は北朝鮮軍によって包囲され、孤立無援の状態に陥る。北朝鮮軍の隊長は、ケーシー・ジョーンズと恐れられる強者[★13]である。ある日少佐の編隊は上空でケーシー・ジョーンズの一隊と激しい空中戦を交え、アボット機は火を発し、パラシュートで敵地に降下する。遂にケーシー・ジョーンズを撃墜させた少佐は、アボット中尉を救うため河床に着陸した。戦闘機から援護射撃を始めたペル中尉も機体に弾丸をうけてパラシュートで脱出する。三人は共に廃墟と化した教会に隠れ、ある韓国人一家に匿われるが、一家はそれがもとで敵側の兵士から全員射殺される。憤激した三人は死闘の果てにギリシャ兵に救われる。負傷したサビル少佐は京都の病院で叙勲され、自信回復したアボット中尉も妻と関係修復する。

日本の伊丹空軍基地を始め、郵便局や酒場などで働く日本人が登場する光景に、日本を見慣れた者は違和感を抱く。しかし主人公たちを教会で助けた韓国人に至っては、話す言葉はブロークンな韓国語で、少女の服装は中国服といったもので、日本以上に文化考証がずさんである。にもかかわらずこの映画も空戦の迫力から多くの観客から歓迎されたようだ。朝鮮戦争では初のジェット機同士の空中戦が戦われ、第二次大戦を上回る弾薬が消費された。地上軍が「アコーデオン戦争」と揶揄される一進一退を続けていた間に、上空ではミグ一五とF八六セイバーが航空史を塗り替える壮絶な空中戦を繰り広げたが、撮影でも空軍の全面協力で実機のF八六が使われている。

『勝利なき戦い』（Pork Chop Hill：一九五三年春朝鮮での戦闘における米戦闘員たち）

米陸軍准将の実話小説に基づいた作品で、登場人物も実名で出る。監督は『西部戦線異状なし』のルイス・マイルストンであるが、きっかけは主演のグレゴリー・ペックが反戦映画として企画を持ちこんだことにある。中国軍との休戦協議を有利に進めようとする米国の思惑から、三八度線に近い高地で二日間に一一万五〇〇〇発の弾幕砲撃がなされ、アイスクリームのように山が溶ける激しい消耗戦が繰り広げられ、クレモンズ指揮下の兵士一三五人はヒルから帰ってきた時は一四人しか残っていなかった。★14

一九五一年七月から開城《ケソン》、板門店《パンムンジョム》で断続的に開かれていた休戦会談は五二年十月から中断し、五三年三月の周恩来声明により再開された。その直後に砲撃の最高記録といわれる戦いがヒルで繰り広げられ、ヒルの頂上では膠着状態にあったのである。

映画は、キング中隊の中隊長クレモンズ中尉（グレゴリー・ペック）は、ポークチョップヒルの陥落を受け、大隊長からヒル再奪取の命令を受ける。約一〇〇名の中隊を率いて、正面突破を図るが、作戦は中国軍に完全に読まれ、中国軍のプロパガンダ放送に恐怖する。クレモンズたちは、辛うじて塹壕線の一部を奪取するが、敵の攻撃に阻まれたラブ中隊の側面守備がないまま司令所奪取の前進をせざるを得なかった。ようやく到着したラブ中隊も残兵が一二名に過ぎず、ヒルを守備するには人員、弾薬、食料ともに不足していた。

大隊本部に増援と補給を頼み、到着したジョージ中隊と合流するが、大隊の大佐は敵を撃破したと勘違いし、ジョージ中隊の撤退命令を出す。クレモンズ中尉は取り消しを求めるが聞き入れられず、キング中隊とラブ中隊の生き残り二五名だけでヒルの死守を命じられる。降伏しなければ大攻勢をかけるという中国軍の放送を聴き、一時クレモンズ中尉は撤退を申し出るが、上部から許されず、中国軍の大攻勢に備えるしかなかった。

作品全編に風采の上がらない中国人のプロパガンダ放送を挿入しながら、それとは対照的にグレゴリー・ペック演じる人格高潔そうな現場指揮官の苦悩する横顔を映し出す。

この作品が反戦映画と評価されたのは、軍隊上部の非人間性、主人公の闘う意味を懐疑するセリフなどにあると思われるが、それでもクライマックスは劇的に勝利し、韓国民に自由を与えたというナレーションで終わる。戦争の虚しさを伝えるシーンはラストのナレーションで消去され、「自由民主主義を守った」という米国側の戦争論理が観客の記憶を独占する。

この作品には日系人米兵が登場しても韓国兵、北朝鮮兵士の姿は皆無であるために、韓国においては『トコリの橋』『M★A★S★H』ほどに知られていない。まさにアメリカの自画像に映る朝鮮戦争とは朝鮮で闘った米中戦争であり、米国式反共民主主義を死守した「勝利」の戦争だったのである。

日本ではこの作品に『勝利なき戦い』という日本語題名を付けているが、この作品をアメリカのように反戦映画と評価しているところにも、一九五〇年代の日本映画界の自己認識が反映している。

『M★A★S★H』

MASHとは移動野戦外科病院の略であり、原作は朝鮮戦争下で活躍する軍医の物語であるが、アルトマン監督は朝鮮とわかる描写を意識的にカットし、観客がベトナムと混同するように制作したそうだ。朝鮮についての無知をごまかすだけの弁明かどうか不明だが、野戦病院に近い市場を行き交う人々の装いはベトナム人のものであり、辛うじて店の看板がハングルらしき文字で書かれているだけの文化考証を見る限り、この作品の朝鮮という設定は単なる借り物にすぎない。

ストーリーは、最前線にある外科医不足の野戦病院に軍医三人が派遣される。敬虔なクリスチャンだが、部下に失敗をなすりつけるバーンズ少佐と軍国主義者の婦長少佐のベッドシーンを軍放送でナマ中継したり、シャワー中の婦長少佐の全裸姿を暴露したり、日本の九州に出張して羽を伸ばしたりと、外科医として有能な主人公たちはやりたい放題である。主題歌「自殺のすすめ」の選曲も手伝って、全体としては戦争に集約される権威主義を風刺するブラック・コメディとなっている。

監督が語った制作意図のように、朝鮮戦争という設定はベトナム戦争を風刺するための材料でしかなく、制作者が朝鮮そのものに関心を向けたものではない。正面切ってベトナム戦争を批判できない方便として朝鮮戦争が語られたようにも思える。米国人にとっては朝鮮はベトナム以上に得体の知れない場所の代名詞なのである。

以上紹介したアメリカ映画の他にイギリス映画『韓国の丘』、オランダ映画『三八度線』があるが、『三八度線』はこれらの作品の中で韓国人の姿が相対的に近い目線で描かれている。ただし、映画での使用言語は英語であり、目線が近いと言っても戦禍に巻き込まれた戦争被害者の朝鮮民族はどこまでも他者であり、当事者の悲劇には鈍感である。初めに朝鮮戦争が始まった歴史的経緯が紹介され、避難民の姿が映る。一九五一年の前線近くで、冒頭から主人公のオランダ人軍曹はみすぼらしい売春窟から裸で出てくる。売春婦は普通の農婦を思わせるいでたちであり、彼女たちを取りしきる韓国人男性は狡猾である。買春した軍曹たちは部隊に戻り、戦闘に加わるが、部下が誤って民間人の娘を射殺してしまう。主人公は嘆く母親に謝罪し、彼女への見舞金を兵士たちから募る。迷い犬を伴って移動中に靴磨きの韓国人の少年に出会うが、その少年は空腹から母と姉の売春を兵士に斡旋する。兵士と母、姉のやり取りを少年は傍で屈託なく見ている。その後、中国軍の猛攻で部隊は壊滅し、主人公は文字通りサバイバルの戦いを強いられる。アリランを歌いながら息を引き取った韓国人兵士を埋葬して、軍曹は友軍のいる方向へ移動しようとするが、途中で犬が何者かに殺される。後を追って塹壕に入ると、靴磨きの少年と姉がそこに隠れていた。母を戦争で失い、そのショックから少年は正気を失い、姉はその弟に犬肉を食べさせ元気づけようとしたのだった。その姉も中国軍の銃撃に遭い死んでしまい、辛うじて少年と塹壕を抜け出した主人公は奇跡的に友軍に出会い、国連軍の部隊へ無事に戻るのであった。
朝鮮戦争から三〇年以上経過した一九八六年に、なぜオランダでこの種の作品が作られたのか不明だ。農婦を思わせる韓国人売春婦は淡々とオランダ人兵士の相手をし、中国兵はむりやり韓国人女性をレイプしようとするといった、国連軍は善玉、中国軍は悪玉といった対極的な描き方で、国連軍側の性暴力を隠蔽する。しかも主人公のオランダ人軍曹はどこまでも人情に厚い人物として描かれている。

前述の映画の大部分が一九五〇年代に制作されたために、アメリカ国民を納得させる政治宣伝の機能を果たすべく、善玉と悪玉の戦いとして描かれるだけでなく、反共主義が重要なメッセージとしてスクリーンを貫いているのも見落とせない。

次に日本と朝鮮はこれらの映画にどう描かれているのかについて見てみたい。映画には横須賀、伊丹といった在日米軍基地、日本の風景とともに日本人、それも男性ではなく女性が多く登場する。この点について臺丸谷美幸は、ついこの間まで獰猛な敵だった男性的日本が女性化され、米国の従属的な「パートナー」として変身したことを表象しているとし、スクリーンで米国人兵士と関係する女性たちは、悲劇的な国際結婚をするアジア人妻、一時的恋人に過ぎないアジア人女性、集団的に描かれるアジア人女性（娼婦）のパターンに分類され、女性をこのような範疇に閉じ込めることで、軍隊と売春の関係を隠蔽すると論じている。★15 しかしながら臺丸谷論文でアジア人としている女性は日本人女性であり、それ以外のアジア人女性はほとんど登場しない。茶園敏美の指摘★16どおりロマンスがアメリカ人男性と日本人女性のジェンダー差別的な関係をカモフラージュするが、セクシーな日本人女性の登場は、朝鮮での性暴力の問題まで隠蔽するほど効果的である。

『トコリの橋』に登場する日本人女性が米兵にとって移り気な娼婦として描かれる背景には、日本の内務省が日本軍慰安婦制度をまねて国連軍兵士のために開設したＲＡＡの存在がある。ＲＡＡとは Recreation and Amusement Association の略、日本語名称では特殊慰安施設協会だが、ＧＨＱの許可の下に東京都内でも三〇か所以上あり、日本全国で最盛期に七万人以上の女性が従事していたといわれる。映画に描かれる女性たちは、不平等な日米関係を映し出す隠喩である以上に、多くの米兵の目に映った日本人女性とは売春婦だったという重い事実がある。RAA開設の翌年一月に、アメリカ本国での女性たちの反対運動や米兵への性病の蔓延によってGHQが閉鎖を命じ、特殊慰安施設は廃止される。同時にGHQによって公娼廃止令が出されたために、突如として生計の道を断たれた女性たちは、街娼として、あるいは特殊飲食店として売春を許容、黙認する赤線[★17]、または非合法に売春行為をさせていた青線に流れるしかなかった。

初期のアメリカ映画では日本人売春婦は頻繁に登場するが、朝鮮人売春婦が見られるのは前掲映画では『三八度線』だけである。日本人売春婦はモダンな衣装に身を包む安全な性を連想させるが、それとは対比的に朝鮮人女性は労働着としての民族衣装をまとい、野蛮で不衛生な性を臆面もなく差しだす存在として描かれる。

売春婦以外の朝鮮民族はどのように描かれているだろうか。『トコリの橋』の北朝鮮兵士たち、『追撃機』の北朝鮮人パイロット、韓国人家族のように画面に登場する朝鮮人・韓国人はそのほとんどが個人情報を持たない集団として登場する。個人の顔が見えるのは、『鬼軍曹ザック』の戦災孤児の朝鮮人少年(セリフは英語)、『M★A★S★H』にバーンズ少佐の雑用係で出てくる韓国人少年、『三八度線』の靴磨き少年のように、性的に未熟な少年が共通して登場する。艶やかな娼婦として描かれる日本とは対照的である。さらに『M★A★S★H』に登場する雑用係の韓国人少年は、バーンズ少佐との不均衡なホモセクシュアルの関係を匂わせ、『三八度線』の靴磨き少年はオランダ兵に母と姉を買春の対象として斡旋する。不平等な関係を隠しながらも疑似恋愛の対象となる日本とは異なり、少年たちに表象される韓国は、支配する男性の性的ハラスメントやホモセクシュアルな要求を拒めない無力な存在である[★18]。

米日韓の重層的なヒエラルキーが、アメリカ人兵士、日本人娼婦、韓国人少年という設定で表現され、関係に比例した従属的なセクシュアリティを匂わせるのである。

b　韓国映画の変化するまなざし――反共国家から共苦する人びとへ

韓国映画は五〇年代後半から一九六一年まで「中興黄金期」を迎えるが、朝鮮戦争を描いた映画が本格的に制作されるのは黄金期以後の一九六〇年代であり、この時期にもっとも多くの作品が制作される。

一九六一年に作られた兪賢穆《ユヒョンモク》監督の『誤発弾』は同名小説の映画化で、最もシリアスに戦後の韓国社会を描いているといわれる。主人公である長男とその身重の妻、幼い娘、母、弟と妹がいる一家の物語であるが、戦争の及ぼした影響で、母は精神を病み、弟は除隊後、失業状態で焦燥の日々を送る。妹は、戦争で障害を負った恋人と別れ、失恋と貧乏に負けて米兵相手の街娼となる。やがて弟は自暴自棄から銀行強盗を働く。妻もまた難産の末、この世を去る。八方が塞がった主人公は抜歯後の出血が止まらないまま、妻の死んだ病院、弟の拘束されている警察署にも向かわず、弾性の切れた心を抱え当てもなくタクシーを走らせるのであった。

この作品が作られた前年の一九六〇年は、「四月革命」と呼ばれる民主化運動によって李承晩《イスンマン》反共独裁政権が崩壊した年で、つかの間の春ではあったが、人びとが民主主義を実現しようと燃えていた時期でもある。しかし翌年に朴正熙が軍事クーデターで政権を掌握すると、映画法を制定し映像表現の自由を制限した。『誤発弾』は、戦争が誤発弾のように個々人の運命を狂わし、絶望をもたらすことをリアルに表現したがために、映画法による最初の上映禁止作品になった。

兪賢穆は一九七九年にも朝鮮戦争をテーマにした『梅雨（チャンマ）』を制作している。この年は民主化を求める市民の声の高まりを背景に、『誤発弾』を上映禁止にした朴正熙大統領が、腹心の金載圭中央情報部長に射殺される衝撃的な事件のあった年である。

『梅雨』のあらすじは次のとおりである。戦争が起こった時、トンマン少年は農村で両親と祖母、叔父、叔母と暮らしていた。トンマンの母は、ソウルから実家の家族を疎開させるために呼び寄せ、父方家族と母方家族が同居することになるが、戦時下でイデオロギーの対立から母方の叔父と父方の叔父が敵味方に分かれ、家族が反目し合う、という戦争の悲劇を描く。

一九六三年に李晩熙《イマンヒ》監督が制作した『帰らざる海兵』は、仁川上陸作戦に主力の米軍とともに旅団規模で参加した韓国海兵隊の、仁川上陸から北朝鮮への反撃、中国軍との戦いまでを描いたものだが、監督自身が韓国軍兵士として戦争に参加した悲惨な体験がベースになっている。

［図5］『帰らざる海兵』ポスター

海兵隊部隊を率いる分隊長は、友人の兄で共産主義者に妹を殺されるが、その友人が同じ分隊に転入してくる。分隊長の友人に対する複雑な心理、戦友愛と人情を織り交ぜながら、同じ民族が戦う悲劇性を映し出す。娯楽性、実弾を使った戦闘シーンの迫力とともに、ヒューマニズム溢れる視点で描かれており、国策映画の枠をはみ出す反戦映画の可能性を見せる作品と高く評価される。

李晩熙は一九七四年には、少年の目から見た戦争の悲劇や人間愛を描いた『野菊は咲いたが』も制作している。三八度線に近い場所でのどかに暮らしていたトリ少年は、戦争の事態についてよくわからないまま、祖父を始め次々と家族と離別していく。釜山までの避難も困難を極めるが、ソウルへ戻っても家は焼かれ、祖父もいなくなっていた。『誤発弾』『帰らざる海兵』の二作品が制作された後には、映画法による検閲が厳しくなり、戦争を描くものは反共国策映画の色彩が濃くなるが、戦争の悲惨さを表す主体は韓国軍兵士から、一九七〇年代には『梅雨』『野菊は咲いたが』『十三歳の少年』（申相玉、一九七四年）のように無邪気な少年へと移っていく。

韓国映画界の巨匠といわれる林権澤《イムグォンテク》も一九七三年、一九七六年、一九八二年に朝鮮戦争をテーマにした三部作『証言』（ソウル奪還大作戦）、『洛東江は流れるか』、『アベンコ』を制作している。

アベンコとはマッカーサー司令部に所属し、指揮官の名前の頭文字をとった北朝鮮への潜入・特殊工作を目的とする特殊工作部隊である。米国から経済成長を遂げた韓国へある青年が帰国し、戦死した父親について知るために、韓国軍の将軍を訪ね、父の戦争を追体験する。両親のロマンスに始まり、北朝鮮との戦闘、仁川上陸作戦を隠蔽するための情報攪乱戦に物語は展開するが、青年の父親の高中佐は、マッカーサー司令部の暗号文を読んで、部下の隊員たちの休暇やその後の任務が仁川上陸作戦のための陽動作戦だということを知る。憤りと悔しさに震えた高中佐は、中尉の代わりに敵中に降り、捕虜となって銃殺される。この後に仁川上陸作戦が成功する、というストーリーである。

林権澤は、裕福な家庭に生まれながらも、父の左翼活動、それに伴う母の極度の心労などの影響を被りながらも、イデオロギーによって人間の命が犠牲になる恐怖感や嫌悪感を少年時代に味わっている[★19]。『証言』などは、軍が全面協力した国策戦争映画だが、一九八〇年まで連座制が存在した韓国で、林のような立場の映画人が国策映画の撮影を拒否することは難しく、また他に大規模な戦争映画を撮れる人材がいなかった、と林自身が制作に至った事情を語っている[★20]。

一九八七年の民主化宣言を経て、米ソ冷戦構造の崩壊を受け、一九九〇年代に韓国はソ連、中国、ベトナムと国交樹立を果たす。国策映画では描ききれなかった、イデオロギーに翻弄される庶民の実像に迫るという課題を、林権澤は一九九四年の『太白山脈』において果たそうと試みる。同作品は趙廷来の同名小説を映画化したものだが、一九四五年の民族解放から民族同士の骨肉の争いに至る混乱期まで、等身大の人びとの悲哀を丁寧に描く。

一九九六年に『アルバトロス』という軍の反北朝鮮広報映画が制作されるが、興行成績はソウルで一万人にも満たない無残な結果に終わり、すでに人びとがこの種の映画に関心を示さなくなったことを表わす。一九九〇年代には、民族の悲劇を映し出すカメラは女性へも向けられるようになっていた。『銀馬将軍は来なかった』（一九九一年）、『マンムバン（恥知らず）Two Flags』（一九九四年）、『故郷の春』（一九九八年）などがそれである。

『銀馬将軍は来なかった』は国連軍にレイプされた寡婦が女性の貞操を重んじる村人から村八分される。彼女の苦しい立場に同情するのは村に流れついてきた米軍相手の娼婦たちであった。悩んだ挙句、寡婦はひもじい二人の子どものために、娼婦の仲間に入る。しかしそれがもとで息子がいじめられ、子ども同士のけんかからいじめっ子が死ぬ事件に発展する。深く傷ついた子ども心を知った寡婦は売春を辞め、戦禍を逃れるために村を離れる。この作品は子どもの目を通して「恥知らずな女」から「性暴力を受けた戦争被害者」と視点が転じる画期的な映画となる。

『マンムバン』は戦争末期、三八度線に近い山中の一軒家に住む、戦争で夫と子どもを亡くした四十代の女が主人公である。激戦地に近いために、日中は韓国、夜には北朝鮮の国旗を掲げる、といった不安な日々を送っていた。そこに老若二人の男性が前後して女の住処に避難してくる。老人と同じ部屋を使うことになった女は、後から来た若い男と暮らし始め、老人は別の部屋に追いやられる。さらに避難してきた若い女がそこに加わり、関係がこじれ、二人の男の争いから家は焼失し、避難してきた三人が死ぬ悲劇に至る。一人生き残った女あるじは韓国、北朝鮮の国旗を両手に持ったまま、爆撃のする方へ茫然と歩きだす。戦争が人間の心を荒廃させ、むき出しの欲望、狂気に駆り立てるさまを浮き彫りにしながら、女の絶望を映し出す。

『美しい季節 Spring My Hometown』も子どもが主人公である。ソンミンの父は、米軍将校とつきあう娘の斡旋で米軍部隊での仕事に就き、暮らし向きが好転する。父が義勇軍に連れて行かれたチャンヒ一家は、ソンミンの家に間借りをする。村の水車小屋は、米兵が買春をする場所となっており、子どもたちは悪ふざけからその現場を覗き見していた。チャンヒの母は米兵相手の洗濯業をしていたが、ある日洗濯物が盗まれ、弁償する代わりに米兵から身体を要求される。チャンヒは水車小屋で母と米兵の衝撃的な場面を目撃し、その後失踪する。何者かに水車小屋は放火され、米兵が焼死するが、翌年の春に米軍のロープに縛られたチャンヒの腐乱死体が発見される。巨済島の捕虜収容所から戻ったチャンヒの父親は真相調査に乗り出し、子どもたちは丘の上にチャンヒの墓を造る。子どもの目から戦争を見ることで、女性に加えられる性暴力、米軍への批判などが描きだされる。

二〇〇〇年六月に南北和解をめざした六・一五共同宣言が発表されると、南北交流は一気に進む。朝鮮戦争を描いた映画も、北朝鮮を鬼畜・敵と単純化するのではなく、痛みを共有する同胞として描き始めた。また、イデオロギーに絡め取られた「国家の視点」から、家族や異性を思う生身の「個人の視点」へと変化していく。

[図6]『トンマッコルへようこそ』ポスター

[図7]『小さな池』ポスター

『ＪＳＡ』（二〇〇〇年）は南北兵士の交流を夢想し、それまでの興行記録を塗り替えた『ブラザーフッド（太極旗を翻して）』（二〇〇四年）は反共主義による対立的構図でなく、戦争やイデオロギーによっても断つことができなかった兄弟愛を描いている。『トンマッコルへようこそ』（二〇〇五年）は朝鮮戦争中に南北の兵士と米軍兵士が、平和な村に迷い込み、そこで過ごすうちに友情を育んでいくというファンタジー作品だ。朴光鉉《パククァンヒョン》監督の制作意図が希望で終わる反戦映画を作ることだったと語ったように、和解への空想が絵空事ではないかのような作品作りに成功している。

二〇一〇年の『小さな池』の広告文には「朝鮮戦争初期の一九五〇年七月、韓半島の中ほどにある山あいの大門岩の村。世の中がどのように変化しているかも分からないまま、全国のど自慢に熱を上げるチャンイとチャンイの友人たち。米軍が破れて戦線が町まで後退し、村に疎開令が出される」と書かれているが、この映画は老若男女を含む民間人虐殺を描いたものである。

一九九〇年代からは、タブーだった朝鮮戦争中の住民虐殺事件を冷戦の論理を越えて、現代史の見直しをする動きも見られてきた。一九五〇年七月に忠清北道永同《ヨンドン》郡老斤里で起こった民間人虐殺事件[★21]も、一九九四年に関係者がこの事実を記録し、出版したことから、一九九九年にＡＰ通信記者が報道し、広く世界に知られるところとなった。同年、在韓米軍が現地調査を実施し、二〇〇四年には事件の犠牲者の名誉を回復する法案が韓国国会を通過した。

民間人虐殺を描いた映画は米国でも一九五二年に制作されている（『零号作戦』）が、避難民の行列に砲撃を浴びせた主人公は、自責の念にかられながらも選択の余地がなかったと訴え、周囲の理解を得る内容となっている。『小さな池』によって、ようやくこのような加害者の弁明は退けられ、犠牲者の声が作品化されるようになったのである。

c　北朝鮮、中国映画

北朝鮮では一九五二年の『少年遊撃隊』以降、朝鮮戦争映画の制作状況は不明だが、一九八二年の『月尾島』から二年おきに四本作られている。『月尾島』は仁川に近い島だが、米軍の上陸作戦を三日間遅延させろとの命令を受けた砲兵中隊が、文字通り青春を賭けて小さな島を守り抜く壮絶な戦争ドラマである。主人公の軍人が国家の論理を唱える内容は民主化以前の韓国の国策映画と変わらない。

中国では、一九五六年の『上甘嶺』以来、一九七〇年代まで朝鮮戦争を描いた作品が断続的に制作されてきたが、近年開戦六〇周年を記念して、中国人民志願軍と朝鮮人民の友情をテーマにした初の中朝合作映画を計画している（六月十四日「産経ニュース」）。また、朝鮮戦争で戦死した毛沢東の長男、毛岸英を主人公にした連続ドラマ『毛岸英』が中国中央テレビで制作されたことも伝えられる（asahi.com 二〇一〇年十一月二十四日）。

d　日本映画

朝鮮戦争前夜の日本映画界はレッドパージにより自由な作品作りが阻まれたが、朝鮮戦争の危機感は独立プロを中心に反戦・平和・反核映画を作らせた。しかし反戦映画といっても日本のアジア・太平洋戦争を描いたもので、同時代の朝鮮戦争に関わる作品ではない。例えば『真空地帯』（一九五二年）、『嵐の中の母』（一九五二年）、『ひめゆりの塔』（一九五三年）、『雲流るる果てに』（一九五三年）、『二十四の瞳』（一九五四年）、『ビルマの竪琴』（一九五六年）を挙げることができるが、[22]戦争に翻弄させられる被害者の、過酷な状況でもけなげに生きる姿が描かれ、加害者として戦争を見つめ、アジアの民衆に届くまなざしというには距離がある。『ビルマの竪琴』でも戦没した将兵への鎮魂の訴えはあっても、戦禍にまきこまれたビルマ人へ目が向けられていないという批判を免れない。[23]

映画研究においても、朝鮮戦争を対象にしたものは多くなく、たとえ朝鮮戦争を視野に入れても関心が向けられているのはもっぱら日本女性がアメリカという新帝国によりどのように表象されているのかであり、アメリカと日本と朝鮮半島との関連性におけるまなざし、一九四五年以後も続く植民地主義を念頭に置いたものではない。すなわち朝鮮戦争に刺激され、日本映画界で反戦映画を作るようになったとはいえ、朝鮮戦争の前提条件となった朝鮮半島の南北分断が日本の植民地支配にあることや、朝鮮戦争を踏み台に日本経済が息を吹き返したことへの認識は反戦映画のスクリーンからは認められない。同時期を描いた数少ない作品として、『松川事件』（山本薩夫、一九六一年）が挙げられるが、これも直接に朝鮮戦争を描いたものではない。

戦争特需により経済的に復興し、生活の豊かさを享受することで、日本の朝鮮戦争への記憶は不確かなまま遠のいた。日本経済の高度成長期の入り口で制作された映画『キューポラのある街』（一九六二年公開）には、一九五〇年代後半の日本人と在日朝鮮人の関係が描かれているが、朝鮮人であることを意に介さない日本人の優しさが、不平等な両者の関係性を覆い隠し、植民地主義を不問に付す人道主義の限界を見せる。

おわりに――朝鮮戦争の記憶を繋いでいくために

本稿では映画に描かれた朝鮮戦争の記憶について分析し、考察した。

昨今の普天間基地の移転問題などで人びとの関心は沖縄の米軍基地にだけ集中しているが、一九五〇年代のアメリカ映画には、伊丹や横須賀が戦地への発進基地となっただけでなく、今もなお横須賀が重要な戦略的基地であるという、日常生活で不可視にされている事実が映しだされる。

朝鮮戦争当時、米国の統合参謀本部議長のブラドレーが上院の委員会で「間違った場所で、間違った時に、間違った敵との間違った戦争」★24と述べたが、この言葉が『勝利なき戦い』や『トコリの橋』などのアメリカ映画に引用されている。一九五〇年代の朝鮮戦争を描いたアメリカ映画も広義での国策映画といえるが、その構図からもはみ出てしまう兵士たちの厭戦意識や戦争の意義が見いだせずに苦悩する姿が映し出され、アメリカの朝鮮戦争への屈折した歴史観を垣間見せる。

朝鮮戦争を描いたアメリカ映画には、アメリカ人は兵士、日本人は売春婦、韓国人は子どもと表象されるが、これにより米・日・韓の国家間の政治的序列が映しだされる。米国映画ではないが、『三八度線』のように朝鮮戦争を客観視できるだけの時間を置いて制作された映画には朝鮮人売春婦の姿も登場する。しかし前述のようにモダンな衣装に身を包み安全な性を提供する日本人女性と異なり、朝鮮人女性は不衛生な性を臆面もなく差しだす存在として描かれている。そのイメージを一新して米兵に安全な性を提供しようと、日本の売防法制定の翌年、すなわち一九五七年に李承晩政権は米兵相手の売春婦の管理を進め、それを評価した米軍当局は米軍の外出と外泊を許可する。米兵のR&R（Rest & Recreation）のための安全な空間づくりの土台は、一九六一年に政治の舞台に登場した朴正熙政権によってさらに国家的管理がなされていく。★25

韓国映画界では、朝鮮戦争勃発から今日まで朝鮮戦争をテーマにした映画を作りつづけてきたが、その作品の主人公として韓国軍兵士以外に女性や子どもが加わってきている。これは戦争の悲劇を語りながら反共主義を肯定する論理から、イデオロギーを超えた子どもの純真な目で戦争の犯罪性を映し出す視点へと発展している。アメリカ映画にも韓国人少年が登場するが、彼らは意思を持たない客体でしかない。しかし韓国映画に登場する少年は、その純真さゆえにイデオロギーの対立を批判的に超えられる存在なのである。さらには女性や素手の民間人に光を当てることで、戦時下の性暴力や民間人虐殺を行った国家の犯罪性を明らかにしてきた。また長らく韓国においてタブーでもあった米国への批判意識も映画で描かれるようになったのは、韓国社会の政治的民主化の成果といえよう。

韓国映画における朝鮮戦争のテーマの重さに比べると、日本では朝鮮戦争が反戦映画を制作する契機になったが、日本にとっての朝鮮戦争の意味を内在的に問う作品は生まれていない。この社会において朝鮮戦争の記憶が不在のままにあるためであるが、歴史認識のパンドラの箱を開けることにより生まれる苦痛を克服しなければ、朝鮮戦争は永遠に対岸の火事であり続けるだろう。朝鮮戦争のそれぞれの記憶を語りなおし、朝鮮戦争をテーマにしたトランスナショナルな映画作りによって、被害と加害のねじれたトラウマを克服することを夢想しながら、本稿を閉じたい。

［註］

（1）デイヴィッド・ハルバースタムは著書『ザ・コールデスト・ウィンター　朝鮮戦争』（山田耕介ほか訳、上・下、文芸春秋社、二〇〇九年）で、朝鮮戦争を「歴史から見捨てられた戦争」としている。

（2）本論では大韓民国を韓国と、朝鮮民主主義人民共和国を北朝鮮と略す。

（3）多富洞戦闘は、一九五〇年八月一日から五五日に亙って最も激しい戦闘が繰り広げられたことを指し、この戦闘で北朝鮮の大攻勢を阻止、大邱への進出を食い止めたとされているが、一九八一年に戦争記憶継承のために多富洞戦跡記念館が建設された。

（4）大沼久夫編『朝鮮戦争と日本』新幹社、二〇〇六年。
（5）同前。
（6）アラン・ミレット「朝鮮戦争とアメリカ」二〇〇六年九月。http://www.nids.go.jp/exchange/forum/index.html
（7）ハルバースタムは最後の著作となった『ザ・コールデスト・ウィンター　朝鮮戦争』で、朝鮮戦争の影響がアメリカの冷戦外交政策、とりわけヴェトナム介入へと向かう潮流を詳細に叙述している。
（8）アラン・ミレット前掲「朝鮮戦争とアメリカ」。
（9）メアリー・ベス・ノートンほか、白井洋子ほか訳『アメリカの歴史⑤　大恐慌から超大国へ』三省堂、一九九六年。
（10）一九五二年に製作された『壮烈第一海兵隊』は日本で一九六〇年に公開されたが、一九七一年十二月に広島ホームテレビでも上映されている（http://cinemachameau.cocolog-nifty.com/polkatei/2006/09/index.html）
一九五七年制作の『戦車バタリオン』は二〇〇〇年十一月にテレビ東京、洋画劇場で放映されている。（http://movie.zashiki.com/calendar/gw/200011.html）
一九五一年に制作された『折れた銃剣』は日本未公開だが、ＷＯＷＷＯＷで朝鮮戦争の始まった日を記念して二〇一〇年六月二十六日に放映されている。
（11）藤崎康は戦争映画ベスト30に『鬼軍曹ザック』と『最前線』を挙げている（『戦争の映画史』朝日選書、二〇〇八年）。
（12）朝鮮戦争で全焼した金剛山の寺かと思われる。
（13）ソ連邦解体後に朝鮮戦争へのスターリンの関与が明らかになる公開公式文書が公開され、丹東などの空軍基地からソ連人パイロットが六万三二二九回出撃し、空中戦は一七九〇回に及んだとされている。パイロットは中国人民義勇軍の制服を着、戦闘機には北朝鮮人民軍のマークを付けていたので（大沼久夫『朝鮮戦争と日本』）、ケーシー・ジョーンズは映画で北朝鮮兵とされている。ケーシー・ジョーンズとは米国の伝説的機関士の名前でありその名で呼ばれたパイロットは北朝鮮パイロットではなく、ソ連空軍のセルゲィ・マコロヴィッチ・カラマレンコである（ディエゴ・ザンビニ「朝鮮戦線のソビエトミグ・エース達」http://www006.upp.so-net.ne.jp/aviatorstale/MigAces001.html）。
（14）ハルバースタム前掲『ザ・コールデスト・ウィンター　朝鮮戦争』、四二六〜七頁。

(15) 臺丸谷美幸「朝鮮映画における「アジア人」表象——ジェンダーとエスニシティの観点から」、日本女子大学大学院文学研究科紀要、一三巻、二〇〇六年。
(16) 茶園敏美「「ラブロマンス」というカモフラージュ——ハリウッド映画『サヨナラ』にみる朝鮮戦争の一試論」、大阪大学日本学報、通号二〇、二〇〇一年。
(17) 一九四七年六月の全国の赤線従業婦は一五万五〇〇〇人といわれる。
(18) 新城郁夫は、アメリカと沖縄の関係を「ホモエロティクスの政治的配置と「冷戦」——沖縄への／からのまなざしの抗争」（『国家／ファミリーの再構築』作品社、二〇〇八年）で論じている。
(19) 佐藤忠男『韓国映画の精神——林権澤監督とその時代』岩波書店、二〇〇〇年。
(20) 「「反共」からの脱出　朝鮮戦争と映画」http://www.asahi.com/international/history/chapter08/memory/01.html
(21) アメリカ陸軍第七騎兵連隊所属部隊は老斤里の京釜線鉄橋付近にいた韓国人避難民のなかに北朝鮮兵が混じっていると疑い、避難民を鉄橋の上に集めて空軍機が機銃掃射を行い、逃げたものは米兵が追い詰めて射殺した。このため約三〇〇名の韓国人民間人が虐殺された。
(22) 「中川敬のシネマは自由をめざす！」http://www.breast.co.jp/cgi-bin/soulflower/nakagawa/cinema/cineji.pl?phase=view&id=150_hiroshima
(23) 浜田芳久『日本映画と戦争と平和』一穂社、一九九五年、参照。
(24) ハルバースタム前掲『ザ・コールデスト・ウィンター　朝鮮戦争』四〇九頁。
(25) イ・ナヨン「日本軍「慰安婦」と米軍基地売春婦——植民地遺産と韓国のポストコロニアルの現在」、『シンポジウム　バックラッシュ時代の平和構築とジェンダー　資料集』二〇一〇年。

〈引用以外の参考文献・資料・論文〉

村上薫『朝鮮戦争』教育社、一九七八年。
饗庭孝典／ＮＨＫ取材班『朝鮮戦争』日本放送出版協会、一九九〇年。

W・ストゥーク『朝鮮戦争――民族の受難と国際政治』明石書店、一九九九年。

白善燁『若き将軍の朝鮮戦争――白善燁回顧録』草思社、二〇〇〇年。

和田春樹『朝鮮戦争全史』岩波書店、二〇〇二年。

赤木完爾『朝鮮戦争――休戦50周年の検証・半島の内と外から』慶應義塾大学出版会、二〇〇三年。

韓国国防軍史研究所編『韓国戦争』一～六巻、二〇〇一～一〇年。

朴明林『戦争と平和――朝鮮半島一九五〇』社会評論社、二〇〇九年。

佐藤忠男『映画で読み解く「世界の戦争」』ベスト新書、二〇〇一年。

浜田芳久『日本映画と戦争と平和』一穂社、一九九五年。

藤崎康『戦争の映画史』朝日新聞出版、二〇〇八年。

赤木完爾「朝鮮戦争の衝撃」、『軍事史学』三六巻三・四号、二〇〇〇年。

太田修「一九五〇年代の朝鮮」、『歴史評論』六五二号、二〇〇四年八月。

林博史「アメリカ軍の性対策の歴史」、『女性・戦争・人権』七号、二〇〇五年。

赤木完爾「朝鮮戦争史研究の十年」、『軍事史学』四六巻一号、二〇一〇年。

ロバート・マクマン「安全保障か自由か――朝鮮戦争がアメリカ的世界秩序に与えた影響」、菅英輝『冷戦史の再検討』法政大学出版局、二〇一〇年。

編集部「日本帝国主義、朝鮮戦争、軍事独裁政権を耐え抜き花咲いた作家精神」、『シネ・フロント』二六巻五号、二〇〇一年五月。

ハングル文献
キム・ジョンウォン、チョン・ジュンホン『わが国の映画百年』玄岩社、二〇〇一年。
チョン・ジョンファ『韓国映画史』韓国映像資料院、二〇〇七年。
李徑和「南北韓　戦争映画の比較研究」漢陽大学演劇映画学科碩士論文。

チ・ミョンヒョク「韓国映画に表れる韓国戦争の様相と視角の変化」国民大学映画教育研究七巻、二〇〇五年。

〈映画一覧〉

タイトル	原題	監督	製作年	備考
米国				
鬼軍曹ザック	Steel Helmet	サミュエル・フラー	1950	
折れた銃剣	Fixed Bayonets	サミュエル・フラー	1951	
太平洋の虎鮫	Submarine Command	ジョン・ファーロウ	1951	
地獄への退却	Retreat Hell	ジョセフ・H・ルイス	1952	
零号作戦	One Minute To Zero	テイ・ガーネット	1952	住民虐殺
壮烈第一海兵隊	Battle Zone	レスリー・セランダー	1952	
	Mission Over Korea	フレッド・シアーズ	1953	
第八ジェット戦闘機隊	Men Of the Fighting Lady	アンドリュー・マートン	1954	
トコリの橋	Bridges at Toko-Ri	マーク・ロブソン	1955	
マッコーネル物語	Tiger in the Sky	ゴードン・ダグラス	1955	
攻撃目標零	Target Zero	ハーモン・ジョーンズ	1955	
USタイガー攻撃機	An Annapolis Story	ドン・シーゲル	1955	
敵中突破せよ！	Hold Back the Night	ヘイス・ゲーツ	1956	
サヨナラ	Sayonara	ジョシュア・ローガン	1957	
最前線	Men in War	アンソニー・マン	1957	
戦車バタリオン	Tank Battalion	シャーマン・A・ローズ	1957	
追撃機	The hunters	ディック・パウエル	1958	
勝利なき戦い	Pork Chop Hill	ルイス・マイルストーン	1959	
殴り込み海兵隊	Battle Flame	R・G・スプリングストーン	1959	
第八高地突撃隊	War Hero	バート・トッパー	1961	
影なき狙撃者	The Manchurian candidate	ジョン・フランケンハイマー	1962	

零下の敵	The Hook	ジョージ・シートン	1962	
裏切り鬼軍曹	Sergeant Ryker	バズ・キューリック	1968	
M★A★S★H	Mash	ロバート・アルトマン	1970	
マッカーサー		ジョセフ・サージェント	1977	
インチョン	Inchon	テレンス・ヤング	1982	米国防総省協力
戦場の天使たち	Little soldiers	デニス・サンダス	1987	
冬の一七日間		エリック・ブレビブ	2012	制作予定

イギリス

韓国の丘	A Hill in Korea	ジュリアン・エイミーズ	1956	

オランダ

三八度線	Field of Honor	ハンス・シープメーカー	1986	

中国

上甘嶺		沙蒙・林杉	1956	
長空比翼		王冰・李舒田	1958	
奇襲		許又新	1960	
三八線上		史文幟	1960	
英雄児女		武兆堤	1964	
打撃侵略者		華純	1965	
奇襲白虎団		蘇里・王炎	1972	
激戦無名川		華純・王少岩	1974	
長空勇鷹		王楓・王亜彪	1976	
戦地之星			1983	
神龍車隊			1993	
鉄血大動脈		李三義	2010	

北朝鮮

少年遊撃隊			1952	
月尾島		チョ・ギョンスン	1982	

背を向けられない		チェ・ブギル	1984	
新星		リ・ヨンミン	1986	
遠い南の地		南チョルミン	1988	

韓国

正義の進撃			1951	記録映画
夷狄の足跡		尹逢春	1951	記録映画
ピアゴル		李康大	1955	
撃退		李康天	1956	
誤発弾		兪賢穆	1961	
五人の海兵隊		金基悳	1961	
闘う獅子たち		金ムク	1962	
戦争と老人		林権澤	1962	
帰らざる海兵		李晩煕	1963	
捜索隊		鄭昌和	1964	
赤いマフラー		申相玉	1965	
南と北		金基悳	1965	
非武装地帯	The DMZ	朴商昊	1965	
仁川上陸作戦		趙肯夏	1965	
殉教者		兪賢穆	1965	
勝利の前線			1965	記録映画
戦争と女教師		林権澤	1966	
軍番のない勇士		李晩煕	1966	
山火事		金洙容	1967	
サリゴルの神話		李晩煕	1967	
決死大作戦		高栄男	1969	
1950　04時		李晩煕	1972	
平壌爆撃隊		申相玉	1972	

証言	ソウル奪還大作戦	林権澤	1973	
十三歳の少年		申相玉	1974	
野菊は咲いたが		李晩熙	1974	
洛東江は流れるか		林権澤	1976	
鷹作戦		高栄男	1976	
地獄の四九日		李斗鏞	1979	
梅雨（チャンマ）		兪賢穆	1979	
戦友が残した一言	地獄の要塞	李元世	1979	
最後の証人		李斗鏞	1980	
従軍手帳		崔夏園	1981	
アベンコ空輸軍団	アベンコ特殊空挺部隊	林権澤	1982	
その冬は暖かった		裵昶浩	1984	
ブルーハート	緊急指令	康民鎬	1987	
南部軍		鄭智泳	1990	
銀馬将軍は来なかった		張吉秀	1991	
あの島に行きたい		朴光洙	1993	
マンムバン	The two flags	厳鍾善	1994	
太白山脈		林権澤	1994	
アルバトロス		李赫洙	1996	国防部広報映画
美しい季節	故郷の春	李光模	1998	
黒水仙		裵昶浩	2001	最後の証人のリメーク
太極旗を翻して	ブラザーフッド	姜帝圭	2004	
トンマッコルへようこそ		朴光鉉	2005	
砲火の中へ	戦火の中へ	李宰漢	2010	
小さな池		李サンウ	2010	ドキュメンタリー
韓国動乱			2010	
六〇年前、死線で		朴ソンミ	2010	「正義の進撃」改編

【第5章】

加害記憶の伝達と継承を支える方法とは何か?

「博物館」をめぐる「歴史戦争」の場から

君塚仁彦

はじめに

二〇〇九年八月、私は、共同研究のメンバーと共にポーランド・ドイツにおける戦争遺跡、戦争・平和博物館に関する調査のため、「ショアー」被害の記憶の地としてのワルシャワ・オシフィエンチム・ブジェジンカ・クラクフ、そして加害の記憶の地としてのベルリンを訪れた。この調査における数多くの発見や驚き、獲得した知見、そして「無知」であった自らに向けられた反省は数限りない。言うまでもなく、ポーランド国立・在オシフィエンチム・アウシュヴィッツ=ビルケナウ博物館への訪問は調査の主目的であった。世界最大級のフィールドミュージアムと化した絶滅収容所跡地を、同館唯一の日本人公認ガイドである中谷剛氏による深みのある説明とともにフィールドワークできた経験は、人類史上類例を見ない戦争加害の現場を体感したという記憶と共に、私の一生において大変貴重な、しかし今後の人生において重い課題であり続けるに違いない。

しかし本稿では、今回の調査で訪問することができたベルリンの小さな博物館と小さな「記念碑」を取り上げる。

それは、加害の地において「負の記憶」を想起させ、隠れた歴史を伝達するための装置として、アウシュヴィッツ－ビルケナウ博物館での鮮烈な体験に勝るとも劣らない強烈な印象を私に残したからである。数日間のベルリン滞在で、しかも数時間のフィールドワークで何かが明確に理解できたわけではない。その点で、不十分であるとの誹りは免れ得ない。しかし、二〇〇九年八月二十八日に訪れたこの小さな博物館やそれに付属する「記念碑」が、一体、何を、どのように見る者に伝えようとしているのか。日常性と切り離されないその理念と方向性の重要性は、初めて訪れた私にも明確に伝わってきた。そしてそれは、東北アジアと日本・沖縄をめぐる加害記憶の伝達と継承を支える方法を考える上で有用な視点を提供するものであると思われた。

そのような問題意識を背景に、本稿では、ベルリンの小さな博物館と「記念碑」について調査記録をもとに記し、その意味と意義を考えることから始めたい。そして、その流れを踏まえ、事実上「歴史戦争」の状態にあるとも言われる東北アジア地域における、特に日本における一九九〇年代から現在までの戦争・植民地記憶の問題を俯瞰し、共同研究の焦点でもあった沖縄戦の記憶をめぐる問題にも言及していきたい。

1　オットー・ヴァイト視覚障害者工作所博物館──「抵抗の拠点」の博物館化

オットー・ヴァイト視覚障害者工作所博物館。ベルリンの旧東地区、ハッケッシャー・マルクト（Hackescher Markt）に面するローゼンタール通り三九番地（Rosenthaler Str. 39）にある小さな博物館である。この博物館の存在を知ったのは、前日、急ぎ足で見学した「ベルリン・ユダヤ博物館」での常設展示、そして同館で刊行、販売されている日本語版の展示図録『さまざまな発見　ベルリン・ユダヤ博物館』の記事からであった。

ベルリンにはナチスによる加害の現場を残し、その歴史を伝達し継承しようとするさまざまな記念碑や博物館が、想像以上に数多く存在した。この博物館は、その現場を博物館化した事例の一つである。展示図録には次のような説明がなされている。★1

ベルリンのハッケッシャー・マルクトに面するローゼンタール通り三九番地。「軍需」指定を受けた小さな工作所で、箒ブラシ製造業を営む工場主ヴァイトに庇護され、ユダヤ人や視聴覚障害者が、ナチ時代を通して働いていた。ヴァイトの工場は、障害を持つ労働者とその家族にとっては、最後の逃げ場であることも稀ではなかった。オットー・ヴァイトは危険も顧みず、身を挺して、その彼らを守った。かつての視覚障害者工作所の幾つかの部屋は、戦後も損なわれずに残った。こうして、まさに歴史の現場であるこの場所に隠れた英雄オットー・ヴァイトと、彼が助けた人たちを記念する場が設けられた。当時を知る人たちの記憶と証言に基づく常設展「見えずとも信じて――ハッケッシャー・マルクトに隠れ住む　一九四一～一九四三年」は、常に強制移送の危険に晒されていた人たちの日常を、手紙と詩と写真によって生々しく再現している。

ユダヤ博物館におけるガイド、そして図録に掲載されたこの説明から、ナチスのユダヤ人狩りに対する「抵抗」の歴史が刻み込まれた現場が保存され、博物館として存在していることを知り、予定を変更して翌日の日程に組み入れた。

博物館の居所を示すわずかな手掛かりを頼りに、八月二八日の午後、心地よい青空のもとで、私たちは、多くの人が行き交い賑わいを見せるベルリン旧東地域ミッテ地区のハッケッシャー・ホーフ（建物に囲まれた中庭）を探し回っていた。何人かの通行人や土産物を売る店員にガイドマップを示しながら片言の英語で、博物館があるホーフの場所を尋ねるが、「知らない」との答えばかりが返ってくる。一時間近く探し回っただろうか、私たちの一人がアンネ・フランクの展示会場を指し示す小さな看板を見つけた。その看板はかなり古い建物に囲まれたホーフの入口にあり、

［図1］ローゼンタール通り39番地
左側に見える建物が「オットー・ヴァイト視覚障害者工作所博物館」、入口のドアが開いている。
（2009年8月28日筆者撮影）

覗き込むと、薄暗い入口の向こうにはビールを酌み交わす多くの若者の姿があった。

周囲には、おしゃれなカフェーやブティック、レストラン、映画館、生活雑貨を売るスーパマーケットや骨董品店などが軒を並べ、かなりの人で賑わっていた。宿泊したホテルから歩いて三〇分程度の場所であるが、ホテル周辺のベルリンの旧東地区を歩くと、東西統一後すぐに投資がなされ再開発されたと思われる場所と、そうでないところとの対比が明らかなのに気づく。その場所は、周囲の様子から、おそらく近年になって再利用・再開発された場所であると思われた。一時期のニューヨーク地下鉄を思わせる落書きにも似たアーティスティックな壁画が描かれ、雑然とした雰囲気さえ漂っている。奥にアンネ・フランクの展示会場を示す幕が掛かった四階建ての建物を見つけ、私たちは一目散にその入口に向かった。薄暗い階段を上がると、そこはアンネ・フランクの展示館（アンネ・フランク博物館）になっていた。しかしそこは、残念なことに目指すオットー・ヴァイト視覚障害者工作所博物館ではなかった。その建物の中を探したが、目指す博物館は見つからない。いったん、建物の外に出て、通りに戻る。諦めかけて、目を歩道に落としたとき、そこに埋め込まれたガラスでコーティングされた二つの銘板を見つけた。一枚には博物館の名前が刻まれていた。

[Museum Blindenwerkstatt Otto Weidt]
「オットー・ヴァイト視覚障害者工作所博物館」

そしてもう一枚には、

[In diesem Haus befand sich die Blindenwerkstatt von Otto Weidt . Heir arbeiteten in den Jahren 1940 bis 1945 vornehmlich jüdische Blinde und Taubstumme. Unter Einsatz seines Lebens beschützte Weidt sie und tat alles, um sie vor dem sicheren Tod zu retten. Mehrere Menschen verdanken ihm das Überleben]

とドイツ語で「歴史」が刻み込まれていた。日本語に訳せば、おおむね次のような意味になるのだろう。

この家にはオットー・ヴァイトによる視覚障害者たちの工作所（職工所）があった。ここで一九四〇年から一九四五年にかけて、主に、視覚や聴覚に障害を持つユダヤ人たちが働いていた。ヴァイトは自らの命を賭して彼らを守り、避け難い死から彼らを救うためにあらゆることを行なった。多くの人々が彼のお陰で生き延びた。

案内標識の銘板であると同時に記念碑でもある。これを頼りに小道を奥に引き返すと、私たちが見落とし通過してしまっていた、これまた館名をドイツ語と英語で記した、おしゃれで小さな立て看板と旗を見つけた。そこが博物館

[図 2] ローゼンタール通りにある「オットー・ヴァイト視覚障害者工作所博物館」の銘板（2009 年 8 月 28 日筆者撮影）

の入口であった。昔の建物のドアが開け放たれたままになっている。オープンしている証拠だ。ローゼンタール通り三九番地。ハッケッシャー・マルクトは、ベルリンの若者で溢れかえるホットな地区であるといわれている。なかでもこの地区で最も有名な建物であるハッケッシャー・ホーフのすぐ右隣に、ひっそりと、この博物館はあった。脇に設置されている小さなオープンカフェーは多くの人を集めている。しかし博物館となっている四階建ての家屋の外壁は、修復されずそのまま放置されているようにも見える。

入口付近は、落書きともコンテンポラリーアートとも言いうるようなカラフルなペンキ絵で彩られていた。そのままではとても博物館の入口とは思えない風情が漂っている。第一、入口がある古めかしい建物には、飲食店などの商業施設も入っている。このような場所に博物館と化した「抵抗の拠点」が本当にあるのだろうか？ いや、むしろこのような場所だからこそ、「抵抗の拠点」があったのだろうか？ いくつかの思いを抱きながら、薄暗い中、階段を昇る。ギシギシと鳴る階段を一歩一歩昇って行くと、その瞬間から一挙に何十年も前にタイムスリップしたような感じに陥る。すると突然目の前にホワイトで色調が統一された瀟洒な空間が現れた。そこは博物館のエントランスになっていて、奥に広がる細長い部屋に展示室が作られているようだ。受付のカウンターには担当の女性職員が一人座り、パソコン相手に作業をしている。入館料は不要であった。

片言の英語と筆談で話をした彼女によると、「ベルリンのシンドラー」とも言われるオットー・ヴァイトの仕事とその功績は、生き残ったユダヤ人たちによって細々と書籍などには記されていたようだ。しかし、その作業所の場所や当時の具体的な様子などは、意外なことに、最近になるまで明らかにされていなかったのだという。その意味でも、この博物館は存在自体がとても大切なのだと話してくれた。この博物館にはヨーロッパを中心に、世界各地から見学者が来るというが、展示を見に来る人たちも皆、館の重要性を認識してくれるとも指摘していた。入口付近に掲示されている博物館の挨拶文には、英語で次のように記されていた。

この博物館では、「オットー・ヴァイト視覚障害者のための工作所」の物語を伝えています。第二次世界大戦の間、箒ブラシ製造業者であったオットー・ヴァイトは、主に視覚と聴覚に障害のあるユダヤ人を労働者として雇い、彼らは箒とブラシを製造していました。さまざまな人生の物語は、彼が雇用していたユダヤ人労働者を、いかに政治的な迫害や強制移送から守る努力をしたかを証明しています。いよいよ危険が迫ると、彼は何人かの労働者のために隠れ家を探し始めたのです。そんな隠れ家の一つである部屋が、今はこの博物館の一部分になっています。

そして、この説明板の横に掲示されていた一九四一年六月当時のベルリンの地図から、この博物館がある一帯、ハッケッシャー・マルクトが、戦前期に多くのユダヤ人が暮らす街であったことを知った。キャプションから、この地域に多くの「歴史の現場」が存在し、いくつかが博物館として機能していること、同館はその中の一つであることを理解できた。

帰国後、オットー・ヴァイト視覚障害者工作所博物館に関する文献を探したが、現時点で確認できたのが「暗闇の中の信頼――ベルリンのシンドラー＝オットー・ヴァイト」という論考、そしてこの工作所で働いていたユダヤ人女性の証言記録であった。★2

この論考によると、受付の職員の指摘通り、ベルリンでオットー・ヴァイトの事跡が知られ、注目され始めたのは大分後になってからであるという。後述するが、私たちがたまたま見つけた銘板（記念碑）自体、一九九三年になってようやく設置が実現したということであった。つまりオットー・ヴァイト自身も、また彼の「抵抗」の事績も、長い間歴史の襞に埋もれていたのである。

そして、銘板が設置された年から五年経った一九九八年に、「博物館学」を専攻する学生たちのアイディアと努力がベースとなって、かつての工作所跡である現地に、「オットー・ヴァイトの記念展示場」がオープンした。「抵抗の

［図3］オットー・ヴァイト視覚障害者工作所博物館エントランス部分（2009年8月28日筆者撮影）

拠点」の博物館化はこの時点から始まったのである。このように、この博物館は、歴史の伝達と記憶の継承を願う若い学生たちの手で企画実現したものなのだ。二〇〇一年には、前述したベルリン・ユダヤ博物館の「分室」となり、その後、同館による整備を経て現在に至っている。

現在、オットー・ヴァイト視覚障害者工作所博物館は、ベルリン・ユダヤ博物館の「教育部門」の一つに位置付けられており、青少年と学童とを主な対象に展示・教育普及活動が展開されている。また、ベルリン＝シュテークリッツ区にある視覚障害者工房の協力で、視聴覚障害者のための「特別見学プログラム」も開発されている。さらに、博物館を訪問する全ての人を対象に、「常設展示ガイドブック」（ドイツ語版および英語版・有料、展示案内パンフレットと犠牲者に関する個別資料パンフレットは無料）が作成され、さらには、ローゼンタール通り一帯をフィールドワークし「歴史の現場」を体感できるように工夫されたガイドも用意されている。その他、さまざまな企画展示、講演会やワークショップなどの教育普及活動が開かれ、実際に、メールアドレスを残した私のところにまでドイツ語の企画案内メールが届いている。★3

なお、オットー・ヴァイト視覚障害者工作所博物館の常設展示運営経費と「常設展示ガイドブック」の編集発行経費は、ドイツ連邦政府の文化メディア局（The Federal Government Commissioner for Cultural and the Media）およびEUのヨーロッパ地域振興基金（The European Regional Development Fund of the European Union=ERDF）、そしてベルリン市とで賄われている。

ここまで述べてきたように、オットー・ヴァイト視覚障害者工作所博物館は、「歴史の現場」を博物館として活用している事例の一つである。したがって、展示用に確保された三部屋の床や壁や天井そのものが、まさに当時をさながらに物語る。このようなことが現実になるためには、「現場」が何らかの条件で「保存される」ことが必要となるが、現在博物館として活用されているヴァイトの工作所跡を含む建物の所有権が、戦後長らく不明であったことで「幸運」にも手付かずにきたのだという。

ところで、オットー・ヴァイトとはいかなる人物であったのだろうか。常設展示キャプションやガイドブック、そして前掲の「暗闇の中の信頼――ベルリンのシンドラー＝オットー・ヴァイト」によると、オットー・ヴァイトは一八八三年、壁・椅子張り職人の息子としてバルト海沿岸の都市、ロストックに生まれている。ヴァイト一家はその後、ベルリンに移り住むが、しかし、経済的に貧しい家庭環境のため、オットー自身は国民学校の教育までしか受けられなかった。彼は父の手職である箒ブラシ製造をマスターし、生計を立てる道を進む。一九一二年に結婚し二人の息子をもうけるが、一九二一年には離婚している。

第一次大戦の勃発に際して、彼は確信した平和主義者として、兵士には決してならないと決意していたという。私自身の調査不足で、そこにどのような背景や事情があったかは詳らかではないが、兵役は耳の病気を理由に免れることができたという。しかし、大戦の末期には衛生兵として召集を受けることとなった。

ヴァイトはその後の歳月、自らの仕事に専念し、作業場を立ち上げるが、仕事の世界に止まるタイプではなかったらしい。むしろ、当時のベルリンに典型的な、芸術家や文学者たちが集うカフェーなどに通うことを好んだといわ

［図 4］展示室内の様子　当時使われていた工作台と機械類の展示（2009 年 8 月 28 日筆者撮影）

れる。また、若い日に情熱を傾けたという詩作も始め、文化的な物事に対する興味関心に秀でていた。彼は、単なる壁張り職人としてだけでなく、「平和主義・社会主義・無政府主義が混在し、しかもロマン的な向こう見ずさや英雄的な狡猾さをも備えた人物」としてその人物像が伝えられている。★4

銘板や「常設展示ガイドブック」の説明にもあるように、一九四〇年代の初めになると、小さな企業家となっていたヴァイトは、現在の博物館が位置するローゼンタール通り三九番で箒とブラシ製造を手がけるようになる。彼はそれらの製品をドイツ国防軍に売ったため、そこは「戦争遂行上重要」な企業と政府に認められたのである。

こうしてヴァイトは、ユダヤ人市民が強制労働を義務付けられるようになったとき、彼らを自分の職場に雇用しようと尽力し、約三〇名の従業員を雇用したという。そして雇用した彼らのほとんどが、視覚か聴覚に障害を持つユダヤ人たちであった。文献によると、ヴァイト自身も後年は半ば失明していたらしい。博物館に展示されている写真の方向が定まっていないうつ

[図5] 展示写真パネル　オットー・ヴァイト視覚障害者工作所の人びと　前から2列目左から6人目がオットー・ヴァイト（2009年8月28日筆者撮影）

ろな眼差しからもそれを窺い知ることができる。

ナチスのユダヤ撲滅政策の暴力支配下にあって、ユダヤ人労働者を保護し、彼らを生活者として養うために、想像を越えた手立てと才覚が必要だったに違いない。障害を持つユダヤ人が極めて短時間の間にどのような状況に陥るか、ヴァイトはよく見抜いていた。彼は、より収益を上げるために、箒やブラシを従来の軍需ルート以外の闇市場でも売りさばき始めたという。また、ユダヤ人たちの強制収容所への移送が始まるや否や、自分の従業員たちが、戦時下においていかに重要かつ不可欠な労働力であるかを主張し、彼らを擁護すべく、ナチスに対して強く働きかけていた。その際、労働管理局やゲシュタポの官吏をはじめ、スパイを買収することも恐れなかったといわれている。

ヴァイトは、迫害の手が迫るユダヤ人たちのために、証明書や就業書を調達するなどして、新しい身元を作り出すことも行っている。そして、隠れ家の提供にも手を貸し、その一例が工作所従業員であった「ホルン一家」四人の隠れ家であり、博物館で展示されている部屋である。彼らは、半年以上の期間、ヴァイト

[図6]「ホルン一家の隠し部屋」展示(2009年8月28日筆者撮影)

の工作所にあった一番奥の部屋に潜伏し、強制収容所への死の移送を回避しようとしたのである。

　私たちは、常設展示の一部、展示室の最奥にある、当時は窓ひとつ無い、一〇㎡四方の小さな隠し部屋を見学することができた。ライトアップを用いた展示手法の効果もあり、思わず戦慄が走る。ここで、どのような気持ちで恐怖の日々を送っていたのだろう? この部屋に隠れていたホルン一家をはじめ、ユダヤ人にとって漆黒の闇のような恐怖の世界が支配している中、ヴァイトの職場にいる限りは「命」あることを信じ、彼を頼みとしつつ毎日の暮らしを繋いできたのだろう。その切羽詰まるような、重い空気が全身に充満するような思いが、何ひとつ言葉を発しない展示から静かに伝わってくる。私はかなりの時間をその部屋の前で費やした。

しかしこの部屋にも悲劇が訪れる。一九四三年十月、思い掛けない同僚の密告により彼らはゲシュタポによって逮捕され、アウシュヴィッツ・ビルケナウ絶命収容所に強制移送されてしまう。障害者である彼らは、労働者として不適格とされたのであろう、おそらくは収容所に到着後「ランペ」ですぐに選別され、ガス室送りになったに違いない。同館の展示資料によれば、この年に虐殺されたと記録されている。まさに生の「終点」であるアウシュヴィッツ・ビルケナウ絶命収容所（ポーランド国立・在オシフィエンチム・アウシュヴィッツ－ビルケナウ博物館）を実際に訪れ、大きな衝撃を受けた直後だったゆえに、死への「始点」の展示は、見学する私たちに計り知れないショックを与え、忘れ難い記憶となった。

このような状況になり、実に五〇回を越えるナチスの捜索を凌いできたといわれているヴァイト自身も逮捕されてしまう。常設展示室には、ヴァイトを含め、工作所の労働者たちの集合写真が掲示され、デジタル画像展示でもイメージ映像として流されている。しかし、展示によれば、そこに写っている三六人のうち、ドイツ敗戦後まで生き延びたのは、わずか四人だけであったという。戦後、ヴァイトは強制収容所の犠牲者のために、ユダヤ人孤児院と老人ホーム建設事業を支援する活動を展開するが、一九四七年に亡くなった。エルサレムのヤド・ヴァシェムでは一人の「諸国民の中の義人」として名誉を与えられているという。またベルリン市からは栄誉墓碑の宣告を受けている。彼が「ベルリンのシンドラー」として、その名が知られ始めたのもそれ以降とされる。

博物館の常設展示室には、ヴァイトの事績を雄弁に物語る現物資料や記録文書類、労働者たちの写真などが展示されている。オットー・ヴァイト視覚障害者工作所博物館。それは、歴史の現場である「抵抗の拠点」の博物館化された姿である。このホーフにおいて、博物館の展示や教育活動を通して、歴史に埋もれていたオットー・ヴァイトの市民的勇気、その歴史、そして視覚や聴覚に障害を持つユダヤ人たちの悲劇が静かに伝達され、若い世代に語り継がれている。

この小さな博物館も「歴史の現場」が博物館化されたこの館も、まさに「歴史を逆なでする」博物館の一つに違いない。

当時のままの窓を通してふと外をのぞきこむと、階下に楽しそうに歩くカップルや、ビールで盛り上がるグループの姿が目に入ってくる。結構な喧騒だ。ホーフの構造ゆえか、展示室内にもその声が容赦なく入ってくる。片言の英語で尋ねてみる。

「若い人たちはよくここに見に来るのですか?」

「団体で、そう、学校単位では若い人が来るけれど、あまり来ないわね。もっと来てほしいのだけれど」と、受付係の博物館職員は、かすかな笑みを浮かべて質問に答えてくれた。

この博物館が、近くにある「ユダヤ人老人ホーム跡記念館」とともに、デモの規制を受けている施設であることを知ったのは、帰国してのちのことである。

2 加害記憶の継承を支える方法とは何か?——歴史の現場、そして「躓きの石」

今回のポーランド・ドイツにおける調査では、国家や大きな組織・団体などによる公式的な歴史認識を表象するための「上から」の記念碑や博物館を見学する機会が多かった。オットー・ヴァイト視覚障害者工作所博物館は、現在では、ベルリン・ユダヤ博物館の「分室」(分館)としてその組織の一部として位置づけられ、ドイツ連邦政府の文化メディア局長官とEUのヨーロッパ地域振興基金、そしてベルリン市の財政支援で運営されているわけであるから、博物館としての規模は小さくとも、「上から」の博物館であると言えるだろう。

しかし最後に私が注目したいのは、同館の入口を指し示す「銘板」の存在なのである。前述したように、私たちも、この銘板が見つけなければ、間抜けなことに、気づかぬうちにその前を通過しただけで博物館にはたどり着くことができず、結局は諦めてホテルに帰っていたに違いない。今回、幸運にも私たちが博物館を訪れることができたのは、この銘板のおかげなのである。疲れていて、しかも気落ちして下を向いていたために。

ところが帰国後に上梓されていることを知ったフンボルト大学日本文化研究センター研究員・米沢薫による研究書に、この銘板に関する記述を見つけた★5。

米沢によれば、戦前、ユダヤ人が多く居住していた東ベルリンの一角に位置するハッケーシャー・マルクトには、オットー・ヴァイト視覚障害者工作所博物館をはじめユダヤ人教会堂（シナゴーグ）などユダヤ人に関係の深い場所が集中しているが、その歩道にはいくつもの「躓きの石」が埋め込まれているという。「躓きの石」とは、表面を真鍮で加工した一〇センチ角の敷石である。その表面には、ナチスの犠牲となって命を落としたユダヤ人の名前と生年月日、殺された場所と日付が記されている。そしてこの石の多くは、犠牲者が当時住んでいた集合住宅などの前の歩道に埋め込まれている。そして、この「躓きの石」は、ギュンター・デムニッヒというアーティストの「作品」で、現在もなお進行中の「記念碑プロジェクト」であることが記されていた。一九九五年に最初の「躓きの石」が当局の許可なく埋め込まれてから一〇年余りを経て、現在ではドイツ国内はもとより、他のヨーロッパ諸国の実に四〇〇を越える市町村で一万七〇〇〇以上の石が埋め込まれているという。犠牲者の歴史を、国境を越えて支えていこうとする意志の表れであろうか。

当初は、「犠牲者を足で踏みつけることになるのではないか」との批判があったというが、デムニッヒは、「敷石の文字を読むためには犠牲者に頭を垂れることになり、また真鍮の表面は踏まれるほど磨かれ、文字が読みやすくなる」と主張しているという。

「躓きの石」は、国や大きな組織が主導しているものではないという。犠牲者がかつて生活していた住居の現在の住民が、個人またはグループでデムニッヒに直接申し込むことにより、その住居の前の道に「躓きの石」が埋め込まれる。ただし申請者は、石の加工費として九五ユーロ（二〇一〇年一月三十日現在、九五ユーロは一万一八七五円）を負担することになっている。敷石に刻まれる犠牲者についての記録は、その地区の行政に調査、確認が依託されていて、二〇〇九年時点でベルリン市では二人の職員がそれを担当しているというが、行政からはこの作業以外の公的支援は一切受けていないという。デムニッヒによれば、あくまでも住民の自発的な九五ユーロの個人負担がこの「躓きの石」プロジェクトにおいて、なによりも重要なのである。二〇〇五年に彼はドイツ連邦功労賞、ユダヤ歴史賞を受賞しており、米沢によれば「躓きの石」も既に「上から」認知されたプロジェクトになっているというが、その基本方針には変化がないと指摘されている。

私たちの「恩人」でもあるこの「銘板」は、まさに「躓きの石」であった。この場所以外にも、オットー・ヴァイトの博物館を探し回り、ハッケーシャー・マルクトを歩きまわっていて、確かに、何か所かで何か四角い金属が埋め込まれていたのを記憶している。それらは取りに足らないほどの大きさで、見落とされるほどに小さいものであるが、だからこそ右翼のデモの標的にもなりえないのだという。そして今回のポーランドやドイツ調査で知りえたように、「躓きの石」には犠牲者の排除もないし、ヒエラルキー争いもない。そして石は、まさに住民による旧住民のための墓碑銘でもある。それは、現在の住民、その街や建物で暮らす人々の「負の過去」を想起することへの意志をも意味するものなのであろう。

今回の調査で出会ったオットー・ヴァイト視覚障害者工作所博物館そして「躓きの石」は、「歴史を逆なでする博物館」であり、「生活のなかの小さな反戦平和のための博物館」であり、そして「記念碑」であった。先にも述べたように、反戦平和のための博物館の存在は、ある意味でその国の平和運動の力量を示しているとも言える。日本国内では「在日特権を許さない市民の会」のような右派勢力が、国内のいくつかの歴史博物館の展示内容にまで歴史事実を無視した暴力的な誹謗中傷を繰り返している現状がある。しかもその活動を支えているのが比較的若い層が多いことなどを考えると、ベルリンで見ることができた幾つかの事例が、東北アジアでの課題を考えるヒントになるのではないかと思う。日常とは切りはなされない、かつ非儀式的な空間が、反戦や平和のための創造の場となっていることのような事例をこそ、東北アジアで増やしたい。「躓きの石」のような記念碑プロジェクトもよい。日常的な、「下から」の、なるべくお金のかからない形で。繰り返しになるが、日常のなかの、足元の歴史認識や戦争責任認識は、そんな経験・感覚の相互の積み重ねで、よりバネの強いものとなっていく。そうに違いないと思うからだ。

博物館の大きさや、記念碑の巨大さが、人に目を逸らすことを許さず、忘却を防ぐものとして作用するのだという意見がある。そこでは、物理的な次元の問題を、歴史の伝達や継承、想起の質的な問題に関連づける発想がある。博物館や記念碑は、一度、その発想を根本的に見直してみる必要があるのではないか。今回の調査で得ることのできた大切な視点の一つである。

3　東北アジアの「歴史戦争」「平和」「和解」を考える——一九九〇年代を見据えて

さて、ここまで述べてきたベルリンの事例を念頭に置きながら、ここからは、東北アジア地域における「歴史戦争」「平和」「和解」の問題と日本における一九九〇年代から現在までの戦争・植民地記憶の問題を俯瞰し、共同研究の焦点でもあった沖縄戦の記憶をめぐる問題について論じていくこととする。

二〇一〇年は朝鮮強制併合一〇〇年、そして二〇一一年は「九・一八事変」（「満洲事変」）八〇周年に当たる年であり、ここ数年は、東北アジア地域で近代日本の戦争・植民地記憶の在り方を考える上で大きな節目となる時期でもある。日本国内では、植民地支配や戦争記憶をめぐる歴史学会や市民団体、マスメディアなどの企画なども盛んに開催されているが、年々、戦争を知る当事者の数が減少する中で、戦争や植民地支配の過去を知らない、その歴史を十分に学んでこなかった世代が、それらの記憶をどう継いでいくのかという課題がますますその重要性を増しつつある。近代東北アジアにおける「加害者」としての日本が、どのような自己認識の下で戦争・植民地記憶をどう伝達し、受け継いでいこうとするのかという課題は、この地域に限らず、今後、世界的にも問われていくものではないかと思う。

しかしながら、東北アジアの近代史を形成する日本と中国・韓国との間の歴史認識は、いまだに深い溝がある。日本と中国・韓国との間で行われた歴史共同研究などの動向を見ると、目指すべき歴史認識の構築と共有ということよりも、むしろお互いの差異を再認識せざるをえない結果となった部分が多かったことも否定できない。東北アジアには、十九世紀末から二十世紀半ばにかけての時期、日本が「大日本帝国」時代に行った植民地支配・侵略戦争の傷跡や加害の傷跡が深く刻み込まれているが、日本・韓国・朝鮮民主主義人民共和国・中国との間に歴史の解釈と評価をめぐる深刻な対立と葛藤が繰り広げられている。日本を相手に三か国は､歴史教科書を通しての歴史歪曲、日本軍「慰安婦」問題、首相の靖国参拝、そして自由主義史観による侵略戦争・植民地支配の美化などの深刻な問題をめぐり鋭く対立しているが、そこには東北アジアにおける「歴史戦争」とでも言うべき状況がある。「平和」の前提。それは相互をよく知り合い、考え方を共有あるいは分有し、人と人、国と国との信頼関係の基礎を築くことである。しかし本論でも述べるように、現時点における、戦争・植民地記憶をめぐる日本の現状は、それと逆行する面が幅広い年代層に強く出始めており、一人の日本人市民として深い憂慮を感じざるをえない現実に日々直面している。

ここでは一九九〇年代の動きから問題を考え始めてみたい。一九九〇年代。それは、東西冷戦が終結し世界各地が民主化に動いた時期であり、グローバルな規模で植民地主義と独裁体制、戦時暴力・性暴力の歴史と責任が問われ始めた時代であったと言える。この時代には、侵略戦争や植民地支配による暴力の被害者が証言を始め、あるいは証言せざるをえない状況になり、加害者側にはその責任の決算が求められた。歴史記述や記憶の在り方という点においても重大な再検討が進んだ。そのような状況の中で、東北アジアでも、一方で植民地主義の被害について、日本軍「慰安婦」被害者が名乗りを上げ、数々の戦争被害や強制動員被害に個人補償を求める訴訟が起こされ、他方では独裁体制による暴力も問われて、その事実解明と責任の決算が政治的にも学問的にも重要な課題となった。このような経緯の中で、近代日本の戦争・植民地支配に関する歴史研究と歴史認識、そして記憶の在り方が、学術的にも重要な課題となったのである。

二十一世紀を迎えた今日、東北アジアでは、法的・政治的な意味で被害の補償と責任の決算まで十分に達成したとは言いがたい状況にある。中野敏男は、その状況を、それを維持する社会思想的な背景をも含め「継続する植民地主義」と把握しようとするが、この点について、私も同じ認識を持っている。★6しかし、そのような状況下でも、中国や韓国などの被害者を中心に問題提起がなされ、数々の証言が記録され、多くの資料が発掘されてきた。その意味で、史実の解明という点ではかなり重要な進展があり、責任をめぐる法的・学問的な議論が噴出し、さまざまなレベルで体験の記憶を記録し、伝達し、継承しようとする地道な営みも続けられている。軍事暴力や性暴力を許さない「文化」を創造していこうとする多様な活動が生まれてきていることも、現在までの見逃せない事実であると言えよう。中野も指摘しているように、体験者の高齢化が進んだこの時期に、東北アジアにおける戦争加害や植民地主義の特質を探り、その歴史的・思想的教訓を新しい文化創造の基礎に据えて未来に継承していく作業は、学問的にも喫緊の課題である。まさに、東北アジアにおける「脱植民地主義」の思想と文化の創造を目指す動きに他ならない。

私がこの考え方に強い共感を覚えるのは、東北アジアの戦争・植民地記憶の在り方を問うていく際に、一九九〇年代に世界的規模で起こった同様の動きを自覚的に参照しながら進められる必要があると考えているからである。世界各地では今日、侵略戦争や植民地支配、圧政や殺戮の歴史の責任追及と検証に並行しつつ、その歴史の記憶を記録にとどめ未来に継承する記念事業や記録編纂の作業がさまざまに進んでいる。本稿前半で取り上げたベルリンの事例がまさにその一例である。将来的には、そうした営みを相互に学びながら、東北アジアにおける対話と研究を進めることが重要であり、その作業と成果の蓄積は、この地域に植民地主義の記憶と責任を継承する文化を創造していく上でも重要な寄与をなすに違いない。それは、「平和」や「和解」の強固な前提になるはずである。

その意味でも私は、「平和」や「和解」という概念、そして東北アジアにおけるそれらをめぐる動向を注視し続けている。特に、近年、東北アジアで強調される「平和」のための「和解」については、韓国人の日本近現代文学研究者である朴裕河の『和解のために――教科書・慰安婦・靖国・独島』（平凡社、二〇〇六年）の内容と、日本国内での取り上げられ方や、研究者やマスコミからの高い評価について疑問を感じ続けている。「平和」の礎となる「和解」についての発言、しかも被害国側からの発言であるだけにその問題意識や内容に注目してきたが、同意しがたい点が少なくない。「和解」とは加害と被害の関係を何らかの意味で清算し、新たな関係を作り出すことである。そうであれば、まずは日本の加害行為の真相究明がどのようになされたのかが前提にされる必要があると思われる。加害と被害の歴史が明らかにされる努力があって初めて「和解」が生まれ、それが礎となって「平和」が生み出されると考えるからである。

しかし、朴裕河の著作やそれを高く評価する日本のリベラル知識人の言説を検討すると、そこでは、いかに「和解」するかが出発点となっており、「今こそ和解できるはずだ」という前提があらかじめ設定されてしまっている。そしてそこには「反省の道」を歩んできた「戦後日本」と「反日ナショナリズム」に凝り固まる韓国社会、あるいは「反日教育」の中国社会という認識があるように思われる。「戦後日本」そのものが曖昧な主体であり、そのことの意味が批判的に問われているのに、である。日本の現状を見ると全く逆立ちした議論であり、これが高く評価されていること自体に違和感を覚えざるをえないが、日本の経済界はアジアとの間に横たわる「戦争責任」問題を、天皇制を中心とする体制秩序が動揺しない範囲に限定して処理したいと考えているように思える。その処理なくして、中国や韓国の台頭著しい東北アジアにおける日本の経済的存在感や「国益」は実現できないと考えている。逆立ちした「和解」論はこれに見事に合致する側面を持っている。

「和解」とは、「平和」とは一体全体どういう状態を指すのだろうか？　東北アジアにおけるこれらの在り方を具体的に明確化するための思考と、その相互交流の積み重ねが必要である。侵略戦争・植民地支配は国家責任を問わなければならない固有の次元の問題である。例えば、日本軍「慰安婦」問題。この問題は、歴史的に見ても、また深刻な被害を受け、深い傷を抱え続けて生きている人びとを考えても、絶対にゆるがせにできない性質のものである。国家責任を公的に問うのは大きな意味を持つものであり、それが大前提でなければならない。

しかしながら現実はそうなっていない。東北アジアにおける日本軍「慰安婦」問題は、日本と中国、日本と「朝鮮」との間の問題でもあるが、同時に、帝国主義と植民地、女性と男性の問題、階級的問題をも含む複合的内容を持つ問題系でもある。したがって、近代日本の戦争記憶・植民地記憶を考えた時、また、東北アジアの反戦平和の博物館の在り方、近代史展示の在り方を考える時、これらの視点を外すことはできないと思われる。しかしながら、日本国内ではこの問題をタブー視する傾向が強い。二〇〇一年には、「日本軍性奴隷制を裁く女性国際戦犯法廷」を取り上げたNHKテレビ番組に対する政治介入が大きな問題にもなった。[★7]

現在、日本では「女たちの戦争と平和資料館」(二〇〇五年開館・愛称：WAM、東京都新宿区)が日本国内の博物館では唯一この問題をメインテーマとして正面から取り上げているが、この博物館に対しては右派からの執拗な攻撃が続けられている。攻撃をする側は、大多数の人々の無関心をよいことに日本の近代史からこの事実を隠蔽し、忘却させ、できれば消し去りたいのである。非倫理的な行為であると言わざるをえない。東北アジアにおける戦争・植民地記憶の在り方を考えるにあたりに、国家の記憶装置からも抜け落ち、侵略戦争・植民地支配の最も弱い立場の犠牲者である日本軍「慰安婦」のような女性たちの記憶をどう記録し、伝えていくのかという点にも軸足を置く所以である。日本国内における「記憶の内戦」状態がそこにはある。

4　「戦争博物館」の復活と台頭

日本国内には、数多くの国立・公立の歴史博物館が存在する。日本の博物館の約半数が歴史博物館であるが、厳しい見方をすれば、「大日本帝国」時代の侵略戦争や植民地支配などの加害行為に関する展示は、残念なことにほとんど行われていないか、ごく形式的に取り扱われるのみである。その展示内容は、原爆や空襲など、また戦時下の苦労に満ちた生活など被害の側面にほぼ限定される感が強く、加害史実や戦争の原因などに関する最新の研究成果を反映させたものにはなっていない。皮肉なことに一九九五年つまり「戦後五〇年」あたりを機に、日本国内では保守化・右傾化傾向が顕著となり、特に天皇や国家の戦争責任に関する歴史認識や議論の幅が狭まりつつある。「戦後五〇年」を前後して各地に設立された公立の平和博物館に対しては、当時の政権与党であった自由民主党による展示内容に対するチェックと抑圧も行われた。日本では、自由主義史観に代表されるような侵略戦争や植民地支配による加害責任を認めない考え方が、ここ数年、勢いを増してきているというのが現状であり、歴史博物館にもその影響が微妙にその影を落としている。

しかし例外的な動きも出てきてはいる。二〇一〇年三月、日本で唯一の国立歴史博物館である国立歴史民俗博物館が、新しい常設展示室「現代」をオープンさせた。展示は一九三〇年代から一九七〇年代を対象とし、「戦争と平和」「戦後の生活革命」を二つの柱として内容が構成されている。この展示室の完成で、日本の国立博物館では初めて日本の通史展示が完成することになった。一九八三年の開館から二七年が経過した時点で、先史時代から現代に至る日本列島の歴史を通して見られる展示がようやく整備されたことになる。これまで日本の国立博物館では、戦争や植民地支配を含む、近代史・現代史に関する通史展示が無かった。前述したような政治・社会状況もあって、国立博物館での歴史展示は様々な影響を受けている。大変長い準備期間は、日本の歴史博物館で近代史・現代史を取り扱うことの難しさを表している。戦争に関する展示では被害的な側面だけに光を当てる傾向が強い日本の国公立博物館であるが、「生活史」を軸としたせいか、内容的には断片的で十分とは言い難いものの、新しい展示では南京大虐殺など加害史実に踏み込んだ内容も組み込まれている。[★8]

ところで日本では、国内に点在する個人や市民団体など民間で運営されている戦争・平和博物館が、「公の記憶装置」の現状に抵抗するかのように、侵略戦争や植民地支配などの加害行為に関する展示や教育活動を行っている。世界で唯一の大学附属平和博物館である立命館大学国際平和ミュージアム（京都市）のような優れた例外もあるが、他はいずれも民間・市民運動レベルで設置運営されているため規模が小さく、財政基盤も弱く運営上の問題を抱えている館が多い。そこにはまさに歴史博物館における負の記憶をめぐる「内戦」ともいうべき状況がある。[★9] 日本の国公立の歴史博物館では、侵略戦争だけではなく植民地支配の歴史を十分に取り上げ展示している例はほとんどない。特に、植民地支配責任について、それを学べる博物館の展示は、民間の博物館を除いてほぼ皆無であると言ってよいだろう。

戦争責任と植民地支配責任とはイコールではない。ここ数年、NHKでは、日本の人気作家・司馬遼太郎の作品をドラマ化し放映している。そのドラマが一定の視聴率をあげ、彼の小説が国民的レベルで売れている。その根底には「昭和の戦争は誤っていたけれども、明治時代の政治やナショナリズムは正しかったのだ」という発想がある。であれば、台湾や朝鮮の植民地支配は、日本の近代国家形成過程のコンテクストの中で正当化され、その責任は問われないことになる。近代化の中で、日本は、イギリスやフランス、オランダなどの帝国主義列強諸国と同じく、当時の国際政治の主流である植民地獲得戦争に参加しただけで、それらの国々が自らの植民地支配責任をきちんと悔い改めていないのだから、日本だけが反省し謝罪する必要などないのだという議論さえある。民間の戦争・平和博物館の展示・教育活動は、そのような考え方に疑問を生じさせてくれる重要な存在である。これらの博物館の多くは、一九九〇年代以来、冷戦構造が崩壊するなかで日本の侵略戦争や植民地支配の被害者が、ようやくの思いで名乗りを上げ、日本の責任を追及しはじめ、歴史に対して真摯で良識ある姿勢を取ろうとする市民運動の一定の盛り上がりを背景として設立された。

しかし、国内状況について、いくつか指摘しなければならないことがある。その一つがインターネット上で「ネット右翼」と呼ばれる人びとによる史実を踏まえない差別的発言が横行していること、ここ数年、前述した「在日特権を許さない市民の会」などの市民レベルの右派勢力が、在日朝鮮人などに対する暴力的な活動を活発化させていることである。日本国内にいくつか点在する民族学校に対する暴力的な嫌がらせをはじめ、歴史博物館に対しては、国立歴史民俗博物館の近代史展示における関東大震災の朝鮮人虐殺事件や植民地支配に関する内容に執拗な「抗議」活動を行い、在日韓人歴史資料館の名古屋特別展に「抗議」と称する暴力的な妨害活動をしかけるなど、枚挙に遑がない。また大変気になるのが、その活動を、女性を含む比較的若い層が支えているという点、そしてその主張が、史実を無視したずさんな内容だということである。歴史に真摯に向き合っていれば、このような流れになるはずはない。

しかし、多くの日本人市民は、在日朝鮮人が植民地支配の歴史を背負わせ続けられていることを知らないし、知ろうとも、学ぼうともしない。まさに「戦後教育」の成果である。このような状況は、日本の政治指導者や多くの市民が、自覚的かつ無自覚的に、戦前の朝鮮植民地支配意識をそのまま引き継いでしまっていることを示唆している。在日朝鮮人で、優れた思想史研究者である尹健次は、かつて、「日本人の大多数はほとんど完璧と言っていいほどに歴史意識を喪失しており、戦争・敗戦はおろか、安保闘争も全共闘も遠くなり、経済進出による〝大東亜共栄圏〟の実質的実現のなかで、かつてのアジア侵略や植民地支配も、朝鮮人・中国人の強制連行も忘却されてしまっている」[★10]と指摘したが、まさにその状況が増幅しているのが日本の現状であろう。

博物館をめぐり、もう一つ看過できない状況がある。それは一九九〇年代以降、過去そして将来の戦争を肯定的に捉える思想を有する「戦争博物館」が復活し、台頭してきているという事実である。[★11]まず指摘しておきたいのが、自衛隊が設置・運営する広報館の戦争博物館化、あるいは一般博物館化という点である。これらの館はいずれも国の経費で設立・運営される「隠れた国立博物館」でもある。その動きを概観してみたい。

一九八六年に靖国神社の附属博物館である「遊就館」が再開され、戦後初の自衛隊海外派遣である一九九一年のペルシャ湾掃海派遣、一九九二年の「国際平和協力法」(PKO協力法)成立を契機に自衛隊は広報活動の場としての博物館に力を入れ始めている。その後、自衛隊が開設した博物館と、その他、この時期以降に開設され、リニューアルされた「戦争博物館」としては、海上自衛隊鹿屋航空基地資料館（一九九三年・鹿児島県、二〇〇三年までの間の入館者数八八万人余）、海上自衛隊佐世保史料館（一九九七年・長崎県、二〇〇六年までの入館者数一〇〇万人）、航空自衛隊浜松広報館（一九九九年・静岡県、二〇〇七年までの入館者数二五〇万人）、市ヶ谷記念館（一九九九年・東京都）、昭和館（一九九九年・東京都）、靖国神社「遊就館」全面リニューアル（二〇〇二年・東京都、二〇〇六年の入館者数五〇万人余）、昭和天皇記念館（二〇〇五年・東京都）、呉市海事歴史科学館「大和ミュージアム」（二〇〇五年・広島県、二〇〇六年までの約一年間の入館者数一七六万人余）、海上自衛隊呉史料館「てつのくじら館」（二〇〇七年・広島県、四月のオープンからの約一か月半の入館者数一〇万人）、陸上自衛隊旭川駐屯地にある「北鎮記念館」（一九六四年開館、二〇〇七年に全面リニューアルオープン・北海道）江田島海上自衛隊第一術科学校内「教育参考館」全面リニューアル（二〇〇八年・広島県）などが挙げられるが、その充実ぶりが窺えよう。いずれの博物館においても、「平和」の維持・安定が絶えず強調され、そのための軍事力保持と行使が正当化される展示が行われている。そして、国内の博物館としては、かなりの数の入館者を集めていることも注目すべき事実である。

数年前に常設展示の一部がリニューアルされた「遊就館」では、「大東亜共栄圏の平和」を「市民や子どもたちへ広げる必要」を主張し、歴史教育の場としての存在意義を宣伝している。そこでも「平和」が強調されるが、同時に「侵略戦争」が肯定的に語られ、「負の記憶」は「正の記憶」に切り替えられてしまう。「国家」による死が正当化され美化される。しかしそこで「神」として展示されるのは軍人・軍属や「戦闘参加者」であり、軍人でない死、あるいは軍人による死、それらの名前は記憶も記録もされない。見学者の中には多くの若者が含まれ、熱心に展示を見て「正しい歴史」を学んだと思い込んでいる。しかし、好戦的な展示内容を持つこのような博物館では、忘却・隠蔽・抑圧された歴史、消し去られた命に対し五感を駆使し、展示されない何があるのかを見極めるため、持ちうる限りの想像力を働かせなければならない。学生をはじめとする若い人たちには、そう語りかけている。

二〇〇五年にオープンした呉市海事歴史科学館「大和ミュージアム」では、科学館の基本方針として、「歴史的見地」（造船技術等を通し、呉の歴史を後世に伝える）、「学術的見地」（呉が過去から深く関わってきた科学技術を新しい時代に生かす）、「教育的見地」（市民が生涯学習を実践していくための環境整備を行い、平和の大切さを未来に伝える）、「まちづくり的見地」（周辺施設と調和を図り、人びとが集う施設とする）の四点が掲げられ、さらに「趣旨」には次のような理念と目的が記されている。

呉市は、明治二二年に呉鎮守府、明治三六年には呉海軍工廠が設置され、戦前においては、戦艦「大和」を建造した東洋一の軍港、日本一の海軍工廠のまちとして栄え、また、戦後においては、戦前から培われてきた技術が新しい後術と結びつき、世界最大のタンカーを数多く建造するなど、我が国が戦後約一〇年ほどで世界一の造船国へ発展する一翼を担い、有数の臨海工業都市として発展し、地域の産業発展のみならず、日本の近代化に大きく貢献してきました。呉市海事歴史科学館（愛称：大和ミュージアム）は、明治以降の日本の近代化の歴史そのものである「呉の歴史」と、その近代化の礎となった造船、鉄鋼を始めとした各種の「科学技術」を、先人の努力や当時の生活・文化に触れながら紹介し、我が国の歴史と平和の大切さを深く認識していただくとともに、科学技術創造立国を目指す日本の将来を担う子ども達に科学技術のすばらしさを理解していただき、未来に夢と希望を抱いていただくことのできる「呉らしい博物館」とすることにより、地域の教育・文化及び観光等に大きく寄与することを目的とします。

この博物館は、戦後日本に現れた、公立初の「戦争博物館」と考えることができる。戦艦「大和」の巨大かつ精密な模型が人気を博し、それを見るために多くの入館者が集まってくる。全国的にも有名な観光スポットとなっているが、そこには、侵略戦争への歴史認識は全く見られず、日本の近代化やそれを支えた造船・科学技術、生活、文化などにすり替えられてしまっている。先に紹介した尹健次の「日本人の大多数はほとんど完璧と言っていいほどに歴史意識を喪失」しているという指摘は、まさに正鵠を射ている。このように、近年における日本の戦争博物館の復活と台頭という現状は個々ばらばらな現象ではなく、過去の賛美とナショナリズムの再構築、憲法九条改悪などを見据えた明確な政治的意図が込められた構造的現象として把握すべきであり、これらを一つの問題系として考察する視野が重要であると思われる。

5　沖縄戦の戦争記憶を「伝える」ことを通して——忘却への抵抗としての歴史教育

前述したように、二〇一〇年三月、国立歴史民俗博物館が新しい常設展示室「現代」をオープンさせた。展示は一九三〇年代から一九七〇年代を対象とし、「戦争と平和」「戦後の生活革命」を二つの柱として内容が構成された。この展示室の完成で、日本の国立博物館では初めて日本の通史展示が完成することになった。

しかし、記念すべき新展示室のオープンは波乱含みの展開になった。アジア・太平洋戦争末期の沖縄戦で、沖縄は本土防衛のための「捨て石」とされた。沖縄ではアメリカ軍との激しい地上戦が行われ、膨大な数に上る住民が戦闘に巻き込まれた。多くの人びとが非業な死を遂げ、戦闘終結後はアメリカによる異民族支配の中で、米軍基地の島として存在し、現在も「基地被害」で多くの住民が苦しんでいる。特に、沖縄戦での戦争体験を持つ世代には、旧日本軍に対する厳しい認識がある。それは、旧日本軍が関与して起きた住民の「集団自決」があったからなのである。元来、「琉球王国」として独立国家の歴史を持つ沖縄は、特に近代において「大日本帝国」の中に組み込まれていくプロセスの中でますます「内国植民地」としての歴史的性格を強めていく。沖縄では、異民族である住民を「天皇の赤《せき》子《し》」とすべく徹底した「皇民化教育」が行われたが、沖縄戦の際には、教育を通して、米軍の捕虜になるよりも天皇のために自殺することを教え込まれていた。

ところが、国立歴史民俗博物館の「現代」展示の中で、沖縄戦に関する展示説明から「日本軍の関与」についての文言がオープン直前に削除されたのである。旧日本軍の関与があったのかどうかについては、展示を検討する委員会で、館内外の研究者から意見が出されたという。この件は最高裁判所で係争中であり、直接的に軍の命令があったなどと書くのは時期尚早とされ、結果的には「集団自決を強いられた」という趣旨の文言に抑えられた。史実を展示しないこの対応に、沖縄では反発が巻き起こった。[★12]

このように、沖縄には日本との間に沖縄戦に関する「歴史戦争」ともいうべき状況が存在する。改めて指摘するが、東アジア、沖縄と日本の間には、アジア太平洋戦争、そして沖縄戦に関する歴史認識をめぐる「歴史戦争」とでもいうべき状況が存在する。

県立平和祈念資料館リニューアル時の展示改ざん問題、そして大きな抗議のうねりを生み出した「集団自決」軍命削除の教科書検定問題、大江健三郎・岩波新書『沖縄ノート』「集団自決」訴訟など、いずれも、日本軍の住民虐殺や「集団自決」の事実を隠蔽しようとする動きに他ならない。沖縄戦被害者、とくに弱い立場の人々の記憶が、抹消されようとしていると言っても言い過ぎではないだろう。しかし「集団自決」の問題は、今なお、沖縄の人びとを苦しめ続けている。「自決」や「玉砕」の名のもとに、親が子を殺し、子が親を殺す。戦後、当事者としてその事実を誰にも話せず苦しみ抜いた人も少なくない。それだけに「集団自決」に旧日本軍の関与があったという事実を隠蔽するような国立博物館の動きは、沖縄の人びとの感情を逆なでする行為そのものなのである。このように沖縄は、日本の歴史的矛盾が最も表出する場の一つであり、それだけに沖縄戦の記憶継承と歴史教育をめぐる課題は、日本の歴史博物館全体にとっても大きな意味を持つものと言える。

ここまで書き進め、「集団自決」の場の一つでもある沖縄本島南部の激戦地にある「ひめゆり平和祈念資料館」を初めて訪れた時のことを思い出している。開館数年後の夏のことだったと思う。常設展示室に並ぶ数多くの遺影や遺品、そして証言。その一つ一つと対面し、学生の身でありながら従軍看護婦として動員され、実際の戦闘で無残に殺されていった人々を、単なる統計や概念ではなく、言葉の尺度を突き抜けてしまった悲惨と恐怖の体験者ひとりひとりとして、初めて認識できたように思えたのだ。そこに何時間いたのかは覚えていない。書物から得たうわべだけの知識をはるかに凌駕する展示の迫力、悲惨極まりない沖縄戦の実態。その恐ろしさに圧倒され、感情を激しく揺さぶられ続けた。のどが激しく渇き、溢れ出る涙を手で拭いながら展示室を出た。今でもこの時の感覚を忘れることができない。

資料館が開館し、二〇年が経つ。二〇〇四年に全面的な展示リニューアルがなされ、これまでに国内外から約一五〇〇万人もの入館者を集めた。入館者数、沖縄戦の事実を伝えるという設立目的、目的に向けて積み上げられてきた意義ある活動内容から見ても、東北アジアにとってきわめて重要な戦争・平和博物館であることは言を俟たない。

この資料館は、元「ひめゆり学徒」を中心とする方々による地道な調査活動、設立準備作業によってその礎が築かれた。それらは手弁当での活動であり、いわば戦争被害者自身により設立された自前の「記憶の拠点」である。そのため公的な支援は受けていない。記憶風化への危機感、公による歴史改ざんへの抵抗、沖縄戦の事実を伝えていこうとする強靭な意志。この館が歴史事実に対する真摯な態度と活動の自律性を保っているのは、その点に由来する。

そして「記憶の拠点」を動かす原動力になっているのが、すでに高齢に達している「ひめゆり学徒」生存者による館内での証言活動である。私が日本国内の戦争博物館で、戦場を知る当事者から肉声で話を聞いたのは、これが最初の経験であったと記憶する。私のような戦争を知らない世代が、博物館の展示物だけから当時の生々しい戦場を想像するのは至難の業である。展示物としての「モノ」はそれだけでは語らない。語らせるのは、それを展示し、何かを伝えようとする人、その人が発する声であり語りである。

おそらくは語る個々人にとって思い出したくもない事実に違いない。それを、彼女たちは展示を見学する来館者に語りかける。歴史を伝達しようとする。ここでは「モノ」の展示と、証言員の話が融合し、展示空間自体が優れた歴史教育の場と化している。私は展示室で、実際にその話を何度か聞いた。尊敬すべき活動であると思った。戦争・平和博物館の展示室で、実際の被害者に証言を聞くことができる例はそう多くない。大きな義務感と心理的な苦痛を伴う作業に違いない。私が聞いた彼女たちの話で、今でも胸に突き刺さっている問いかけがある。私たちが体験したことに悲しみや痛みを感じてほしい、沖縄戦の事実を知ってほしい。そして同時に、どうしてこんなことが起きてしまったのか？　なぜ沖縄戦の悲劇が起きたのか？　それを考えてほしい。そのような問いかけを通じての聞き手の側とのやり取りもある。そのやり取りが大切だ。

現代史は体験者が生存している歴史である。しかし時間の経過とともに、証言する人びとが語れなくなるという避けがたい現実がある。そのため資料館では、「次世代プロジェクト」と称する計画を立案し、沖縄戦の史実、ひめゆりの史実を語り継ぐため、証言映像や説明文を多用した展示リニューアルを行った。そして博物館では、同時に後継者育成も進めている。「説明員」の育成である。現在、在籍している説明員は皆、若い。したがって、そこには課題もある。まず、沖縄戦での悲惨や無念の意味を言葉で説明することの難しさという点がある。同時に、非体験者が、どのように戦争体験の伝達や継承を担っていくのかという点、それが大きな課題となっている。そして今後は、元「ひめゆり学徒」が戦後をどのように生き、資料館を立ち上げたのかという問いも立て、その意味を深めていくことも大切な作業となるだろう。「歴史的事実を正確に伝える」と共に、資料館を建設し、記憶の拠点を作り上げた彼女たちの感情や思いを継ぐことも大切な作業である。[★13]戦争の体験者にとって「情緒」や「感情」を抜きに、自らの体験を振り返ることなどできはしない。戦争の体験は、数枚の展示パネルにまとめられるような「客観的」なデータに置き換えることのできる性質のものではない。誤解を恐れずに言えば、博物館の展示は史実の「切り取り」に過ぎない。そこには当然、限界がある。したがって歴史認識の形成には、「歴史の現場」を実際に歩いたり、歴史の体験者から証言を聞いたりといった活動が重要なのである。

しかし同時に問われなければならないのは、「歴史の現場」を訪れ、資料館で展示を見る側の意識である。熱心に展示を見、考える人が多い。しかし中には証言員に「日本のために死んでくれてありがとう」といった類のひどい言葉を投げつける見学者もいると聞く。つらい記憶を語る側の苦悩、なぜ語っているのかを想像できていない。戦争で虐殺された人の「死」を想像できていない。そこには無自覚な植民地意識の存在を感じざるをえない。資料館を訪れるなかで、館内を走り回り、遺影に向かって悪ふざけをする修学旅行生を何度か見、注意をしたこともある。何のために来ているのか。今を生きる現実と歴史とが切れている、そんな光景だった。日本では、六十数年前に起きた過去の出来事に関心の無い、近代史・現代史の系譜から切り離され、遊離する若者たちが増えている。グローバリゼーションの時代にあって、歴史感覚の希薄化が世界的に進んでいるのではないか。そのことも問わねばならない。

私も含め、日本人が真剣に考えなければならないのは、沖縄戦の事実と意味、敗戦後も沖縄に基地を押し付け続けている現実と解決に向けての行動である。その現実と資料館の展示、証言員の話を結びつける想像力。遺影が見る側に静かに問い、訴えかけているのは、そのことの大切さであるように思えてならない。戦争の傷を抱えて生きていく人々が互いの痛みを抱きしめ、同じ悲劇が決して繰り返されることのないような手立てをどう講じていくのか。戦争の傷を抱えて生きている人々へ共感を寄せること、何があったのか、何が起きたのか、想像力を働かせること。そのことの個々の中での積み重ねと人と人との連鎖で悲劇の再現を防ぐこと。互いの痛みを理解しようとする心が連鎖すること。歴史博物館で、戦争の史実を展示し、その体験を伝え、教育していくということの根幹に、そのような理念があり続けてほしい。そこに日本の課題がある。沖縄に住む芥川賞作家・目取真俊は、次のように述べている。[★14]

飛んでくる砲弾への恐怖や、敵兵を刺殺したときの手のひらの感触、血の粘りや臭い、傷ついた肉親や仲間を見捨てたときの後ろめたさ、自分を強姦した者への憎しみなどは、どれだけ時間が経とうと「情緒」や「情念」を殺して「科学的」「客観的」に表現できるものではないだろう。どのように言葉を尽くしても表わしえない苦しみや悲しみ。それを内側に抱え込んで生きていく人たちが少しずつ口を開いて語る言葉に耳を傾け、「客観的事実」としての戦争ではなく、その人の「生きた体験」としての戦争をきめ細かに聴き、伝えようとする努力があって初めて、戦争体験を継承する出発点に立つことができる。

胸に突き刺さる言葉である。「情緒」や「情念」の重要性。反戦平和を目指す歴史博物館は、このような意識を教育課題として持ち続けてほしい。そしてそこで行われる活動も、日常生活に根ざしたものであってほしい。戦争博物館や平和博物館に足を運び、説明を聞いて「ふむふむ」「なるほど」と頷きながら「分かった」「理解できてよかった」と言い、アンケートに書いていく。かつての自分もそんな見学者であったように、そのような光景が各地の博物館で見られる。それも大切なプロセスだろう。

ただ少しだけ、考え直してみる必要があるのではないか。戦争や平和が「分かる」とは一体何なのか？「理解できた」とは何なのか？　悲惨な史実やその矛盾に直面しつつ、驚き、戸惑い、悲しみ、むしろ「ザラザラした」気持で展示を見、その感覚を日常の行動に持ち帰る。博物館での行為や経験は、むしろ展示室から帰ったあとにその意味を問われるものではないのか。日常のなかの足元の歴史認識や戦争責任認識は、そんな経験・感覚の相互の積み重ねで、よりバネの強いものとなっていくに違いない。

本稿の最後にもう一点だけ付け加えておきたい。それは「ひめゆり平和祈念資料館」の近く、糸満市摩文仁《まぶに》に一九九五年六月二十三日に建設された「平和の礎《いしじ》」という大規模な刻銘版群のことである。沖縄戦の犠牲を銘記し、伝え、平和を訴えるために作られた。沖縄県立平和祈念資料館なども含め、この地域一帯は沖縄戦を記憶する空間として、また、犠牲者を公に追悼する空間として機能している。

二四万人余りの刻銘者数の中に、四二〇名あまりの朝鮮半島出身者の名が刻まれている。朝鮮人日本兵や軍属として沖縄にいて戦闘に巻き込まれて亡くなった人々である。設置者である沖縄県による、犠牲者の「国籍」を問わないという姿勢が大きく評価されてきた。しかし「平和の礎」の朝鮮半島出身者の刻銘版に女性の名前はない。特に近年、「慰安婦」として沖縄に渡り戦争の犠牲者になった朝鮮人女性たちの存在が明らかになった。戦争中は「性奴隷」として人間扱いもされず、戦後に韓国に帰国しても「売国奴」として卑しまれ、お墓もない人が多いという。差別を恐れて名乗り出ない家族も多く、歴史の襞に完全に埋もれてしまっている女性たちがいる。朝鮮半島出身者の刻銘版にはまだ多くの部分が空白のままで残されている。この「空白」の意味するもの、それを読み取らなければならない。この膨大な刻銘版群、記憶空間にも多くの歴史的な課題がある。記憶のための装置でもある博物館とは、記念碑とは一体何なのか？「沖縄戦」を記憶することの意味、「平和の礎」を通して沖縄戦を考え教育することの意味を改めて問い直し、二十一世紀における歴史教育の課題として、今後、問い直していかねばならない。★15

二十世紀に行われた人類の失敗。いかに形を変えようと、それを止め、繰り返さないこと。それを実現していくために歴史教育があり、そのために被害記憶とともに加害記憶の伝達と継承を支える方法が考えられなければならない。侵略戦争そして植民地支配は、存在そのものが絶対悪である。博物館や記念碑などの記憶装置を用いた歴史教育も、その方向性を基軸に活動を展開していくべきであろう。

国内にもこのような動きに呼応する民間博物館があることは先にも述べた通りである。先に紹介した「女たちの戦争と平和資料館」、日本と朝鮮半島との交流史をテーマにする「高麗博物館」（二〇〇一年開館・東京都新宿区）、在日朝鮮人の歴史と今を伝える「在日韓人歴史資料館」（二〇〇五年開館・東京都港区）、そして京都市の丹波マンガン記念館など、ベルリンのオットー・ヴァイト視覚障害者工作所博物館の事例同様、二一世紀に入り相次いで開館したこのような「記憶の抵抗」博物館も視野に入れ、その展示や教育普及活動に学ぶ必要がある。「女たちの戦争と平和資料館」には、次のような言葉が掲げられている。

女性たちの戦時下での被害と軍による加害事実を記録して、記憶にとどめ、平和と非暴力の未来を実現するための闘いの拠点をつくりたい。これは一九九〇年代の初頭、「慰安婦」被害者がアジア各国で名乗りをあげ、被害者の裁判や生活支援活動が行われるようになってから、多くの人が夢見てきた場所です。

大切な言葉だと思う。そもそも本稿のテーマでもある「記憶」とは何なのか？「歴史」とはどう違うのだろうか？ラテンアメリカ史研究者である飯島みどりは、「記憶」とは「それなしに人が生きられないもの」であるという。[★16]記憶は単なるオーラルヒストリーではなく意志であり、それをよりどころにして人が生きるための、怒りや誇りのための礎であるという。[★17]同感である。それは、自らの精神的自由を守り、戦争による「国家死」に抗い、平和を築くためのものでもある。

チェコ出身の作家であるミラン・クンデラは、かつて「権力にたいする人間の闘いとは、忘却にたいする記憶の闘いにほかならない」と述べた。博物館における展示活動や教育活動がその闘いを助けようとするのか、それとも逆に忘却に加担しようとするのか。二十一世紀における博物館の理念と方向性、そして加害記憶の伝達と継承を支える方法や教育のあり方は、本稿で取り上げた実態や学術研究全般の動向と共にさらに問い続けられなければならない。私はそう考えている。

［註］

（1）ベルリン・ユダヤ博物館編『さまざまな発見　ベルリン・ユダヤ博物館』（日本語版・梶村道子訳）ベルリン・ユダヤ博物館財団刊行、二〇〇一年、四五頁。

（2）「ベルリン便り Nr.26　暗闇の中の信頼――ベルリンのシンドラー＝オットー・ヴァイト」、『福音と世界』二〇〇二年五月号所収。I・ドイッチュクローン『黄色い星を背負って』岩波書店、一九九一年。

（3）注1文献四五頁。また常設展示ガイドブック **"Museum Otto Weidt's Workshop for the Blind"** は、本レポートの参考文献としても活用した。

（4）同前文献。
（5）米沢薫『記念碑論争——ナチスの過去をめぐる共同想起の闘い（1988～2006年）』社会評論社、二〇〇九年、四三四～四三六頁。
（6）中野敏男ほか編『継続する植民地主義——ジェンダー／民族／人種／階級』青弓社、二〇〇五年。金富子・中野敏男『歴史と責任——「慰安婦」問題と一九九〇年代』青弓社、二〇〇八年など。
（7）この問題については、メディアの危機を訴える市民ネットワーク編『番組はなぜ改ざんされたか——「NHK・ETV事件」の深層』一葉社、二〇〇六年、「戦争と女性への暴力」日本ネットワークNHK番組改変裁判弁護団編『女性国際戦犯法廷NHK番組改変裁判記録集』日本評論社、二〇一〇年、を参照のこと。
（8）ただし「現代」展示では、沖縄戦に関する展示説明から「日本軍の関与」についての文言がオープン直前に削除されたことが社会的批判を浴び、結局は記述を復活させるという動きもあった。本稿7節を参照のこと。
（9）沖縄・伊江島の「ヌチドゥタカラの家」（伊江島反戦平和資料館）、長崎の「岡まさはる記念長崎平和資料館」、京都の「丹波マンガン記念館」（鉱山跡）、長野の「もうひとつの歴史館・松代」、東京の「女たちの戦争と平和資料館（WAM）」、「高麗博物館」、「在日韓人歴史資料館」、北海道・朱鞠内の「笹の墓標展示館」（寺院の本堂）等。
（10）尹健次『孤絶の歴史意識』、岩波書店、一九九九年、二七四頁。
（11）この点については、南守夫も同様の指摘をしている。同「日本における戦争博物館の復活と平和博物館の課題」、『第六回国際平和博物館会議報告集』二〇〇九年、一五四～一五七頁。
（12）『琉球新報』二〇一〇年三月九日版。
（13）ひめゆり平和祈念資料館編『ひめゆり平和祈念資料館二〇周年記念誌——未来へつなぐひめゆりの心』二〇一〇年。
（14）目取真俊『沖縄／草の声・根の意志』、世織書房、二〇〇一年、一〇四頁。
（15）土江真樹子「平和の礎・沖縄戦を記憶すること」、『季刊前夜』三号所収、二〇〇五年。
（16）飯島みどり「抵抗の記憶——《植民地》戦争としてのスペイン戦争」、『歴史学研究』No.872、二〇一〇年。
（17）歴史の被害者の「記憶」や「語り」、それを重視する研究に対しては、時に専門研究者から「史実はそう単純ではない」「予定調和的」「断定的」「感情なものは何も生まない」「冷静に歴史を見つめ直せ」等の言葉が投げつけられることがある。歴史学の科学性を裏付ける実証（主義）の重要性は自明であるが、ともするとそれは、歴史像を構築する者に「冷静さ」を求め、「感情的」にならない基本姿勢を要求する。研究のためだけの歴史研究は、歴史の被害者を救わない側面がある。

［第6章］

ロンドンの帝国戦争博物館

平田雅博

はじめに――戦争記憶の風化と次世代への継承

第二次世界大戦をめぐる戦争記憶の風化や忘却、さらには無関心や無知があちこちで報告されている。私たちの身近で起こった、直接的な戦争体験者の語りですら「退屈」とされてしまった事件もその一つであろう。

その一方で、戦争体験や記憶を次世代に継承させようとする試みも確実に存在する。その試みの多くは直接的な戦争の体験者というより戦争を間接的にしか知らない次世代の若い人たちによるものである。彼ら彼女らは当事者ではないので、「学習」によって得られた知識をもっと若い世代に「学習」させる。学習する場所が歴史の現場であれば効果的だが、現場から離れた学校であることも多い。

次世代への継承は、語り部が戦争の当事者でもなく戦争の現場でもない場合、いっそうむずかしい。しかし、そういったいわば部外者が、しかも遠く現場を遠く離れた場所で、この仕事を担っている例もある。本稿では、ロンドンの帝国戦争博物館にあるホロコースト展示室を素材にして、非現場における部外者による次世代への継承、戦争教育の事例をみる。

1　帝国戦争博物館の常設展

a　大展示ギャラリー

ロンドン中心部の地下鉄の駅ランベス・ノースから数分歩いていくと公園が現れ、そこを左に曲がると、大きな大砲を前にして建つ帝国戦争博物館が出迎えてくれる。★1 ここは入場無料の国立博物館で、正面入り口から入ると、この博物館の常設展の一つで「大展示ギャラリー（Great Exhibits Gallery）」★2 があり、ここは、いつ来てみても歓声を上げる子供たちと彼らに付き添っている親や教員、世界中からの観光客でにぎわっている。

天井まで吹き抜けの展示場には、第一次世界大戦と第二次世界大戦で使われた陸海軍の武器（戦車、大砲、飛行機、潜水艦、爆弾など）の実物ないしレプリカが展示されている。広島に落とされた原子爆弾（リトルボーイ）のレプリカも、原爆投下の後の広島の惨状を写した写真とともに、展示されている。イギリスとその帝国（帝国の後のコモンウェルス）とその味方（第二次世界大戦時の連合国、アメリカ）の陸海空軍の武器ばかりか、ドイツ、イタリア、日本などの敵国のものも展示されている。かぎ十字のマークの付いたドイツの戦闘機も、このギャラリーの空高く舞っており、「帝国戦争博物館」という名称から単純に予想されるようなイギリスの軍事力とかイギリス帝国の威光ばかりを示すための博物館ではなさそうなことがわかる。

b　二十世紀の戦争を総覧する諸ギャラリー

「大展示ギャラリー」から地下にあるいくつかの常設展に移る。まず「第一次世界大戦ギャラリー」[★3]があり、ここには、第一次世界大戦の開始からはじまり、西部戦線、空中戦、銃後などの展示があるが、子供たちに人気があるのは「塹壕体験コーナー」である。真っ暗な空間での通信、爆音などが効果を高めている。

次に、「第二次世界大戦ギャラリー」[★4]があり、ここでは、両大戦間期から展示が開始され、第二次世界大戦を時系列的にかつ全世界的な規模で教えてくれるように展示品が配置されている。子供たちにとってのこのギャラリーの目玉は銃後のコーナー、とりわけ「ロンドン空襲コーナー」であろう。狭苦しい防空壕と一九四〇年の空襲によって破壊された通り（壊されずに残った「赤いポスト」がかえって現実性を浮かび上がらせている）が周到に再建されており、光景と音、「におい」すらただよう空間は空襲下のロンドンの恐怖に連れ戻す。

対独伊海戦、地中海と中東、北西ヨーロッパと世界中に広がったこの展示コーナーのうち、日本関連で看過できないのは、「極東の戦争」コーナーである。ここでは、アメリカの宣戦布告文書、戦争で使われた拳銃などの小型武器、軍旗、工兵や軍人の人形、日本軍の軍票などの展示品の他に、極度にやせこけた連合軍兵士＝戦争捕虜の写真と捕虜によって描かれたイラストが目につく。シンガポールのチャンギやタイとミャンマーの国境をつなぐ泰緬（タイ＝ビルマ）鉄道建設現場であるクワイ川での日本軍捕虜収容所の写真やイラストは、ここをはじめて訪れた一九九〇年前後には、もっと凄惨なイラストも多く含まれていたが、二〇一〇年八月に訪れると、少なくなっており、あばら骨が浮き出た捕虜の写真は一枚、イラストも二名の描き手による八枚の絵に整理されていた。[★5]

二〇一〇年三月にオーストラリアのシドニーにあるアンザック（第一次世界大戦中のオーストラリア、ニュージーランド連合軍団＝Austrarian and New Zealand Army Corps）戦争記念館[★6]を訪れた時も同様な写真を見た。この記念館の階下には、小規模の博物館が並置されて、そこには二十世紀にオーストラリアが関わった戦争関連の展示があり、とくに第二次世界大戦でシンガポールの日本軍に捕らわれて捕虜になったオーストラリア兵のやせこけた姿の写真が目を引いた。

シンガポールのチャンギ・プリゾン・アンド・チャペル博物館（二〇〇一年からチャンギ博物館となっている。ここは捕虜専門の博物館でもある）[★7]とか、タイのクワイ川ほとりの旧日本軍の捕虜収容所近くの、小規模のジース戦争博物館[★8]も訪れたことがあるが、ここでも極度にやせこけたイギリス人やオーストラリア人の戦争捕虜の写真とイラストは悲惨さを物語る展示品となっていた。どうやら、世界中の博物館で、日本軍による捕虜虐待の問題は連合軍の対日批判の中心となっている。

ロンドンの帝国戦争博物館にもどると、さらなる常設展の一つとして「一九四五年以後の紛争」[★9]があり、そこでは、一九八二年にイギリスがアルゼンチンと戦った「フォークランド戦争」をはじめ、冷戦中と冷戦後の世界中の様々な紛争に関わる展示を行っている。

他に注目する常設展としては二階（日本では三階にあたる）に「人道に反する罪」[★10]があり、ここでは狭くて暗い空間に、三〇分ほどのジェノサイドと民族的暴力を扱った映画が繰り返し上映されているだけで、他には、三台のパソコン画面に、アルメニア、ナチス占領下のヨーロッパ、カンボジア、東ティモール、ルアンダ、その他で起きた流血の事例と犠牲者の数が次々と流れている。ここは十六歳以下の子供が入室を禁じられており、子供たちでいっぱいの博物館の中では例外的に静まりかえった小さな空間である。まばらな人影の中で、ここにいて事件名と死者の数のみゆっくり流れているパソコン画面を見ていると、博物館の展示品によって人の関心を喚起したり繋ぎとめておく歴史の「記憶」も大事だが、歴史の「記録」も重要であるとのメッセージが伝わってくる。

常設展の他に特別展が常時いくつか開催されており、二〇一〇年八月に訪れた時点では、二〇〇五年三月から二〇一四年二月までの期間で「子供たちの戦争」という特別展があった。[★11]ここは、疎開、空襲、配給、灯火管制のテーマに重心がおかれ、戦争にいやが上でも巻き込まれた子供たちの視点を生かした展示となるように工夫されている。疎開に出発する子供、戦争が終わって疎開から帰る子供の写真[★12]の他、子供たちの手紙、日記などもある。一九四〇年代の家ばかりかその内部と調度品までが細かく再現されており、これは子供たちが当時の銃後の日常生活を手に取るように学ぶことができる、このコーナーの人気の模型である。

以上、第一次世界大戦、第二次世界大戦、およびその後の戦争、人道に反する罪も含めて、これらを合わせると「極端な時代」(ホブズボーム)といわれる二十世紀のありとあらゆる戦争、紛争、虐殺を総覧できる展示室となっている。

c　アウシュヴィッツ展示室

常設展の中で特別な位置を占めるのが、二、三階(日本でいえば三、四階)を占める「アウシュヴィッツ展示室」である。ここも小さな子供たちの歓声は消えて、静まりかえっている。十一歳以下の子供は入室禁止、十四歳以下の子供には入室は勧めない、とあるからである。

本展示室を説明するサイト★13によると、ここはイギリスで最初の国立のホロコースト展示室であり、ヨーロッパで最大のホロコースト常設展でもある。二〇〇九年には二万人を超す学生が訪れた。四年間で、一八〇〇万ポンドをかけて、この展示専用に増築された建物の二階分を使った展示室の広さは、延べ一二〇〇平方メートルに及ぶ。

展示室の内容については、当展示室のパンフレットやサイト★14に掲載された写真などで概要を知りうるが、後との関連から簡単に紹介しておこう。

展示は、第二次世界大戦前のユダヤ人の生活、ユダヤ文化の多様性の説明からはじまり、第一次世界大戦直後からのヨーロッパ政治情勢、ヒトラーの台頭、ナチスの権力の掌握にいたる、一九三三～一九三九年までの歴史を、その背景にあったヒトラーの反ユダヤ思想、ナチスの人種理論から説明していく。幾千ものユダヤ人難民の発生、ナチスの「安楽死」計画で三階(日本でいう四階)の展示は終わり、二階に降りていく。

この階では、一九三九年のナチスのポーランド侵攻、ポーランド在住のユダヤ人政策から始まり、ナチス占領下のヨーロッパ、ソヴィエト侵攻と時系列的に展示が続く。「ゲットー」の大きな展示コーナーが現れ、ワルシャワゲッ

[図 1］アウシュヴィッツの模型
出 典：Paul Salmons, *Reflections: Imperial War Museum Holocaust Exhibition Teachers' Guide*,2000, Photo-card no.32.

トーで死体を集めるのに使われた荷車が、飢えと病気で死んだ人々の写真を背景に展示されている。展示は、「殺害方法」「最終解決策」「送還」（ベルギー鉄道から提供されたという、この「送還」に用いられた貨車の一部が展示されている）と続き、写真、文書、新聞、ポスターなどが、これらの過程でのナチス側の迫害と大量殺戮、人々側の協調と抵抗の証拠を提供している。

引きつづき歩いていくと「アウシュヴィッツ」という大きなコーナーにいたる。ここでは、白い石膏のような材料で、長い貨車から降りて、選別され、ガス室にぞろぞろと向かっていく群衆が一人一人作られている模型が展示されている。列をなしている貨車と収容所の多くの建物も再現されている。大規模な収容所の中に微細をきわめる一人一人の石膏モデルが、薄暗い空間の中に、身も凍るように浮かんで見える〔図1参照〕。

そこから右にぐるりと回ると「死者の所有物のリサイクル」コーナーがあり、アウシュヴィッツに送還された人々の持ち物、衣類、靴などの遺品がガラスケースに展示されている。ただし、二〇一〇年八月現在では、ここの遺品は保存状態を維持するために、他の場所に移されており、ガラスケースの多くは空になっていた。展示は「キャンプ」「抵抗」と続いて、ナチス側の「証拠の破壊」という往生際の悪さや、戦後の「戦争犯罪」の問いかけの問題の提起で終わる。

一巡りして、ナチスによる大量殺戮に至る圧倒的な物語と並んで、ナチスの政策に堪え忍び、その結果、多くは死んでいった男女とその子供たちの物語があることがわかる。玩具、写真アルバム、本などの遺品が、こういった圧倒的な力に抗して、それでも生き残ろうとした人々の生存努力を物語る。一八人のユダヤ人生存者から聞き取ったテープと映像が流れており、その中の女性の一人に、インタビューアが「あのことをどうして忘れないのか」と質問していた。彼女は答えていた。

池に小石を投げ込めば、音がして波も立つが、いつの間にか小石が作った波も消え果てて池は静かになる。それが忘れるということなのでしょうが、私は小石が作った波ではなく、池の底に沈んだがいつまでも存在する小石なのです。

他に一二人の生存者の証言がネット上にあり、博物館の出版物の付録のCD-ROMにも音声資料として収められている。[★15]

［図 2］ William Hogarth, A Rake's Progress, Plate VIII,1753.
出典：Sean Shesgreen ed., *Engravings by Hogarth*, New York,Dover,1973,35
右側に女性の介護を受ける足かせをつけられたこの連続版画の主人公のほかに、個室と廊下にいる様々な入院患者が描かれている。二人の着飾った女性の見物人も描かれ、扇子越しに裸体の患者を覗き見している。

d　博物館の沿革

ここで、帝国戦争博物館の沿革を当博物館が提供するサイト情報[★16]によってたどってみると、一九一七年に内閣は、進行中の第一次世界大戦関連の武器などの物品、史資料などを収集し展示する目的のため、国立の戦争博物館の創設を決定した。この発表は国民の熱狂的な歓迎を受けた。戦場の様子や戦闘の模様を伝える本は飛ぶように売れていたし、前線からの写真や、画家によるイラストを載せた雑誌も刊行されていた。戦争博物館の創設は、こういった写真や絵を通じて戦争を知り、後々まで保存したいという国民の欲求に答えていた。[★17]「イギリス」戦争博物館ではなく「帝国」戦争博物館という名称になっているのは、第一次世界大戦に貢献したのはイギリス本国ばかりか「帝国」に及んだこと、イギリス本国人とともに「帝国」の人々を記録する必要があったこと、こういった博物館にはイギリス本国政府のみならず海外の自治領諸政府も関心を持ったこと、などからである。一九二〇年の議会法により正式に創設され、運営にあたる信託委員会が指名され、この博物館が同年にクリスタルパレスに開設された。一九二四〜一九三五年まではサウス・ケンジントンにあった旧帝国研究所に隣接するふたつの建物に入っていた。一九三六年にヨーク公（すぐ国王ジョージ六世となる）がいまの建物に博物館を移して再開した。一九四〇〜一九四六年間は戦争のため閉鎖されて、壊れやすい収集物はロンドン近郊まで疎開の措置がとられた。一九四一年一月三十一日の空襲で収集物の一部が破損したものの大半は無事だった。

第二次世界大戦の開始時に、博物館の調査事項は第一次世界大戦ばかりか第二次世界大戦も含めた両大戦をカバーすることになり、一九五三年には、一九一四年以降にイギリスと帝国（コモンウェルス）が関わったすべてのすべての軍事行動が含められることになり、文字通り「二十世紀の抗争」の博物館となった。

一九三六年から今日まで帝国戦争博物館として使われている建物は、通称ベドラムBedlamとして知られる、かつてのベツレヘム王立病院の中心部分だった。この建物自体は、一八一五年に完成して、一八四六年に増築されて、チャペルもあった。一九三〇年代初頭に、東翼と西翼の建物が壊され、今日の博物館を取りまく公園となっている。

ベツレヘム王立病院の歴史は、いまのリヴァプールストリート駅の一部となっているベツレヘム修道院が創設された一二四七年までさかのぼる。十四世紀にこの修道院は精神異常者治療の専門病院となり、一五四七年にヘンリ八世によりシティの病院として認可された。一六七六年にムーアフィールズMoorfields（地下鉄ムーアゲート駅近く）の新築の建物に移動した。一七七〇年まで、この精神病院への見物人に対する制限がなく、病院内で手足を拘束されたり、鎖をつけられた狂人は公衆の見世物となっていた。著名人の患者も多く入院していた。ホガースの有名な版画である「放蕩息子一代記」の一枚〔図2参照〕[★18]が示すように、着飾った女性たちが見物人となって好んで訪れた。この建物が精神病院として使われていた期間は、一八一五年から一九三〇年までである。入院していた狂人を見世物としていたかつての病院が今度は戦争の狂気を展示している博物館となっている。これは敢えて意図したものか、偶然の皮肉の結果となったものか、サイトだけではうかがい知れない。

2　博物館による戦争教育

a　現場でも当事者でもなく

すでに示唆しているように、この博物館の特徴は、戦争博物館と言えば、すぐさま想起されるような、愛国主義を煽る自国中心の博物館とか「自分の国だけの軍事自慢」には陥らず、また味方、軍人、軍事にも偏らず、サイト[★19]でも述べるように、敵と味方の両側、軍人と文民の両方、軍事と政治の両面、社会と文化の両面に配慮している点である。この博物館は、こういった両睨みの視点から、戦争の原因、過程、結果をカバーし、個々人の戦争体験のあらゆる側面の描写、記録に取り組んでいる。

サイトの説明によると、この博物館の目的は、戦争関連のあらゆる資料コレクション（絵画、イラスト、彫刻、ポスター、陸海空の武器、制服、バッジ、メダル、文書、図書、映画、写真、ネガフィルム、テープなどの音声資料）の獲得、文書化、研究、保存のほかに、展示、教育、出版、研究、会議となっている。その本質的な目的は「教育」である。

第一次世界大戦の塹壕体験コーナーや、第二次世界大戦のロンドンの空襲体験コーナーがあり、子供たちに人気を博していることはすでに述べたが、彼らはえてして手ぶらで歩き回っている。その他に小学生、中学生の団体がいくつも来ており、彼らはシート類を首からひもで吊した板に挟めて記入しながら、教員や学芸員の話に熱心に聞き入る一団がいる。イギリスの子供たちに対して、展示物と連携した教材を作り、戦争教育を充実させていることが伺われる。そこで以下では、この教育の側面に注目して、しかもホロコースト展示室に限定して、この展示室関連で、具体的に取り組んでいる戦争教育の事例を紹介したい。

この博物館はホロコーストの現場ではない。イギリスの国立博物館であり、運営者はドイツやポーランド政府ではなく、ましてや加害者のナチスでも被害者のユダヤ人でもない。こういったいわば部外者が建設・運営し、多くは部外者が訪れるホロコースト関連の博物館は他にもある。「ホロコースト博物館と記念碑（Holocaust Museums and Memorials）」というサイト[★20]を見ると、ポーランドのアウシュヴィッツ博物館[★21]はじめ、ヨーロッパのホロコーストの現場（ポーランド、ドイツなど）やそれに巻き込まれたユダヤ人の博物館や記念碑の他に、現場や当事者ではないが、世界中に存在するホロコート関連の博物館、教育センターなどをリストアップしている。とくにアメリカ国内には、ワシントンの国立ホロコースト記念博物館[★22]の他、インディアナ、テキサス、フロリダ、デトロイト、ヒューストン、ニューヨーク、ボストンその他にある。

日本にもある。福島県白河市にある「アウシュヴィッツ平和博物館[★23]」と広島県福山市にある「ホロコースト記念館[★24]」である。前者は、アウシュヴィッツ博物館から借りた犠牲者の遺品などの全国巡回展を常設展とした博物館で、筆者も愛媛県松山にてこの巡回展を見たことがある。

こういった現場でも当事者でもない博物館、部外者が部外者のために建設した博物館は、ホロコーストとは直接関係こそないものの間接的ならあるかもしれないと思わせる。したがって、こういった間接性はかえって、少しでも歴史的想像力を働かせればホロコーストに関する歴史的考察が可能になるかもしれないという問題を問いかけるには最適である。

b　ナチスの軍服をまとったハリー王子

二〇〇五年の一月に、イギリス王室チャールズ皇太子の次男、ハリー王子（当時、二十歳）がナチス・ドイツの軍服姿（北アフリカのナチス兵士が着用していたカーキ色のシャツとズボン姿で登場、左腕にはナチスの紋章であるかぎ十字の腕章を付けていた）で仮装パーティーに出席して、その姿が大衆紙サン[★25]の第一面を飾り、ユダヤ人団体を怒らせ、ユダヤ系の野党党首（当時保守党マイケル・ハワード）が不快感を表明するなど、大きな波紋を広げた。

ハリー王子はしょげかえってすぐに謝罪したが、人々の怒りはなかなか収まらなかったために、父のチャールズ皇太子は、直後の一月二十七日にホロコースト六〇周年の追悼式典が予定されており、母（ハリー王子には祖母）のエリザベス女王が参列して、王室が重要な役割を果たすこともあり、ハリー王子には、ポーランドのアウシュヴィッツ収容所跡地を訪問するよう命じ、アウシュヴィッツでホロコーストについて勉強したり、映画「シンドラーのリスト」を観賞するよう指示したとされる。

これは、それまでもたびたび奇行を繰り返していたハリー王子（イートン校を卒業後、王立陸軍士官学校に入っていた）のナチスについての無知を語るが、無知は王室の愚かな一員に限らず、同年二〇〇五年のアウシュヴィッツ収容所解放から六〇年が経過して、イギリス放送協会（ＢＢＣ）が行った調査によれば、アウシュヴィッツの名前すら知らないイギリス人が五割近くに上ったという。[★26]

チャールズ皇太子によるアウシュヴィッツ訪問の命令、映画鑑賞は、息子だけにとどまらずナチスとホロコーストへの記憶を風化させているイギリス国民に対しても、よいアイデアだったが、ホロコーストを知るなら、すぐお膝元のロンドンの帝国戦争博物館にあるホロコースト展示室に行けばよいことを忘れていた。皇太子が忘れていたことには、ホロコースト展示室を含む当博物館の増改築が終了した二〇〇〇年六月の開会式にエリザベス女王が参列していたこともあった。[★27]

以上から、ロンドンの帝国戦争博物館ホロコースト展示室に行って展示物を見ることは、アウシュヴィッツのような遠くまで行かなくとも遺品などが近くで見られること、および国民の半数がアウシュヴィッツの言葉自体に無知になっている状況からは、ホロコーストの基本的知識を教育する歴史教育を意味する。

c　博物館に展示された遺品＝「靴」を素材として

テッサ・モーリス＝スズキは、歴史にはふたつの側面があると述べている。一つは、科学としての歴史であり、これは解釈可能な「過去の科学」としての歴史として、因果関係や思想や制度の系譜を探ることにより、人間社会に変化をもたらす力を理解するための知識を学ぶことである。もう一つは、記憶としての歴史である。これは、過去との関係は因果関係、知的理解だけではなく想像力や共感によっても形づくられる、として、展示資料館、記念館、史跡などでの遺品と向かうなどして、過去との「一体化」をはかるものである。[★28]

帝国戦争博物館ホロコースト展示室の教育用プログラムの一つは、この過去との一体化を促す材料の一つとして、「靴」という遺品を素材にした教案を提示している。[★29]

以下、具体的な授業案を見てみよう。生徒（九年生、日本でいう中二、十三〜十四歳）の「英語」（日本では「国語」となる）の授業で、まず、準備段階で教員は、教材のマイダネクMajdanek強制収容所（ポーランドのルブリン市南東郊外）の靴の写真〔図3参照〕を用意する。それに加えて、自分の靴を家から持ってきたり、演劇部から小道具としての靴を借りてきて用意する。靴は多様であればあるほど授業には役立つ。

まず全体授業で、教員は生徒に自分の靴を脱いでみて、つぶさに見てみるようにいう。素材は何か。サイズはいくつか。状態はよいか。履きつぶされてないか。古いか新しいか、スポーティーかフォーマルか、高級か日常用かで、君という持ち主が浮かんでこないか。

［図 3］ 靴の山
出典：Paul Salmons, *Reflections: Imperial War Museum Holocaust Exhibition Teachers' Guide*,2000,Photocard no.34.

ついで、教員が持ってきた靴を生徒に見せる。生徒はペアを組み、一人の方に靴に「語らせる」役割を与える。生徒は、その靴の持ち主がどんな人物で、どんな仕事をしているか推量する。「この持ち主は」で始まる文章で、名前、年齢、性別などを記述してみて、仕事、フォーマルな儀式、パーティ、スポーツなどこの靴の用途や、いつ、なぜ履いていたのか、持ち主はいったい何者なのかなどの物語を作ってみる。

さらに、マイダネク強制収容所の靴の山の写真〔図3〕を見せて、注意深くみるように促し、そのかつての持ち主の人物や生活などを類推するよう促す。

「靴の積み荷」という以下の詩を朗読し、この詩の意味を議論する。この詩が醸し出す感情、韻律に注意する。最後に、ふたたび靴の山の写真を見て、ホロコースト展示室内での意義を議論する。

貨車が揺れながら走る。積み荷は何だろうか？　揺れる靴だ。／貨車はまるで舞踏会。

舞踏会さながらに靴がひしめく。／結婚式？　それともパーティ？　見当がつかない。靴を置き去りにしたのは誰だ。／ヴィリニュスからベルリンまで送られて、かかとがおびえてかちかち鳴っている。／黙っていては、舌が固まる。本当のところ、靴よ、君の持ち主は誰なのか。／ボタン付きの靴、誰にも履いてもらえなかったか、花嫁にも履いてもらえなかったか。／この靴にぴったりの子供はいまどこだ。この靴を買った裸足の乙女はいまどこだ。／上履きとパンプス、見よ、母のではないか。他のに混じって、安息日に母が履いた靴が見える。／ヴィリニュスからベルリンまで送られて、かかとがおびえてかちかち鳴っている。（ヴィリニュス・ゲットー、一九四三年一月一日）

この授業は、生徒の誰もがいつも履いている靴というもっとも身近な日常性から、靴が無造作に山と積まれた写真を見せて、それも持ち主のいなくなった靴のかつての持ち主は誰だったか、との問いかけを通じて、生徒を一挙に非日常性へ導くものである。

d　事前学習→博物館訪問→事後学習の素材

もう一つは、ホロコーストに巻き込まれた人々の「難題（ジレンマ）」をめぐる宗教教育、歴史の授業である。これは事前学習、博物館訪問、事後学習からなっている。まず具体的な事前学習の授業案を見てみよう。[★30] こちらは、ＧＣＳＥ（General Certificate of Secondary Education ＝中等教育卒業資格試験）レベルである。

事前学習の目的は以下である。この授業は、生徒に、ホロコーストの様々な局面で、諸個人が直面した難題を提供するものである。個々人の物語は、生徒が学習する諸事件に関わった人々の経験への注目を促す。人々が実際に行った決定の多くは、帝国戦争博物館ホロコースト展示室で見られるために、教室と博物館との強いつながりが生まれる。

授業準備として、教員はクラスのグループに配る以下のカードのコピーを用意する。授業はグループ学習として、クラスを四ないし六つのグループに分ける。難題が書かれたカードを各グループに配る。それぞれのカードには分量の違う情報が書き込まれているが、すべて配布してもよいし、生徒の能力に応じて分けてもよい。それぞれのグループには、授業の終わりにクラス全体に自分たちのグループが選んだ事例研究を説明するように言っておく。

教員は、それぞれのカードに書かれた情報を注意深く読み、下にある質問を議論するよう生徒に言う。生徒はそれぞれの事例で、諸個人がとることができた選択肢とその意義を考えなければならない。教員は生徒に博物館訪問後まで、諸個人が実際とった決定を教えてはならない。この授業活動はホロコーストにおける人々の経験に対する生徒の感受性を高め、展示室訪問への関心を促す。

生徒に配布されるカードには、ワルシャワユダヤ人ゲットーの指導者、ハンブルクの第一〇一警察予備大隊、ユダヤ人母子に身柄の隠匿を依頼されたポーランド人女性、ワルシャワゲットーで孤児院を経営するユダヤ人医師（コルチャック先生）、アウシュヴィッツ送りの護送車から逃亡を計画した男性、一九四二年段階で六万人（かつて四九万いた）になっていたワルシャワゲットーの男性など九の事例が用意されているが、ここではこのうち、邦訳や映画もある「第一〇一警察予備大隊」と「コルチャック先生」の二例★31に限定して、具体的な教材である次のカードを見てみよう。

カード1

第一〇一警察予備大隊：

一九四二年夏に、ハンブルクの第一〇一警察予備大隊が、東ポーランドのドイツ占領地域にあったユゼフフという町に派遣された。ヴィルヘルム・トラップ少佐の指揮下にある五〇〇人は、熱狂的なナチスではなく、大半はナチス党員ですらなかった。一握りの親衛隊員はいた。とくに選別されたわけでも訓練を受けていたわけでもなく、普通の家庭人であり、多くの人の年齢は、三十歳から四十歳の間だった。家から何百マイルも遠くに駐留したので、残してきた妻子を恋しがった。しかし、このポーランドの小さな町の郊外に到着したとき、この普通の人びとの集団は異常な命令を受けた。

すなわち、通常の警察執務をしていた第一〇一警察予備大隊は、ユダヤ人ゲットーを掃討し、病人、女性、赤ん坊、子供をかき集め、家から追放して全員殺戮せよとの命令を受けた。強制労働収容所に適合すると見なされたもののみ殺戮から免除された。

これがきわめて困難な仕事であることを認識したトラップ大佐は、この殺戮に参加しなかったからといって罰はないと保証して、この命令の実行は不可能と感じた隊員には不参加を認めた。ユゼフフのユダヤ人ゲットーに入り、そこに居住する家族を殺戮する隊員は自発的に行うことになる。

質問：

第一〇一警察予備大隊はいかなる人びとから構成されていたか。第一〇一警察予備大隊にはいかなる選択肢があったか。第一〇一警察予備大隊の五〇〇人の隊員のうち、何人が殺戮の免除を願い出た、と思うか。★32

カード2

コルチャック先生：

ヤヌシュ・コルチャックはユダヤ人医師にして教員であり、子供に関わる仕事でポーランドではつとに有名だった。戦争前から、彼は毎週のラジオ番組で子供の能力開発に助言を与えており、子供向けの本の人気シリーズの作者だった。また子供が記事を執筆する子供新聞を考案し、ワルシャワにユダヤ人の子供と非ユダヤ人の子供のための二つの孤児院を経営していた。

一九四〇年にナチスにより、彼の孤児院は強制的にワルシャワゲットーに移転させられた。ゲットーの中でコルチャックは、全力を尽くして、子供に押し寄せる飢え、病気、詰め込みから保護してかくまった。可能な限り、普通の生活を提供し、食糧、衣類、教育を与えようとした。

一九四二年までの強制送還により、毎日幾千人ものユダヤ人がゲットーから連行されては、収容所に送られた。コルチャックと孤児院の子供たちの名前が送還のリストに載るのは時間の問題だった。送還が死を意味することを認識したコルチャックの友人たちは、コルチャックがゲットーから離れて身を隠すための援助を計画した。孤児院の収容人数が多くなりすぎて全員の世話はできなくなっていた。コルチャックがこの機会に生き延びようとしたら、子供たちを置き去りにしなければならない。

質問：

コルチャックはどんな決定をしたか。コルチャックにはいかなる選択肢があったと考えるか議論しなさい。★33

博物館を訪問した後の事後学習がある。授業案★34によると、事後学習の目的は、教室での授業と博物館訪問とのつながりを、事前学習で探究されたホロコーストの中の諸個人が直面した難題に戻ってみることにより、維持することである。生徒には、ホロコースト展示室に行ってみて学習した内容に照らして、諸個人が直面した難題を再考してみる機会を与える。様々な選択肢を分析、議論し、それぞれの決定の道徳性を議論する。教員の準備として、以下の第一〇一警察大隊とコルチャックに関係する情報シートのコピーをしておく。

情報シート

第一〇一警察大隊：

五〇〇人のうち一一～一二人の隊員がユゼフフのユダヤ人殺戮への参加の免除を願い出た。結果として誰一人として罰せられなかった。他の任務を与えられただけであった。残りの隊員は命令を実行し、女性、子供、老人、病人を殺戮し、労働に適合する男性を強制労働収容所に送還した。

コルチャック先生：

コルチャックは、ゲットーからの脱出を説得する友人たちの試みを拒否した。孤児たちを置き去りにすることはなかった。一九四二年八月五日、ナチスは孤児院のスタッフと二〇〇人の子供たちをかき集めて、ゲットーの通りを送還列車まで行進させた。目撃者が伝えるところでは、人びとは、コルチャックが静かに威厳を持って抗議しつつ、子供たちを引き連れて整然と列車まで行進していくのを見て、泣いていた。彼らはトレブリンカ収容所に送還されて、到着するやいなやガス室で殺戮された。★35

事後授業では、まずクラス全体で、帝国戦争博物館ホロコースト展示室に行ってみて、事前学習で議論した難題の結果を見つけたかどうか、生徒に聞く。次に、個人学習として、それぞれの事例で諸個人がとった決定を記した情報シートを配布して、注意深く読むように言う。クラス全体にもどって、それぞれの事例でとられた決定について生徒の意見を聞く。それは生徒の予期したとおりだったかどうか。ついで少人数グループの学習課題として、諸個人が直面した難題と実際なされた選択は生徒に探究して欲しい多くのテーマを提起する。クラスを四つのグループに分けて、教員がまとめたいくつかのテーマ［ここでは略★36］について、グループ内で討論し、グループごとの代表者がクラス全体に報告する。テーマを変えて、グループの構成メンバーも組み替えて、その新たなテーマに関して、グループ内の議論の活性化をはかる。

e　多科目にわたる全学的試み

以上、「靴」と「難題」の二つは、ホロコースト展示室教育部門が中等教育向けに立案している二一にのぼる授業案（テーマは「戦前期ユダヤ人の生活と文化」から「ホロコースト責任論」まである）のうち、二つの授業案にすぎない。「靴」が英語（イギリス人には「国語」の時間）、「難題」が宗教教育、歴史の授業用に提示されていたように、これらの案はこれらの科目以外にも市民権、美術、音楽などの科目にわたっており、中等学校の多科目的でかつ全学的な取り組みを促している。また、当展示室は生徒向けに巡回前のオリエンテーションと巡回後の議論のための空間を用意し、希望者用に学年別（九年生とGCSEレベル）の二時間のガイドツアーも用意している。★37

教員や生徒の反応については、開室最初の年二〇〇〇年に、二万五五〇〇人の中等学校の生徒が当展示室を訪問し、引率教員へのアンケートでは、九七パーセントの教員が「優」と評価、他の三％の教員が「良」と評価したとある。★38当展示室訪問者の感想などはネット上にも紹介されている。★39ここでは別なところから、九年生の女子エンマが、授業でもたくさん勉強したが「あそこで見ているともっとわかりやすかった」との感想と、これに対する、大半の生徒にとって、どんな教科書よりも靴や囚人服といったものが深い印象を与えるとは興味深い★40との引率教員のコメントを取り上げておこう。

おわりに——学校と博物館のつながり

戦争記憶の忘却、戦争知識の無知がしだいに報告される中、戦争を直接経験した世代が亡くなりつつあり、間接的にしか知り得ない世代による戦争教育をせざるを得なくなっている。戦争の記憶と記録を次世代へ継承させていく仕事はますますむずかしくなりつつあるが、それにもましてその仕事が充実しつつあることもたしかである。本稿で見たロンドンの帝国戦争博物館ホロコースト展示室教育部門の試みもその一つである。ここで特徴的なのは、ポーランドでもなくドイツでもないロンドンで、ナチスでもなくユダヤ人でもないいわば部外者が実践している教育の試みである。それは、ホロコーストに巻き込まれた人びとの遺品を素材にした歴史との一体化の喚起、事前学習と事後学習を通した教室と博物館の強いつながりの確保、国語（英語）と歴史の科目連携やもっと多くの科目を通じた全学的な試みであった。イギリスと日本では事情を異にするが、これらは、日本の戦争教育にも示唆する点があろう。

［註］

（1）帝国戦争博物館（Imperial War Museum）の住所は、Lambeth Road,London SE1 6HZ. 荒井信一・早乙女勝元監修、写真絵画集成『世界の「戦争と平和」博物館　第4巻　アメリカ、イギリス、オーストラリア、ナミビア』日本図書センター、一九九七年、七頁に、帝国戦争博物館正面のカラー写真、一三一～一六五頁に、同館内部展示品の白黒写真がある。動画サイト You Tube には、多くの帝国戦争博物館への訪問動画、静画が投稿されている。以下はその一つである。http://www.youtube.com/watch?v=hm635Yq_RkI&feature=fvst（本稿に掲載したサイトは二〇一〇年九月二十九日現在ですべてアクセス済み）。

（2）http://london.iwm.org.uk/server/show/ConWebDoc.1470; バーチャルツアーは http://www.pan3sixty.co.uk/tours/iwm/choose.html

（3）http://london.iwm.org.uk/server/show/ConWebDoc.1471

（4）http://london.iwm.org.uk/server/show/ConWebDoc.1476

（5）荒井ほか監修前掲『世界の「戦争と平和」博物館　第4巻』一五五～一五六頁にも写真とイラストが掲載されている。

（6）http://en.wikipedia.org/wiki/ANZAC_War_Memorial

（7）http://www.changimuseum.com/Home.aspx; 林博史「シンガポールから見たアジア太平洋戦争」、荒井信一編『戦争博物館』岩波ブックレット、一九九四年、五五～五六頁。
（8）http://en.wikipedia.org/wiki/JEATH_War_Museum
（9）http://london.iwm.org.uk/server/show/ConWebDoc.1477
（10）http://london.iwm.org.uk/server/show/ConWebDoc.1425
（11）http://london.iwm.org.uk/server/show/conEvent.381
（12）荒井ほか監修前掲『世界の「戦争と平和」博物館　第４巻』一六二～一六五頁。
（13）http://london.iwm.org.uk/server/show/ConWebDoc.6718
（14）*The Holocaust: The Holocaust Exhibition at Imperial War Museum London*, London: Imperial War Museum,2000;http://london.iwm.org.uk/server/show/nav.00b005
（15）http://london.iwm.org.uk/server/show/nav.13414;Paul Salmons, *Reflections: A Cross-Curricular Resource Pack for Teaching about the Holocaust*, London: Imperial War Museum,2000,CD-ROM.
（16）http://london.iwm.org.uk/server/show/nav.194
（17）荒井ほか監修前掲『世界の「戦争と平和」博物館　第４巻』一八四頁。
（18）William Hogarth, A Rake's Progress,Plate VIII,1753,in Sean Shesgreen ed.,*Engravings by Hogarth*,New York,Dover,1973,35; 森洋子編著『ホガースの銅版画』岩崎美術社、一九八一年、三六頁。
（19）http://www.iwm.org.uk/server/show/nav.604
（20）http://history1900s.about.com/cs/museums/
（21）http://www.auschwitz.org.pl/
（22）http://www.ushmm.org/
（23）http://www.am-j.or.jp/index2.htm
（24）http://www.urban.ne.jp/home/hecjpn/
（25）http://wanderphoto.com/blog/2005/01/14-090136.php; http://www.thesun.co.uk/ sol/homepage/news/article101247.

ece:Published: 13 Jan 2005.
（26）倉沢章夫「なにかとお騒がせなヘンリー王子」二〇〇五年一月二十一日：http://www.jiji.com/forex/info/a050121.html
（27）http://www.iwm.org.uk/server/show/nav.604
（28）テッサ・モーリス＝スズキ、田代泰子訳『過去は死なない――メディア・記憶・歴史』岩波書店、二〇〇四年。
（29）Salmons,op.cit.,pp.135-136.
（30）Ibid.,p.115.
（31）クリストファー・ブラウニング『普通の人びと――ホロコーストと第一〇一警察予備大隊』谷喬夫訳、筑摩書房、一九九七年、ダニエル・J・ゴールドハーゲン、北村浩ほか訳、『普通のドイツ人とホロコースト――ヒトラーの自発的死刑執行人たち』、第Ⅲ部「警察大隊」、ミネルヴァ書房、二〇〇七年、モニカ・ペルツ『コルチャック――私だけ助かるわけにはいかない！』酒寄進一訳、ほるぷ出版、一九九四年、ヤヌシュ・コルチャック著、サンドラ・ジョウゼフ編著『コルチャック先生のいのちの言葉――子どもを愛するあなたへ』津崎哲雄訳、明石書店、二〇〇一年、アンジェイ・ワイダ監督『コルチャック先生』ポニーキャニオン、朝日ビデオライブラリー、一九九〇年。
（32）Salmons,op.cit.,p.117.
（33）Ibid.,p.119.
（34）Ibid.,p.125.
（35）Ibid.,p.128,129.
（36）その詳細は Ibid.,pp.126-127.
（37）http://london.iwm.org.uk/server/show/nav.24386
（38）Paul Salmons,'Moral Dilemmas: History-teaching and the Holocaust', *Teaching History*, The Historical Association, Issue 104, September 2001: http:// london. iwm.org. uk/ upload/pdf/teachinghistory.pdf,p.9.
（39）http://london.iwm.org.uk/server/show/nav.1022
（40）Salmons,'Moral Dilemmas',p.4.

[第7章]

戦争の記憶と戦争犯罪追及

公衆の追憶と公的追及の狭間について

新倉修

地図で調べると、第二次世界大戦中にユダヤ人を収容した施設は、ヨーロッパのそこかしこに点在していた。[★1] 中でもとりわけ有名なのが、アウシュヴィッツだ。戦争が引き起こした傷をあげるならば、だれでも真っ先に、アウシュヴィッツをあげるだろう。またヒロシマ・ナガサキも必ずあげられるに違いない。被爆六〇周年にあたり、被爆者の団体である原水爆被爆者団体協議会をノーベル平和賞候補に推薦したことがあった。ノーベル平和委員会からは個人・団体併せて一九九が候補にのぼったと連絡があり、長い選考過程を経て最終の四か五の個人ないし団体にも被団協は残った。しかし最後は、国際原子力機構(IAEA)とその事務局長のモハメド・エルバラダイが受賞した。[★2] それでも、一九九六年に国際司法裁判所が、国連総会決議に応答して、核兵器の使用および使用の威嚇が国際法上合法とされるのかという点に関して、勧告的意見という形で、「核兵器による威嚇または使用は、国際法上、一般に違法である」と判断したことは、大きな前進だった。[★3]

ぼくも、日本国際法律家協会という法律家団体の企画で「東京裁判を考える」という連続シンポジウムを開催したこともある。そこから国際刑事裁判という一筋の糸をたぐると、民間での試みとしては「アフガニスタン民衆国際戦犯法廷」にも関わり、研究と運動という面では国際刑事裁判所問題日本ネットワーク（Japan Network for ICC）や日弁連の企画に参加してきた。★4 そのような歩みの先を見透そうとして、「戦争と法の現在」を書いたこともあった。★5 アウシュヴィッツへの旅は、その積み重ねの上にあり、またアウシュヴィッツから平和の法への歩みを紡ぎ出す第一歩だった。

1　ホロコーストの史跡を歩く

a 「これがアウシュヴィッツか」

二〇〇九年八月末、ぼくらは、アウシュヴィッツ＝ビルケナウ国立博物館の中にいた。フィンランド航空でヘルシンキ経由でワルシャワに行き、さらに列車でクラクフに向かい、マイクロバスで着いたのがオシフィエンチムの市街地から外れた瀟洒な真新しいホテル——ここは、まさにアウシュヴィッツ旧収容所の正門の真ん前であった。午前八時の開門と同時に受付に並び、ガイドの音声を受け止めるレシーバーを耳に当て、あの有名な標語★6が掲げられた門をくぐると、そこはもう収容所の中であり、外界との境には有刺鉄線を張りめぐらされ、最上部に高圧電流が通っていたという。

昔のままに保存されているということは、考えてみれば、大変な努力を要する。粗悪なコンクリートの支柱やむき出しの電線は、風雨に曝されて劣化していく。あの標語のプレートも、その後、持ち去られて、新たに鋳直されたと聞く。また報道によれば、入場者数が二〇一〇年に過去最高の一三八万人を記録し、来館者のトップは英国八万四〇〇〇人、次いでイタリア七万四〇〇〇人、ドイツ六万八〇〇〇人だった。★7 これは、この施設そのものが、ユネスコの世界遺産とされただけでなく、欧州連合の共通財産として維持補修のために基金が提供され、中等教育プログラムの中で参観対象として指定されていることによるところが大きい。公式ガイドを務める唯一のアジア人である中谷剛さんによると、かつてはポーランド、イスラエル、ドイツからの見学者がトップスリーであったという。★8 日本からの来館者は、最近は年間四〇〇〇人ほどで、かつてのように中高の教員や高校生・大学生が団体で見学する例は減ったそうだ。最近では韓国からの旅行者が増えて、日本からの旅行者の五倍に達するそうだ。韓国の人口が五〇〇〇万人前後で、日本の人口の半分より少ないことを考えると、この違いは案外大きい。さらに言えば、日本人の海外旅行者数が年間六〇〇〇万人ほどいるが、それと比べるとアウシュヴィッツへの旅がもっと高い関心事となってもよい。

関心のあり方はいろいろだ。例を二つだけあげてみよう。

［図１］アウシュヴィッツ＝ビルケナウ国立博物館の日本語版パンフレットと絵はがき

［図２］アウシュビッツ博物館の入り口で、中谷剛さんの説明を聞く

ひとつは、同行した女性たちが強い関心を示した「性と戦争」という問題だ。日本軍と慰安婦ないしは「性奴隷」の問題はよく知られている例だ。問題の掘り起こしはまだまだ必要であり、法的な問題も未解決のままだ。[★9] だが、別の角度から見ると、二〇〇一年に発足した国際刑事裁判所では、人道に対する犯罪や戦争犯罪の一つとして処罰の対象とされている（ローマ規程七条一項ｇおよび八条二項ｂとｅ）。これは将来に向かって意識の変革を迫るものであり、過去の補償問題に対してもインパクトがありうる。では、ホロコーストと性奴隷・売春とはどのようなつながりがあるのか。ナチズムと強制売春との関係については知られている。[★10] が、アウシュヴィッツではどうなっていたのかという疑問をぶつけてみた。博物館の副館長は、文書管理の仕事をしていた経験を踏まえて、資料のコピーを提供してくれただけでなく、そのような「売春婦」がいた部屋が現在、文書管理室となっていて厳重に温度・湿度管理を保持しているのに、入室を認めてくれた。

その丁寧な説明によると、二階にあるその部屋の窓から、夕方に男を招き入れる「娼婦」がいて、朝には窓の外では、作業に向かう収容者を相手に「朝礼」が行われた広場があり、楽団の演奏にあわせて行進させられていた。[★11] そこからいくらも離れていない壁には、十字架と花が生けられているが、そこは、銃殺が行われた場所だという。ガス室と死体を焼いた窯も、薄暗い中に残されている。

さてもう一つの関心は、きわめてプライベートな出来事だ。実はぼくは、二〇一〇年四月にウィーンの国連犯罪防止刑事司法委員会に出席した。現地でいろいろ手助けをしてくれた友人は、リタイヤーした弁護士だが、その彼女にアウシュヴィッツを訪問したことをたまたま話題にしたら、しばらく前に彼女自身もポーランド旅行をしたが、それも自分の身の上と関係があるという。それがなんと、ご両親がアウシュヴィッツ＝ビルケナウのサバイバーで、彼の地で巡り会い、恋に落ち結婚して、彼女が生まれたという。[★12] 何という偶然！　しかし、よく考えると、決して偶然ではない。というのも、彼女は、国際民主法律家協会（ＩＡＤＬ）という国際ＮＧＯのボランティアをしているが、この団体自体が、一九四六年にナチスと闘ったレジスタンスの法律家が設立したもので、創立総会はパリの裁判所のある宮廷（パレ・ド・ジュスティース）で開かれ、初代会長は、ルネ・カサンという法律学の教授で、ユダヤ人の出身ということでナチスから追われ、ド・ゴールとともにフランス解放のために臨時政府に参加し、戦後は、国連の人権委員会に参加し、エレノア・ルーズベルト夫人を助けて、世界人権宣言を起草した。その後、ヨーロッパ人権裁判所の創設にも関わり、後年、その所長となって、多年にわたる人権活動を評価されて一九六八年にノーベル平和賞を受賞している。ということは、ナチスが推し進めた「最終解決」という絶滅政策[★13]は、ニュルンベルク国際軍事法廷を通じて、人道に対する犯罪を裁く国際裁判所の先例をつくり、ハーグに設けられた旧ユーゴスラビアに関する国際刑事裁判所[★14]やアルーシャに設けられたルワンダに関する国際刑事裁判所を介して、さらにはやはりハーグに設けられた国際刑事裁判所の設立に結びつくという流れがある。[★15] それだけではなく、国連そのものが戦争の克服を目的に掲げて、安全保障理事会と経済社会理事会とを設け、平和と安全保障、人権と幸福（Well-being）とを車の両輪のように推進する機関（安全保障理事会と経済社会理事会）を設けるという流れも、形づくってきた。

b　「これがビルケナウか」

アウシュヴィッツはもともとナチス・ドイツ占領下において、一九四〇年にポーランド人政治犯を収容するため

［図3］ビルケナウ収容所の入り口の監視塔から見た、復元された収容棟

にポーランド陸軍の宿営地があった「原野」に建てられた。クラクフからプラハやウィーンに向かう鉄道とカトヴィッツェに至る鉄道の合流点に位置する。アウシュヴィッツの旧収容所の傍にも鉄道の線路が敷かれていた。これをたぐって、鉄橋を渡り、四〇分も歩くと、ビルケナウに着く。ガイドの中谷さんに誘われて、当時のままに（とはいえ、履き心地のよい靴が歩行を助けてくれたわけだが）、おしゃべりをしながら、歩いた。途中にユーデンランペと呼ばれる一角があり、引き込み線に貨車が止まっている。ここはビルケナウの施設に直接つながる引き込み線ができるまで使用された。これもまた、当時の輸送列車を展示したディスプレーだった。便所も窓もない有蓋車にいったい何人乗せられていたのだろう。

畑が続き、ところどころに宅地があり、枝もたわわに熟れた果実がなっていた。のどかな田園風景の中に溶け込んだほこりっぽい道を、ゆらゆらと歩いた。

とはいえ、ビルケナウ収容所のすごさは、その広大な敷地にある。絶滅施設でありながら、生産工場をもち、石けんや織物などを生産していた。監視塔がある

［図 4］強制収容所の三段ベッド（ラフェンブリュッケ収容所に展示されている絵）

正門を貫いて鉄路がひかれ、単線は敷地内で三本に分岐し、一度の二〇〇〇人が下車するランペ（降車場）はまさに「ターミナル」であり、「この門を入るとお前たちの出口は煙突だけだ」という言葉が現実だった。[16] ランペでは、「医者」が立ち会い、ガス室に送られる病者・老人・障害者・子どもを仕分ける選別機能も兼ね備えていた。ガス室棟は焼却炉を備えていて「クレマトリ」（火葬場）と呼ばれ、ソ連軍の侵攻を察知して破壊されたが、働ける者を受け入れて、シャワー「消毒」を施した「サウナ」と呼ばれる施設は、そのまま残されていた。[17]

　暖房も行き届かない収容棟は馬小屋用の設計を改良したもので、長さ四〇メートル幅一〇メートルの木造バラックだった。六〇〇棟を建設して二〇万人の収容を予定していたという。[18] 中央の通路の両脇にびっしりと並べられた三段ベッドがあったが、ここにいったい何人寝ていたのか。便所棟という便所だけの建物は、収容棟と同じ広さの建物の中央に一列、便器の穴がずらっと開いている。人間が個性を消されて、記号化させられてしまう恐ろしさを味わいたければ、ここに来るとよい。名前は消され、財産は取り上げられ、髪の毛も入れ歯も眼鏡も靴も、持ち主である人間から切り離されて、山のように残されており、建物の一角にそれぞれ積み上げられて展示されていた。髪の毛は、焼却炉で焼かれる前に刈り取られたそうで、展示されているものだけでも、重量で表示すると一八五〇キロもあり、解放前に発見された七トンの髪の毛の一部にすぎないという。[19]

世界人権宣言に「人類社会のすべての構成員の固有の尊厳および平等で奪い得ない権利を認めることが世界における自由、正義および平和の基礎をなすものである」（前文）と書き込まれたことも、このようなアウシュヴィッツの展示を見ると、簡単には読みすごすことができない。人間をモノとして扱うという経験をいわば皮膚感覚でリアルに記憶していた戦後初期においては、人類社会という大きな枠組みでとらえた上で、戦争犯罪の極地ともいうべき歴史的現実を逆照射して将来を見通すと、理念を強く表現する必要があると意識されざるを得なかったのではないか。つまり、徹底した尊厳を奪い取る「絶滅政策」がナチスの下で行われ、しかもドイツの民衆はナチスを支持していたという冷厳な事実を決して忘れてはならないというメッセージとして、戦後初期の国際文書に「人間の尊厳」が繰り返し登場し、その要に位置するものとして、世界人権宣言にも「人間の尊厳」が、否定されることのできないリアリティをもって、書き込まれている。[20]

しかし、事実はもっと玄妙だ。アウシュヴィッツ＝ビルケナウで行われたことは、他の収容施設でも同様に、ということはつまり系統的・組織的・一貫して、均質化をめざして実行されたことになる。[21]その徹底ぶりは、空恐ろしいほどだ。たとえば、隠滅を免れた記録に、ロマ・シンティつまり「ジプシー」の収容記録がある。これには、出生の公式記録が乏しい彼らについて、身体的な特徴だけではなく、生年月日、出身地、職業、収容日とその後の経過などがきちんと項目ごとに調査されて、一覧表がつくられ、詳細な個人記録が作られていたことがわかる。[22]人身に対する支配権の確立というのは、このような徹底した情報把握と記録化につながることが、ここでも確かめられる。

それだけではなく、ビルケナウの広大な敷地を掘ると、そこかしこから遺品がまだ見つかるそうである。ショッキングなのは、一日の摂取カロリーが重労働者に二一五〇キロカロリー、一般労働者に一七〇〇キロカロリーとされており、かろうじて基礎代謝を維持できるかどうかというレベルに押さえられた食事によって、普通に労働させられた被収容者は、ほぼ三か月後に、げっそりやせ細って、文字通り骨と皮だけになって、餓死するが、これが「生きてい

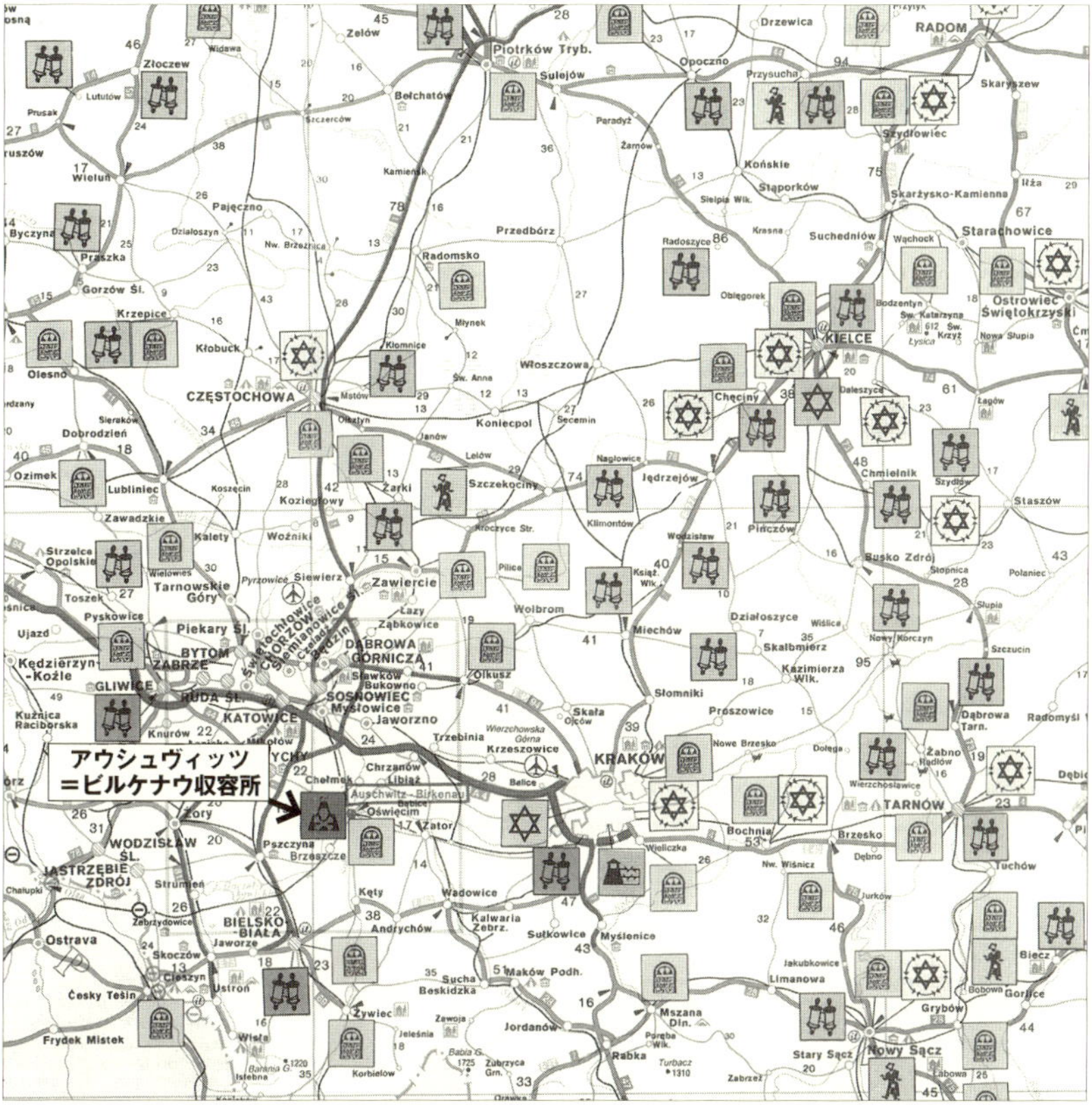

シナゴーグ＋祈祷所
ゲットー
収容所
シナゴーグ
絶滅収容所
ユダヤ人の史跡
墓地

［図5］アウシュヴィッツ＝ビルケナウ収容所周辺にある施設

るあいだ働かせる」と表現されていることだ。★23
ナチスにとってのユダヤ人やロマ・シンティを再定義すれば、「体制にとって好ましくない人物」と言い換えてもよいだろう。つまりナチスにとって、フューラーやアーリアン種が肯定すべき対象として存在するわけだが、その対極に位置づけられたのが、「体制にとって好ましくない人物」であるユダヤ人やロマ・シンティということになる。そのような体制にとって好ましくない人物を大量に、システマティックに、抹殺することが、当たり前のように進められた経験というものが、ぼくらがアウシュヴィッツへの旅で追体験したものだった。
あの体験は、一言で言えば、おぞましい。おぞましいだけに、できたらなかったものと思いたいという心理もあり得る。おぞましい過去の記憶が蘇り、明日の行動を縛るのは、身軽な決断を好む傾向からすれば、避けなければならないマイナス効果だ。自らの生き方や日常的な感性にトゲのように突き刺さる不快感を忘れ、マイナス効果を日常の行動決定に取り込まないように、自動的に感受性に蓋をする仕組みが人には普通に備わっている。それだからこそ、そのようなシールドが動き出すことに対して、意図的に・積極的に対抗しないと、非人道的な扱いから死亡することが、あたかも事故か宿命かによるものとして、許容されてしまうことになる。不幸な体験が繰り返されるのは、不幸な体験が忘却され、教訓化されていないことによる。

2　追想の形――ワルシャワとクラクフ、ベルリンとラフェンブリュック

a　ワルシャワとクラクフ

オシフィエンチムでの印象が強烈だった。それだけに、公園の敷地面積にかけてはヨーロッパでも有数なワルシャ

ワと、ポーランドの古都であり、コペルニクスが学んだヤギエウォ大学があるクラクフは、厳しい歴史を生き抜いた人々の営みそのものからにじみ出るような・包み込むような暖かさと穏やかな息づかいに満ちたものだった。

ワルシャワで一番美しい光景はどこかというアネクドートがある。正解は、ワルシャワ歴史博物館の最上階から眺めた風景だが、理由がふるっている。この建物はポーランドがソ連の「友好国」としてワルシャワ条約機構に参加していた時代に、スターリン書記長のプレゼントとして、クレムリンの共産党本部に模した様式で建てられた。ワルシャワで一番高い建物だから平らなポーランド平野を一望できるのはもちろんだが、それが本当の理由ではない。そこからは、この威圧的で醜悪な建物を見なくて済むというのが、このアネクドートのオチだ。

このオチと結びつく「苦い思い」が、ナチス占領に対して住民が起ち上がったワルシャワ蜂起だった。一九四四年八月一日、ワルシャワ市民や国内軍AKを中心として人民軍AL兵士も加わった蜂起軍が戦闘を開始した。ところが、一九四二年十一月十九日にスターリングラードでドイツ軍に対して大反攻を開始して以来、一九四四年一月二十日、レニングラードでドイツ軍を撃退して、七月末にはワルシャワ市内を流れるヴィスワ河東岸のプラガ地区に向かって進軍していたソ連軍が、蜂起開始と同時に停止し、イギリス・アメリカの空輸による武器や食糧の支援も、ソ連軍基地の使用が認められないことから、期待できない状態に置かれた中で、蜂起軍はドイツ軍の反撃を受けて劣勢に転じることになる。★24

この背景には、ロンドンにあるポーランド亡命政府とポーランドの共産主義組織「ポーランド国民解放委員会」（通称ルブリン委員会）との主導権争いがあったといわれる。国内軍AKは、一九三九年九月十七日のソ連軍侵攻に際してルーマニアに逃れ、その後パリでヴワディスワフ・シコルスキを首班として成立したポーランド亡命政府が創設した地下レジスタンス組織「武装闘争同盟ZWZ」が、ポーランド国内の反ナチス勢力をまとめて、一九四二年に改称したものだった。★25 これに対して、人民軍ALは、ソ連共産党の指導を受けたポーランド労働者党がつくった軍事組織「人民防衛隊GL」が一九四二年に改称したものだった。

［図６］ワルシャワ蜂起の死者の名前を刻んだ「記憶の壁」

ぼくらが「疑似体験のできる博物館」としてワルシャワ蜂起博物館を訪れ、博物館の周囲に広がる自由公園のぐるりを取り囲む「記憶の壁」に向き合うと、二〇〇四年七月三十一日にやっと開館されたという経緯にも、ワルシャワ蜂起の複雑な政治的背景を思い、追想の形がつくられるために費やされる時間の流れと、その間に費やされた膨大な努力のありようについて複雑な思いがする。長さ一五六メートルに達する「記憶の壁」は、ワルシャワ蜂起の犠牲者一万人の名前が刻まれており、沖縄の「平和の礎」と同じく、名前をもって追憶するという哀悼と平和への祈りが込められているように思う。

これに対して、ワルシャワ・ゲットー蜂起記念碑には、個人の名前は刻まれていない。記念品を売り、気軽に記念写真に応じてくれる人がただ一人いるだけで、記念博物館ができる計画はあるとはいうものの、蜂起したゲットーの住民が個人レベルで知られることとは相変わらず難題であり、結局、ゲットー蜂起は一九四三年四月十九日から三日目に攻勢から守勢に回り、孤立無援の中で、ミワ通りにあったユダヤ戦闘組織蜂起軍司令部の掩蔽壕がドイツ兵とウクライナ兵の部隊に包囲されて、「掃討」された[★26]という歴史の中に固定化されてしまっている。

さらに、ワルシャワのユダヤ人の追想には、童話の作者として日本にも知られているヤヌシュ・コルチャック先生の思い出にも重なり、ワルシャワ蜂起にも参加した少年レジスタンス兵を率いたイェジ・シュチュシャウコフスキが、実はロシア革命の混乱期にシベリアに取り残されたポーランド人孤児であって、日本政府と日本赤十字社によって横浜港からアメリカ経由でポーランドに戻ることができたという経歴を持ち、ドイツ占領下でも日本大使館と緊密な連絡を取り、トラブルの処理を援助してもらっていたという秘話にまで、結びつくことになる。[★27]

［図7］ワルシャワ・ゲットー蜂起記念碑

クラクフは、ワルシャワ公国の首都であり、ポーランドにおけるカトリック教会の中心でもあり、ポーランド出身のローマ法王ジャン・パウロⅡ世の出身地でもある。ヴィスワ河の近くには、一九四一年三月にユダヤ人を閉じ込めるためにゲットーが建設された。密かにゲットーを脱出するユダヤ人を助けた「鷲の下薬局」は、広場に面した二階建ての小さな家だが、現在は、ゲットー博物館として、保存されている。そこからさらに公園を横切り、線路を渡ると、シンドラーの工場跡に着く。スピルバーク監督作品「シンドラーのリスト」ですっかり有名になったけれど、ヤカンを製造する町工場という風情。また、中世の城砦のたたずまいを残したバベル城の石垣の下には、一九四三年四月に、ドニエプル河のほとりの町スモレンスクから西へ一二キロ、カティンの森でポーランド軍将校ら四〇〇〇人以上が殺されたことを追悼する十字架が建てられている。[★28]

クラクフの国立歴史博物館は、ポーランドという「国土」に繰り広げられた歴史が、ギリシア＝ローマ時代の展示物や中世キリスト教会美術などで示される豊かさをもっていることをよく示している。折しも生誕二〇〇年を迎えたポーランドの大作曲家フレデリック・ショパンを祝う音楽会のポスターが華々しく街を飾り、ちょっとしたサロンで一〇〇人足らずの聴衆を相手に開かれるピアノ・コンサートが、リーズナブルな料金で堪能できる。苦い・辛い思い出だけでは、人は生きていけないという、ある意味で当たり前の「真理」が、さまざまな形をとって、人々の日常生活を覆い、クラクフを訪れる観光客に、心地よいオアシスのような潤いを与えている。

そのクラクフにも、新しい生活から生まれた堆積物に覆われているけれど、戦争犯罪の傷跡はしっかりと残されている。それだけではなく、ポーランド国民にとっての「古き良き時代」の思い出がなんといっても大きな比重を占めていて、その美しい、気持ちを明るくさせ、鼓舞させるような思い出となないまぜになっている面も否定できないけれど、戦争犯罪の痕跡は、それでもはっきりとした追想の形をとっていることに気づき、はっと臓腑をえぐられるような思いをいだくこともあった。

b　ベルリンとラフェンブリュック

寝台車でクラクフからベルリンに向かった。車掌も売り子も、穏やかでちょっとシャイな感じのポーランド人で、ほどよい距離を心得ている風だった。広大なポーランド平野の南の縁を東西に横切ると、豊かな農業資源に恵まれたポーランドの経済基盤の確かさを実感した。街で売っている洋服の色彩も、なんとなく上品で取り合わせも洗練されている。とはいえ、自動車をはじめとして、工業製品の優れたデザインと性能は、ドイツの方が一枚も二枚も上をいっていた。列車が国境を越えたとたん、車窓の風景に違いが生まれた。踏切で通過待ちをしている乗用車やトラック、農家の納屋脇に止めてあるトラクターなどのたたずまいが、はっきりとしたクォリティの違いを示していた。駅舎のデザインですら、ドイツの方が、隙がなく垢抜けしているように感じた。

ベルリンのホテルは、旧東ベルリン地区にあたり、分譲マンションをホテルに改造したようなつくりで、広い寝室は二つとキッチンとシャワーだけのバスルームで、一人で泊まるには広すぎる。アレクサンダー広場の名物「世界時計」は、テレビ塔と同じく一九六九年につくられた。二四面体の文字盤が一日がかりで一周する。たとえば、ベルリン時間で六時なら平壌・東京は、夏なら十三時ということになる。東アジアの代表的な都市が、ソウルではなくピョンヤンであり、しかも東京よりも上位に書かれているところがミソだ。いまは、ベルリンの壁のかけらが土産物扱いになっているように、懐かしい思い出の中に溶け込んでいるようだ。

［図8］ベルリンの世界時計（アレクサンダー広場）

　さらに冷戦時代の追憶は、フリードリッヒ通りに設けられた「アメリカ陸軍チェックポイント・チャーリー」に残されている。検問所はコピーで、衛兵は観光客相手の業者だった。本物を模した通行証が発行され、ソ連の赤軍のヘルメットや軍服が売買され、模擬刀やナイフ、模造銃やモデルガンも並べられていた。東西対立も冷戦も、すでに思い出の中に消え、本物のもつ緊張感もなくなり、装備とか用具とか備品とか呼ばれていたモノが、確実に役割を変えて、ちょいとした小物（gadget）として追憶を閉じ込めておく装置とし

［図9］ベルリンの思い出の石碑（ポツダム広場）

て流通していた。このチェックポイント・チャーリーを見下ろせる建物には、歴史学者ライナー・ヒルデブラントが壁の建設に抗議して始めたという「八月十三日ワーキング・グループ」という市民団体が運営する資料館があり、壁の中の生活、壁を越える冒険談、壁の手前で逮捕拘禁された体験、壁に面して射殺された事件の記憶、壁に向けられた抗議などが、語り尽くせないほどの遺品にこと寄せて、展示されていた。★29 東から西へ、また西から東へ掘られたというトンネルの模型や、グライダーの残骸、東ドイツの国営企業ザクセンリング社製の二気筒エンジンのトラビという小型車も展示されていた。その小さな狭いトラビのトランク・ルームや後部座席に隠れて壁を越え、隠れていた人を逃がしたという逸話もあった。

このような饒舌な展示に込められたメッセージをシャワーのように浴びると、東西ベルリンの境界であったブランデンブルク門の南側、ミッテ地区にあり、新しくつくられた連邦議事堂にも近い場所に、一万九〇〇〇平方メートルの空間を二七〇〇個の石の立方体が埋め尽くしている情景は、饒舌な「説明」で

［図10］思い出の石碑の内部

はなく、寡黙な「体験」を迫っている。石の立方体は大小さまざまであるが、それだけではなく、立方体のあいだにめぐらされている「通路」には高低差がつけられていて、いくらかカーブもついている。つまり、通路の低い部分にかかると、視野は遮られ、身長より高い石の立方体に隠されてしまう。通路の高い部分に登ると、視野は開け、身長より低い石の立方体が「通路」で仕切られていながらも、規則的に立ち並んで見える。見通しが悪くなれば、不安がこみ上げ、見通しが効くようになると、希望が輝く。子どもたちが歓声を上げながら、通路を縦横に走り回り、かくれんぼう（cache-cache）を楽しみ、親が声を頼りにその子どもを探すという場面もある。やんちゃな子どもは、通路を走り回るだけでは飽きたらず、石の立方体の上に乗り、広い視野を確保して、あたりを睥睨する気持ちの高みに高揚感を味わっている。石の立方体をマトリックスに見立てて、自分のいる位置や場所をマス目の中に記すことも、手間さえ惜しまなければ、不可能ではない。追憶に飽きた人は、石の立方体のどれかに、西遊記の孫悟空よろしく、「我ここに至れり」と落書きをしたくなるかもしれない。ヨーロッパでナチスに殺された六〇〇万人のユダヤ人の鎮魂のためのモニュメントと聞けば、花を生けたり、リボンを巻いたり、水を供えたり、たき火や線香や火の気をたてたくなるのかもしれない。十字架もダビデの星も、宗教的なシンボルは何もつけられていない、実にシンプルなモニュメントは、いわばユニバーサル・スタイルの追悼の形なのかもしれない。もちろん、鈎十字（逆卍）も卍もついてはいない。素材も木を削ったりしたものではなく、自然石を削りだしたように見えるがコンクリートを固めたもので、雨露に耐え、雪や氷によって割れることもなく、文字通り風雪に耐える設計になっている。あえて連想を書き連ねれば、広島の平和公園は鶴を模しており、長崎の平和公園は腕を広げた人を表しており、焼津のお寺には、ビキニ水爆実験で亡くなった久保山愛吉さんの墓碑は水爆のキノコの形をしている。ついでに言えば、パリの凱旋門は無名兵士の追悼碑でもあり、ペール・ラシェーズ墓地にあるパリ・コミューン犠牲者の碑は、壁にレリーフを貼り付けた構造になっている。

日本が受け入れた降伏文書がつくられたポツダムはベルリン郊外だが、ベルリン内のポツダム広場から郊外電車に乗って小一時間、北東に向かうと、ラフェンブリュック収容所のある小さな駅に着く。そこから数少ないタクシーに乗って、首都に最も近い強制収容所に到着したが、水辺に建ち、塀には追悼碑がつくられ、塀の外にひっそりとクレマトリ（火葬場）の遺跡が残されていた。主に女性が収容されていたそうだが、この施設が建てられた一九三六年夏に、ベルリンではオリンピックが開かれ、女子二〇〇メートル平泳ぎで日本の前畑秀子が優勝し、田島直人が三段跳びで世界新記録を出して優勝し、マラソンで孫ギジョンが優勝した。ぼくらの記憶の中でも、このようにラフェンブリュック収容所は、レニ・リーフェンシュタールの製作した映画「民族の祭典」という光の部分に関係づけられて、やっとしかるべき場所にはめ込まれるジグソーパズルのピースのようなものかもしれない。

ラフェンブリュック収容所は、親衛隊の看守の研修施設でもあり、収容所の閉鎖的な敷地の反対側には、看守や看守見習いのための宿舎棟が建ち並ぶオープン・スペースがあり、しかもそこからさらに丘を登ると、所長など幹部職員の官舎が連なり、小径をたどると、有刺鉄線で囲まれた収容所が一望できる高台に達する。★30 被収容者がいた建物は、一部を除いてすでに取り壊されていて、敷地だったところにうすく砂利が敷き詰められている。東ドイツ時代には、ワルシャワ条約機構軍として駐留するソ連軍の宿営地として利用されていた。

フンボルト大学の大学院でドイツ中世史を専攻している女子学生は、ガイドの資格を持っていて、質問の多いことにびっくりしながらも、丁寧に説明してくれた。あっという間に、約束の三時間は経ってしまった。ぼくらはタクシーを待ちながら、さらに話を続けていると、女子学生は、ベルリンにある自宅に戻ると言って、やおら自転車にまたがり走り去っていった。ところが、駅で再会し、自転車を

［図 11］ラフェンブリュック収容所に展示されている木像

［図 12］ラフェンブリュック収容所に展示されている、ヨーロッパ全体に広がる収容所の所在地を示す地図

［図13］ベルリンの緑の党の図書館（ハインリッヒ・ベル財団）

電車に乗せて、ベルリンまでの三〇分ほどの旅をともに続けることになった。そうこうするうちに、電車の中にいた学生のグループに母親が韓国出身だという男子学生がいて、ハングル、ドイツ語、日本語、英語と入り乱れて、最近の学生の関心事や戦争の記憶に対する考え方などをめぐって、賑やかに話が盛り上がった。

ベルリンではさらに、クリスタ・パウル『ナチズムと強制売春』[★31]を翻訳した梶村道子さんのグループと交流した。とりわけ印象深かったのは、政党が財団をつくり、図書館や資料センターを運営するのに対して、政府が資金援助をするという政党助成制度があることだった。政党はたしかに私的団体ではあるが、単なる利益集団でもなければ、営利団体でもなく、公益を実現するために個人のイニシャティブで結成される。政府や地方公共団体などの公益団体が公的な情報を公開して、これを共有するとともに、衆知を集めて政策をつくり、熟議を尽くして公的な意思（一般意思）を形成するという回路を確保することが、一部の権力者のみが情報を握り、無知な大衆を指導して、偏った判断によって形成した政策への服従を求め、熱情と盲従によって突き進むという「戦争への道」を反省した成果ではないか。ベルリンの緑の党は、こうして夜間でも開館している資料センターを設置し、コーヒーやビールなどを飲みながら、夜一〇時を過ぎても、話の輪が途絶えない。もちろん、重要な課題や節目ごとに支持者を集める「動員」がないわけではないだろう。しかしそれよりも、小さなグループであっても、関心を持つ人々が日常的に寄り合い、知恵を絞り、力を合わせる場が、公的な資金で保障されていることは、大きな進歩ではないか。政府が圧倒的な資金力にものを言わせて、大手マスコミ（mainstream media）を使って、政府の政策の正当性を宣伝するのに対して、その正当性にチャレンジするために、ふつうの市民が勤務時間外に時間を都合し、税金を払った余剰金を拠出して、限られた情報をもっと開示するように要求し、しかも話し合いをするための場所を確保するために、自ら費用を負担し、自腹を切ってニュースレターをつくり、知り合いの限られた人に有料の通信手段（手紙でも、メールでも、宅配でも、有料ならざる通信手段はほとんどない）を使って知らせる仕組みに従うことを「強要」されているのは、民主主義のコストとして正しい負担のあり方だろうか。

かつてヴォルテールは、自由主義者の要諦は「反対の見解であっても、その主張ができるように命をかけても保障する」ことにあるという趣旨のことを言った。表現の自由を万人に認め、これを抑圧しないということが、民主主義の最低限のコストとして計算されていた。現在では、消極的な権利の保障としての「自由の保障」だけでは、とても「数の論理で決着をつけられてしまう民主主義」の「劣化」を防ぐことはできない。その意味では、民主主義のコストは、現代こそもっと高くつく。とはいえ、政党への個人献金や企業献金に対する税制上の優遇措置が講じられ、一定の割合で政党助成金が支払われるというシステムをとれば、後は自由な競争によって、政治的な決定を行うことで、質の高い、健全な「統治」が実現できると考えるのは、ナチスの暴走に煮え湯を飲まされたドイツの国民がさまざまな工夫をめぐらしているのと比べて、あまりにも楽観的過ぎるのではないだろうか。追憶から追想へ、辛い経験を忘却の淵から救い出す工夫と努力は大事だが、それだけではとどまらない大きな問題が横たわっているように思われる。ベルリンの川縁で食事をともにしながら思いを重ねて、言葉やジェスチャーやアイコンタクトを通じて絆を確かめて、過去を振り返り将来を案じて、依るべき方法をさぐりながら、絶えず向かうべき目標や目的を確認する——こういう、人々の何気ない交遊のひとときは、戦争の体験を追憶や追想の対象だけにとどめないという暗黙の決意にも通じるのではないだろうか。

3　大きな物語と戦争体験

a　戦争体験を聞くことは退屈か？

ふり返ってみると、これまでいくつも旅をして、いろいろな物語を聞いてきた。

たとえば、パレスチナのジャマル・スラーニさんは、国際連帯活動を通じて知り合った尊敬すべき法律家で、パレスチナ暫定政府で法務大臣を務めた経験もある。その人が「あの青々とした私たちの木が切り倒された……。こんなことがなぜ許されるのか？」と静かに語り出すのを何度聞いただろう。イスラエルによる「入植」によってパレスチナの民が住処を追われ、自分の家の庭にあるオリーブの木が切り倒されたという「事実」を語るのは、数次にわたる中東戦争の記憶だ。しかし、それだけではない。ぼくらは、その背後にナチスとファシストが手を組んで、無謀な世界大戦を行ったという「歴史的事実の記録」を重ねている。イスラエルの入植民がパレスチナに「入植」する理由のひとつに、ナチスによる「水晶の夜」があり、「アウシュヴィッツ＝ビルケナウの悲劇」がある。もちろん、アムステルダムの「アンネ・フランクの隠れ家」の印象も、これに重ねて塗りあわせることもできる。

でも、それがぼくらの「いつもの日常」とどんな関係があるのか。言いにくいことだが、あえて個人的な出来事をあげれば、実は、三年前の四月十一日に、二番目の男の子を喪うという体験を抜きには、戦争の記憶と記録の問題に向き合うことは困難な状態にあった。三〇年ほど前に、留学中に実父を喪い、一〇年ほど前の義父の病死に続き、五年前に実母がクリニックで問診中に突然死で喪うという体験もあったが、戦争の記憶は、このようないくつもの「故人の思い出」と結びつく。

戦争の記憶は、戦闘と戦死にだけ結びつくわけではない。たとえば、鹿児島県知覧にある「特攻隊平和記念館」の前庭に立つと、はるか南に開けた海と空が「敵軍」の大部隊に覆われて、「皇国」の滅亡が間近に迫っているという記憶が、満開の桜の枝を透かして、まだ生々しく迫ってくる。また、熊本の田原坂には、明治十年の銃痕がリアルな記録として遺されている。そこに行ってめり込んだ穴のひとつひとつをのぞき込み、指でなぞり、少し距離を置いて眺めると、胸に迫ってくるのは、そこで仆れた死者のひとりひとりの人生ではなく、そのような死を迫り、それを超えて、押し寄せてくるような「時代の波」ではないだろうか。ぼくらの人生と彼らの人生が、直に結びついてくるのではなく、個人個人が紡ぎ出すような「小文字の物語」を貫いて、社会全体をつかみ取るような「大文字の物語」に組み込まれるからではないか。

人間はどこから来て、どこへ行くのか、というのが、実存主義が突きつけた問いだった。たぶん、ぼくらは、この問いを発しているような「宙ぶらりんの状態」でいることはできず、ただちに自分を何者かに自己規定をして、安心を得ようとするのだろう。しかし、自分が所属しているだろう集団によって与えられる属性では、なかなか安定せず、次々別の属性を探し求めざるを得ない。それはいわば、自分の人生航路を彩る「小文字の物語」に見合う「大文字の物語」を探し求め、「小文字の物語」を掘り起こし、生きていることの「自己認証」を得ようとする試みであって、古代ギリシアの哲学者ディオニソスのように樽の中に住み、常に問いかけるというような存在のあり方は耐えられないからだろう。

そうであれば、いっそのこと、自らが何者であるのかを徹底的に問い詰めて、最後は結局、「人類」という究極の「大文字の物語」に結びつけて、自己を再発見するしか、「自分探しの旅」は終わらないはずだ。戦争の記憶と記録をたどる旅は、おそらく、人間の存在形態が、戦争という裸の暴力にさらされた時に一番、本質的な様相を露呈するから、戦争の歴史（「大文字の物語」）の中に、自分の「小文字の物語」の極限を重ねることになるのだろう。

とすると、「戦争体験は退屈だ」という境地に安住することは、かえって難しい。ぼくらの日常からして、さまざまな他者との関わりに結びつけられ、場合によっては自分の意志とは関係なく、次々と切り替えられるという状態にある。日常の延長上で、突然、関係性の裂け目にはまり込むという危うさこそが、このグローバリゼーションという地球規模での関係性につなぎ止められた現代に生きる者の「宿命」と言わざるを得ない。そのような危うさに取り囲まれて、意識しようがしまいが関係なく、「戦争体験は退屈だ」という意識そのものをも揺さぶり、もみくちゃにすることになる。

b　集団の責任と道徳的個人主義

とはいえ、戦争体験を聞いているだけでは、もちろん済むという話ではない。ぼくらは、いわばテレビのモニター画面を前にして、気に入らなければチャンネルを変えたり、スイッチを切ったり、あくびをしたり、ポテトチップをくちゃくちゃ食べていてもよい、というわけではない。テレビの画面からこぼれる音声を環境音楽のように聞き流して、どっぷりと、「小文字の物語」に安住すれば済むというわけでもない。

たとえば、ある日突然、東シナ海にある小島の周辺で生じた出来事が、重大な意味を帯びて、隣国との関係という公的な問題だけでなく、隣人との関係という私的な問題にも、暗い影を投げかけることがあり得る。ある出来事が「彼ら」の日常生活そのものを全否定しているかのように、驚愕と怒りの表情を満面に浮かべた人々の集団が、日章旗を焼いたり、日本料理店の窓ガラスに投石したり、日本車に火を放ったりすることがあり得る。場合によっては、これまで耳にしたこともない「彼らの大文字の物語」がものすごいスピードでリピートされ、「ぼくらの大文字の物語」とクラッシュして、どちらかが謝らなければ、にっちもさっちもいかなくなることすら、あり得る。

これは、集団としての「責任」に関わることだ。そこで問題になるのは、自分がしたわけでもない過去の出来事について、どうして謝罪しなければならないのか、という至極当たり前の疑問にぶつかることだ。つまり、集団の責任がその集団に属する個人に関わるのは、なぜかという素朴な疑問がある。もちろん、ぼくらの社会では、基本になる考え方は、自分のしたことについてだけ法的な責任を問われるという了解のもとに社会関係が作られている。子どもが成人すれば、たとえ子どもがしたことでも、親が謝る必要はない。たとえ公害を出した企業に勤めていても、公害の排出には直接関わらなかった従業員が、責任を問われることはない。またたとえ日本人が、国外で、多数の外国人を殺害しても、日本の外務大臣や総理大臣が謝罪する法的な義務は、直接には発生しない。謝罪するとしたらそれは善隣友好関係を慮って行う「儀礼的なジェスチャー」にすぎないということもできよう。

c　正義をめぐる議論

この問題を考えるのに、最近のベストセラー本、マイケル・サンデル『これからの「正義」の話をしよう』を採用しよう。[★32]

サンデルは、いくつもの例を引きながら、集団の構成員としての「連帯の責務」があり、これが時として「普遍的な道徳原理」と衝突することがあると言う。たとえば、コミュニティの一員としてという役割設定を前提として、「新しく生まれた世代は昔の世代が行った不正に対する責任を負うべきなのか」という問題を投げかけている。リベラリズムを徹底すれば、自分のしたことだけに責任を負うという道徳的個人主義に陥り、その立場からは過去の世代がした不正について、新しい世代が謝罪や補償をする必要はないという結論が支持されるという。[★33] これに対して、実際の人間は家族やコミュニティや国家など、さまざまな具体的状況を負っているとして、そういう背景や文脈を負った「負荷ありし自己（encumbered self）」であるとして、人間には、コミュニティの構成員としての責任が存在するから、普遍的な自然的義務（duty）や同意による自発的責務（obligation）の他に、構成員としての個別的な連帯の責務があるという。[★34] その上で、物語を通じて人間は自分の人生やコミュニティを解釈しており、その物語が構成員としての責務と結びついているので、アリストテレスの言うように、物語的な善き生を考慮せずに正義を考えることは不可能であるとして、結局、コミュニティに暮らす人間としての物語に結びついた「善き生き方」を選ぶことが正義だという結論を支持する考え方が示されている[★35]。そうして、「負荷ありし自己」はコミュニティに内在する価値から離れることはできず、それが普遍的な正義と衝突する場合には、普遍的な価値を犠牲にする可能性を示唆している。

しかしよく考えると、コミュニティに親和的な生き方と普遍的な価値の実現とが対立するという想定は、もちろんあり得るのだが、乗りこえることのできない障害として、ぼくらの生き方を拘束し、未来を択一的な選択に閉じ込めるものなのか。もしそうならば、戦争犯罪という極限的な状況は、二義を許さない形で、共同体的な価値への服従を求め、共同体的な価値を超える普遍的な価値への帰属を拒否するように迫るわけだから、およそ戦争犯罪は、やむを得ない選択として、責任追及から漏れてしまうことになるだろう。責任の負い方あるいは責任の取り方はいろいろあって、必ずしも峻厳な刑罰を予定したり、高額な賠償金を要求したり、生命や財産の大半を捧げなければ引き合わないとされる場合だけではない。逆に言えば、責任追及の形をあるものに固定化して、引き受けるか否かという形で迫ることは、責任の引き受けによって同種の「悪夢」の再来を防ごうとする試みに達成する道をふさぐことになってしまうのではないか。責任の引き受け方が具体的にどうあるべきかという点がまだ曖昧のままであっても、過去の出来事であっても自らの生き方に関わる問題として引き受けて、その関係性を掘り下げてみて、償いの方法を探求するという形で、コミュニティに親和的な生き方と普遍的な価値の実現とをできるだけ近づけるというケジメの付け方もあり得るとして、これを受け入れる余地を認めるべきではないだろうか。

4　戦犯追及と戦争の記憶

アウシュヴィッツへの旅は、戦犯追及と重なり合うところがある。その意味でも、今回の旅行で、ポーランドからドイツへと向かう旅程をたどったことで、これまで法律や法制度の面から戦争犯罪の問題を考えていた自分の、あまりにも個人的な平面に閉ざされている体験が、いわば地理的に拡大された空間に解き放たれたという衝撃を味わった。これは大きな喜びだった。個人の体験が、生きた現実と結びつく歴史上の出来事と付き合わされ、においや色や風合いや深みをもった実体として感じることができた。こうして新しい体験に昇華された。とかくぼくらの感性というものは、日常生活の澱に淀み、世間体やしがらみなどという共同体的な価値につながれて、さまざまな不協和音をまき散らし、弁解や正当化や愚痴や責任転嫁などというお馴染みの「生きていくための小知恵」を総動員して、人類史において克服しなければならない「負の遺産」に対して潔く責任を引き受けようとはしないものだ。新しい体験は、勇気ある先人の振る舞いに励まされ、さまざまな出会いや体験が、山頂から一切合切を俯瞰するように見通しを得て、強固な自己をつくり、進んで「負の遺産」を引き受ける勇気を得たような効果があった。

ただ残念だったのは、ベルリンで旧知の国際刑事法の専門家、ヴェルレ教授に会って、アウシュヴィッツへの旅によっておぼろげながらつかみかけていた戦争犯罪の追及と刑事法の役割とか、戦争犯罪人の追及を支えるメンタリティについてドイツと日本とでは温度差があるというぼくらの印象が何に由来するのかという点について、話し合っていくらか見通しをつけられたかもしれない機会が得られなかったことだった。

そこで想定した事柄は、かつて宮沢浩一教授が記された次のような問題意識に関連する。[★36]

「私は、日本と西独とを対比し、国際社会で両者の扱いが違うのは何故かと考えることがある。西独は、周囲の国からも、かつて敵対した国からも、受け容れられているのに対して、日本は、本当のところは、その誠意を疑われ、心を許すつき合いができていないのではないかと思っている。日本が犯した過去の数々の罪業を自らの手で清算していないことに対する不信感が、結局は周辺の国々の為政者や国民の間にわだかまっていると見る。ただ、西独が直面している近隣諸国は、その過去を率直に批判し、直接に反省を求めるのに対して、日本の近隣諸国は、日本の経済力を当てにし、経済援助を引き出すための政治的かけ引きとして、過去にふれないという戦術をとっているため、日本人は過去を忘れてしまい、現在の優越的な立場に満足している。他の国からどう見られているかが気になるくせに、他国の庶民の心の奥にあるわだかまりに気づかないのは、大きな誤まりであると思われる」。

ぼくらは、ドイツが再統一して、政治体制の上でベルリンにはもはや東も西もなく、鋭い対決の象徴だった壁も、すっかり解体されて痕跡となり、かけらがお土産グッズと化し、かつては東側のプラットフォームが封鎖されていたという地下鉄を自由に乗り降りし、フリードリッヒ通りで東西対峙の最前線にあったチェックポスト・チェリーも、私設博物館として見ることができる時代にいる。しかし、たとえばベートーヴェンの第九交響曲を聴いても、完成した大きな物語として「歓喜の歌」を聴くわけではない。つまり、物語はまだ完成していない。「歓喜の歌」は満ち足りた日常を感謝するためではなく、むしろ逆にまだまだ満たされないままに、未完の物語のうちに生を終える多くの人々への愛惜を表すために歌われるのだろう。

ぼくらがアウシュヴィッツへの旅を始めたときに、石原慎太郎東京都知事は、世界陸上の機会に行われたオリンピック委員会での開催地決定で一敗地に塗れ、オシフィエンチムを経由して帰国した。また、ぼくらがベルリンにいたときにちょうど、イスラエルのベンジャミン・ネタニヤフ首相がアンゲラ・メルケル首相との会談に臨み、チェックポイント・チャーリー前の交差点を自動車で通過した。袖すり合うも多生の縁という言葉が似合うようなささやかな体験だが、ぼくらが直接言葉を交わす機会がなくても、圧倒的な重みで、アウシュヴィッツの歴史がぼくらとかの人たちと結びつけている。とりわけ、イスラエルから毎年何万もの高校生がやってきて、午前八時の開門とともに入場し、白装束にダビデの星をつけた出で立ちで、車座になって教師の話に耳を傾けて、いわばコミュニティの物語を確認している。その彼らとも共生の世界にいることを改めてかみしめたい。★37

パレスチナでは、高い壁がつくられ、このような「囲い込み」が人道法に反することは、国際司法裁判所の意見によっても明らかになっている。ここにも、戦争の記録に連なる共生のあり方をさぐる試みが、いまだに完成していない大きな物語の一コマとして、改めて意識されなければならない。

［註］

（1）マーチン・ギルバート、滝川義人訳『ホロコースト歴史地図 1918-1948』東洋書林、一九九五年、およびマルセリ・リュビー、菅野賢治訳『ナチ強制・絶滅収容所』筑摩書房、一九九八年、参照。
（2）http://www.nobelpeacecommittee.org/
（3）池田眞規・新倉修「核兵器はどう裁かれたか」、『世界』一九九六年十月号、一四三頁以下。
（4）日本弁護士連合会編『国際刑事裁判所の扉をひらく』現代人文社、二〇〇九年。
（5）新倉修「戦争と法の現在――人類の岐路をどう見透すか」、『青山法学論集』四八巻一・二合併号、二〇〇六年、一〇一頁以下。
（6）「労働は自由を作る」（ARBEIT MACHT FREI）。Bの文字がわざと上部が膨らんだ形に、つまり上下逆さまに裏返して溶接されていたのは、これを作らされた人々の抵抗（プロテスト）の証だという。Auschwitz-Birkenau: The Past and The Present, The Third Edition, Extended, 2009.
（7）『東京新聞』二〇一一年一月十四日付（ベルリン・弓削雅人）。
（8）中谷剛『アウシュヴィッツ博物館案内』凱風社、二〇〇五年、一五頁および同『ホロコーストを次世代に伝える』岩波ブックレット、二〇〇七年、一九～二〇頁参照。
（9）たとえば、吉見義明『日本軍「慰安婦」制度とは何か』岩波ブックレット、二〇一〇年、内海愛子『戦後補償から考える日本とアジア』山川出版社・日本史ブックレット（第二版）、二〇一〇年。
（10）クリスタ・パウル、イエミン恵子・池永記代美・梶村道子・ノリス恵美・浜田和子訳『ナチズムと強制売春』明石書店、一九九六年。
(11) シモン・ラックス/ルネ・クーディー、大久保喬樹訳『アウシュヴィッツの音楽隊』音楽之友社、一九七四年。
(12) 同様の話は、バニース・アイゼンシュタイン、山川純子訳『わたしは、ホロコーストから生まれた』原書房、二〇〇九年にある。
(13) ヴォルフガング・ベンツ、中村浩平・中村仁訳『ホロコーストを学びたい人のために』柏書房、二〇〇四年、一頁以下に、「ヨーロッパにおけるユダヤ人問題の全面解決」に関する一九四二年一月二十日のヴァンゼー会議の様子が紹介されている。さらに、佐藤健生・芝健介「「ワンゼー湖畔の秘密会議」を見る」、『世界』一九八八年十二月号、六四頁以下参照。
(14) 多谷千香子『民族浄化を裁く』岩波新書、二〇〇六年。
(15) 日本弁護士連合会編前掲『国際刑事裁判所の扉をあける』。
(16) 中谷前掲『アウシュヴィッツ博物館案内』一八二頁。
(17) **Auschwitz-Birkenau State Museum, (Translated from Polish by William Brand), The Architecture of Crime: The "Central Camp Sauna! In Auschwitz II-Birkenau, 2001.**
(18) 中谷前掲『アウシュヴィッツ博物館案内』一八五頁。
(19) 四号館第五展示室には髪の毛、五号館には眼鏡、義肢義足、旅行用のカバンやカゴ、靴や子供服が展示されている。中谷同前、一三四〜一四〇頁。
(20) マルセル・リュビー、菅野賢治訳『ナチ強制・絶滅収容所』筑摩書房、一九九八年、ロバート・ジェラテリー、根岸隆夫・訳『ヒトラーを支持したドイツ国民』みすず書房、二〇〇八年。
(21) ゲッツ・アリー、山本尤・三島憲一訳『最終解決――民族移動とヨーロッパのユダヤ人殺害』法政大学出版局、一九九八年、マーチン・ギルバート前掲『ホロコースト歴史地図 1-918－1948』。
(22) 中谷前掲『アウシュヴィッツ博物館案内』一六一頁以下参照。
(23) 同前、一四五頁。
(24) 田村和子『ワルシャワの日本人形』岩波ジュニア新書、二〇〇九年、一一七〜八頁。

(25) 同前、一一四頁。
(26) 同前、九八～一〇一頁。
(27) 同前、七一～一〇四頁、一一九～二九頁。
(28) 同前、一一五頁
(29) 熊谷徹『観光コースでないベルリン』高文研、二〇〇九年、一二九頁以下参照。
(30) Insa Eschebach(ed.), Ravensbrück. The Cell Building; History and Commemoration, Schriftenreihe der Stiftung Brandenburgische Gedenkstätten Band 18, Metropol, 2008.
(31) イエミン恵子、池永記代美、ノリス恵美、浜田和子の各氏ほか。
(32) マイケル・サンデル、鬼澤忍訳『これからの「正義」の話をしよう』早川書房、二〇一〇年、小林正弥『サンデルの政治哲学』平凡社新書、二〇一〇年。Michael J. Sandel, Justice; What's the right thing to do?, Penguin Books, 2010. Especially, Chapter 9, What Do We Owe One Another? / Dilemmas of Loyalty, pp. 208-243.
(33) 小林前掲、八四～五頁。
(34) 同前、八六頁。
(35) 同前、八七頁。
(36) 宮沢浩一「ナチスは犯罪追及と西独の刑事司法――われわれ自身を見直すために」、『世界』一九八五年九月号、四〇～五三頁。さらに、同「「安楽死事件」と西ドイツの刑事司法――ナチス犯罪追及と過去の清算」、『世界』一九八八年十一月号、一七一～一八四頁、同「過去の贖いを考える――ナチス犯罪追及センターを訪ねて」、『世界』一九八六年九月号、一四～八頁、同「西独における殺人罪の時効廃止」、『書斎の窓』二八八号、一九七九年。

【第8章】いま「戦争」を語ること

杉浦勢之

So I called up the Captain
"Please bring me my wine"
He said, "We haven't had that spirit here
Since nineteen sixty-nine"
And still those voices are calling from far away,
Wake you up in the middle of the night
Just to hear them say:
Eagles "Hotel California"

1　「戦争」を巡る

ここ数年、南の島嶼を転々訪れながら、そこに散らばる戦争の記憶の欠片を拾い集めていた。暑い日差し、椰子が群生し、リゾート化する島を巡っていると、そこに戦争があったという実感が薄らいでいく。未来志向などという空々しい言葉を横に、照りつける太陽に肌を灼きながら感じとれるのは、風や波、白く泡立つ音どもの戯れと強い果実の芳香に包まれ融けていく、今この時の身体感覚だけのような気がしていた。人々は、荒々しく生きていた。マーケットのざわめき、精悍な顔立ちのムスリムたちがぎっしり乗り込んだ船団のたなびく黒旗。椰子の群れ、でこぼこの道、車を遮る水牛、乱暴に切り拓かれた赤土の丘に昇る森を焼く煙、その向こうに真っ青な水平線を切り裂くように聳える真っ白なリゾートホテル。それは完成と同時にうっすらと埃を被り、朽ちはじめている。未来の廃墟群。フランス統治時代のままの老街といささかも変わるところはない。

時間の中ですべては朽ちていくように感じられる。記憶もまた。生えるに任せた椰子の群生林を眺めながら、ふと同じ光景をどこかで見たような気がした。そう映画「地獄の黙示録」のワンシーンそのままだ。河を遡る哨戒艇、ヘリコプターの編隊と「ワルキューレの騎行」、兵士たちの狂気、ドラッグ、カーツの疲弊した言葉。腐乱したような戦争記憶、あの暑い夏、ベトナム戦争が私にとっての戦争だった。今それとほとんど同じ風景の中に身を置きながら、表象の戦争と現実の戦争記憶の狭間で、時空間の捻じれを感じながら、私は戦争を追いかけることにいささか疲れているようだった。

翻弄された過去について語るとき、人はなぜどこかに恥ずかしさと痛みを覚え、良心の呵責や後悔の念に苛まれるのであろうか。おそらくこの根源的な問い抜きに、先の戦争について語ることができない時代が始まりつつある。少なくとも文明化以後、人類は絶えず戦争を経験してきた。その中にあって、なぜ第二次世界大戦だけが依然として我々にとって特権的に語り継がねばならない戦争であるのかという問い抜きには、戦争体験とその継承は、アルバムに貼られたセピア色の写真のように脱色され、過去のさまざまな知識とともに、書斎の片隅にそっと収まってしまうことになろう。

第二次世界大戦が、諸国民に甚大な被害を与えたこと、アウシュヴィッツ強制収容所に代表されるジェノサイド、広島、長崎における核爆弾の投下という、これまでの戦争には見られなかったタイプの大量虐殺が起きたこと、それらは確かに人類の滅亡という想像力に現実感を与え、西欧近代の価値意識の万能感に懐疑を生んだ。しかしそれだけであるならば、人類が第二次世界大戦で経験したことは、戦後という時代にあっても、局所化され、薄められながら、今日にいたるまで繰り広げられていることではないだろうか。第二次世界大戦によって生まれた事態は今でも進行中である。さらにまた、それは第一次世界大戦によって開始された総力戦の後産であったともいえる。ヨーロッパから見れば、おそらくそのほうが、実相に近いであろう。

日本人は、第二次世界大戦によって初めて本格的な総力戦を体験した。その惨憺たる結末を含め、確かにそれは無差別に国民を襲った過酷な「運命」（アナンケー）であったと言える。私はここで「運命」という言葉をあえて使った。それは戦争が人知を越え、超越的に降りかかる「災厄」だという意味においてではない。戦争は常に政治の失敗によって齎されるものである。政治はそのことに責任を負わざるを得ない。だがそのことを問うことと、多くの人間にとって、戦争が個人的意図や努力によっては回避し得ない決定的に強いられた「体験」であることとは別である。皮肉なことではあるが、総力戦という全国民が等しく経験する圧倒的な事実によって、ある意味戦争を語ることは容易になってしまった。どのような言葉よりも、周りの廃墟を見回せばよかった。そこら中にある死を、あるいは痛み、苦しみ、飢える人々を目前にした経験のないものはいなかった。事実と数がそれを補完する。だがひとは時間の経過の中で、あらゆる悲惨さをあえて腑わけし、「戦争」それ自体を語ることができるであろうか。

あまりにも赤裸々な悲惨さ。それによって締め出されてしまったのは、実はわれわれ自身の体験の「質」そのものだったのではないだろうか。今にして思えば、総力戦に対応した国民共通の経験に依拠することによって、日本人は戦争について突き詰めることをどこかで素通りしてしまったのではなかろうか。戦争は悪い、何人も否定できない凄惨な「事実」のゆえに、そしてこれまで何人も予想しえなかった被害の「数」のゆえに、戦争を語る「言葉」は、その使命を本当の意味で果たすことができなかったのではなかったか。しかし「多」は「すべて」ではない。そもそも「すべて」はどのようにして可能なのであろうか。加算的事実をどのように積み重ねても戦争の「真実」には行き着かない。むろん「運命」という言葉を安易に使うべきではないだろう。しかし根源的な意味で「運命」という言葉に立ち向かうことをしなければ、人道主義といういまだかつて実証されたことのない「心意」や共通体験に依存せず、「戦争」に対峙することをしなければ、「時」に耐えうる戦争についての「言葉」を維持することはできないのではないか。それを怠ったことが、私たちの「戦後」の現実だったように思われてならない。それは二度の大戦によって、自らの築き上げてきた啓蒙思想の無残なまでの敗北を「反復」経験することになったヨーロッパなどとは異なる「戦後」だったのではないであろうか。日本人の共通する戦争体験は遠くなった。ならば今現在ここで起きていることの中に「戦争」を読み取ることはできないであろうか。そのためにまず、我々にとって遠くない、「戦争」と類似する日常の崩壊点である経済的破局をここでは取り上げてみよう。経済的破局の帰結は戦争、革命であり、また戦争と革命によって経済の破局が招来される。その中にあって、人はそれをどのようにつかみ取り、表現することができるのか、あるいはそれを突破していく希望の「言葉」を持ち得るのか、まずそこから始めてみたい。

2　「危機」を語る言葉

フランスの文学者ポール・クローデルは、駐日フランス大使を終え、一九二七年から三二年まで駐米フランス大使の役を務めた。この時期は第一次大戦後のアメリカの繁栄がピークを越え、金融恐慌から大不況へ突入していく時期に当たっていた。最近になってクローデルの本国への外交書簡『大恐慌のアメリカ』が日本に紹介されたが、同書はクローデルという二重の意味での外部者の目を通じて見られたアメリカ経済の大変動が淡々と描かれている。ここで二重の意味でというのは、第一にクローデルがフランスの外交官であったこと、このためアメリカの実情が感情を交えず、冷静な筆致で描き出されていることにある。このこと自体に多くの説明は要さないであろう。第二にクローデルが文学者であり、経済学者ないしエコノミストでなかったという点にある。そのためクローデルの報告には、「かくあるべき」という予断が入り込んでいない。経済学は客観的な科学を標榜するが、経済学者はそれぞれの理論的フレームワークに依拠しており、経済的合理性を一様に仮定しているものの、いまこの場における現実の分析においては大概意見の一致をみない。同書簡をみれば、クローデルのもとに、時々刻々と経済的計数が届けられていた様子が窺われるが、驚くべきことに、素人であるはずの彼は冷静に事態を捉え、的確に問題の所在を掴んでいたことがわかる。

その片鱗が明らかになるのは一九二八年五月三十日、この日の書簡でクローデルは、アメリカ経済の繁栄の要因について一通り述べた後、その危険について書き記している。彼は「利益なき繁栄」という言葉をさりげなく引用し、景気の飽和が自動車産業と割賦販売において生じるであろうと予想する。

「アメリカで危機が起これば、その結果生じる株式売買がこの国に存在する投機的気質によって活発化し、全世界にとって破局的になることは確実でしょう……ニューヨークによる金融市場支配は恐らく将来、何度か暴風雨を吹き起こす運命にあるかもしれません。しかしながら、私はこの報告を悲観的な印象で終えたくはありません。あらゆる形態で存在する資源は、短期の試練を経ると、この国が再び上昇の歩みを始めるほど豊かなものです」★1。

二九年二月四日になると、彼は景気の実態をほぼ理解するようになっていた。

「フロイトなら「繁栄コンプレックス」と呼ぶようなもの、この今アメリカ中を熱狂させているものの存在が、幾つかの確たる現実的な事実に基づいていることは認めつつ、私は繰り返し、公平無私な観察者にも避けがたく浮かぶ疑念と耳障りな意見をある程度はお伝えしようと思いました。農業、繊維、鉱山業、特に石炭鉱山、海運、昨年までは鉄道も含めたような国の基幹産業が沈滞している時、いわば抗いがたいこの「総」繁栄についてどう語れるのでしょうか？　実際、私は、現実には繁栄は、自動車やラジオのような贅沢産業の性格を有するある数の産業に限られるという、何人かのカッサンドラの主張に真実の一半を見ました。それに、現在の繁栄は国富の実際の増加というよりも流通の加速から来ているとする主張は、たぶん不正確とは言えないでしょう。自動車が物流に新しいリズムを導入したのと同様、現物マネーとあらゆる有価証券類はストックされて動かないのではなく、有利であろうとなかろうと、今や同時により多くの動き〔流動性〕を見せています★2」。

同書の序文を書いているルノー・ファーブルが歎ずるように、それは二〇〇八年のリーマン・ブラザーズの破たんに始まる現代の世界金融危機を彷彿させる。ただしそれはあくまで金融パニックの現象面においてであって、実体経済からすれば、大不況は石炭・鉄鋼業を中心とした重化学工業前期から石油・自動車産業がキー・インダストリーとして定置される重化学工業後期への移行過程で起きた。いわばクローデルの見たアメリカの危機は、「二十世紀」の陣痛であり、我々が今日にしているのは、「二十世紀」の長く続く後産なのである。二九年の株式市場の崩壊の遠因となったのは、ドイツの戦後賠償問題であった。周知のごとく、英仏のドイツに対する賠償はきわめて過酷なものであった。この厳しい賠償支払いを可能にしたのがアメリカのドイツへの信用供与である。したがって第一次大戦後の世界経済の復興は、アメリカの対独信用供与を起点とし、ドイツによる英仏への賠償支払いから英仏のアメリカへの戦時借款の返済や復興のための貿易支払いがなされるという国際的な資金の循環によって支えられていた。アメリカの証券市場の過熱によって、このような資金の流れが逆流し、アメリカにマネーが集中したことで、最も弱い環であったドイツおよびオーストリアの銀行破たんから世界金融危機に火がつき、それがニューヨーク市場に跳ね返ってきたのである。「利益なき繁栄」とは景気のターニング・ポイントを意味する。クローデルは冷静にこのことを見きわめていた。しかしそのクローデルであっても、この時点で事態が、遠からずヴァイマール共和国を麻痺させ、ドイツにナチス政権が成立することとなり、母国フランスがその占領下に置かれることまでは正確に予想していなかったであろう。第一次世界大戦の戦後処理の失敗は、第二次世界大戦というかたちで「世界戦争」を反復させた。確かにクローデルの予想したように、アメリカはこの反復する「世界戦争」を通じて再度「上昇」していくことになる。しかしそれはヨーロッパの決定的な破局と衰退を代償にすることによってであった。

ここでアメリカの大恐慌について述べたのは、むろん世界経済危機について述べたかったからではない。世界大戦の原因について指摘したかったからでもない。外交書簡を打電しているクローデルの「場所」について注目してみたかったのである。つまり先ほど一たん退けた視点、危機の現象面において的確に事態を掴んでいた二重の外部者クローデルの視点をここでは問題にしたいのである。リーマン・ブラザーズの破たん後、前連邦準備制度理事会議長であったグリーンスパンは、「一〇〇年に一度の事態」と述べた。「一〇〇年に一度」というのは危機の深度ということだけでなく、ほとんどリスクの予想がつかない事態という意味において、それは「しかたなかった」と言っているのである。そこから学ぶものはほとんどない。ところで、金融がおかしくなると必ず書店に出回る書がある。今回のリーマン・ブラザーズ破たんでも、「緊急出版」と称して積み上げられた時事もの本の最後に、予想通り真打ちとして平積みされたのは、キンドルバーガーの『熱狂、恐慌、崩壊』であった。第一版は一九七八年、その後中身をアップデートしながら四版を重ね、新装版として二〇〇四年に出版されたもはや古典である。アメリカを中心とした国際金融体制の動揺の歴史と並行してきた。その事実だけで、この書が凡百の研究書でないことがわかる。ここでその中身について専門的に多々弁ずることは主題との関係から差し控えるが、これだけ売れ続けている本であるにもかかわらず、その問題設定と結論とするところは、実は大変慎ましい。

「市場がきわめて合理的であれば、定義上不合理である熱狂状態は起こりえないのであろうか。他方、そのような熱狂が起こったとき、政府や中央銀行などは干渉せずに、成り行きに委ねるべきなのか。あるいは救援のために登場し、民間市場が自力では作り出せない安定という公共財を供給する「最後の貸し手」が演ずべき有益な役割が存在するのであろうか。また、最後の貸し手のサービスが、政府もしくは中央銀行のような公的機関によって国内的には提供されるにしても、統一政府が存在しない国際体制に対してはいかなる機関が安定を保証することができるのであろうか」、これが問題の枠組みである。やや説明すれば、最初の問いはマネタリストへのものである。マネタリストは、市場は常に合理的であるとの仮定に基づく。したがって市場から内在的に熱狂を引き出すことはできない。与えられた定義によって予め結論が用意されているのであるから、マネタリストにとって危機は常に政治の失敗、政策の失敗なのである。このような理解は、逆に政策によって回避された危機というものを析出することをきわめて困難にしてしまう。(私はこのタイプの分析でひどく苦労したことがある。政策史研究では当事者目線に立った事前分析はとても厄介なのだ)。だからといってキンドルバーガーは、ケインジアンに全面的に与しているわけでもない。外部からの政策介入は、市場にモラルハザード誘因を与え、事態をさらに悪化させることもある。「規則を打破することは先例となり、それが新たな規則となって、時に応じて遵守されたり、打破されたりすべきものとなる。このような場合の介入は、一種の技術であり、科学ではない。国家は常に介入すべきであるとか、決して介入すべきでないとかいう一般原則は、いずれも誤りである」[★3]。つまり危機に対する一般理論は成立しない。

万病に効く薬はないとは、いささか意気阻喪させる結論ではあるが、キンドルバーガーは、歴史の不安定さの中にある政策的「決断」とは本来「アート」の問題であり、同書は治療や予測ではなく、診断のための徴候を探ることに徹したのだとしている[★4]。経済学者が眼前の危機に対してとれる、これは慎ましいが、ある意味もっとも誠実な立ち位置なのかもしれない。キンドルバーガーは、金融恐慌の異なる時代の様相を研究者の時間に集積して見せることによって、現象的に表れる「徴候」の分母を探り、一覧表化する。そうすることによって、金融危機の「真実」がなんであるかをそれ自体として浮き上がらせているのだ。(彼は金融危機とは何であるかは、美人は美人であるというのに等しいと述べている。むろんケインズを意識してのことであろう)。同書は、金融危機についての厳密な定義を欠くとの批判を受けたが、彼が明らかにしたのは、金融危機には局面を映し出す「徴候」はあっても定義がないということ、そして通常の経過であれば成立する分析者の科学的ないし客観的足場が、危機、非日常、時間の断裂においては一気に失われるということであった。

そこから「主体」が一歩でも現実に踏みだせば事態は全く異なる様相をみせる。経済学者自身が事態の一部になり、事態が再帰的に変容していくことになる。外部が「外部」でありつづけながら、「内部」に挿入されているという位相のねじれが起きる。ソロスが市場の「再帰性」といっているのはおそらくこのことであろう。危機においてはこのねじれが暴力的に現れる。市場は、売りと買いという二つの力によって構成される単純なメカニズムである。売りと買いが混在する通常の状態では、その結果は価格によって表現される。定義としてそれをもって均衡と呼ぶのであれば、価格が形成されている限り、市場は合理的である。しかしある時、「すべて」の力が同方向を向くようになると、様相は一変する。期待により市場が買い一色になれば、株価は急騰し、価格を形成できなくなる。ブームの到来である。このようになると、個々の期待や予測が意味をなさなくなり、ケインズの美人投票が始まって「真実」＝均衡点が消失する。市場内部の個別の事実をいくら重ねてもそれは「全体」にも「真実」にも行き着かない。一方しばらくこのような状態が継続すると、「真実」への問いが潜在的強度を増し、「不安」が醸成されていくことになる。何らかのきっかけがあると、ベクトルの方向は一気に逆転する。これがパニックである。パニックは下方への売り圧力を通じて市場当事者に対し暴力的に態度変更を強制する。市場のこのような急激で凶暴な変化を諸個人の行為に内在して見れば、それは徹底した暴力的過程を通じての諸個人の行為の整序のメカニズムであるといえよう。とりわけ市場における資産価値の評価は、市場の外においても諸個人の資産評価を決定する。したがって市場には仮想された「未来」のほかに原理的に「外部」は成立しない。★5 このメカニズムこそが市場の「真実」である。諸個人はこのような暴力的過程の中で昨日—今日—明日としてつづくと思われた予期された時間、「仮想の未来」がパニックによって粉々に砕け散ることを体験する。その「徴候」は、「不安」、「急きたて」そして「恐怖」である。均衡とは美しい「星辰」などではない。

もともと経済学的に挿入される時間は「期」として制度的に捉えられている。経済現象の内部ではアナログ的に体感される時間とは異なる時間によって当事者は拘束され、「意味」化される。すべては「期」を基準としているから、その経済学的時間に行われた膨大な経済行為は、時に圧縮され、時にはそもそもなかったかのように排除され、数字上はゼロとなったりする。バブル期にはこのような公式の時間の中に、さまざまな経済行為が、したがってその行為を支えている個別の時間が錯綜し、混在し、折りたたまれている。そこからラグが生じ、多くの錯覚も生まれる。自己実現と詐欺瞞着が表裏となって跋扈跳梁する瞬間である。とはいえ個別の経済的時間が有意味でありつづけるのは、「期」において繰り返し「審判」がなされることによってであり、この時間において取捨選別されることにより、経済的営みは再度過程を繰り返していくことになる。つまりそもそも個別の破局点が仕組まれており、「生き残り」によってすべてが再開されるのであるが、再開点に底があるという保証はない。参加者は市場により召喚され、「審判」を受けるが、いつ、誰によって、いかなる基準（法）において裁かれるかは知らされない。それらの時間がすべて、そして一気に「無意味」になる「カッサンドラ・クロス」がある。バブルの崩壊である。確からしさ、持続するものは一瞬にして失われ、「今」の延長としての「未来」は蒸発する。誰もそこから抜け出すことはできない。「すべて」が一方向に殺到する時、市場は一瞬にして消えてしまう。売りが買いを飲みこんでしまうからである。当事者の前で時間が裂開する。そこから先にはいかなる有意味な時間も存在しない。経済活動は、絶望的な下方への転落を通じ、すなわち経済的な個別価値の喪失を経て、繰り返される「循環」＝形式的時間に収束していくことになる。「期」によって整序され、再度「反復」を繰り返すために。そして判決に破れたものには、まるで「犬」のような恥辱だけが残される。

このように見る時、キンドルバーガーが危機の全体を明らかにするため、一般理論や数量モデル化を避け、歴史の一覧という方法によって経済的時間変化の外部に自らを置く視座を確保し、「様相の徴候学」として金融危機を捉えることに徹したことの意味が明らかになってくる。危機においては、無限に延長可能な、同質的な線状の時間性は断裂し、経済現象の内部にある経済学者の安定的な立場も「無底」となる。そこでは時間の乱れとともに、位相がねじれ、因果律が奇妙に歪む。均質的な時間概念では危機は捉えきれないのである。彼はそのことを十分承知していた。一方、クローデルが大不況への突入の事態をリアルタイムで的確につかんでいたことの理由もこれによってはっきりする。まず彼は外国人であり、外交官であった。それと同時に彼は優れた文学者であった。したがってこの時アメリカの経済現象の時間の内部に彼は生きていなかった。外部にいることによって、外部の時間を生きることによって、彼はアメリカ市民のユーフォリアから大不況への過程の歴史的全体を冷静に見通せる立場にあった。と同時に、おそらくこれがもう一つのポイントであるが、彼は、ヨーロッパの文学者としてのイマジネーション、全体を描き出したいという欲望を一瞬閃かせ、冷静な筆致による外交文書にそっと「予言」を籠めることを抑えることができなかった。クローデルは市場当事者たちの外に立つことで、彼を育んできた文学的、宗教的なインスピレーションを活性化させ、「世界」の「運命」を秘かに見て取るという快楽に少しだけ譲歩することを自分に許したのである。「カッサンドラ」、予言能力を持つトロイの王女、アポロンに予言能力を与えられながら、アポロンとの不和によってその予言を誰にも信じられないという運命を背負わされた「神話」の女性。彼女はトロイの破滅とともに、ギリシャ側の総大将アガムメノン、そして自分が殺害される運命にあることを予知しながら、予言のすべてを実現させてしまった女性である。予言が無力であることをこれほど示す「神話」は他に見当たらない。この言葉が浮かんだ時、彼は事態が破局的に進行するであろうことを少なくとも半ば確信していたに違いない。

ニューヨーク株式市場の崩落が起きたとき、クローデルの打電された文章は以前打電した文書に注意を喚起するにとどめた極めて冷静で慎重なものであった。しかしその後、彼は外交官としての佇まいをいささか失する無作法な文章を本国に打電することになる。三一年五月二十七日、「いずれにしろフーヴァー氏は、前記の専門家という星占い師に元気づけられて、お気に入りのグラフ曲線で繊維とか建設のような幾つかの線を検討しながら（他の幾つかは無視して)、不況はそのどん底に達していて、回復が見えてきていると、図表から読みとったのです。二年間の問題だ、と彼は断言しています。一九三〇年三月には、六〇日間の問題だ、と彼は断言していました。もっともこの昼行灯のような発言が新聞に載るや否や、株式市場で新たな下落が起こり、株という星は金融の地平線で四度から五度も落ち、株式市場の天空の北極星と見なされていたUSスチールはあの下界の暗闇の中で額面価額以下にまで下がり、もはや配当金などありえません」★6。この時期には彼自身が目前に開いた時間の裂開を追体験するようになっていた。アメリカの金融恐慌は世界金融恐慌へ波及し、世界的経済危機がこれまで人類が経験したことのない深度と範囲で進行していることは誰の目にも明らかとなっていた。いまや恐慌は、この地球に住むすべての人間にとっての「運命」であった。これまで「外部」の存在としての立場を保ってきたクローデルもまた、母国を通じてこの大不況の「内部」に組み込まれるようになっていた。フーヴァーが未来に横たわる時間の断裂(今日は昨日とすっかり違ってしまった。そして明日は今日のままではいられない)に怖じ気づき立ち尽くす姿に苛立ちを隠すことができなくなっていたのである。「急きたて」という「徴候」がクローデルをも染め始めている。「ビジョン」が必要なのだ、これが、クローデルが破局から導き出した答えであった。おそらくそこには「神話」的な修辞を超え、カトリックとしての彼のバックボーンをなしてきたパウロ的なものへの希求があったであろう。老練なキンドルバーガーはごく控えめに、金融危機は資本主義にとって避けがたい災い、人間を翻弄し、反復しつづける「運命」なのだと、「見者」のごとく物語ることに満足する。一方クローデルは、いまここにある危機の全体を表現するのに、抑制された文学的修辞を用いながら、黙示録的世界のほうを指し示していた。ただしファーブルが鋭く見てとったように、「メシア」のようにではなく、「予言者」のように、世俗的世界を呪詛するがごとくにではあったが。

3　総力戦とその「外」

「戦争」の一般理論が可能であるかどうかについては、議論が分かれるところであろう。ここでは戦争一般に考察を拡大するのではなく、まず我々の経験にとって決定的であった世界大戦に絞って考えてみたい。すでに述べたように、二回にわたる世界大戦は「同じこと」の反復拡大としての性格を持っていた。それはこの二つの戦争が世界的規模での、ネーションの形成と主権の獲得（ネーション・ステート）運動のヨーロッパにおける最終局面で起きた総力戦であったということにある。この過程をやや教科書的に振り返っておこう。プロテスタントとカトリックの対立を機に、十七世紀前半神聖ローマ帝国を舞台に繰り広げられた三十年戦争は、宗教戦争から次第に主権国家間の対立へと変質し、一六四八年ヴェストファーレン条約によってヨーロッパではひとまず主権国家体制が確立する。これがステートの第一フェーズである。この間西ヨーロッパでは絶対王政の成立と国際的覇権交代が、中央ヨーロッパでは形骸化した神聖ローマ帝国の下で領邦国家の主権確立が並行して進められた。このようなヴェストファーレン体制が瓦解したのは一七八九年のフランス革命を経たナポレオン戦争によってであったが、国家が統治の最高権であるというあり方そのものは現代にまで引き継がれてきている。

これに対してネーションの説明は難しい。日本語では国民と訳すことが多いが、民族に近いニュアンスを持つこともあり、しかしこちらにはエスニック・グループという異なる英語が対応する。ここでこの言葉の厳密な検討に入りこむことは必ずしも生産的ではない。定義が混乱しているからというよりも、そもそも混乱せざるを得ないのがネーションであることの証しなのだと考えるべきなのである。すでに自生的に存在しているゲマインシャフト的社会集団がどのような基準で括られているのか、あるいは括ったのかということに絶対的基準はない。その集団内部の人間に問い質してみたところで、明確な基準が示されるわけではない。（もちろんさまざまな指標が挙げられるであろうが、それをもって普遍的定義とすることは不可能である)。したがってネーションとは何であるかと定義を絞っていくよりも、ネーションとは何らかの所与の自然的差異を指標に人間集団を他に対して閉じ、それを「すべて」として同質的内部を構成することと緩い定義で考えた方がいいであろう。そのようなネーションが運動として自立していく徴候こそナショナリズムだと考えてみたい。

このような意味でのネーションの形成は、近代になって、新しく、しかも意図的に演出され、創造されたものであることが最近指摘されている。フランス絶対王政期にその萌芽がみられ、フランス革命によってその構成員に基本的人権が認められ、主権の主体として想像された共同性、それがネーションである。このネーションによる統治体=ネーション・ステートは、超越的な宗教権力を外部と内部に持ったそれまでの帝国と異なる排外的な世俗国家であり、内部に対し「同質性」と「すべて」であることを要求する。この点で内部編成上重要だったのはフランス革命による兵役の義務化、そして戦闘において決定的な強さを発揮したナポレオンによる国民軍の編成であった。このようにして成立するネーションの「同質性」が、外部に「敵」を想定するものであることは言を俟たない。原理的には、主権国家の外部は潜在的戦争状態にある。国民軍の常備軍化は、ネーション・ステート形成の論理的帰結であった。このようにネーション・ステートとは、二重の意味における排他的な「すべて」を包括した暴力的概念である。まずネーションとしては想像された共同性によって他なるものと区別される排他的な「われわれ」が、ステートとしては一定の排他的な「領域」についての権力による占有が前提されている。★8

第一次世界大戦、そして第二次世界大戦については、これまで様々な性格づけがなされてきた。もっともベーシックな理解は、帝国主義戦争、帝国主義国家間における市場再分割戦という理解であろう。その理解自体に特段異議を申し立てるつもりはない。しかしすでにこれまで述べてきたように、そこで想定されている戦争の主体はネーション・ステートであり、ネーション・ステートが成立していく過程それ自体が世俗化を通じた「戦争」と「革命」の連続であったということである。このように考える時、二十世紀こそが「戦争と革命」の時代であったという我々のぼんやりとしたイメージに重大な疑義が生じる。内在的にみれば、両大戦は、十八世紀終わりにヨーロッパから始まったネーションの創出とその主権獲得の運動が、十九世紀、二十世紀を通じ、世界に広がっていった、そして今なお続いている過程の極値＝破局点であったとみることができる。（ロシア革命はこの流れの、おそらくただ一度だけ起きた一瞬の逆流だった）。★9

それでは第一次世界大戦がそれまでの戦争と決定的に異なっていたのはいかなる点においてであったろうか。それは国民総動員による総力戦（Total War）ということにある。普仏戦争において、プロイセン軍は国民皆兵制度を採用し軍事的な圧倒的優位を獲得した。第一次世界大戦になると、戦争当事国が国民皆兵制度を採用し、戦争の機械化と兵站の確保のため、自国のあらゆる人的、物的、知的資源を動員し、戦争に投入するようになる。一国の経済力、技術力、その他の国力が戦争の帰趨を決する段階に入ったのである。このため戦争は本国だけでなく植民地までを含むものとなり、Uボートによる海上封鎖、無差別攻撃が通商破壊の端緒を開き、第二次世界大戦では、戦略爆撃という名の無差別爆撃により、戦闘は戦線に限定されなくなっていった。総力戦は、戦争を軍人だけのものでなく、ネーション「すべて」の「運命」としていったのである。

こうして両大戦によって、「すべて」が二重に現れることになった。しかもここで注意すべきはその主体であるそれぞれのネーションが「何ものか」であるとする普遍的かつ積極的根拠はどこにもないということ、その恣意性である。ネーションは、そうでないものを列挙することによって、「それではない」という否定形によってのみ、人々に内在化される。（それを補助するのが伝統の生産であり、メディア資本主義である）。外部を前提とし、それを排除することによって成立する共同性、それがナショナリズムだとすれば、このことが今度は内部の「同質性」問題に跳ね返ってくる。ネーションにあっては、常に自分たちが同質であることを確認することが求められる。しかしそもそも外部との分割自体が否定的なもの（それではない）としてしか描けない以上、内部の「同質性」を同定することは不可能である。内部の「同質性」の条件を枚挙すればするほど、むしろ「非同質性」が析出されてしまう。★10したがってネーションは常に自らの内部に「不安」を抱える。「わたし」は「われわれ」なのであろうか、あるいは「わたし」は「すべて」の中に数えられているのであろうか。このような原理的「不安」の解消は、否定形によらない何らか異質なものの徴を集団の内部に積極的に指定することである。それは何でもいいが、ただし明示的でなければならない。社会の内部に明らかな「外なるもの」が必要なのだ。「すべて」を成立させるために必要な、「すべて」に数えられない「余計」なもの、それがヨーロッパのネーション創出運動の中におけるユダヤ人の位置であった。

フランス革命とナポレオンによるネーション創出過程で、ヨーロッパはユダヤ人の身分的解放を進めた。それはまず西ヨーロッパから開始され、東に向かう。中央ヨーロッパ、ポーランド分割によって新たなユダヤ人問題の発生を見たプロイセンでも、一八六〇年代末にはユダヤ人の解放が法的に保証されるようになったが、それと期を同じくして、あるいは七〇年代に始まる経済大不況を通じて、新興ブルジョアジーの一翼でもあったユダヤ人排撃の動きも強まったとされる。[★11] 外部の「敵」の発見は、内部の「敵」の発見と容易に結びつくことになった。ドイツ人とは、ポーランド人でも、ユダヤ人でもないものであり、ポーランド人とは、ドイツ人でも、ユダヤ人でもないもの、それが定義となる。ここでドイツ人とポーランド人とは対称的な関係にあるが、ユダヤ人だけはそうではない。ユダヤ人とは、外部を創出するための内部の「残差」のごときものであった。あるいはマルクスの価値形態論に擬えれば、負性の「一般的等価物」であった。このような存在としてのユダヤ人を、スラヴォイ・ジジェクは、「誰でもないものの共同体」と呼んでいる。その上で、「ユダヤ人は、まさに彼らがこの秩序に収まらない残余であるかぎりにおいて、個別の人種の秩序に然るべき位置を持たないかぎりにおいて、人類の普遍性を代表するのだ」と述べる。[★12]

こうしてヨーロッパにおけるネーション・ステート創出の運動は、その内部にユダヤ人という「他なるもの」を残存させることによって進められた。「すべて」が「運命」として暴力的に貫徹される中、ユダヤ人は「残されたもの」として、あるいは「割り切れない」何かとして、とりわけ中央ヨーロッパにおいてあったのである。[★13]

ユダヤ人の解放は、ネーション・ステートへの同化と表裏一体の関係にあった。西ヨーロッパでは曲りなりにも同化が進行したが、ネーション・ステート化が遅れた中央ヨーロッパでは、すでに述べたように事態はより複雑で深刻なものとなった。同化は緩慢に進められたが、それに対する反動、反ユダヤ主義も厳しさを増していく。同化によってユダヤ人自身も「ドイツ系ユダヤ人」であること、「ユダヤ系ドイツ人」であることが、その「系」ということも含め、鋭く対立していくことになった。

このような状況を中央ヨーロッパでもっとも深く体験していたのは、フランツ・カフカであった。ステファヌ・モーゼスは、その著『歴史の天使』において、ゲルショム・ショーレムに触れながら、以下のように述べている。

「離散的ユダヤ教のなかでは、伝承は、学びと祈りの私的な空間で、師と弟子の対面を介して伝達される。ルネサンス以来、キリスト教ヨーロッパにおける宗教的信仰の危機が何よりも、批判的精神の名における、信の内容そのものの疑問視から生まれたのだが、ヨーロッパのユダヤ教はというと、〈解放〉以来、伝統的社会構造の炸裂に、そして何よりも、啓示されたテクストの伝達の原理そのものを脅かす教師的で父性的な権威のぐらつきに苦しんできた。だから、ここで損なわれたのは信仰内容の有効性であるよりもむしろ、信仰内容の伝達の過程そのものである★14」。

同化を通じて生じたユダヤ人家庭の葛藤、カフカの作品はそれを寓意的に描き出していた。彼の父への怒りは、父親が「同化の努力を代償」に、「永久にそれを忘れようと努力」してきたにもかかわらず、もはやその意味を自らまったく解することができなくなっている律法を、同胞のアイデンティティの徴として疑念なく息子に強いつづけたことに対するものであった★15。『城』、『審判』は、同化後世代の、すでに理解できなくなっていた律法への終わりなき問いかけ、『変身』は、同化ユダヤ人家庭における世代間の軋轢、抑圧してきた過去が息子によって再発見され、問い糺されたことへの同化世代の父親の恐怖感、異物感をベースにおいてみる必要がある。中央ヨーロッパのユダヤ人

「解放」がそのようなものであったとすれば、彼らが素朴な人間解放という歴史の「進歩」、均質的で単線的な時間意識を生きることができなくなっていたことは想像に難くない。それはどこかフロイトの「夢理論」とも相通ずる。モーゼスは、同様の事情をフロイトの精神分析の誕生の背景にも見出している。彼のエディプス理論は、中央ヨーロッパの同化ユダヤ人家庭を背景に、父祖の同化の過程を歴史記述的にではなく、心的徴候を顕在化させ、浮き上がらせることによって生み出された。誤解を招かぬよう、急ぎ述べておきたいのだが、私はここで、カフカの小説やフロイトの精神分析理論が中央ヨーロッパのユダヤ文化に特殊的なもの（そのこと自体は間違いないのであるが）であるということを強張したいわけではない。すでにジジェクに依拠して論じておいたように、ネーション・ステートの創出過程で、中央ヨーロッパのユダヤ人が、「すべて」を包摂していこうとするこの暴力的かつ壮大な運動の中にあって「内部」の「外部」でありつづけたことにより、「人類の普遍性」を逆説的に体現し、「危機」を表現する言葉と、「急きたて」に抗しつつ「危機」を内在的に乗り越える思想を生み出す可能性に開かれていたということを言いたかったのである。[★16] 第一次世界大戦直前の中央ヨーロッパに、そのような可能性が潜在的に存在していたこと、まずはそのことを確認しておきたい。

ユダヤ系ドイツ人哲学者フランツ・ローゼンツヴァイクは、マイネッケの下で歴史学を、リッケルトからは哲学を学び、『ヘーゲルと国家』を著したが、それが刊行された時には、すでに彼の中でドイツ観念論の壮大な体系は終わりを告げていた。ヘーゲル的弁神論としての歴史は、その外部を持たない。一九一三年のローゼンシュトックとの討議的対論を通じ、キリスト教の普遍性と対比したユダヤ教の形式性、特殊性にその歴史的役割の終わりを感じていたローゼンツヴァイクは、キリスト教への改宗を決意し、別れのための一夕をシナゴーグで過ごす。この時彼は、メシア的時間が永遠に延長された時間の向こうにではなく、今この時に、ここで営まれているユダヤ教の典礼に生きられていることを感じ、ユダヤ教に回帰した。戦争に志願し、ヴァルカンの塹壕で得たインスピレーションによって一気に書き上げられたとされる大著『救済の星』が、戦争体験によって決定的な影響を被ったものであることは一目瞭然であるが、すでに戦争直前の段階にあって、彼のユダヤ的転回が始まっていたことにも注意を向けられるべきであろう。「戦争」は戦闘期間に限定されるものではなく、我々は安易に形式的時間の前後を割り振るべきではないのである。[★17]

4 「戦争」を語る言葉

第一次世界大戦の勃発は、このような鬱屈した環境に置かれていた同化ユダヤ人たちに解放感をもって迎えられた。むろんそれはユダヤ人だけのものではなかった。第一次世界大戦は、おそらく各国の政治指導者以上に、「諸国民」の熱狂によって開始された。モードリス・エクスタインズの『春の祭典』は、アヴァンギャルドとモダニズムが交錯する世紀転換点のドイツ、第一次世界大戦(戦争の祭典)とその後の流れにモダン・エイジの誕生を描き出した傑作だが、大戦勃発の知らせをドイツ国民がどのように受け止めたかを次のように述べている。

「ドイツで政治的主導権を握ったのはまさしく国民大衆であった。彼らは大胆だった。今という瞬間が至高のものとなった。何時間、何年間、いや何世紀という時間がこの一瞬凝縮されたのだ。彼らは歴史を生きていた。多くの人々がこの八月の日々を覆いつくした気分を忘れられずにいた。十年が過ぎ、当時を振り返ったトーマス・マンは、多くのことがあのときを契機にはじまったし、それらは今でもはじまりの過程にある、と語った。また三十五年が過ぎたあと、ドイツ歴史学の重鎮フリードリッヒ・マイネッケはあの八月の気分を思い出してぞっと身震いした。だが彼はまたこうも打ち明けるのだ——その後にやってきた悲劇にもかかわらず、おそらくあれはわが人生における至高の日々であった、と[★18]」。

ここには二つの大戦を反復しなければならなかったヨーロッパのこの時期における二つの運動、「国民＝ネーションないしフォルク」と「大衆」の問題が潜んでいる。トーマス・マンやマイネッケですら、この「八月の至高の日々」をその後も引きずり続けたのである。エクスタインズはさらに「戦争が進むにつれ、イギリスやフランスやアメリカでは「すべての戦争」を終わらせるための戦争だとか「民主主義が保証される世界を作るための戦争」などという千年王国説論議がさかんになされたが、ドイツでは戦争のはじめから終末論的気分が支配した」とし、戦前の物質主義を忌避したアヴァンギャルドと通じるものが見出されるとする。ドイツでは戦争は「解放」であり、「芸術」であり、場合により「宗教」ですらあったのである。[★19] 戦争は、一気に永遠の向こうにあるはずの「終わり」を引き寄せた。諸国民の時間は短縮した。これが「戦争」の「徴候」である。「急きたて」られるように人々は「終わり」を前倒していく。ところで同書は、第一次世界大戦における戦場の大変不思議なエピソードを取り上げている。それは戦場のクリスマス休戦である。開戦の年の十二月のクリスマス、ヨーロッパの多くの前線で、向かい合う敵軍の兵士たちが戦闘を中止し、自然発生的に一斉にノーマンズランド（対峙する双方の中間地帯）で交歓し、プレゼントを交換し合った。各戦線で自然発生的に起きたこのような大規模な戦場での交歓は、その後は起きなかったとエクスタインズは述べている。この時までは兵士たちが平時の価値観や習慣を自然に復元できる時期であったが、この時を境に過酷な戦闘とプロパガンダによって、事態は不可逆的な方向に進んでいったのだとする。[★20] おそらく事態はエクスタインズの述べる通りであったろう。戦闘の進行は、仮借なく「敵」と「味方」を分別し、粉砕していく。ローゼンツヴァイクの場合、戦前の思想的問いかけが戦争経験の中で一気に結晶することで、フォルク、近代的な線状的時間、あるいはキリスト教ヨーロッパに対し、ユダヤ教という、自ら立脚すべき「外部」を一瞬にして再構築することになったが、戦場におかれた多くの兵士の場合、過酷な戦闘によってネーション化、あるいはフォルク化が一層強まり、二度と戻れぬ方向に加速されていったのだといえよう。前者は戦争の戦前との連続性を示し、後者は戦争の戦前との断続性を示している。戦争はこのような連続性と断続性が、複雑に進行し反復することを通じ、偉大さと恐怖と憎悪の経験を重ねることで、人々にネーションを受入れ「すべて」とすることを強いていった。
このような状況にあって、反戦の意志を明確にしたのは、文学者ハインリッヒ・マンや社会民主党左派、後のスパルタクス・ブントのカール・リープクネヒト、ポーランド系ユダヤ人のローザ・ルクセンブルグなど少数派であり、ユダヤ系知識人の多くも戦争支持に傾いた。それではカフカはどうであったろうか。予め母語を失い、イディッシュとの出逢いにより、東欧ユダヤ文化に傾斜していたカフカはおよそ愛国主義と無縁であったろうと予想される。ところが意外なことに、それとは違う姿が目撃されている。カフカの友人エルンスト・ポッパーの証言がある。★21

「わたしは、叫んだり歌ったりしながら通りすぎてゆくデモ隊の多くの顔に、ファナティックな表情が浮かんでいるのを見ておどろかされた、彼らは愛国的〈集団妄想〉によって恍惚状態に追いやられていたのである。突然、そばを流れてゆく無数の人間のなかから見知りの顔がひとつ目についたが、この顔も同様に、意図的に煽られた興奮によってすっかり様変わりしていた。この当の人物は、ひょろ長い、比較的若い男だったが、痩せた両腕をはげしく宙に振り回していて、まるで昏睡状態《トランス》であった。——なにかのことばが、いわば無意識に彼の口をついて出ているように思われた、ふだんの彼の特徴である親しげにおずおずとした微笑は、不自然に紅潮した両の頬から消し去られたようだったが、輝きに満ちた子供のような目は、空を見上げていて、はるか遠くの地平線のまだ彼方になにかを探しているように思われた。「フランツ・カフカ！」と、わたしは叫んだ。しかし彼には聞こえていなくて、二、三秒後にはもう人の流れが彼をまた洗い流してしまった」。

その晩、ポッパーはカフカと喫茶店で再会するが、カフカはすでにいつもの落ちついた、夢見るような外貌に戻っていたという。ポッパーが彼に、この日の目撃について伝えると、カフカの目は急に輝き、「すばらしかった」と述べたが、それからしばらく考え込み、それは「戦争」に対してではなく、「愛国的集団体験の偉大さ」に対してだったと付け加えたという。ポッパーの記述にはやや混乱がある。当該個所のすぐ後で、彼は「大戦初日」のこととして次のように回想している。喫茶店に集まった若い作家や芸術家の空気は重苦しく、カフカの顔つきも暗かった。ほんの数時間前の彼を目撃したものにはなかなか説明がつかないものであったとしている。叙述されているカフカの姿に、いささかニュアンスのずれが感じられる。多少記憶の混濁があるのかもしれない。しかしいずれにしても、ここにはカフカの予想されざる姿が見出される。反ユダヤ主義が激化していたチェコにあって、プラハのユダヤ人は、オーストリア＝ハンガリー二重帝国の同化政策によりドイツ人側に身を寄せることを余儀なくされ、チェコ人からの激しい憎悪を買っていた。開戦には、この反ドイツ主義、反ユダヤ主義を気化させる一瞬があったのであろう。「～でないもの」として構成された同化第二世代であり、およそ帝国のどこにも立つべき位置を持たなかったあのカフカですら、戦争の勃発のその時、その外に在ることはきわめて難しかったのである。

これと同時に、セルビアの向こうにロシアがいたという事情もあったかもしれない。先に述べたように、ロシアではアレクサンドル二世の暗殺後、ポグロムが頻発しており、東欧、中欧ユダヤ人にとって帝国ロシアは恐怖の対象であったから、ドイツに起きていた七〇年代からの反ユダヤ主義を割り引いたとしても、対ロ開戦はその潜在的恐怖からの解放という側面があったかもしれない。「改宗せずしてロシアに入国できる機会を与えられた」とのフロイトの長男マルティンの出征に当たっての冗談を交えた発言は、中欧ユダヤ人のロシアに対する印象をさり気なく語っている。しかし「戦争」の内部に入り込んだカフカの興奮はこの僅か一瞬だけであった。彼は、愛国心を鼓舞する同胞に冷めた眼差しを向けるようになる。それでもなお一九一五年、一六年と入隊を希望し、兵役検査に合格している。両度とも、おそらく仕事場の保健局の必要から、兵役を免除され、そのことが彼の罪悪感をますます強めていった。このことは銘記しておくに価する。一九一七年病を得たカフカは、兵役を不合格となった。★22 その後カフカは自らの内面的創造世界に沈潜していく。同化ユダヤ人である父の世代への「第二世代」の違和と、イディッシュ演劇との出逢いによるユダヤ的なものへの回帰、★23 ドイツ語に対するよそよそしさとチェコ語への親愛、ハプスブルグのオーストリア＝ハンガリーとヴィルヘルムのプロイセン＝ドイツ双方への距離感、カフカの置かれた文化状況は、例えそれがどのものであったにしろ、「愛国的」な「急きたて」に押し流されるにはあまりにも複雑過ぎ、文化的断裂は「愛国」の陶酔的「偉大さ」の懐に包まれて安らぐことを彼に許さなかった。カフカは、出征する友人に対する罪悪感を抱えつつ、単独的内部（すべてではない）への沈潜を通じて、その「内部」に穿たれた「外」を見つづけることになったのである。奇しくも友人によって目撃された「大戦初日」の彼の情緒的浮き沈みは、この一日がカフカの生涯を凝縮した「時間」であることを示した。カフカの文学を「戦争文学」と見ることは不可能であり、文学史的には暴論である。しかし総力戦としての第一次世界大戦がヨーロッパにおけるネーション・ステート運動のピークであり、中欧のユダヤ知識人の運命がその苛烈なエネルギーの発光を散乱させて見せるプリズムのような役割を歴史によって与えられていたのだとすれば、その不条理性はヨーロッパ啓蒙の尽きるところ、ユダヤ的なるものをも超え、我々の時代の「戦争の真理」を、そしてその限りでネーション・ステートを至高のものとして受け入れる我々の「戦後」の日常に潜む「戦争」を、その「向こう側」から語っているのだと言えるのかもしれない。

ジグムンド・フロイトも大戦の勃発を熱狂をもって迎えたユダヤ知識人の一人であった。開戦により、フロイトの敵国人になってしまったアーネスト・ジョーンズは、開戦時のフロイトの反応について、慎重な筆致で語っている。

「戦線の布告に対するフロイトの直接の反応は思いがけないものであった。五十八歳の平和主義の学者なら、事実多くの者が行ったように、全くの恐怖をもってそれを受け取っただろうと誰でも考えたであろう。ところが彼の最初の反応はむしろ若若しい熱狂という形のもので、少年時代の軍人への熱情がよみがえったと見えるものであった。彼は三十年来はじめて自分がオーストリア人であるのを感じたといった。……彼は全く夢中になり、仕事に全然手がつかず、その日の出来事を弟のアレクサンデルと論じて時をすごした。彼の言葉によれば「私のリピドーはオーストリア・ハンガリアに与えられた」。彼は興奮しやすく怒りやすく、一日中いいまちがいばかりしていた」[24]。

ジョーンズは、フロイトのオーストリア人としての熱狂は、オーストリア軍が初戦でセルビアに手痛い敗北を喫したことへの失望から二週間ほどしか続かなかったとしながら、これと並行してフロイトのドイツへの期待が高まり、二、三年はそのスタンスを保ったとしている。ピーター・ゲイもその著でフロイトのアブラハム宛書簡を取り上げ、フロイトの中にドイツ人としての意識が芽生えかけたのではないかとの示唆を与えている。よく知られているようにフロイトは、オーストリア人でも、ドイツ人でもなく、ユダヤ人であるということを自称していた[25]。しかし同時に、同化ユダヤ人としての彼はヨーロッパ啓蒙に連なるものであるとの強い自負も持っていた。おそらくそのことが、啓蒙理性への失望を内在させながら、ネーション・ステートの極限的現れにおいてフロイトを揺さぶりつづけ、一時彼をネーションの内部に送り返すこととなったのであろう。その分、戦争前からイディッシュとの出逢いと回帰を進めていたカフカよりは、フロイトの熱狂は少しだけ長いものとなったと言えるのかもしれない。

しかし戦線の膠着による戦争の長期化が明らかになり、日常生活に戦争の影響が浸透していくにつれ、今次の戦争がこれまでの戦争とまったく異なるものであることが、次第に明らかになっていった。フロイトは早くも一九一五年二月から四月にかけて発表された「戦争と死に対する時評」で、「戦争」に対する幻滅を明らかにした。マルヌの会戦により長期戦が決定的となり、戦闘の膠着により塹壕戦が続く時期である。初動の失敗によって二正面作戦を強いられることになったドイツにとっては、すでに戦略的には不利な状況が始まっていたといえるが、戦闘レベルではまだ劣勢な時期ではない。しかし戦争による死者は急増し始めていた。フロイトは「時評」のⅠ「戦争がもたらした幻滅」の冒頭「われわれは、この戦時の渦に飲み込まれ、一方的情報しか与えられず、既に実行されたか、あるいは実行され始めている様々な大変動から距離を取ることができず、未来がこれからどのような形になっていくかを察知することもできないでいる。このような状況においてわれわれは、しきりに脳裏をよぎる様々な印象の意味を測りかね、自らが下す様々な判断の値踏みをどうつけてよいかわからなくなる」と述べる。[26] 戦時における一般的な心理的混乱を述べているわけだが、「距離を取ること」ができないことを、「未来」を見通すことのできないことの理由に挙げ、フロイトはまず自らの足場を確認しようとしている。我々のこれまでの考察に従えば、これは危機の「内部」に巻き込まれることによって時間が断裂しつつある「徴候」である。

まず自分たちがそのような混乱の中にあることを認めたうえで、フロイトはこの戦争が「こんな戦争があろうとは信じられないような戦争」、「残酷で激烈で配慮に欠け」、「非戦闘員と戦闘員の区別や、私有財産の保全要求を認めない」、要するに機械化された総力戦であることを確認し、そこから呼び起こされた幻滅（ここでフロイトは注意深く後方の市民のそれに問題を限定している）が、戦時国家が国民には許さないような不正や暴力を国家自身には許すという「道徳性の低下」と、その下での諸個人の振舞いの残忍さにあったと述べる。後者についての幻滅については、そもそも諸個人が（フロイトは世界市民と呼ぶ）「われわれが彼らについて信じていたほど、品位が高くなかった」という「錯覚」に基づくものであったとする。この時点でのフロイトの軸足は依然としてオーストリアあるいはドイツにあるものの、その主張はもはや特定の「愛国的偉大さ」に足を取られてはいない。[27] 精神分析の理論からすれば、そこに大きな驚きも発見もない。フロイトが口ごもるのは、そうではなく前者においてである。

「いったいなぜ、個々の民族が互いに軽んじ合い、憎しみ合うのだろう。しかも平時においてさえ、そうであるし、国家間にもそういうことがある。これはたしかに不可解なことである。私には何と言っていいかわからない。このような場合、事態はまさにこうである。すなわち、人々が集まって多数派を作るとき、あるいは何百万人という集団ができるとき、個々人の道徳的獲得物がことごとく失われて、もっとも原始的で、もっとも古い、もっとも粗野な心的態度のみが残ったかのようになる、ということなのだ[28]」。

このような課題に突き進んだのが、『集団心理学と自我分析』、そしてあの『モーセという男と一神教』であった。後の書がいわゆる「歴史書」でないことは誰の目にも明らかである。実証史学的にいえば、それは壮大な無であるかもしれない。それでは、同書がフロイトがツヴァイクへの書翰に記したような「歴史小説」であったかと言えば、それも違っている。この書の根幹的意義は、ユダヤ教を含むあらゆる宗教に対し、一貫して否定的に振舞ってきた「神なきユダヤ人」（ピーター・ゲイ）フロイトが、このとき初めて宗教と歴史との「敷居」を跨いだということにある。重要なことは、ユダヤ人の宗教や歴史についての思弁でもなければ、精神分析の歴史への応用でもない、「信」に拠らずしてフロイトがその敷居に足を踏みこむことにより、その両者が一種異様に活性化されていることの、その緊張感である。それが第一次世界大戦によるものであると同時に、ナチス（＝国民社会主義）の台頭によるものであったことはよく知られている。「戦争」と反ユダヤ主義の「反復」の予兆に、かつてイタリアで幻視したモーセの像を刻むミケランジェロのごとく、老フロイトはユダヤ人としての自己の像を刻むため思考の最後の鑿を振るった。[★29] 我々はここに、「戦争」を超えようとする言葉の苦闘を見出す。しかしここではこの書についてこれ以上述べることはしない。戻るべきは最初の、しかもフロイトにとっては本来馴染み深い問いのほうである。

5　「死」を語る言葉

フロイトがこの戦争から引き出したもう一つの課題は、この戦争による「死への態度の混乱」であった。この点についてはII「死に対するわれわれの態度」において述べられている。第一次世界大戦によって、少なくともヨーロッパの人々の「死」との関係は全く変わってしまった。フロイトは、この段階では注意深く戦闘員の心に何が起きているかについての言及を禁欲している。そこでこのエセーで扱われるのは後方の非戦闘員、つまり誰か愛する者を

「死」によって奪われながら「生き延びてしまうかもしれない者」たちについてであった。このことについて彼の精神分析は、先に述べた戦争において示された諸個人の残忍さ同様、必ずしも馴染みのないものではない。フロイトはこの戦争が、原初的な無意識にかぶせられたヨーロッパの慣習的、文明的な思考の層を引き剥がし、「原人間」を再び出現させたと捉える。ただこの限りでは、彼の議論は従来の彼の理論にとって決して目新しいものではない。注目されるのは、この時点でフロイトが、戦勝国の兵士は、退役とともに速やかに日常に復帰できるであろうと予想していたことである。★30

フロイトは当初の熱狂から抜け出しつつあった。そのことを除けば、戦争の初期に起きたことは、フロイトにとっていささかも「謎」ではなかった。したがって彼の精神分析は、無傷なはずであった。フロイトは「戦争」を完全に捉えたかに思える。このエセーの最後では、「汝が平和を維持しようと欲するなら、闘いの準備を整えよ」という格言を「汝が生に耐えようと欲するなら、死の準備をせよ」と言い換え、そのことを高らかに宣言しているように見える。戦争と文明への幻滅の中で、精神分析理論は、むしろその有効性をますます冴えわたらせるはずであった。当面する戦争のもたらすさまざまな懸念の問題を除けば、それは苦くはあるが、けっして心地よくないともいえない密やかな勝利感であったはずである。しかし事態はそのように単純にはいかなかった。戦線の膠着、戦争の長期化、総動員体制による経済の混乱、傷病により後方に搬送されてきた兵士や、兵役を終えて帰還した兵士たちを通じ、つまり実際に「生き延びてしまった者」たちの心において、戦前と戦後の断裂はその姿を剥き出しにし、フロイトの精神分析理論は、輝かしい勝利と同時にさらなる理論的問いかけに歩を進めざるを得なくなったのである。

戦争の進行とともに、戦争神経症が激増していた。この新しい「病」は、フロイトと精神分析にとってもっとも馴染みあるもの、心的外傷によるものであった。フロイトは『ヒステリー研究』以後、外傷体験の事実性の主張からは離れていったが、戦争神経症の急増は、彼を精神分析の誕生の場に引き戻すことになった。しかも戦争神経症の場合、フロイト理論の中核部分であるエディプス論との間にずれが生じる。戦争神経症の急増により、彼の精神分析理論は、「ユダヤ人の理論」を脱し、より一般的なものとして受け入れられるようになった。[★31]それはフロイトが熱望した事態ではあったものの、皮肉なことにそのことが精神分析理論を希釈していく契機ともなった。フロイトはこのことに早期から気づいていた。[★32]戦争神経症がフロイトの理論にとって手強いものであったのは、戦争神経症、外傷性神経症がヒステリーに類似しながら、より深刻な病像として現れることにある。「喪とメランコリー」によって「生き延び、残された者」の症例分析を進めた彼は、この問題に踏みこむ。一九二〇年に発表された『快原理の彼岸』でフロイトは、この神経症の特徴を衝撃の不意打ちによってもたらされる「驚愕」にあると指摘している。このタイプの神経症の患者の夢生活には、一つの特徴が見いだされた。患者は、夢の中で幾度もその衝撃を受けた「場面」に立ち戻り、新たな驚愕とともに目覚める。[★33]これはフロイトが一九〇〇年という象徴的な年に公刊した『夢解釈』において定式化された、夢が欲望の成就であるという命題を否定するかのように見える。フロイトが戦争の断絶面から引き出したのは、まさにこの点であった。ここに来てフロイトは、欲望成就でない夢が存在することを認めた。外傷性神経症は、刺激保護のための「不安」による備えなしに不意打ちされた刺激が制覇されなかったことでもたらされる。このため夢は欲望成就とは異なる課題に向けられることになる。この場合夢は、不安を掻き立てることにより、「刺激制覇」を事後的にやり直そうとしている。「反復強迫」、これがフロイトの結論であった。

このように考えることにより、この種の夢は、快原理と矛盾せず、しかしまた快原理と独立した何か、快原理よりはより根源的なもの、「快原理の彼岸」の何かの現れとして取り出すことが可能になった。[★34]それが「死の欲動」である。フロイトは欲動を「より以前の状態を再興しようとする、生命ある有機体に内属する衝迫」[★35]と定義し、「生命の目標がいまだかつて達成されたことのない状態であるならば、それは欲動の守旧的本性に矛盾することになろう。その目標はむしろ、生命あるものがかつて一たん放棄したものの、あらゆる進化発展の経路を経ながら帰り着こうとする昔の状態、生命の出発点である状態でなければならない。生命あるものはすべて内的根拠に従って死に、無機的なものへとかえってゆくということを、例外なき経験として仮定することが許されるなら、われわれは次のようにしか言いようがない。すなわち、あらゆる生命の目標は死であり、翻って言うなら、無生命が生命あるものより先に存在していたのだ」と結論する。[★36] これに対し、「個々の基礎的有機体の運命に留意し、外界の刺激に対し無防備なこれら有機体を安全にかくまうよう配慮し、また他の胚細胞と一緒になれるように取り計らう、等々のことをする欲動が、一群の性欲動を形成する。これらの欲動も、生命ある基質のより以前の状態を再現しようとするのであって、それゆえ、他の欲動と同じく守旧的であるが、しかしそれらはまた、外的作用に対しことさら抵抗するさまを見せるので、より強い程度において守旧的であり、さらにその上、生命そのものをより長い時間保存してより広がりのあるものにするという意味でも守旧的である。それらが本来の生の欲動である」とした。[★37]

こうして「死の欲動」と「生の欲動」との二つの原理が導き出された。これは思弁であろうか。むろん思弁であろう。このためフロイトの後継者達は、「死の欲動」論に距離を置くようになっていった。ただメラニー・クラインやジャック・ラカンなどわずかな者だけがこの概念を受け入れていく。フロイト自身はと言えば、彼はこの一歩を断固として堅持し、二度と戻ることはなかった。「死の欲動」論を導きの糸に、『自我とエス』では無意識―前意識―意識の局所論からエス―自我―超自我という構造論への転換を果たし、後期フロイト理論を完成させていくことになった。このような転換が、第一次世界大戦という人類にとって初めての戦争の経験を背景とするものであったことは明らかであろう。それと同時に、『快原理の彼岸』の執筆過程で幾人かのフロイトにとって近しい者の死があったことが知られている。その中でもフロイトの生涯にとってもっとも厳しい試練となったのは、娘ゾフィーの死であった。それは敗戦後の劣悪な環境によるものであったと思われる。ゾフィーの死はフロイトの『快原理の彼岸』執筆のそのさなかの出来事であった。同書の中で印象的に取り上げられている、あの有名な子供のフォルト―ダーという遊びが、娘ゾフィーの子、エルンストが母の不在を乗り越えていくための不安の「反復」であったとの叙述に触れる時、自ずと彼女の死が同書に与えた影響を想定したくなる。フロイト自身、そのように読まれることを予想し、また怖れてもいた。このため何人かの知人に、この書の執筆がゾフィーの死の以前にある程度進められていたことを証言してくれるよう依頼している。[38]

おそらく事実はその通りであったろうし、一度「死の欲動」あるいは「攻撃性」の問題を正面に据えてみれば、すでにフロイトは戦前からこの問題をめぐっていたということは言い得るであろう。人の心に深く関与してきたフロイトが、前期の理論から後期の理論へ移行するに当たって、自らの理論の内在的発展を、個人的な体験と分離し、決定的に証明したかったということは理解できないわけではない。だがそのように主張されるほど、むしろこのこだわりには、いささか奇妙な印象が付き纏ってしまう。ピーター・ゲイもまたその想いを拭えなかったのであろう、彼はフロイトが自身の新しい仮説の普遍的価値を保証しようとしたことを認めつつ、「「死の欲動」という述語がフロイトの手紙に登場するのがゾフィーの死の一週間後だというのは偶然だろうか。それは、娘の死がどれほど彼をひどく打ちのめしていたかを、感動的に物語っている。精神分析が破壊性に関心を向けるようになるきっかけになったとはいえないまでも、その重要性を決定する際に、娘の死が補助的な役割を果たしていたとはいえるだろう」と指摘している。[39] 素人の気安さで、私はゲイのこの「推論」をもう少しだけ進めたい欲望を禁じ得ない。フロイトが、同書の中で一か所カントに触れていることを思い出そう。

「時間・空間はわれわれの思考の必然的な形式であるというカントの命題は、精神分析のなした一定の認識のゆえに今日では議論の余地あるものになっている。われわれの知っているところでは、無意識的な心の出来事はそれ自体「没時間的」である。それはさしあたり、無意識的出来事が時間的に配列されていないこと、時間はそれにいかなる変化も加えないこと、そこには時間表象をもちこめないことを意味する」。[40]

当該個所にカントの直観形式についての言及があること自体は特に不自然なわけではない。しかし『快原理の彼岸』の成立と娘の死の時間的先後関係に強いこだわりを見せた（それ自体はフロイトの性向であったにしろ、ことは娘の死であってみれば）ことを考慮する時、これは何かの「徴候」ではないのかという疑念を拭うことができない。すでに一九二九年の大恐慌に触れ、危機において時間が断裂し、過去―現在―未来がばらばらになっていくことを指摘しておいた。「死」、それも予期せざる不意打ちとしてそれが訪れる時、時間表象が一気に融解してしまうのだとすれば、フロイトがこだわりを見せたこの先後関係に、ゲイが慎重に述べる以上のことを見ることは不当であろうか。私がここでゲイに少しだけ付け加えたいと思うのは、予期していなかったゾフィーの死が、フロイトの、「それ」をめぐる思考に「名」を与えたのではなかったかということである。「死の欲動」、その「名」がフロイトの脳裏に浮上し、与えられた瞬間に彼の構造論が一気に結晶し、戦前の理論がそこに溶接されたのではなかったか、ということである。そう私はここで「事後性」について語っているのである。その否定を含め、フロイトはこの時、「先に死すべき者」でありながら子を見送るという、「生き延びてしまった者」の言葉で語っているのではないであろうか。そしてそのことこそが「戦争」の実相であり、戦争を通じて明らかになった「死を語る言葉」ではなかったのであろうか。

このように「推論」を進める時、私の思念は時間を遡行し、フロイトが無意識についての理論を打ち立てた金字塔『夢判断』の、その中でも特権的な、そしていささか奇妙な扱いを受けている「夢」に行き着く。その夢の下りを、フロイトは判然としない由来から始めている。

「私が他から聞いて知った夢の中に、今ここにぜひ取り上げてみたいと思う夢が一つある。それはある婦人患者が私にきかせてくれた夢で、この患者はその夢を、夢に関するある講演で聞き知ったのである。だからこの夢の出所は私にはわかっていない。しかし、彼女はこの夢の内容に強い印象を受けた。なぜなら彼女は、その夢を「あとから夢みた」からである。つまりその夢の諸要素を自分自身の夢のひとつの中で繰り返し、この転移によって、ある特定の点における一致を表現しようとしたのである★41」。

この導入からして読む者は、時間的混濁と「反復」の中に巻き込まれる。半ば夢の世界にさ迷いこむかのようである。この夢は、「子どもが燃える夢」として繰り返しフロイトの後継者によって扱われることになった。それはとても短い夢である。

「ひとりの父親が昼夜の看病をしている。子供が死んだのちに、隣室へ行って休息するが、ドアは開け放しにしておく。大きな蠟燭にかこまれて、遺骸を納めた棺が安置されている隣室を自分の寝床から見ることができるように。ひとりの老人が遺骸の番人になって、口の中で経文を誦しながら棺の横に座っている。父親は二、三時間ねむった後にこんな夢を見る、《子供が自分のベッドの横に立っていて、彼の腕をつかみ、非難の意をこめて彼に呟きかける、「お父さん、お父さんはぼくがやけどするのがわからないの？」》父親は眼を覚ます。隣室から明るい光がこっちのほうへ流れてくる。急いで隣室へ行ってみると、老人の番人がねむり込んで、燃えた蠟燭が棺の上に倒れ落ちたために、経かたびらと片方の腕とが焼けていた★42」。

フロイトはこの夢について二つの心的力を認めている。一つは、夢の中に出てきた子どもをせめて一瞬間でも長く見ていたいという願望の充足、そしてもう一つは目覚めないこと、睡眠を続けたいという睡眠願望である。これを通じてフロイトは、夢が願望成就であることの再確認と、我々が夢を見ていることも、眠っていることも実は「承知」しているということの二つを取りだしている★43。気になるのはこの後の方の指摘である。周知のごとくジャック・ラカンは、彼のセミネールでこの夢を取り上げ、フロイトはここで夢が願望成就であるということ以上のことを言っていると指摘している。ラカンは、この夢の目覚めに注目する。目覚めさせるものは何か、彼はそれをもう一つの「現実」としての夢であると捉える。それは、その子の死の原因となった出会い損なわれた現実なのだと。彼は言う。

「欲望はそこではもっとも残酷な点にまで映像化された対象の喪失によって表されています。実に特異なこの出会いはまさに夢の中においてのみ起きるのです。ただ儀式だけが――それはつねに反復される行為ですが――この太古の出会いを記念することができるのです。なぜなら、子供の死とは何であるかということは、父そのものでないかぎりいかなる意識的な存在も語れないからです。なぜでしょう。父の機能を父親殺しに基礎づけるということまでしてフロイトが父なるものを守っているように、無神論の真の定式化はたんに「神は死んだ」ということではなくて、「神は無意識的である」ということだからです★44」。

ラカンはここから「現実界」の問題に入っていくのだが――そして戦争神経症を考えるならばこの「現実界」との出逢いが重要な問題となるのであるが――ここで「推論」は留まろうと思う。なぜならここで取り出したかったのは、トラウマ論それ自体ではないからである。私がここで確認したかったのは、フロイトがぼんやりとした由来の中に示したこの夢、ラカンが「現実界」との出逢い損ないを見出したこの「場」を占める至極素朴な「感情」、フロイトとラカンともに、対象としてではなく、今のところ思弁の底にそっと取り置いている「痛み」とその裏面に貼りついた「罪責感」についてである。

アレンカ・ジュパンチッチは、その著『リアルの倫理――カントとラカン』においてジャック・アラン・ミレールのセミネールでの指摘として、罪悪感を含めたさまざまな症状のために苦しんでいるだけでなく、この苦しみのために罪の意識を感じている患者が数多くいることを挙げている。それは如何にしてであろうか。ジュパンチッチは、このような「罪悪感」は無意識の欲望のためにではなく、その「心理的因果律」を支える精神の枠組みのために苛まれるのだとする。

「ここで問われている罪悪感とは、我々がしたこと、あるいはしなかったこと（あるいはすることを望んでいたこと）のために感じる罪の意識ではない。そうではなく、それは全く別のもの、「押しつけられた自由」に起因するものである。第一段階として、次のように考えてみよう――罪悪感は主体が根源的な自由と関係する時に生まれる。まさにここで我々は、倫理的主体に特徴的な分裂――「私にはそうするより仕方がなかった、しかし悪いのは私である」というかたちで現れる分裂――を目の当たりにすることになる。自由は、このような主体の分裂を通してその姿を現す。重要な点は、自由とは、「他にどうしようもなかった」という事実、「必然的なことの成り行きに流された」という事実とけっして矛盾するものではないことである。逆説的ではあるが、自分が「必然的なことの成り行きに流されている」ことを意識した時にこそ、主体は自分が自由であることを知るのである[★45]」。

おそらく「戦争」とは、人を否応なくこのような原理的な「場」に置くということではないであろうか。戦争への動員は、他にはどうしようもない「運命」を諸個人に強いるとともに、それがその者の「自由」な、そして進んでなすべき行為であったことを求める。人は「自由な主体」であろうとすれば罪ある者でなければならない。あるいは罪ある者でなければ「自由な主体」ではない。そして誰かの死を生き延びるとは、人が常にこのような「場」に置かれつづけることを意味する。人はここで自由な倫理的主体として、「罪ある者」としてある。そこに出口はない。これが「戦争」を通過することのもう一つの「徴候」なのである[★46]。

我々はここまで来て、ようやくヴァルター・ベンヤミンと出会うことができる。フロイトの理論的転回をリアルタイムにフォローしながら、ベンヤミンは方法的に「病んでいる」（メランコリー）ことを選択しつつ、「運命」概念が「罪」概念に結びつけられることに抗しつづけた。その先においてこそ、我々は「希望」を語ることができるはずである。

6　一九六九年、もう一つの戦争から

一九六九年、刺激的な汚水にずぶ濡れになりながら、私は路上を転げ、逃げ惑う群衆のひとりに過ぎなかった。あの時、戦場から遠くありながら、私の中には確かに「戦争」があった。それはなぜだろう。この国に軍事基地があり、そこから軍用機が戦場へと向かうからであろうか？　確かにそのような言葉は当時いくらでも溢れていた。しかし私の中ではそのような事実関係が直接問題であったわけではなかった。戦争に加担することへの「自己否定」という言葉もよく耳にした。しかし私には否定すべき「自己」などは欠片も持ち合わせていないと感じられていた。ただ私は、私の父や母の沈黙、あるいは饒舌のうちに確実に「戦争」と触れていた。それは日常に開いた空白、断裂によって起きた何かを埋めようとして巡るもどかしさの過剰のように思われた。「戦争」は、それだけで何ものかだったのである。おそらく「人道主義」という言葉に何の感興も覚えない最初の世代、それが私たちだったように思う。しかしそのことは、私が「戦争」に反応しないことをまったく意味しなかった。なぜなら「戦争」は、私の日常生活の細部に、そして平和と繁栄に沸く街のそこかしこにひっそりと蹲り、私を、私の生の発動を、暗い目で眺めていることを私は感じていたからである。

街にはまだ「戦前」と「戦争」と「戦後」がともに息づいており、その陰影が頻りに目配せしていた。そこには歪められ、痛めつけられた肉体があり、縫い合わせることのできない廃墟の感覚がぼんやりと感じられていた。「戦争」は、私が本をひも解く横に座っていた。私が恋をする傍らにもいつもぼんやりと佇んでいた。「二十歳になったら」という他愛ない言葉の縁にも「戦争」はだらりとぶら下がり、私の未来に密やかな「穴」を開けていた。ポール・ニザンの「二十歳を超えた人間は信じない」という言葉は、単に若者の大人に向けた反抗の言葉ではなく、ごく具体的に兵役によって死んでいく可能性のある者のことを意味しているように思われた。そういったデスペレートの気配

を色濃く漂わせた米兵たちがベースの周りにいくらでもたむろしていた。一九六九年の暑い夏、私はそれらに対してNO（それではなく）と述べることしかできなかった。自らの内に潜む「戦争」に与える「名」をいまだ持ち得なかったからである。その後「戦争」の表面的感触は私からも、この国からも次第に消えていったが、ある日私の中でありありと、しかしより鮮明なかたちで「戦争」が浮かび上がった。「湾岸戦争」である。この時、「戦争」はデジタル化され、あたかも肉体を削除《デリート》したものであるがごとくに極東の国に「情報」としてもたらされ、そのことが一頻り批判的な話題となった。今にしてみればそれもまたデジタル化時代草創の昼行燈のような逸話《エピソード》だったのかもしれない。

その頃私は、尊敬する恩師である研究者から、「君はいつ戦後が終わったと思うか」とのきわめて真摯な学問的な質問を受けた。「それはいまです」と答えた私に、師の示した戸惑いの表情をありありと覚えている。私の中に浮かび上がったのは、当時語られていたのとは違う「戦争」の感覚であった。「すべて」の感覚がそこには潜んでいた。あらゆる外部性を排除しようとするこの力は、「戦争」の記憶によって穿たれた穴を縫合し、世界を覆い一切の出口を封じるように思われた。その後奇しくも大統領の息子の大統領によって、カール・シュミットの「友敵論」まがいの、あるいは「十字軍」のようなあまりにもナイーヴな言葉が堂々と語られるようになったことを、私は「反復」として受け取った。

この出口のない感覚は、私をもう一度一九六九年に回帰させる。今では一九六九年の経験に少しだけ「名」を与えることができるのではないかと思われる。あの愛に酩酊した一九六九年の酒精《スピリット》＝精神はもうどこにも売っていない。イーグルスが唄った「ホテル・カリフォルニア」のエンディング、「あなたは好きなとき、何時でもチェック・アウトできます。しかしここから出ていくことはできません」、それが我々の時代の「戦争」だったのではないであろうか、と。グローバリゼーションと九・一一、そしてリーマン・ブラザーズの破たんは、クローデルの「言葉」を思い出させる。危機は「外部」から訪れるのではなく、「内部」が「すべて」を僭称する時にすでに仕掛けられている。それを理解し、希望のほうへと出ていこうとするのは、「外部」に開かれた「すべてではない」ものの目と声なのだ。

だからこそ記憶の真夜中で「遠くから聞こえる声」に我々は目覚め耳を澄まさなければならない。「戦争」は戦闘の中だけにあるのではない。それは「今」、「どこに」でもある。そして我々は誰もただ生きているというだけで、「生き延びてしまった者」、「残された者」なのである。「戦争記憶」は近代の産み出した「すべて」に穿たれた、縫合されざる捻じれた傷口の痕跡であり、そのことを遠く伝えてくる言葉であり、その声は、モニュメントや、祭典によって、あるいは「平和主義」の善意によってすら、決して癒され、閉じられてはならない、過去と現在を、そしてその限りで未来を結ぶ「廃墟の経験」である。それを「すべて」を僭称する隠微な語ることの「快楽」に明け渡してはならない。そのように思い定めた時初めて、ユダヤ人ベンヤミンとともに「戦のために力を蓄えることが決してなかったとしたとて、それがどうしたというのか？　希望なき人びとのためにのみ、希望はわたしたちに与えられている」と言うことができるのである。★47

［註］

（1）ポール・クローデル、宇京頼三訳『大恐慌のアメリカ——ポール・クローデル外交書簡 1927－1932』法政大学出版局、二〇一一年、一五～六頁。

（2）同前、五六～七頁。

（3）C・P・キンドルバーガー、吉野俊彦・八木甫訳『熱狂、恐慌、崩壊　金融恐慌の歴史』日本経済新聞社、二〇〇四年、二一～三頁。

（4）同前、三三三頁。

（5）むろん実際上は、社会には非市場セクターが存在しているし、カール・ポラニーの主張するように、そちらのほうが本来一次的であるとは言えよう。しかし一度資産市場が成立してしまえば、市場から距離を置くことは基本的にできなくなる。これが市場経済化である。さらに言えば仮想された「未来」と固定化した「過去」を「現在」化することを資本と呼ぶ。
（6）クローデル前掲『大恐慌のアメリカ』、一八一頁。
（7）ベネディクト・アンダーソン、白石隆・白石さや訳『定本想像の共同体』書籍工房早山、二〇〇七年、エリック・ホブズボウム、テレンス・レンジャー編、前川啓治・梶原景昭訳『創られた伝統』紀伊国屋書店、一九九二年。
（8）この点については、アンソニー・ギデンズ、松尾精文・小幡正訳『国民国家と暴力』而立書房、一九九九年を参照のこと。
（9）ユルゲン・コッカは、その著『市民社会と独裁制——ドイツ近現代史の経験』（松葉正文・山井敏章訳、岩波書店、二〇一一年）の中で、第一次世界大戦と第二次世界大戦とを「二十世紀の三十年戦争」と捉える考え方、そして「長い十九世紀」に対する「短い二十世紀」を対置する考え方を紹介し、今後の考察に委ねている。このことは、第二次大戦としてのみ総力戦を経験した日本人が、自ら経験した「戦争」とは一体いかなるものであったかを理解する上で、ヨーロッパとはいささか歴史観の「ずれ」を生む危険性があることを示唆している。アジアに位置する我々自身が、大戦「後」におけるアジアの「民族解放」あるいは「植民地解放」をいかなる歴史のスケールの中に見るべきかをもう一度問うことが必要であろう。同書、一一七～八頁。
（10）たとえば「アーリア民族」なるものの特徴が金髪であることとすれば、ナチスの高官のほとんどはこの条件を満たしていないという、あのジョークのように。
（11）伊藤定良『ドイツの長い十九世紀——ドイツ人・ポーランド人・ユダヤ人』青木書店、二〇〇二年、三六頁。
（12）スラヴォイ・ジジェク、松岡俊輔訳『信じるということ』産業図書、二〇〇三年、一三六頁。
（13）ここでは述べなかったが、このことはネーションとフォルクとが表象しているものの違いからも導き出されよう。
（14）ステファヌ・モーゼス、合田正人訳『歴史の天使——ローゼンツヴァイク、ベンヤミン、ショーレム』法政大学出版局、二〇〇三年、二一三頁。
（15）同前、二一七頁。
（16）もっともそのことは、ネーション・ステートの覇権抗争の極限にあって、彼らが最も危険な立場に立たされることを代償とするものであったことは言うまでもない。一八七〇年代に、中欧で反ユダヤ主義が台頭し始める。一八九四年になると解放の祖国フランスでドレフュス事件が出来し、同化ユダヤ人はその依って立つ足場を失ってしまう。さりとて戻るべきユダヤ人としてのアイデンティティも形骸化してしまっていた。この時期の反ユダヤ主義は、どのようにイデオロギー的、宗教的仮装によって現れようとも、ネーション・ステート形成によって齎されたという点で、中世の宗教的なユダヤ人迫害とは一線を画するものである。それはヨーロッパ啓蒙の後に訪れたがゆえに、啓蒙主義を「解放」として全面的に受け入れ、同化によって宗教的な基盤を形骸化させていた中欧ユダヤ人にとり、より深刻で残酷なものであった。さらに一八八一年、啓蒙的であったロシアのアレクサンドル二世が暗殺されると、ロシアではポグロム（ユダヤ人虐殺）が頻発し、この難を避けるため中欧、西欧に流出した東欧ユダヤ人と中・西欧同化ユダヤ人、「ネクタイ姿のユダヤ人」と「マント姿のユダヤ人」（エンツォ・トラヴェルソ）との間にも差別と軋轢が生じる。西中欧ユダヤ人にとって、東欧ユダヤ人は歪んだ鏡であり、「否認」の対象であった。フロイトを待つまでもなく、そのような作為は精神に著しい欠損を生み出す。ようやく得られた啓蒙のネクタイがマントの切れ端であることを、同化ユダヤ人たちはまざまざと見せつけられたのである。カフカの世界はまさにその中から生まれた。同化ユダヤ人の「第二世代」は、世代間の文化的軋轢とともに、このことにも応答していかなければならなかった。啓蒙的理性の普遍とは何か、ネーションとは何かを最も問われていたのが、この時期のユダヤ人、とりわけ「第二世代」の知識人層だったのである。彼らの中からは、文化シオニズムと共に、世俗的シオニズムのようなユダヤ人自身によるネーション・ステート運動が現れる。この時代の衝撃とその内部に秘められた暴力性の問題は、攻守を変え、今日においてもパレスチナ問題として継続中なのである。つまり「ユダヤ人という問題」は、先天的属性問題ではない。この点についてはシェロモー・サンド、高橋武智監訳『ユダヤ人の起源――歴史はどのように創作されたのか』浩気社、二〇一〇年を参照。なお大戦直前の中欧文化の「現代性」についての研究としては、カール・ショースキー、安井琢磨訳『世紀末ウィーン――政治と文化』岩波書店、一九八三年があるが、そこでは世紀末ウィーンの文化創造の担い手が自由主義的ミドルクラスであったとされ、ユダヤ人だからといって特別の席は用意されていない。これに対しスティーヴン・ベラー、桑名映子訳『世紀末ウィーンのユダヤ人――1867–1938』刀水書房、二〇〇七年は、このような教養エリートの自由主義ブルジョワ層の多数が同化ユダヤ人であることを数量的に示している。アウトサイダーであると同時にインサイダー、マイノリティであると同時にマジョリティであるという捻じれた社会構成が、彼らの中から、二十世紀を先取するさまざまな思考と言語、表現を生み出すとともに、反ユダヤ主義を喚起することにもなったということは大いにあり得ることであろう。

(17) ローゼンツヴァイク自身は、『救済の星』が「戦争」についての書であるとされることは不本意であったようであるが、その序章「〈すべて〉を認識する可能性について」は「すべて」についての認識は「死」と「死の恐怖」から始まると宣言しており、序章冒頭の「人間が盲目的にして冷酷な死という突然飛来する砲弾を恐れて、いわば蛆虫のように裸の台地のひだのなかに這いこみ」という鮮烈な叙述はまぎれもなく塹壕における彼の生の体験から生まれたものであろう。この序章は「死」を「無」に帰することによって、前提無しの「すべて」を僭称することとなったタレス以来の哲学に対する批判的導入をなしているのだが、「〈すべて〉を包み込む統一体としての全体性にたいして、そこに閉じこめられていたひとつの単一性が反乱を起こし、みずからを単独性とか単独者の単独的生と称して、そこから強引に撤退してしまったら。そうなると〈すべて〉はもはやすべてのものであることを要求するわけにはいかなくなる。それは比類なさという性格を失ってしまったのである」と述べる時、その表現が哲学に対する新しい思考、ネーション・ステートの中でのマイノリティ、あるいは総力戦の下での個体的死の問題と同型であることに気づかされる。彼が戦争の書ではないとする理由の一端はおそらくそこにあるのだろう。フランツ・ローゼンツヴァイク、村岡晋一他訳『救済の星』みすず書房、二〇〇九年、四、一六頁。

(18) モードリス・エクスタインズ、金利光訳『新版春の祭典――第一次世界大戦とモダン・エイジの誕生』みすず書房、二〇〇九年、七四頁。

(19) 同前、一〇八頁。

(20) 同前、一一五頁。その後のクリスマスにも限定的な敵兵同士の交歓があったようである。しかしそれは次第に数を減らしていった。この戦場における「変事」を当事者に従って「奇跡」と呼ぶべきかどうかはともかく、このような事態がいかにして可能であったかについては、エクスタインズは「民族性」などを事細かく分析し、検討を試みているが、かならずしも説得的ではない。彼の問題視覚とは別に、なおミクロレベルでいっそう考究してみる余地がありそうである。

(21) エルンスト・ポッパー「大戦勃発時の出会い」、ハンス゠ゲルト・コッホ編、吉田仙太郎訳『回想のなかのカフカ』平凡社、一九九九年、一七四〜七頁。
(22) エルンスト・パーヴェル、伊藤勉訳『フランツ・カフカの生涯』世界書院、一九九八年、三二九頁。
(23) 中澤英雄『カフカ　ブーバー　シオニズム』オンブック、二〇一一年、七八頁。
(24) アーネスト・ジョーンズ、竹友安彦・藤井治彦訳『フロイトの生涯』紀伊国屋書店、一九六四年、三三六頁。
(25) ピーター・ゲイ、鈴木晶訳『フロイト　1』みすず書房、一九九七年、四〇九頁。
(26)「戦争と死についての時評」、『フロイト全集』14、岩波書店、二〇一〇年、一三三頁。
(27) 同前、一四六頁。
(28) 同前、一四九、五〇頁。
(29)『モーセという男と一神教』と集団の記憶および戦争との関係についての優れた考察としては、下河辺美知子『トラウマの声を聞く――共同体の記憶と歴史の未来』みすず書房、二〇〇六年がある。
(30) フロイト前掲「戦争と死についての時評」、一五九頁。
(31) アーネスト・ジョーンズ前掲『フロイトの生涯』、三五一頁。
(32)「『戦争神経症の精神分析に向けて』への緒言」、『フロイト全集』16、岩波書店、二〇一〇年、一一一頁。
(33)『快原理の彼岸』、『フロイト全集』17、岩波書店、二〇〇六年、六一頁。
(34) 同前、八五頁。
(35) 同前、九〇頁。
(36) 同前、九二頁。
(37) 同前、九四、五頁。
(38) ピーター・ゲイ、鈴木晶訳『フロイト　2』みすず書房、二〇〇四年、四五九頁。
(39) 同前。

(40) フロイト前掲『快原理の彼岸』、八〇頁。
(41)『夢判断』、『フロイト著作集』2、人文書院、一九六八年、四一八頁。
(42) 同前。
(43) 同前、四六〇頁。
(44) ジャック・ラカン、小出浩之・鈴木国文・新宮一成・小川豊昭訳『精神分析の四基本概念』岩波書店、二〇〇〇年、七八頁。
(45) アレンカ・ジュパンチッチ、冨樫剛訳『リアルの倫理――カントとラカン』河出書房新社、二〇〇三年、四一〜二頁。
(46) 戦後長い時間が経つとともに、「歴史の見直し」論が現れてきた。日本の場合、このような議論の中から、「自虐史観」という言葉が生まれたのが特徴的である。恐縮ながらその論ずるところの意図について何ら興味はないが、ただ一点「自虐」という言葉だけはなるほどと思えた。なぜなら「戦争」を通過することとは、誰かの「死」を生き延びることであり、そうであるがゆえに、罪悪感を伴わざるを得ないということをそれは識らず物語っているからである。おそらく否定的な意味で使用されているのであろうこの言葉を知った時、私に残った感想は、罪悪感こそが、「戦争」体験を語る上での「真正さ」＝オーセンティシティなのではないかということであった。それ以外に「戦争」の「真理内実」をそれとして語る言葉を私は見いだせない。なおここでは述べられないが、ここではもう一つの課題が残されている。アウシュヴィッツの問題である。アウシュヴィッツは「戦争」それ自体ではない、それ以上の、あるいはそれですらない何かである。第二次世界大戦が第一次世界大戦を「反復」したことの過剰である。アレンカ・ジュパンチッチはこの書でさらに、ラカンのセミネールで扱われたクローデルの悲劇『人質』とアラン・パクラの映画「ソフィーの選択」を取り上げ、この問題に触れながら、「現実なるもの」の倫理をさらに問うている。
(47)『ゲーテの「親和力」』、浅井健二郎他訳『ベンヤミン・コレクション1』ちくま学芸文庫、一九九五年、一八四頁。この句は、ベートーヴェンの生家に掲げられたシュテファン・ゲオルゲの記念銘板の詩「HAUS IN BONN」への返信であるとともに、カフカが語ったとされる「希望はいくらでもある。でもそれは僕らのものではないんだ」という言葉への応答でもある。それは、生き残ったベンヤミンの、「戦争」への戦闘宣言だったと言えよう。

【第9章】

学生たちは戦争記憶とどのように向き合ったか

松尾精文

研究プロジェクト「戦争記憶の検証と平和概念の再構築」は、「はしがき」で述べられているように、青山学院大学が二〇〇五年十二月から二〇〇七年六月に計三回催した学内公開フォーラム「私たちは戦争体験をどのように受けとめ、引き継げばよいのか」を母胎にしていた。そのため、「終章」では、フォーラムの概要を記すと同時に、このフォーラムを介して学生たちが戦争記憶の問題にどのように向き合ったのかを、事例分析として示したい。

1　学内公開フォーラム開催の経緯

戦後六〇年という節目の年であった二〇〇五年二月初旬の青山学院高等部入学試験英語科目で、この節目の年であることを念頭においた文面でありながら、結果的に沖縄戦の記憶継承を軽んじたともいえる表現を含む問題文が出され、社会的非難を浴びた。この出来事は、同時にまた、戦争体験、戦争記憶の継承をめぐって広範な論議を引き起こすことにもなった★1。

青山学院大学では、直接の当事者ではないが、この事態を踏まえ、戦争体験、戦争記憶の継承をめぐる諸問題について学ぶフォーラムの開催が一部の教員から提案、企画され、学長直属のフォーラム実行委員会が立ち上げられた。

この一連のフォーラムは、沖縄戦の記憶を課題の中心に置きながら、さらにひろく戦争記憶の問題点を整理することに努めた。そのため、戦争体験者を招き、その実体験を語っていただくとともに、戦争非体験者として戦争記憶を次世代へ伝えるべく努力している方々に協力を求め、記憶の継承をめぐって現場からのさまざまな提言を得ることができた。

研究プロジェクト「戦争記憶の検証と平和概念の再構築」は、これらの成果の延長線上にある。

2 学内公開フォーラムの概要

学内フォーラムの各回の概要は、以下の通りである。

第一回

二〇〇五年十二月三日（土曜日）に高等部との共催。参加者数は約二五〇名。

【当日のプログラム】（肩書き等の表記はいずれも開催時のもの）

基調講演　平田雅博（文学部史学科教授）

「歴史と記憶――過去を死なせないために」〔＊講演内容は本書補章に収録〕

ゲスト講演①：森まゆみ氏（作家、地域雑誌『谷中・根津・千駄木』編集人）

「やっと聞けた戦争体験──記憶の場としての『谷根千』」[★2]
ゲスト講演②：柳江智子氏（青山学院校友）
「十六歳の私が目にしたこと──五月二十五日東京大空襲時の青山学院構内」[★3]
ゲスト講演③：仲田晃子氏（ひめゆり平和祈念資料館説明員）
「『聞く／語る』存在としての聞き手」
討論　共同司会：伊藤定良（文学部長）・松本通孝（高等部教頭）
パネリスト：佐藤泉（文学部日本文学科助教授）

第二回
二〇〇六年五月十三日（土曜日）に女子短期大学、高等部との共催。参加者数は約二五〇名。ゲストに、青山学院校友で、その人生にアジア太平洋戦争の実相が、さらにまたこの戦争の戦後問題群が色濃く刻印されている永瀬隆氏を招き[★4]、この先輩のライフヒストリーをとおして、戦争と平和の問題を学生たちに考えてもらおうという意図で企画された。

【当日のプログラム】（肩書き等の表記はいずれも開催時のもの）
第一部　特別講演　佐藤忠男氏（映画評論家）
「映画で考える戦争」[★5]
第二部
①映画「エンド・オブ・オール・ウォーズ」（オリジナルタイトル：To End All Wars　二〇〇一年製作・アメリカ映画）の上映[★6]
②永瀬隆氏との対話集会　共同司会：佐藤泉（文学部日本文学科助教授）・佐藤隆一（高等部教諭）

第二回学内公開フォーラムの事前学習として、映画会を二〇〇七年五月二十三日、三十日（ともに水曜日）に開催。

【上映作品リスト】

①ドキュメンタリー映画「ドキュメント沖縄戦」（沖縄戦記録フィルム1フィート運動の会、一九九五年製作）

②長編ドキュメンタリー映画「ひめゆり」（柴田昌平監督作品、プロダクション・エイシア、二〇〇六年製作）

③ドキュメンタリービデオ「絶滅収容所アウシュヴィッツ」（NPO法人アウシュヴィッツ平和博物館製作）

④ドキュメンタリー映画「SHOAH　ショアー」（クロード・ランズマン監督作品、フランス映画、一九八五年製作[★7]）

第三回

二〇〇七年六月二日（土曜日）に、女子短期大学、高等部との共催。参加者数は約二一〇名。戦争体験者が少なくなるなかでより一層重要になってきている戦争の記憶、戦争記憶の保存と記録、そしてその記憶の表象と展示をめぐる諸課題を中心に、戦争体験の継承問題を考えようとした。

【当日のプログラム】（肩書き等の表記はいずれも開催時のもの）

第一部：基調講演　君塚仁彦氏（東京学芸大学教育学部准教授・博物館学専攻）

「戦争・植民地記憶の継承と「歴史を逆なでする」博物館」〔＊講演内容は本書補章に収録〕

ゲスト講演①：中谷剛氏（アウシュヴィッツ国立博物館公式ガイド）

「ホロコーストを次世代に伝える」〔＊講演内容は本書補章に収録〕

ゲスト講演②：仲田晃子氏（ひめゆり平和祈念資料館説明員）

「ひめゆり資料館を継承する」〔＊講演内容は本書補章に収録〕

第二部：パネルディスカッション　司会：佐藤泉（文学部日本文学科准教授）〔＊内容は本書補章に収録〕

第三部：対話集会　司会：佐藤泉

参加した学生・高等部生と、講演者たちとの質疑応答

学内公開フォーラムは、この三回目の開催でひとまず締めくくられた。

なお、新たな構想のもとで、大学主催公開フォーラム「戦争体験の継承と平和認識」が、二〇〇九年十二月十六日（水曜日）に、約二〇〇名の参加者を得ておこなわれた。

【当日のプログラム】（肩書き等の表記はいずれも開催時のもの）

第一部：講演

品川正治氏（経済同友会終身幹事／財団法人国際開発センター会長）

「孫娘に語った戦争体験」

清水眞砂子氏（児童文学者・児童文学翻訳家）

「平和を生きのびる」

第二部：対話

品川正治氏と清水眞砂子氏の対話　司会：佐藤泉（文学部日本文学科教授）

第三部：質疑応答

参加者から講演者への質問と応答　司会：佐藤泉

この二〇〇九年十二月に開催されたフォーラムの記録は、かもがわ出版から、品川正治・清水眞砂子著『戦争を伝えることば——いらだつ若者を前に』（二〇一〇年八月）として刊行されている。

3 一連のフォーラムから、学生たちは何を学び、また何を考えたか

学内公開フォーラムを最初立案した際にとった基本的な姿勢は、次の四点に要約できる。

①学生たちの視点で考える。平和について考えるには戦争について知らなければ何も語れない。この二つが出発点である。

②戦争体験の語りを聞いてもリアリティを欠くとすれば、ある面で、それは、その体験を、自分の「生」のなかに、つまり、自分の関係圏のなかで、自分の生活圏のなかでナマの感覚でとらえることができないからだろう。

③歴史とは、単純に言えば、人びとがどう生きたのかを確認する営みであるとすれば、自分にとって身近な人たちの戦争体験から出発して、たとえば、なぜ身近な人びとがそのような体験をせざるを得なかったのか、そこに働いた国家の力とは何であり、どういう者たちがその国家権力を運営したのか……といったかたちで、大きな歴史の流れに遡及していかなければならないのではないのか。身の回りの私的な体験をつうじて、普遍化をはかっていくべきではないのか。そうでなければ、将来、記憶の伝達を担っていくことはできないだろう。

④たとえ「戦争の話をされてもわからない。今の今、半径たった二メートルぐらいのことしか眼中にない」としても、その半径たった二メートルぐらいのところででも、史実を掘り返すことはできるだろう。その作業から、歴史の想像力は拡がっていくだろう。

こうした開催する側の意図が学生たちにどのように受けとめられたのかを、一連の勉強会の締めくくりとなった第三回学内公開フォーラムの記録報告書に学生たちが寄せた感想を素材に見ていきたい。

素材にしたのは、私が担当する文学部史学科日本史コースの演習「現代日本社会論」で、二〇〇七年度の四年生一三名が書いたレポートである。

この学年は、二年生の時にいわゆる「退屈」事件に遭遇している。感想を寄せた学生の半数近くは、学内公開フォーラムに第一回から参加していた。その意味では、素材にしたレポートは、戦争体験、戦争記憶の継承問題に関して、決して平均的な大学生たちが記した感想でないかもしれない。つまり、継承問題を積極的に考えようとした意識は、やや高いと言えるかもわからない。同時にまた、このレポートは、任意提出ではなく、「記録報告書を読んで、フォーラムのタイトル「戦争体験をどのように受けとめ、引き継げばよいのか」の問いにたいして、自分なりに考えたこと、思ったことを述べなさい」という課題で提出を求めたため、その点を勘案して読み取る必要があるかもしれない。しかし、このような素材としての制約を考慮に入れても、十二月中旬に必修の卒業論文を提出し終えた後の解放された気分のなかで、他方また自分が大学生活で何を学んできたのかを見つめ直すであろう時期に、学生時代最後のレポートとして、自分の言葉でその思いや考えを率直に書き残したという意味で、素材にすることはさほど見当違いでないように思える。提出された時期は、二〇〇八年一月下旬である。[★8]

「私たちは戦争体験をどのように受けとめ、引き継げばよいのか」という問いかけは、おそらく正解の出ない問いであるため、引用するレポート内容の交通整理はするが、評釈は最小限に控え、学生自身にできるだけ多く語らせるかたちをとりたい。それは、学生たちが、課題への義務的な応答としてではなく、この問いに真摯に向き合い、かつ考えたことを、各自のレポートで積極的に述べているからである。（学生たちの個人名は記号化して示した。引用文中の亀甲括弧は、引用者による註記である。なお、性別は、女子学生と男子学生で考え方に違いがあるかどうか読者の判断に委ねるために付記した。）

まず例として、学生のレポートのひとつを紹介する。

㈠　平和教育の目的

この記録報告書の中には、君塚仁彦先生が〔基調講演で〕紹介して下さった「歴史を逆なでする」という言葉や、中谷剛さんが〔パネルディスカッションで〕紹介して下さった「ゆるすけれども、私たちは忘れてはならない」という言葉など、いくつかのポイントとなる言葉があったように思う。それらの非常に考えさせられる言葉の数々には、一貫したテーマがあると私には感じられた。そのテーマもまた、私が言うまでもなく記録報告書の中で示されている。それは『考えるのを終わりにしない』〔パネルディスカッションでの司会者のコメント〕ことである。この考えることの重要性は、戦争について取り上げる際に私自身が常々感じてきたことでもある。

私は広島に長く住んでいたため、他の地域に住んでいる人よりも、戦争や平和について考える機会を多く与えられていた。平和資料館や原爆ドームには当然何度も足を運んだことがあるし、授業でも平和学習の時間があり、被爆者の方のお話も、それこそ毎年のように学校で講演会が開かれて聞く機会があった。何度も繰り返されるそれらの学びに対し、正直なところ当時は「わかったからもういい」と感じたこともあったし、「答えなんて出るわけがない」と感じたこともあった。当時はどうしたら平和が訪れるのか、その答えを算数のように出すことを求められているように感じられたのだ。しかし時間が経った今思うことは、それらの学びは私たちに『考える』ためのきっかけと材料を与えてくれていたのだということ、そしてそれら学びの経験一つひとつが私の中に時間をかけて降り積もっていき、今の私の中で『考える』ための重要な材料として実を結んでくれているということである。

この記録報告書を読んで、考えることもせず無関心でいることの問題を痛感した。しかしこうして痛感できたおかげで今まであまりしっくりと理解できていなかった、なぜ広島で盛んに平和学習が行われるのかということやその意義を、自分自身の体験に即して明確に捉え直すことができたように思う。

そもそも小学生や中学生に、戦争を解決する方法を算数の答えを出させるかのように求めることはナンセンスだろう。平和学習を行う目的はそのような答えを出させることではなく、戦争について、平和について、戦争体験の受けとめと引き継ぎについて、まさに『考える』きっかけを子どもたちに与えることなのだ。この目的のために、ヒロシマというバックグラウンドを持っている広島は——もちろん広島だけではなく長崎や沖縄もそうだが——非常に取り組みやすい土壌であると言える。問題なのはその土壌を活かし、平和学習の目的を子どもたちにわかるようにしっかりと伝えてから、学習を行っているかどうかなのではないだろうか。また、指導者（学校の教員）がその目的を誤解せず、正しく捉えているかどうかも大きな問題だろう。目的が正しくわかりやすく示された平和学習であれば、かつての私のように「もういい」などといったとんでもない感想を持つ子どもも減るに違いない。

また、何を『考える』のかという問いを投げかけることも子どもには必要だろう。そしてその問いは、戦争解決のためといったハードルの高いものではなく、身近な生活に根ざしたものである必要がある。これは私の広島での平和学習の経験からも、実感を伴って言えることである。なぜなら現実味の薄い問題の提示は子どもにとって難易度が高すぎることがあり、かえって戦争や平和を『考える』ことから子どもの意識を遠ざけてしまうことにつながりかねないからだ。戦争や平和を『考える』きっかけを与え、それらに関する問いを身近なところに結び付けて投げかける。このことはまさに、中谷剛さんが「生活の一部として皆さんのできる範囲でやっていただければ」と〔対話集会で〕述べておられることと同義であると私は思う。

(二) 音楽の力

〔このフォーラムの対話集会で、音楽に平和を伝える力があるのかどうかという質問が出され、議論になったことを踏まえて〕音楽と平和の関係性について質問を投げかけていた高校生の問いは、素朴でありながら音楽ならではの奥深さもはらんでおり、私も非常に面白い視点だと感じた。

思うに、音楽を空気が振動して伝わる単なる音というふうに考えた場合、音楽は直接的な力というものは持たないのではないかと思う。つまり音が流れること、または音を聴くことで戦争の酷さや平和の尊さが理解されるというのは、不可能なのではないかと私は思うのだ。例えそれがどんなに美しいメロディーやハーモニー、素晴らしいリズム、高尚な歌詞を持っていたとしてもである。音楽を音楽たらしめているのはメロディーやハーモニーやリズムや歌詞ではなく、演奏者と聴き手がその音、詞が持つ意味や意図を『考える』ことであると私は考えている。この点にこそ、音楽と平和または戦争の関係性が内在しているのではないだろうか。

音楽の世界には、戦争や平和を題材にしたものが非常に多い。なぜこのような音形なのか、なぜこのようなハーモニーなのか、このメロディーのこの部分で何を伝えようとしているのかといった作曲者の意図や、なぜこの言葉を選んだのか、何を表しているのか、それで何を伝えようとしているのかといった作詞家の意図。戦争や平和を題材にした曲のそれらを考えて演奏することは、そのまま戦争の悲惨さや平和の尊さを考え感じ取ろうとすることであり、そして同時に自らそれを表現し、聴き手である他者に伝えていこうとすることである。この音楽的といえる行為は、戦争を体験していない、つまり被爆者や元ひめゆり学徒の方々などと同じ経験を体験していない、しかしその体験を「史実に即して、できるだけ豊かに想像する」（対話集会での君塚先生の発言）ことと、まさに同じ行為なのではないだろうか。さらに音楽はその特長として、戦争体験者の方々のお話に勝るとも劣らないほどの影響力でより多くの聴き手に訴えかけ、『考える』きっかけを与えることができると私は思う。

㈢　まとめ――日々の暮らしの中で

「繰り返し、繰り返し、考え続けるということが続けられれば、それはもう無関心とはいえない状況になっている」と〔対話集会で〕述べておられる君塚先生の言葉は、『考える』ことの重要性を表しているだろう。それと同時に私には、少なからず『今まで私が行い考えてきたことは無駄ではなかった』と感じさせてくれるものだった。今まで私は何度も平和学習を受けてきたが、それを十分に活かすことができていないように感じていた。その思いの裏には、中谷さんや仲田さんのように働くであるとか平和集会のようなものを主催したり参加したりするであるとか、そういった具体的な行動が伴わなければ意味がないのではないかというような観念があった。しかし今回、記録報告書の中で述べられているように、具体的な行動ももちろん大切だがそれよりもまず『考える』こと、そして『無関心にならない』ことも非常に重要であると、私も感じることができた。このことは私にとって大きな収穫だった。

どこに住んでいてもヒロシマというバックグラウンドを持ち続けること、被爆者の方々の生の声を聞けたことを大切にすること、ニュースの中の戦渦に心を痛め、その原因を自分なりに調べ考えること、それらの話を友人とすることなど、身近な生活の中にできることが多くあり、それらは決して無駄でも無意味でもない。暮らしの中には戦争を考える要素、平和を学ぶ要素、戦争体験を受けとめ継承していくための要素が多くあり、それらを見落とさないように日々の生活の中でアンテナを張っていくことが重要なのだろう。この記録報告書は、私にそのことを学ばせてくれた。（女子学生ＡＣ、全文を引用）

このレポートに示されるように、一三名全員に共通するのは、戦争体験継承の課題を、自分の二十数年間の身近な経験のなかから考えようとしていたことである。

たとえば韓国旅行での出来事から、次のような思いを書いた学生もいる。

去年の夏、日韓の関係を目の当たりにした体験があった。韓国の明洞を訪れた際に両足のないおじいさんを見かけた。歩行するにも一苦労のようだ。ゆっくりと苦しそうに前に進んでいた。そのとき強い視線を感じたのだった。軽蔑の眼差しというか、憎しみのこもったものであった。そのおじいさんが日本人に虐待されたかは韓国語が流暢ではないのでわからないが、現地の友達曰く、日本人がどうたらこうたらと言っていたらしい。きっと日本人に恨みがあるのだろうと思う。のんきにうきうき買い物してきた私であったが、そのおじいさんを見て、私は今笑いながら買い物していてよかったのかと思った。戦争の被害者は当時のことを忘れていない。たとえそれが後世の、戦争未経験の私たちであろうが憎悪をもっているのである。消えない歴史がここにあると感じた。（女子学生BM、部分的引用）

戦争と平和の問題を、自分の身に、「いま」という時間に引きつけ「いま」という時間との緊張関係のなかで考えることがなぜ大切なのかの理由を、別の学生は、次のように説明する。

パネルディスカッションの中で君塚さんは、「知識の上で分かった自分に一定の満足感を覚えていて、そこで思考が止まってしまっているのではないかということを感じる場面というのが、何回もありました」と述べている。まさに、私のことを言われているようだ、とハッとさせられた。私自身、高校の修学旅行の行き先が沖縄で、ひめゆり祈念館や平和の礎に行き、ガマにも入った。確かに、その時は、胸が締め付けられる思いがし、沖縄の惨禍を目の当たりにして、初めてわかることがとても多かった。でも当時の私は、そこで思考がとまっていた。事実を知ったことに満足していた。これは、私に限らず、小中高校等で行われている平和学習に対する警鐘でもあるのではないか。修学旅行では、とりあえず戦争に関連する記念館や博物館に行き、資料を渡すことは、お決まりのコースとなってしまっている感がある。平和学習を「お決まりのコースを訪問すること」として捉えた結果が、仲田さんもおっしゃっていた、ひめゆり祈念館で、修学旅行生が走り回ったり、写真を指差して笑う生徒がいるということにつながると思う。

基調講演の中で、君塚さんが、「『死』に対する想像力というのがいったい何であるのかということを、世代を超えて私たち一人一人が見つめ直し、考え直す必要があるのではないか」と述べている。このことには、全く同感である。昨今、自分に関係のないことだ、もう終わったことを穿り返してもしょうがないといった風潮がある。

このような、「関係ない」「しょうがない」という言葉で片付けてしまうのは簡単かもしれないが、決して、してはいけないことだ。もっと自分の身にひきつけて考える必要があると思う。戦争を体験していない世代にとっては難しいことかもしれないが、わずか六十数年前には、現実として起こっていた紛れも無い事実である。たとえ隔絶した世界、距離であったとしても、想像していくことが大切だ。もしも何々だったら……私があなただったら……と想像し、思いを馳せることができるのは人間だけである。想像力は優しさへとつながっていくと思う。(女子学生CM、部分的引用)

私たちは、自分たちの体験の外側にある過去の出来事を把握する際は、他者による歴史叙述なり記述に依存せざるを得ない。したがって、「戦争体験をどのように受けとめ、引き継げばよいのか」の問いにたいする答えを模索しようとした際に、学生たちは、一様に自分たちがこれまで受けてきた日本史教育のありかたに疑問を感じている。一三名全員が論述する際に引用したのが、「歴史を逆なでする」という、基調講演で紹介されたヴァルター・ベンヤミンのことばである。勝利したものを描く物語ではなく、支配者によって簒奪され、忘れ去られた無数の人びとの記録を、その思いを掬いとらなければならないとするベンヤミンの歴史哲学テーゼは、学生たちに、自分たちの歴史認識を再検証する契機となった。

戦争体験をどのように受けとめ、引き継げばよいのかということについてであるが、結論から先に述べると、答えなど無いと言える。フォーラムに何度か参加もしたが、毎回私自身の中で考えることはおおいにあるが、結論がでないのである。それがなぜであるかということを考えると、やはり戦争があったことが事実としては知らされているが、戦争において日本がどれだけの被害を受けたのか、またどれだけ被害を与えたのかということを正確に知らないためである。日本の教育で戦争について教えられることというのは本当にごくわずかなことなので

あると思う。（男子学生DY、部分的引用）

戦争を語り継ぐということが単なる聞く、知るだけに留まらないことがわかった。語り継ぐためにはその体験者たちから直接話を聞くべきなのだ。教科書での理解はその歴史の断片にしかすぎない。しかし、多くの人が学校教育の中で学んだ戦争であたかも理解したように感じ、十分だと思っているに違いない。このままでは当時の惨劇の歴史は失われてしまうだろう。

〔中略〕私は高校の修学旅行で沖縄に行った。二日目の夜、ひめゆり学徒の方が講演会を開いてくださった。次の日にはひめゆり資料館で、直接体験者の方々とお話する機会を得た。また、多くの凄まじい写真を目の当りにした。足のない被災者や、影になってしまった人〔原文のママ〕の写真を実際に見て、これは日本なのだろうかと疑問に思うくらい今とはかけ離れていた。修学旅行前にひめゆり学徒の映画を観たり、戦争についてのレポートを書いたりと事前学習をしてきたのにも関わらず、驚嘆してしまった。直接お話したときに、学徒さんは私たちの疑問にすべて答えてくれた。食料がなかったこと、夜中うじが肉を蝕む音を聞きながら寝ていたことなどから、爆弾で友達が次の瞬間にいなくなってしまったという辛い話もしてくださった。私は戦争のイメージがしっかり捉えられていなかったため、肉声で語られるその場の壮絶な状況に何度か圧倒されてしまった。中途半端な知識で訪れたために何も質問できなかったのだった。戦争を知識として知っているからといってわかったふりをしていただけにすぎなかったのだ。そして、戦争は繰り返してはいけない、沖縄での惨劇を蘇らせてはいけないという今までの理解が、単なる紙面上のことであったことに気づいたのだった。〔中略〕このような直接対話の機会は重要であると思う。私のように歴史的事実として理解しているだけの人が多いからだ。今回のフォーラム資料で、歴史認識と語り継ぐことの違いを改めて確認できたように思う。

また、マンガン鉱山資料館の話においても、歴史的事実の理解に留まっていたように感じた。史学科でありながら日本人として知っておかなければならない日韓関係の歴史を熟知していなかった。ここにも日本人のした虐殺、虐待が存在していたのだった。強制連行され、重労働に耐え、じん肺に苦しんでいた鉱山労働者の歴史は今まで記憶の片隅にしかなかったように思う。大学試験用に単語として記憶していたのみであった。単語としてうろ覚えていた記憶が今回のフォーラムで蘇り、同時に申し訳なく思った。一言で済まされる歴史ではないのだ。問題なのはその歴史を隠そうとする、歴史的事実として単語のみ知っていればいいとする日本の教育である。こういった日本人がした韓国への惨事はこっちから興味を持って調べない限り知るのが困難な情報である。このほかにもこういった資料館はあるのかもしれない。正史から過去の日本人のしてきた汚点を除外し、なかったことにしようとしている。(前出、女子学生ＢＭ、部分的引用)

〔戦争体験継承問題への答えは〕「広く見聞を広げ知識を増やし、常に考え続ける」ということです。過去に起きた戦争という体験は、現在を生きる私たちにとっては教科書の中の出来事、資料でしか感じ取ることのできないものです。しかし、過去を生き、厳しい状況を経験した人の生の声を聞くことは私たちにも出来ます。ただ、それを聞いて過去にあったことを事実として認識するだけでは、「分かった」だけではダメだということです。君塚さんは、自身が勤務する学校の学生からの国立ハンセン病資料館の展示見学の感想文を読む中で、「知識の上で分かった自分に一定の満足感を覚えていて、そこで思考が止まってしまう、止まっているのではないかということを感じる場面というのが、何回もありました」と語っています。これを読んで私は、恥ずかしながら身に覚えのあることだと感じました。ただ見るだけ、ただ聞くだけで、自分の中でそのことについて深く考えようとはしない。小学生・中学生のときは特にそのような態度であったように思われます。君塚さんのおっしゃるように、博物館などで過去の戦争体験などが語られている意味、そしてそれらを聞くことの意味、さらに聞いたあとどのように考えるのかといった点を、今後はさらに深めていくように心掛ける事が必要なのだと感じました。

〔中略〕マンガン鉱山の話は、前期の授業の中で取り上げられた映画『パッチギ』のワンシーン、「国会議事堂の大理石運んだの誰だと思うとる」という場面が思い出されました。そのようなことを知らずして、戦争の体験を受け止めるのは不可能だと思います。教科書問題、というよりは日本の教育そのものが近現代を軽視している作りになっていると感じることはしばしばあります。例えば、私は高校では日本史の授業を三年次の一年間で履修します。しかし、受験間近の一月に入っても、授業内容が全て終わっていませんでした。順序から言って、その頃やっている内容というのは、ちょうど戦後から現代にかけての範囲です。一応進学校である私の高校は、受験前には全範囲を終わらせなければならないため、現代史という大事な範囲を、大した議論をすることなく進め、駆け足で課程を終了させました。受験のときは、とにかく内容を覚える事だけに集中していたため、深く考えることはありませんでしたが、今になって考えてみれば、石器時代にどんな石器を使っていたのかを学ぶよりも、今回のようなフォーラムのビデオなどを見て、クラスで議論する事のほうが、よっぽど有意義であるような気がしてなりません。〔中略〕戦争を体験し、その中で被害者・加害者の両面を経験した私たち日本人は、それら両方を記憶にとどめ、忘れてはいけないという意識付けが必要だと思います。(男子学生EM、部分的引用)

日本人の戦争に関する教育は、「敗戦国日本」の印象が強くて、敗戦＝弱者というイメージの中、戦争の悲惨さや平和の尊さを学ぶことはあっても、日本側にとってマイナスイメージである戦争の事実はあまり学んでこなかったような記憶がある。例えば、原爆の話や東京大空襲の話はすごく勉強した気がするのに、強制労働や植民地化についての学習は乏しかったように思える。日本の歴史教育はそういうことだ。「『負の記憶』を『知ろうとしない』、あるいは『知らない』『忘れてしまう』『無かったことにする』」〔基調講演〕とあるように、なかなか日本は自国の過ちを国単位で認識をしていない。人は誰でも自分が悲劇のヒロインになりたがる。しかしそれではいつまでもアジア諸国との歴史教科書対話ができず、統一された歴史教科書が作られることはない。この点において、日本はヨーロッパに出遅れてしまっている。加害の事実に関して、それを抑えようとするような動きもあり、その記述の量というのがだんだん減っていく。「過去のことだからもういいじゃないかという風潮」〔中谷氏のゲスト講演〕が根底にある限り……このままでは過去の過ちを繰り返す恐れさえある。（女子学生FM、部分的引用）

もっとも、こうした歴史教育のかかえる課題は、日本史教育だけの問題ではなく、高校の必修科目である世界史教育にも当てはまるのかもしれない。次の学生は、みずからが受けた歴史学習の穴をすなおに打ち明けているからである。

民主主義社会とは、私たちにとって、この日本社会にとって当たり前のものだと思って私は生きてきたし、自由がない社会なんて想像もしたことがなかった。戦争の時代、ポーランドでは、いや日本においても民主主義社会など存在しなかった。けれども驚いたことに、アウシュヴィッツのような現実を引き起こしたヒトラーが民主的な社会の中から合法的に選ばれた政治家であるということを、今日初めて知った。〔中略〕今の日本は民主主義国家だから戦争は起きるはずがないと心のどこかで安心していたが、それは間違いであった。当時のドイツのように、民主主義的なシステムをとっていても、戦争は人間の判断を狂わせてしまう。それではどうしたら、人間も社会も狂わず戦争を二度と起こさせないようにするのか……それはやはり戦争の記憶を忘れないことが一番の特効薬になると思う。（女子学生GM、部分的引用）

この学生がそれとなく告発したような、有意味的に相互連関しない歴史知識の習得ないし社会認識はなぜ生じたのだろうか。それは、日本社会における歴史意識全般に密接にかかわる問題なのかもしれない。阿部謹也は、日本人の歴史意識について、「歴史を自分自身が参加しているドラマだとは思っていない」、「私たちは歴史とほとんど無縁な形で日々の生活を送ることができる」、「歴史といえばまず自分の外を流れている時の流れのことである」と指摘しているからである。★9

さらに、こうした社会や歴史に関する知識が、コンパートメント化され、綜合されず、有意味的に相互連関しなくなる現象は、個別の専門知識の蓄積が進む上で避けられないことがらなのかもしれない。世界大恐慌の余燼がいまだ燻る一九三〇年代に、米国の社会学者ロバート・リンドは、当時の専門分化が進むアメリカの文化状況を憂い、「何のための知識か」と問うたことがある。この問いにたいして、社会科学（歴史学も含まれる）のもたらす知識は、学者の秘伝、秘術ではなく、人間がみずからの文化を不断に理解し、再構築する一助となるために存在する、そうした文化の不可欠な構成要素である、とリンドは説いた。★10

ちなみに、この論考で、リンドは、具体例のひとつとして（当然、第二次世界大戦の起こる直前のことであるが）戦争の問題をとり上げ、戦争の可能性をすべての制度体においてできる限り少なくする文化の建設は可能であり、このためには社会科学の研究成果を、その保有する真理が学問のバラバラな断片として散逸しつづけないように、ひとかたまりにする必要性がある、と指摘していた。

このリンドの指摘は、まさしく社会や歴史に関する知識が有意味的に相互連関せず、断片化されていく今日的状況への、まさしく警句でもある。情報化が進み、あたかも洪水や氾濫のごとく情報や知識に晒される状況が、とくに根拠や発信者の不明な情報が飛び交う状況が生ずれば生ずるほど、この警句は、色褪せるどころか、重い響きをもつ。

4　戦争体験、戦争記憶と、どのように向き合うか

歴史を読み解くことは、いまという高みから過去の出来事群を推し量ることでは決してない。過去の出来事群に虚心に寄り添っていかなければ、現実感覚は失われてしまう。自分たちが語らせたいように歴史に語らせ、自分たちが意味させたいように過去の出来事に意味を与えていけば、その瞬間に過去はリアリティを喪失する。歴史意識は、現在を認識する能力のなかで働く。学生たちは、少なくとも戦争記憶のような近過去にたいして、どのように接し、どのように向き合いたいと考えたのだろうか。

レポートを書いた学生たちは、いずれも戦後四〇年を経た一九八〇年代中頃の生まれであるが、二〇〇五年に中国で頻発した反日デモのニュースを見聞きして、戦争を知らない世代の戦争責任問題について何らかの感想をいだいていたはずである。まずはじめに紹介するのは、戦争非体験世代の戦争責任問題をはっきり念頭に置きながら論じた学生のレポートである。

過去の「負の遺産」である戦争に対し、我々がするべきことは戦争の事実から目を背けず、戦争を「知ること」、またそれを、未来へと「つなげること」だと私は考える。過去の事実である戦争に対し反省することは、戦争被害にあった人々への義務であることは疑いようがない。しかしながら、それだけでは何も生み出さないこともまた明らかである。戦争を知り、その痛ましい事実を伝えなければならないのは当然である。しかし、その後に必要になるのはいかにして戦争を起こさないかではないだろうか。最も次の世代に伝えるべきはそのことであると私は考える。

〔高校時代、沖縄で、ひめゆりの方に〕体験談を聞かせていただける機会や、実際の戦地跡や防空壕跡地、戦争資料館などを訪れる機会に恵まれた。戦争の悲惨さ、またそれによって作られた精神的、あるいは肉体的、物的な傷をある程度の知識としては持っていると自分自身考える。それは思わず目を背けたくなるような記憶であり、体験談を語ってくださった方は、戦後数十年という今なお血を吐くような思いで過去を呼び起こしてくれたのだろうと思う。そこまでして次の世代に伝えたいと思うことは何なのだろうかと考えれば、それは疑う余地もなく戦争の苦い思い、その悲しみなのだろう。〔中略〕学問的な学習で学び得ないそれは、確かに君塚氏が報告書で〝抑圧された過去〟と述べるように、私のように特別の機会を得る、もしくは自発的に目を向けようとしない限り、表面上に現れることのない知識であり、この知識の欠如はいわば〝戦争によって何万人の命が奪われました〟という情報に対してその数万という数字を一人ひとりのそれぞれの生活をもった命ではなく、無機的な単なる数字データとして捉えるようなことに感じられる。それは人間的感情からかけ離れた恐ろしい意識である。こう考えると、ベンヤミンの〝歴史を逆なでする〟という意識は戦争の本質に近づくために必要なものだろう。〔中略〕まだまだ戦争を知ることに対して不十分なのではないかと考える。〔中略〕これは私個人の話だが、戦争の被害者となった国々の人々が責任を負うよう求めることに対して否定的になったり、特に戦争を知らない世代に責任を負うよう声高に叫ばれると妙に得心いかないことの原因の一つには、こういった背景があるのではないかと考える。戦争を知るということは、埋もれがちな戦争の末端部分の悲しい事実に目を向け、それによって発生する責任を忘れないということだと私は考える。そしてそれがいつかその戦争に対して深い理解を呼び、起こってしまった戦争に対する最善の解決法が導き出されるのではないかと。

〔中略〕原因があって、それに対応した結果が起こるということを前提にするならば「戦争のない社会」という結果を導き出すには、その原因を理解することは不可欠だと私は考える。（女子学生HK、部分的引用）

このように女子学生HKは、戦争の悲惨な実相を知るというだけでは戦争記憶を引き継ぐことにならない、知るということにとどまるのではなく、さらに踏み込んで、アジア太平洋戦争とは何であったのか、その原因と経緯についてきちんと向き合うことが必要である、と主張する。原因と経緯にきちんと向き合うことは、戦争記憶を継承するためだけでなく、被害を与えた国々との関係においても重要になる。このことは、さらに被害者側で継承される感情記憶と真摯に向き合う手立てにつながるように思える。だから、「戦争を知らない世代にまず必要なのは責任を負うことではなく、お互いに戦争の事実を知ることではないだろうか。理解が深まれば、戦争を知らない世代同士どうすることが最良の解決法かおのずと見えてくるのではないだろうか」と、指摘している。戦後の日本社会が、アジア太平洋戦争そのものが何であったのかを、戦争責任の問題も含めて検証、確認するのを怠ってきた、あるいは回避してきたことを正視し、その点にたいして批判の目を向けているのである。

学生たちのレポートの紹介をつづける。

〔歴史に向き合う際は〕自分の足を使い資料を集め、文献を読む。その事実に関与している人たちに直接お話を伺ってみる。そして自分の頭で考える。教科書に載っている歴史を、博物館に展示されている歴史を鵜呑みにするのではなく、そこから自分なりに足や頭を使って歴史の事実を引き出し確認してみる、そういったことを行うことによってはじめて、自分なりに「歴史を受け止めた」と言えるのではないでしょうか。なにも、論文並みに資料を集め、文献を読み込む必要はありません。ただ、ひとつの歴史の事実を新たに知り得た時には、少しでも「その歴史の事実は正しいのだろうか」「その歴史の背後で抑圧された人たちはいないのだろうか」と疑問に思い、自分なりに歴史を学習してみる。その行為を日常生活の中で習慣化することで、何か新しい道が拓けるかもしれません。（女子学生ＩＫ、部分的引用）

以前ゼミ発表で「北方領土」について取り上げたが、あれ以来歴史に対するとらえ方が自分では変わったと思う。まず小中高どの学年の教科書を開いても、「北方領土」はたいてい登場するトピックであるにも関わらず、それがもつ問題への認識があまりに低かったことに衝撃を受けた。その後調べてみて、歴史的に続く捻れた外交関係や、戦中戦後に島民が体験した悲しい事実、ロシアの対応等、それらが一つずつ繋がってきた。しかし逆を言えば、そうするまでそれらは見えない過去だったのだ。歴史には自ら能動的に見ようとしなければ見えてこない側面もあって、しかもその隠れた〔隠された〕歴史は、実は見逃してはならないものである可能性があるということを、まざまざと感じさせられたのだった。よって、たとえ公的文書であるからといっても、その陰に何か隠されたものがあるのではないかと、良い意味で「疑い」の目を持って歴史を見ることが大切だと思っている。その際に必要なのが「なぜ?」という深い探求心だ。何事も原因があるから結果がある。そんな当たり前のことを見逃さずにいれば、見えにくい過去にも光が差される。結果だけが示されているものを鵜呑みにするのではなく、そこから新たな探求を始めていく。〔卒業後、公立中学で教職に就く〕私は将来そんな歴史の授業をしたいと思っている。〔中略〕いつか自らがニュース、新聞、雑誌、旅行……様々なことで歴史と向き合うことになったとき、その感覚を養っておければ、自分で探求が行えるはずだからである。〔女子学生JC、部分的引用〕

記憶の継承の仕方には、経緯や、何か心を寄り添わせていくプロセスで生まれる心情の部分も多い。自分のものではない記憶を認識する難しさ、「わかった」自分を確認するということをきちんと見ていく必要がある。要は、知識の上でわかった自分に一定の満足感を覚え、そこで思考を止めてしまうのではなく、そこで語ることの意味、それを聞くことの意味、聞いた後どうなのかといった点を深めなければならない。「現在の問題意識と結びつけて、そこから過去をふりかえる、そのとき過去がはじめて生命ある歴史になる」「証言するというのは、ただ話すということではなく、全身でそれを思い返す、そして全存在で言葉にするという面がある」〔対話集会での司会者のコメント〕というように、その体験者の話を聞くときにも、自分の文脈から切り離さないで聞き、受ける側がどう捉え、どう考え、今後に活かしていくのかにかかっている。「自ら体験していない『抑圧された』過去をどのように『共に』思い出すのか、そのための有用な手段の一つが、私は『歴史を逆なでする』博物館なのだと考えております」〔基調講演〕。このような博物館に行った時も同様で、不安でもいい、納得がいかなくてもいい、ショックを受けてもいい。生活の一部としてその記憶や教訓を根付かせることが大事なのだ。無関心であることが罪というのはまさにそうで、戦争という事実は現代につながる問題であり、記録ではなく記憶の継承を重視することを考えると、継ぐ側にもそれなりの覚悟が必要だ。(前出、女子学生FM、部分的引用)

そして、戦争非体験世代が戦争体験を引き継ぐために自分なりにできることを、学生たちは、抽象的な議論ではなく、この場合もまた自分たちの生き方に結びつけて模索している。

私が考えるには、映画やドラマなどを扱ったメディアであったり、仲田さんのような語り部のような存在から戦争の悲惨さを伝え聞くことも大事だが、それ以上に自分の目で戦争の傷跡だけでも実際に見てみることが今の若い世代には必要なんじゃないかと思う。〔中略〕それは、カンボジアやベトナムのような戦争の傷跡がまだ色濃く残っている地域に行って、その光景を目に焼き付けることこそが有効な手段ではないか。事実として、私は昨年カンボジアに行って戦争の傷跡をこの目で見たことで、それまでの二二年間で何十という戦争を題材にした作品を見たりしてなんとなく捉えていたイメージが具現化され、小学校からそれまでの学校で聞いた授業で言われていた「戦争をしてはいけない」という意味が一日で実感できた。これは私だけでなく同行した三〇人近い仲間も同じことを証言していることだ。傷痍軍人といって戦争によって体の一部を失った人々や、地雷によって片足で生活している人々、さらには戦争によって家を失い、物乞いをして生活する人々など世界にはまだまだ戦争の傷跡が残っている国々があるのだ。〔中略〕もう戦争が終わって復興中の国に行ってその傷跡から、戦争当時の日本の人々の状況や、中国や朝鮮など相手国の状況、さらに現在の平和の尊さなどを感じてくることを私は推奨したい。そうした経験を経ることによって戦争に無関心ではいられなくなるし、仲田さんのような語り部の話にリアリティと問題意識を持って聞くことができるのではないだろうか。これが私なりに考えた戦争体験を色あせ

ることなく引き継ぐ上での一考察である。（男子学生ＫＷ、部分的引用）

先の戦争の事実を伝えていく上で最も重要な位置に我々はいるのだと思う。というのも、我々の祖父母の年代がちょうど戦争体験者の世代であり、その彼らと接することができる最後の世代が我々の世代であるからだ。〔中略〕後の世代の人々にありのままの戦争の状態を伝えるかが今後の伝承の根幹となる方向指針になるに違いないと考える。我々が誤った伝承を行なってしまえば、戦争を直に見聞きしていない世代の人々はそのまま誤解のまま事実だと思い込んで受け入れてしまう可能性が多大にある。正しく伝えることができれば、戦争の無意味さを伝えること等により今後戦争が再び起こりうる可能性を減らすことになるだろう。〔中略〕重要な位置にいる自分に今何ができるだろうと考えた。私自身広島に行ったり、授業で学んだりと戦争に対して触れる機会を持つことは決して少なくはなく、情報を得る機会は多々あった。しかし、自分の最も身近な存在である祖父母から戦争体験の話しを一度も聞いたことはなかったことに、今回の記録を読んでいかに伝えたらいいかを考えているうちに気付いた。今自分がしなければならないことはまさしくそれだと思う。次に実家に帰る際はその機会を逃さず、祖父母から話しを聞き生の戦争体験のありのままの姿を知ることで、それを自分の中で噛み砕き吸収して、それをまた自分の子や孫に伝えていけるようにしなければならないと思う。（男子学生ＬＫ、部分的引用）

戦争体験をどのように引き継いでいけばよいのであろうか。正直どうすればよいのかはっきりとしない。〔中略〕いつか自分の子どもや孫に戦争というものをどんな風に伝えればよいのか、模索中である。この思いは第二回のフォーラムの後から強くなっていった。当然、まだその答えは見つけられていないが、昨年の十月に広島を訪れた時に戦争体験を引き継ぐヒントを得たような感覚に落ちた。それは平和記念資料館を訪れた時のことである。まだ歩くのもままならないころに行ったきりだったので、初めてと言っても過言ではない。広島に行ったら必ず平和記念資料館を訪れたかった。陳腐な表現であるが、原爆の惨劇、戦争の悲惨さを改めて知った。その空間をともにしていた多くの知らない人たちに、何か暖かい思いを感じた。日本人だけでなく、白人の人も黒人の人もいた。戦争について知ろうとする気持ち、平和に感謝しようというその瞳に国籍や肌の色は関係ないと心からそう思うことが出来た。そして、私が何より感銘を受けたのが、平和記念資料館の出口付近にあるノートであった。そこには来館した人の平和に対するメッセージが本当に沢山綴られていた。小学生から戦争を体験した世代の人まで。日本語、英語、フランス語、見たこともない言語でそれぞれのメッセージが綴られていた。そのノートはもうすぐ千冊に到達する。その言葉の一つ一つを読み返すことはまさに、戦争を知ることであり、そのノートに言葉を記すことは戦争を引き継いでいくことなのではないだろうか。次に広島を訪れるときはノートの最初からじっくり読みたい。そして、広島の平和記念資料館に限らず、丹波マンガン記念館も含めて、戦争の歴史を伝える場所に自分の考えや意見を残すことは戦争体験を引き継ぐ活動の一つになるのではないかと感じた。一人の人間に出来ることなど、もしかしたらたいした意味を持たないかもしれない、まして専門家でない私の行動など世間や世論に影響など与えないであろう。でも、事実を知り、それに対する思いを残し、それをまた顔も名前も知らない誰かが見て、何かを残す。そうした小さな行動の連鎖が続くことが戦争体験を引き継ぐことのように感じた。もちろん、これが正しいのかなんてわからない。でも、戦争体験の受け止め方、引き継ぎ方に対する試行錯誤だけは辞めないでいくつもりである。（男子学生MS、部分的引用）

とくにこの男子学生MSの考えは、つまり、平和にたいするメッセージをノートに綴り、その綴られた言葉の一つひとつを読み返し、さらに自分の思いや意見をそこに残すという「小さな行動の連鎖が続くことが戦争体験を引き継ぐことのように感じた」という指摘は、ポーランドで中谷剛氏がアウシュヴィッツ国立博物館の公式ガイドとして、また沖縄で仲田晃子氏がひめゆり平和祈念資料館の説明員として、それぞれの戦争記憶の空間で取り組んでいる実践と、明らかに同じ方向性をもつように思える。

ある出来事について可能な限り過不足のない理解を得るためには、何が必要とされるのだろうか。どのような出来事についても、ともすれば剥きだしにされ、断片化された情報を、捨象された脈絡全体のなかにもう一度埋め戻すことが必要になる。その出来事から時間空間面で隔てられれば隔てられるほど、埋め戻しは困難になりやすい。したがって、戦争記憶の場合も、自分たちの体験を共有してもらい、自分たちの体験から何か受けとめてもらいたいという戦争体験者の思いを、希《ねが》いをどのように繋いでいくのか、引き継ぐ側にも（女子学生FMの言う）覚悟が、あるいは他者の体験を迎え入れるための素地が必要とされる。体験は体験としてまるごと実感されなければならない。だから、戦争非体験者が戦争記憶を伝えるということは、体験者の語りをいわば鸚鵡返しにすることではないし、体験の意味を解説することでもない。

補章として併録したフォーラム記録での発言に示されるように、中谷氏と仲田氏はともに、ガイドや説明員を務める上で、来館者との対話や交流を重視している。そうした来館者との対話や交流は、つまり、互いに話し手になり聴き手になる共同作業は、埋め戻すための手立てのひとつになろう。来館者が展示物にどのような気持ちを寄せたとしても、言葉が介在しなければ、その気持ちは自分のなかに投錨しないし、他者と通じ合うこともできがたい。気持ちは言葉を探していく。ただ、その言葉は、モノローグとしてではなく、ダイアローグとして、いまという現実認識のもとで発せられる必要がある。なぜなら、平和の希求は、それが観念論やナイーヴな情緒的反応にとどまっていては何も生みだせないからである。

もちろん、アウシュヴィッツやひめゆりの来館者は、戦争について何らかの問題関心をいだいて訪れてくる場合が圧倒的に多いと思われる。そうであるからこそ、来館者との対話や交流をとおして、いまと切り離された過去ではなく、いまと繋がる過去についてともに考えながら、戦争記憶を伝えていこうとする。ガイドとして説明員として、来館者といまという現実を互いに読み解きながら、記憶の時空間を共有する能動性が重視されているのである。男子学生ＭＳの場合は、コミュニケーションのかたちを異にするとはいえ、来館者どうしが、たとえ何時、誰に読まれるのかわからなくとも自分の言葉を互いに書き残すという行為の積み重ねに、その能動性に、戦争体験、戦争記憶を引き継ぐ方途のひとつを見いだそうとしていた。戦争記憶という集合的意識のなかに、死者は生きつづけることができる。

このように、レポート内容を紹介した学生たちは、それぞれが自分の生活歴のなかで、また受けてきた歴史教育や築いてきた歴史認識（自分たち世代の戦争責任への問題意識も含め）を振り返りながら、戦争記憶と向き合い、戦争記憶の継承のために自分たちに何ができるかを真剣に考えようとする努力を、少なくともしていた。自分との対話で、自分の言葉で考え、いまの問題として戦争記憶に向き合っていた。この「考える」ということがきわめて重要なのである。それは、アジア太平洋戦争について、伊藤祐吏が『戦後論』で述べている意味での「当事者意識」[★11]を、戦争非体験世代としてまさしくもつということであろう。各回のフォーラムに参加した学生たちの多くも、このようなかたちで戦争記憶に向き合おうとしてくれたことと思う。一連の学内公開フォーラムの参加者が毎回学生総数の一パーセント強に過ぎなかったとしても、戦争と平和をめぐって、考える時間を、一人ひとりが過去のなかに未来を創出する機会を提供できたことは、決して無駄ではなかったはずである。大学が、教育研究機関として、また学習の「常設小屋」として、戦争体験、戦争記憶の継承で果たしていくべき役割は大きい。

三一二頁で引用した男子学生ＬＫは、レポートの終わりを、「私は、この一回目のフォーラムに参加したので、この三回目の記録を読んだことで、一回目に参加した時自分なりに戦争に対して感じたことがよみがえって来た。参加した直後、戦争に関するニュースに敏感になっていたが、今ではそのアンテナはすっかり張らなくなっていた。今回記録を読んだことで、自分が戦争に対して忘れていっていたことに気付き、恐怖を覚えた。というのも、私もこのように平和ボケしていつのまにか戦争の醜さを忘れているのだから、きっと他の日本国民にも多くその状態に陥っている人がいると思う。そのような人にはやはり、戦争について知り伝える機会を与えることが大変重要であると考える。

なので、青山学院が今回のような三回に渡るフォーラムを開いた事は大変意義あることだと感じた。そのためにもっと、地域や社会を巻き込んでこのイベントを続けていくのも一つの手だろう。これを今後も続けて行き、後輩にもこの歴史を考えるチャンスが得られることを強く願う」と、締めくくっていた。

おわりに

体験は、誰もが同じ時空間を共有するわけでないため、その継承は容易ではない。日常生活でも、体験者から「きみたちには実感がわかないだろうね」と言われれば、非体験者は、黙るほか術がないのである。また、体験者は、すべてのことを語っているわけではない。さまざまな理由から黙して語らない、あるいはいろいろな思いから語りたくとも語れない方々もいるだろう。当然、こうした語られてこなかった体験は継承できない。まして戦争体験の場合、戦争によって命を奪われた人たちの伝えたくとも伝えられなかった無量の思いは、想像できたとしても、追体験はできない。「想像できる」と考えること自体が、不遜かもしれない。それでも、あるいはそれだからこそ、戦争体験を継承する手立ては何かないのだろうか。

戦争体験が継承されるための条件を、大牟田稔[★12]は、「本来、体験は継承できない」と断りながらも、要約すれば次のように指摘している。

戦争体験を聞くだけでは継承にならない。本来、体験は継承できない。戦争体験を聞くことは大切だが、その土台の上に、①なぜその人は戦争体験を強いられたのか、なぜそのような時代になったのかという「歴史を正しく学ぶこと」、②戦争体験は、現在、この地上から本当に姿を消しているのか、「現代を深く調べること」、③「戦争体験を再び生み出さぬために何か行動、実践をすること」、この三つを積み上げて初めて〝戦争体験が次の世代に伝えられた〟と言える。★13

大牟田が的確に指摘したように、「いま」との対話、「いま」という自己の存在性との緊張関係のなかで、（さらに付け加えれば）戦争非体験世代なりの当事者意識をもち備えて、他者の体験を受けとめなければ、戦争体験、戦争記憶を継承することはできない。必要なのは、思い遣るという能動性であり、《もしも》という想像力である。それは、戦争記憶をみずからのものにするということである。同時にまた、過去と現在と未来を分断せずに、阿部謹也の言う「社会は自分たちが造っているのだという実感を身につける」★14こと、つまり、戦争体験、戦争記憶の向こうにどのような社会が生みだされるべきかを構想することでもある。

新たに得られた知識は、ブーメランのように、もっと正確に言えば鏡に映した己れの姿の反照のように、行為主体にたち返ってきて、意識や態度、行動の変容を導く。こうした知の再帰性は、知覚対象への志向性が強いほど、より大きく作用する。必要なのは、問題関心を、つまり、志向性を保持する、刺戟することであろう。それゆえ、戦争と平和に関する想像力を触発し、挑発する場になり、意識を喚起する装置として、戦争記憶に関する博物館やモニュメント（平和祈念碑や戦死者追悼碑だけでなく、戦勝記念碑も含めて考えなければならないが）などの記憶の《共有》空間の果たす役割は、当然のことながら大きい。

そして、大学もまた、知の結集と綜合化を担う高等教育の場として、これらの戦争記憶の《共有》空間と連携して、戦争体験、戦争記憶の継承のために果すべき重要な役割を担っている。いや、戦争を克服する知の綜合のために、大学は、むしろその役割を積極的に担わなければならない。それは、戦争記憶と真剣に向き合った学生たちのレポートから改めて教えられたことでもある。

レポートを書いた男子学生の何人かは、「シューカツ」(就職活動)の際に、採用面接の場で「史学科か、史学なんかやって何の役に立つの」という類のことを担当者から、しかも数社で言われた、とこぼしていた。相手の反論を期待する深い意図があったのか、たんに何の思慮もない徒口だったのかわからないが、いずれにせよおおよそ生産的とはいえない面接担当者たちのこの発言は、あたかも英雄譚、成功譚のように昔の出来事をただ懐古し、昔にロマンを求める、一般になされてきた歴史の受けとめ方を如実に示しているように思えてならない。

すぐに役に立つ知識が往々にしてすぐに役に立たなくなることは、モダニティがもたらした帰結のひとつである。だからこそ、《実学》優勢な今日の大学事情においても(たとえ大学が権力機構の一端を形成するにしても、そのカウンターバランスとして)、《虚学》には《虚学》なりの使命が、否、《虚学》だからこそ担える使命がある。なぜなら、戦争とは、たとえそこで展開されるものごとがいかに「非人間的」[★15]と形容されようとも、まさしく人間の所業であり、人間の文化のなかで生起し、また人間の文化をきり拓いてきたため、人間の存在様式そのものが問われているからである。望みはある。人間は変わることができる。だから、戦争という怪物を生み、育み、また操ってきた人間が変われば、その怪物も変わるだろう。

求められているのは、戦争をめぐる《人間学》であり、戦争を克服する《実践のための知》である。平和の希求は、未来をプロジェクトするために、観念論やナイーヴな情緒的反応にとどまってはならない。

[註]

(1) この出来事に関しては、出題文のなかで戦争体験の語りを「退屈(原文では"boring")」と形容された相手、ひめゆり平和祈念資料館からの応答が、翌二〇〇六年三月に同資料館編『青山学院高等部入試問題に関する特集』として刊行されている。

また、下嶋哲朗著『平和は「退屈」ですか――元ひめゆり学徒と若者たちの五〇〇日』岩波書店、二〇〇六年は、二〇〇四年六月から連載された雑誌論文をもとにしているが、この事件が起きなければ、このような書名にはおそらくならなかっただろう。
（2）主宰する『谷中・根津・千駄木』第八〇号（二〇〇五年七月）に、「特集 六十年めにやっと聞けたわが町の空襲」が掲載されている。
（3）柳江智子氏は、父親が旧制青山学院工業専門学校教授であった関係から居住していた青山学院構内で、一九四五年五月二十五日の山の手大空襲に遭遇した。柳江氏の戦災手記は、「東京大空襲・戦災誌」編集委員会編『東京大空襲・戦災誌』第二巻、財団法人東京空襲を記録する会、一九七三年に所収されている。
（4）永瀬隆氏の経歴を簡単に述べておく。一九一八年生まれの永瀬氏は、旧制青山学院文学部英語科三年在学中の一九四一年十二月初めに臨時徴兵検査で第三乙種合格になったが、開戦の報に接し、躊躇することなく陸軍通訳を志願、軍属として徴用され、直ぐに南方戦線に向かった。一九四三年九月に、泰緬鉄道建設作戦の基地カンチャナブリーの憲兵分隊勤務を命じられ、連合軍将兵に憲兵隊がおこなった拷問や虐待に憲兵隊通訳として立ち会う。無条件降伏後の一九四五年九月、連合軍による連合軍捕虜墓地の捜索に、連合軍命令で同行し、一万二〇〇〇余の連合軍将兵の遺骨を確認するとともに、泰緬鉄道建設のために東南アジアから強制連行されて死亡した人びとの多数の土饅頭を目撃した。復員後、倉敷市で英語塾を営むかたわら、泰緬鉄道建設犠牲者への贖罪活動に独力で従事されてきた。とくにタイ国との和解のために、私財を投じてクワイ河平和基金を設立し、奨学金の支給や医療面の援助活動などを地道におこない、その功績にたいして二〇〇五年に第一二回読売国際協力賞が贈られている。
（5）戦争体験のない世代にとって、戦争をイメージする媒体として、映画あるいはテレビニュース等の映像が大きな力をもつことは否定できない。これらの映画や映像にどのように接するかは、戦争体験の継承を考えていく上で大きな課題のひとつだろうと考え、第二部での映画の上演に先だって、『映画で読み解く「世界の戦争」』ベスト新書、二〇〇一年の著作もある佐藤氏に特別講演をお願いした。

（6）この映画は、永瀬氏の勤務したカンチャナブリー捕虜収容所で生き延びた英国軍人アーネスト・ゴードンが、みずからの捕虜収容所体験をまとめた *Through The Valley of The Kwai*, 1962〔邦題『クワイ河収容所』〕を原作にしており、永瀬氏も実名で描かれている。
（7）上映時間が九時間半に及ぶため、「アウシュヴィッツ」からの生還者たちの証言を中心に、教材編集しての上映。
（8）なお、この一三名のなかで、歴史教科書問題を含め、戦争体験や戦争記憶に関連するテーマを選択して卒論研究に取り組んだ学生はひとりもいなかった。
（9）阿部謹也著『日本人の歴史意識――「世間」という視角から』岩波書店、二〇〇四年、一九〇～一九一頁。
（10）**Robert S. Lynd: *Knowledge for What?: The Place of Social Science in American Culture*, Princeton Univ Pr, 1939.**〔小野修三訳『何のための知識か――危機に立つ社会科学』三一書房、一九七九年〕。
（11）伊藤祐吏著『戦後論――日本人に戦争をした「当事者意識」はあるのか』平凡社、二〇一〇年。
（12）大牟田稔（一九三〇年～二〇〇一年）。元中国新聞論説委員会主幹。学徒動員先の呉海軍工廠で広島に投下された原爆のキノコ雲を目撃する。記者時代に、本土復帰前の沖縄で帰島被爆者の実情を米民政府による厳しい報道規制をかいくぐって伝えたり、胎内被爆小頭症の問題を精力的に取材し、その支援にもかかわった。
（13）「大牟田稔さんに聞く」、大牟田稔遺稿集刊行委員会編『ヒロシマから、ヒロシマへ』渓水社、二〇〇二年、一〇八頁（初出：「世界子どもの平和像」建設委員会機関誌『せこへい』第三号、一九九九年一一月）。
（14）阿部前掲『日本人の歴史意識』二〇八頁。
（15）この「戦争が人間の文化をきり拓いてきた」という指摘について、ひとこと断っておきたい。かつて「たたかひは創造の父、文化の母である。……文化創造の動機であり刺戟である」との巧妙なレトリックを冒頭に配して、国民向けに戦争の意義を説いたパンフレットが配布された。満州国の経営に本格的に乗り出した一九三四年に陸軍省が出した『國防の本義と其強化の提唱』である。もちろん、ここでおこないたい指摘は、そのような戦争認識と共振しているのではない。軍事開発に由来するテクノロジーやシステムが民生用に転換され、人間の文化を著しく変容させてきた現実を指しているだけにすぎない。

【補章】

私たちは戦争体験をどのように受けとめ、引き継げばよいのか

学内公開フォーラムの記録から

第1回フォーラム　歴史と記憶――過去を死なせないために

平田雅博

a　語り継ぎの「ミスマッチ」

きょうは最初の話ということで、一般的な話を二点だけ述べたいと思います。それは、きょうのテーマである「戦争体験をどのように受けとめ、引き継げばよいのか」という問題のうち、とくに「引き継ぎ」の問題に関わります。一つは母から子への引き継ぎということがあります。歴史のみならず文化遺産全体（およそわれわれ人類の営み全般）の引き継ぎという問題を、最も基本的なところで考えるとき、母から子への伝達というのは、かなり重要な問題かと思います。

なぜ母親の話から始めるのか。今回問題となった青山学院高等部入試問題の文中には、ひめゆりの語り部の話が

「退屈」だった、とあり、そのすぐ後の箇所に、なぜ「退屈」だったかの理由として、語り部の話が、あたかも母親が赤ん坊に話す寝物語のように〝easy〟（慣れすぎてお手軽なもの、と訳すべきでしょうか）に聞こえた、とありました。しかし、母親の話というのは、そんなに眠気を誘う、「退屈」なものばかりなのでしょうか。

もう一つは、子どもがもう少し大きくなってから受ける教育、学校教育であるとか、それを通じた自己教育という引き継ぎの方法があると思います。この二つの問題を、最初にお話ししたいと思っています。

まず、「母から子へ」の問題です。

ここに「半径二メートルの世界」を突破する母親という話があります。これは、最相葉月《さいしょうはづき》さんが書いた、環境問題の本を紹介する記事（『朝日新聞』二〇〇四年二月二十九日朝刊）の書き出しです。

これは、母親が、ご飯を食べない子どもにあれこれ言って叱ったという話です。子どもの時、ご飯を食べられない日があって、紙に包んで窓からポイと捨てたら、犬が群がってきて、母親に厳しく叱られたそうです。母親は「お百姓さんが一生懸命作ったのに」と言い、さらには「戦争中は食べられなかったのよ」、「アフリカには飢えて死んでしまう子どもたちがいるんだよ」と言って叱ります。親は、子どもにちゃんと食べてほしいという大きな希望があります。でも、子どもはお米を作った人のことなどは想像できない。「戦争中は食べられなかった」と言われても、そんな昔の話をされても分からない、「アフリカには飢えた子がいる」と言われても、よその国の名前など分からない。こういう反応があるわけです。このことを指して、子どもというのは「今の今」、つまり「半径二メートルの世界」に住んでいるというのが、最相さんの意見です。最相さんが紹介している環境問題の本には、「われわれの脳自体が一五〇人ぐらいの小さな共同体しか理解する脳しか持っていない。だから、非常に大きな地球規模の環境問題なんて、そもそも考えられない頭らしい」というふうに書いてあるそうです。脳自体がそうだからしょうがないかということになるわけです。

でも、われわれはここであきらめちゃいけないわけです。いろいろな手だてというか、それで今度は、教育という問題になります。人のことを知らない、これは他者の問題がすぐ出てきます。他者への想像力の問題ですね。

「戦争の話をされても分からない」と言うけれど、これは後で出てくる過去とのかかわり方、これをどうするかという問題があります。「アフリカのことは知らない」というのは、時間的な遠さというより地理的な遠さですが、これがまた厄介な問題です。そんなに遠いんじゃ関係ないよ、ということになります。「この世界には一日一ドル未満で暮らす貧困層といった人たちが一〇億人いる。その中でも教育の受けられない子どもが二億五〇〇〇万人もいる」。こういった単純な数字に対して、そんなもんかという反応を示す人もいるかもしれないけれども、この数字を聞いただけで、何かがどっときて、この世界はどういった仕組みになっているのだろうかと考える人もいます。先ほどの母親だって、飢えている子どもの数字とか、具体的な根拠に基づいて話をしているわけではありませんし、単なる受け売りかもしれません。「お百姓さんに悪いから」というのは、他者への思いやりを説く代表的な決まり文句であって、母の母から語り継がれ、自分も子どもを持てば語っていくという、陳腐な語り継ぎの話にすぎないのかも知れません。非常に常識的な話であると言えば、それで終わります。しかし、どこかで聞いたような話なのですが、われわれの記憶に残ります。それが非常に強烈に記憶に残っているからこそ、子どもに語り継がれていくという、そういう場面もひとつあると思うのです。それで問題は、この二番目の「戦争中は食べられなかった」という語りに対する反応としてある、「戦争の話をされても分からない」ということばです。こういう、ちぐはぐというのかミスマッチというのか、そういう問題がそこで起きてしまっている。これがきょうの問題です。

もう一つ、少し大きくなった子どもや若者に関する、教育の問題があります。

いまの若者の「過去なんてどうでもいい。今の今しか関心がない」という傾向は、日本に限らず、世界的なものです。この間、新聞にコルバンというフランスの歴史家の議論が載っていました（『朝日新聞』二〇〇五年十一月二十四日）。世界中の若者がみな「今のことが楽しくてしょうがないので、過去のことを振り返る暇はない」。そこでどうやって過去と関係をつけるのか。コルバンは、「人間は過去のことを知りたいという本能があるんだ」と言っています。過去との関係についてはまた、他にもいろいろな人が「今のわたしたちがあるのは、過去との関係があるからだ」と言っております。これはその通りで、常識といえば常識なわけです。しかし問題は過去の受け止め方、それへの無関心か、それとも強烈な関心かということです。

b　科学としての歴史と記憶としての歴史

テッサ・モーリス＝スズキというオーストラリア国立大学の先生が『過去は死なない――メディア・記憶・歴史』（田代泰子訳、岩波書店、二〇〇四年）という本の中で「過去にはふたつの側面がある」と言っています。一つは、科学としての歴史で、もう一つは、記憶としての歴史です。

科学としての歴史とは、解釈可能な過去にたいする科学です。そこでは原因と結果、こういう原因があったから、こういう結果になったという因果関係を探求します。それから、思想とか制度の系譜の研究があり、今の時代にどういった思想が生き延び、あるいは滅び、どういった制度が廃止され、また引き継がれてきたかということを研究します。それは人間社会に変化をもたらす力を理解するための知識となります。

もう一つの「記憶としての歴史」のほうは、「過去との関係というのは、わたしたちの関係は因果関係とか知的理解だけではなく、想像力や共感によっても形作られるものである。これが記憶としての歴史である」といわれるものです。記憶としての歴史は、最近一五年の歴史研究の分野で非常に大きく取り上げられるようになった問題です。歴史学というと、普通は科学としての歴史を指すわけですが、このごろになって、記憶の問題が世界中で議論されるようになりました。具体的には、資料館とか記念館とか史跡とか、こういったところがどんどん見直され、あるいは新設される。記憶の問題は、キャナダイン編『いま歴史とは何か』（平田雅博ほか訳、ミネルヴァ書房、二〇〇五年）という本の中でも扱われている歴史学の「いま」の問題です。

記憶の問題が、なぜ注目を浴びるようになったのか。非常に難しい問題ですが、一つの理由としては、過去だとか他者などとの一体化の問題と絡むと、私は見ております。他者というのは、自分に関係ないといえばまったく関係ない「赤の他人」という意味です。過去というのは、「今の今」しか関係ない、昔のことなんか知るか、という意味での過去です。ところが、ある日ふいに、物語や語り部の話、展示場のモノに接する過程で自分がまったく知らなかったものと出会います。その時、過去とか他者とかへの一体化（英語で identification と言います）が起こります。「自分が今あるのは、こういった過去があったからだ」と、自分と過去とがものすごく緊密化するというか、自己の"identity"にふれるというか、自分があるのはこういうことだったのか、との思いに至る瞬間があるわけです。

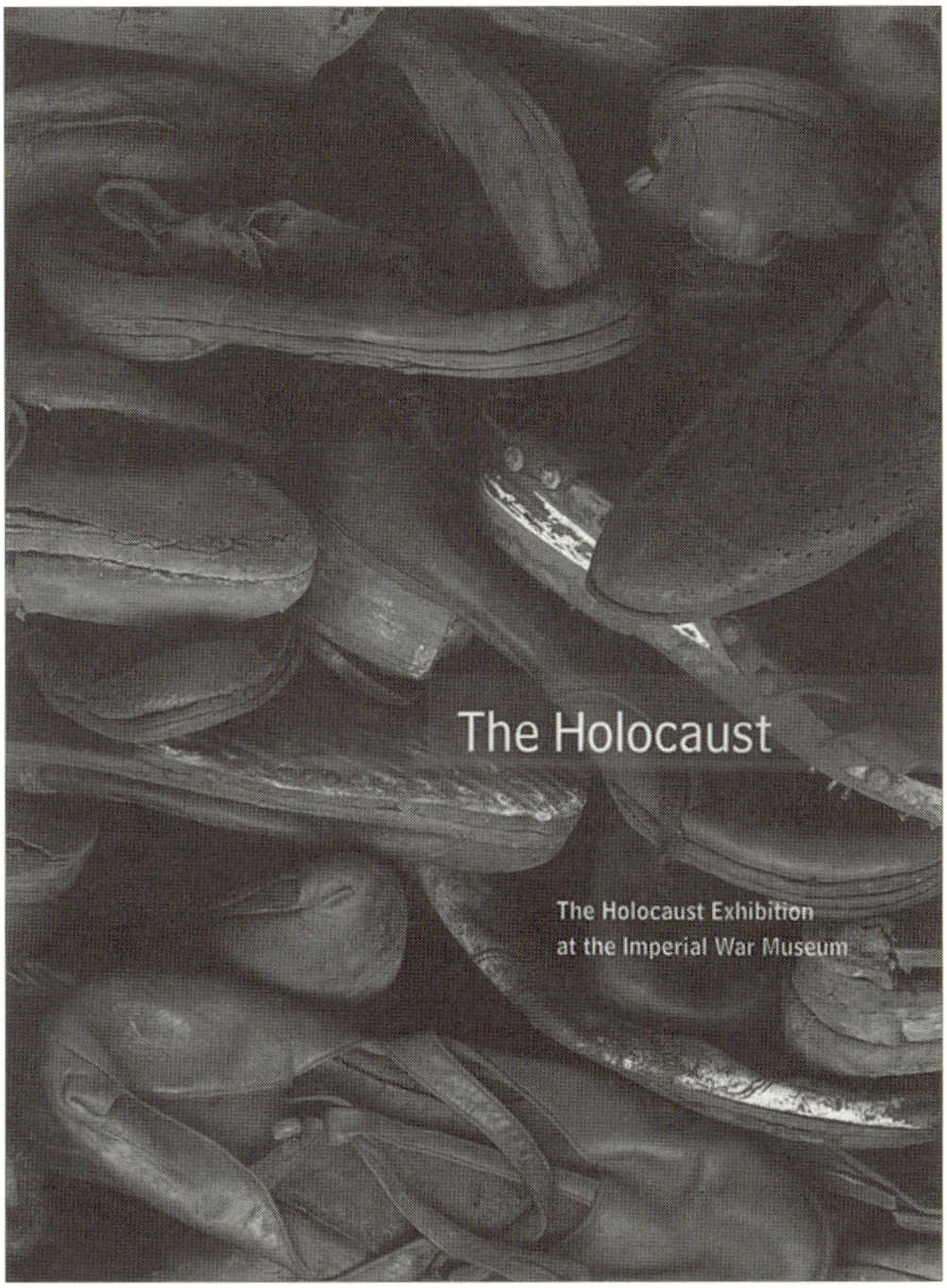

［図］ロンドンにある Imperial War Museum のホロコースト展示翼のパンフレット表紙

c　歴史への真摯さ

ここで、写真を一枚見ていただきます〔図〕。

これは靴です。われわれはみんな靴を履いています。これは単なる汚い靴で、どこからか拾ってきたような靴だとお思いになるかもしれません。これがどういうふうな文脈の中の靴かというと、ロンドンの帝国戦争博物館に二〇〇〇年にできた、特設会場みたいなホロコーストの展示に陳列されている靴です。皆さんもご存じのように、アウシュヴィッツに集められたユダヤ人たちがガス室で窒息死させられる前に、みんな身ぐるみはがれて取られてしまいました。そこで集められた靴の一部が、いまロンドンにもあるわけです。アウシュヴィッツの遺品の展示会場は、世界中にあります。日本にもあります。アウシュヴィッツの現地には、直接体験した生き残りの人たちは年齢の限界に達していますが、直接体験者ではないが教育を受けた専門のガイドさんがいます。日本人のガイドさんもいて、僕は行ったことがないのですけど、日本語で説明が聞けるということです。直接知らない人が伝える仕事についているということで、これは完全に、継承という問題と絡むわけです。

この靴はどこから持ってきたのか、というような、つまり史料批判をやるのが科学としての歴史だとすると、これらの靴を見て、過去にすさまじい暴力があって、今の私たちがあるのかもしれない、と過去と一挙に一体化するのが記憶の歴史です。そういう一体化を促す展示を行う役割を担っているのが博物館ということになります。科学としての歴史と、記憶としての歴史は一応別ですが、連関もしているわけです。このように過去をいかに自分のものとするかという問題について、テッサ・モーリス＝スズキさんは、「歴史への真摯さ」という言葉を出してきております「真摯さ」とは"truthfulness"の訳語です。これは人々が過去の意味を創造するプロセスの真摯さであり、非常に重要な態度である、と言っています。

「科学としての歴史」の方では、昨今、歴史的事実をめぐる論争がものすごくあります。少しだけ言うと、言語論的転回とか歴史相対主義の議論は、はじめは、歴史認識論上、いいところまで行ったと思うんです。しかし、あまり関係のない、妙な人たちにその議論が使われてしまって、ねじまげられてしまったところもあります。「史料に書かれた内容はどうせ本当ではないから、どんなものでも書けばいいのが歴史なんだろう」とか「相対主義だから、何でも自分たちの民族に都合のいい歴史叙述をしてもいいだろう」という態度です。これが行き着く果ては「抹殺の歴史学」ですね。

今回の入試問題をめぐる論議では、あまり問題とはなりませんでしたが、「語り部の話を生徒がなぜ気に入らなかったか」という設問にたいしては、「彼女の話し方が好きではなかった」が正解だったらしい。他に選択肢の一つとして「彼女の話はウソだと知っていたから」というのがありました。この、語り部の「話がウソ」だったという選択肢は、「話が退屈」だったという選択肢よりも大きな問題を提起することかも知れません。それが、アウシュヴィッツはなかったなどと言ったりする「抹殺の歴史学」を思い起こさせるからです。こういった無視できない、かなり大きな歴史認識にかかわる潮流がある。モーリス＝スズキさんは、それに対応、というか対抗するものとして、この「真摯さ」というものをうち出してきているわけです。

この歴史への真摯さ、"truthfulness"というものは何だろうか。これは「歴史知識の伝達」というふうに考えられます。これが、われわれの今日のフォーラムにおける問題です。「歴史的出来事がある。その出来事の記録や表現に携わる人たちがいる。もう一つは、その表現を見る、聞く、あるいは読む人。この三つがある。この三者の間の関係の連続である」。これが歴史知識の伝達です。歴史に対する真摯さというのは、この関係の連鎖を理解する努力の一環です。歴史的出来事、東京大空襲でもひめゆりでも、そういった歴史的出来事があります。これは忘れてはいけない、抹殺してはいけない、ということで人々は記録をします。表現に携わる人たちがいるわけです。それは語り部であったり、歴史家であったり、いろいろな人たちがいます。さらに、記録されたものを見たり証言を聞いたり、あるいは読んだりする人びと、この三つがあります。この連鎖がうまくいかない場合、いくら重要な話がなされても、「退屈だ」と受け止めてしまう人が必ずいるわけです。沖縄戦という歴史的出来事を知らず、もっぱら話し方が悪くて「退屈だ」という人も出てしまいます。受け止め方はその人次第ですから、共感する人もいれば反発する人もいます。理解する人もいれば無理解、無関心の人もいます。語り部の話が退屈なら退屈でいいのですが、最大規模の地上戦である沖縄戦という歴史的出来事を知らずに（あるいは、しっかり知らされずに）、退屈なままでいられるのだろうか。

あくまでその三つを絡ませて問うこと、これが歴史への真摯さです。

最後に、モーリス＝スズキさんが言っている言葉を紹介して終わりにしたいと思います。

「歴史への真摯さとは、わたしたちの内なる過去、周囲の過去の存在に対する注意深さから始まる。わたしたちが過去によって、形作られていることを認識し、そのために、過去は、自分自身や他者を知るうえで、ひいては、人間であるというのはどういうことなのかを知るうえで、この真摯さは不可欠なものである」。そして、「歴史教育がこのような注意深さを喚起し、育てるものでないとしたら、ほかに何を教えても、何の役にも立たない」だろう。

第3回フォーラム① 「歴史を逆なでする」博物館　君塚仁彦

a　欠落させられた記憶

きょうは、戦争・植民地をめぐる記憶について、とくに在日朝鮮人の方々が設立した博物館の事例を材料にしながら、お話ししていきたいと思います。戦争や植民地支配、被害、加害の記憶をどのように伝達・継承していくのかという課題に、博物館というフィルターを通して少しでも近づいていければというふうに考えています。

私たちは戦争体験をどのように受けとめ、引き継げばよいのか。私はこれに植民地記憶という言葉を付け加えたいと思っています。日本は、アジアの国々を植民地化した歴史を持っており、しかもその記憶がきちんと継承されていないという現実に直面しています。戦争記憶と植民地記憶を切り離さないかたちで考えることが重要だと考えています。

いまの日本は、年間三万人以上の自殺者を出し続けている国になってしまっています。人の死をめぐる悲惨な事件がしきりに報道されています。人の「死」というものをいったいどのように考えるのか。「死」に対する想像力というのがいったい何であるのかということを、世代を超えて私たち一人一人が見つめ直し、考え直す必要があるのではないかということを、ここ数年、痛切に考えてまいりました。

とくに今日のテーマである戦争の記憶とか、植民地支配に関する記憶は、人の「死」と切り離すことができません。しかもそれは、通常の「死」ではありません。しかし、現在の日本社会ではそれらが非常に希薄になってしまっています。とくに日本近代史の中で、朝鮮半島に対する植民地支配が大きな原因としてあることによって彼ら／彼女たちの存在がある。彼ら／彼女たちとは在日朝鮮人のことですが、その記憶の伝達や継承ということについて、お話をしていきたいと思います。

季刊『前夜』という雑誌に、「東北アジア「歴史を逆なでする博物館」」という連載論稿を、十一回書かせていただきました。日本が加害行為を行った中国や韓国、そして日本国内にありながら、一般のガイドブックにはあまり紹介されないようなたぐいの博物館、資料館について、積極的にその意義を説くかたちで紹介をしてきました。この、「歴史を逆なでする」という言葉は、ドイツの思想家であるヴァルター・ベンヤミンが、『歴史哲学テーゼ』という難解な本に書き残した言葉です。ベンヤミンによれば、「歴史を逆なでする」というのは、歴史の中に登録されなかった人たちの記録や記憶を復活させようとすることである。そのことは国家や権力者を中心に描かれる「正史」、「正しい歴史」を逆なですることになるのだというのです。

私は以前、博物館で学芸員を務めていました。そこで博物館の仕事というのは、結構残酷な部分があると感じました。博物館で、何らかの事実を取り上げて展示することになるのですが、取り上げるということは同時に、何かを落とすということと裏表の関係にあります。博物館は、社会を豊かにする可能性をもつ教育文化機関であると思うのですけれども、そこでなされる展示の基本作業は、やはり「切り貼り」である。事実の一部を切り取って、一定の空間の中に貼り付けていくという作業をせざるをえない。そこでは、この事実を落としていいのか、あるいはこの事実をここでこう確定させ、このまま展示していいのかという判断が迫られる。日常的な学芸業務の中で、そういう疑問にさいなまれた時期もあります。

その後職場が変わって、今度は学生さんたちに向けて話をする立場になりました。そして日本全国の歴史系博物館を回って展示を見ながら、近世までの展示内容は充実しているけれども、近現代、とくに戦争の展示について非常に希薄になっているという傾向があると感じ、とりわけ加害の事実についてきちんと正面から向き合っていない、そういう傾向があることに心を痛めてきました。そのような時に、ベンヤミンの言葉に出会い、この悲しむべき傾向に釘を刺していくヒントになるのではないかという思いを持ちました。そして自らの経験も重ね合わせて、このような仕事、つまり「歴史を逆なでする」博物館を発見し、そこに学ぶという作業を繰り返している次第なのです。

被抑圧、あるいは被差別の立場に置かれてきた人々を抜きにして、歴史一般を通史あるいは地域史として考えていくことはなかなか難しいことだと思います。侵略戦争や植民地支配による暴力、そして差別・抑圧の中で、自分たちの記憶を歴史に残すための手段を持てなかった人たち、そういう人びとの声なき記録を積極的に取り上げ、歴史に載せていくということ。ベンヤミンは、歴史に対するそのような態度を実践することが非常に大切だと、繰り返し述べています。同時に「抑圧された過去を解放する闘争のなかでの革命的なチャンス」をものにするということを、彼は非常に重視しております。埋もれてしまっている、あるいは語られてこなかった過去を積極的に明らかにしていくこと、それは闘いなのです。私は戦闘も戦争も体験しておりませんけれども、自ら体験していない「抑圧された」過去をどのように「共に」思い出すのか、どのように学ぶのか、そのための有用な手段の一つが、私は「歴史を逆なでする」博物館なのだと考えています。

b　継承されない記憶・継続する植民地主義

二〇〇五年九月二十八日、日本政府は第二次世界大戦終了時までに日本の企業によって徴用、あるいは雇用された朝鮮人労働者の遺骨が、日本全国で延べ八六八人分確認できたことを韓国政府に伝えました。しかし、韓国政府の「強制動員被害真相糾明委員会」という大統領直属の機関は、企業労働者として強制動員された人の被害申告が一三万五〇〇〇件あったと発表し、その後もっと増えています。二〇〇六年、ソウルにあるこの委員会に行って話を聞いてきましたが、実際はかなりの数に上るということです。

ですので、関係者が「強制徴用・強制動員という大きな問題のほんの入り口に過ぎない」と強調されているのは当然で、このことだけでも日本と韓国との間に深刻な歴史認識のずれ、あるいは落差があることは明白です。

このことにも端的に示されていますが、日本がかつて起こしてしまった侵略戦争、それから植民地支配が、アジア諸国にもたらした加害の実態と全体像は、実はアジアを歩けば歩くほど、まだまだ解明されていないという認識を深めるに至ります。ますます高齢化する被害者が、次々と亡くなっているというのが実態だと思いますが、遺族に対する謝罪や補償が、被害を受けた側が満足するかたちで行われてきた事実もあまりありません。

現にいまも東京地方裁判所で、重慶爆撃の被害者の方々が日本政府を相手に裁判で係争中です。重慶は、日本軍が侵略のための爆撃を重点的に行った場所です。二〇〇四年に開催されたサッカー・アジアカップで地元市民の反日感情が日本チームにぶつけられたことが国内で報道され、その名を知ったという人は多いと思いますが、日本軍がかつてそこに大規模爆撃を行ったということを知る人はあまりいないと思います。

一部の歴史学研究者や教育関係者の努力にもかかわらず、多くの日本人は、植民地朝鮮などから日本へ強制動員されて、苛烈な条件下で強制労働のために倒れ、無念の思いを抱きながら地中に埋められた人々の歴史、解放後も生き延びた人々の歴史を掘り起こし、実証的に解明し、学び、伝達・継承しようとしてこなかったのではないかと考えています。

自由主義史観を標榜する人びとに代表されるような、歴史事実をあからさまに否定・隠蔽しようとする動きであるとか、「自分の生活や人生とは関係のないこと」として歴史や社会との関係性を断絶することに、むしろアイデンティティを見いだすような人びとの姿勢、またそれをあおるようなマスメディアのさまざまな活動などによって、日本国内における朝鮮人強制動員・強制労働の歴史の解明、あるいは継承は、まさに危機的な状況、つまりその当事者が次々と亡くなっているということで消えかかっている、そういう危機的な状況に置かれ続けていると考えます。

日本社会における在日朝鮮人への根強い差別、それから当事者の減少などの条件も重なって、その記憶はますます希薄化しています。植民地の被支配者側の記憶が、支配者側の社会で十分に継承されない、「抹消されかねない状況」にあるという事実。しかしそのことを認識する人は、数としては多くないわけです。

それは、大多数の日本人にとって、「いま」を生きていく上で、先ほども申し上げたように、自分には直接関係がない――そういうことをはっきり国会で発言した議員もおりますけれども――として、多数派にとっての「負の記憶」を「知ろうとしない」、あるいは「知らない」「忘れてしまう」「無かったことにする」こと、そういったことがいかに当事者や、あるいはその当事者の遺族、あるいは、当事者の記憶を継承しようとする人たちに対して「暴力」的な行為なのか、あるいはそういう人たちにとっていかに「苦痛」なのかということを、私たちは少し考える必要があるような気がします。

なぜ「記憶」という言葉を使うのか。歴史学の中ではアーカイヴ、つまり記録資料に残るものだけが歴史になる傾向が非常に強くあります。そのため、当然そこからも落とされていくものも無数に存在します。「記憶」を考える場合、そこには抑圧された者に潜在する、たとえばそれは声であったり、あるいは身ぶりであったり、あるいは沈黙であったり、さまざまな表現があると思いますけれども、そういう公には記録されにくい、記録などされない、あるいは見えなくなってしまっている過去の体験、その存在を示唆する可能性が、その「記憶」という概念に含まれていると私は考えています。抑圧された者の過去を通して、現在に介入していく。現在の日本の記憶をめぐる状況、あるいは歴史伝達や継承をめぐる状況に介入していく手段として、私はその言葉を使いたいと考えています。

c　在日朝鮮人が設立した博物館

日本国内には近代における戦争・植民地の記憶に——とりわけ日本の植民地支配、もちろんそれは朝鮮だけではなくて、台湾、そして在日朝鮮人の問題に——正面から取り組む博物館がいくつかあります。今回紹介するのは、朝鮮人マンガン鉱山労働者の記憶の伝達と継承を目的として、一九八九年に設立された「丹波マンガン記念館」です。この博物館は、「平成の大合併」で京都市に編入されていますが、旧京北町という丹波地方にある小さな山あいの町にあります。

一般向けのガイドブックとか観光マップに、この博物館はほとんど載ることがありません。いまでは黒豆の産地としてその名が広く知られている丹波地方に、かつて良質なマンガン鉱山が集中していた事実を、私はこの博物館で初めて知りました。びっくりしたのですが、この博物館の展示で、金閣寺の裏山にマンガン鉱山があったということを初めて知りました。

日本国内でもまだまだ知られていない事実、共有すべき事実というのはたくさんあると思うのですけれども、ここはマンガン鉱山の歴史を、単に丹波地域史の一環として「記念」するための博物館ではありません。丹波マンガン記念館の展示を通して浮き彫りにされるのは、日本社会によってその記憶を抹消されかねない朝鮮人マンガン鉱労働者の記憶、あるいは被差別部落マンガン鉱労働者の記憶です。強制連行され、重労働に耐え、難病である「じん肺」に苦しむ労働者の記憶、日本の「正史」からは除外され、時間の流れにも埋もれ、多くの人々から忘れ去られ、社会から抹殺されかねない状況にある、その記憶だと考えます。

丹波のマンガン採掘の歴史は非常に古く、これは記念館の近くの山の上から撮った写真ですが〔図1〕、とても山深い場所です。いまは京都市の中ですけれども、この新大谷鉱山という、日本国内の鉱山で最末期までマンガン採掘を続けていたこの鉱山そのものが保存・公開されフィールドミュージアム、つまり野外博物館になっています。この博物館は、フィールドミュージアムと展示館の組み合わせで成り立っていますが、その展示で最も驚いたものの一つが、この手作りの地図でした〔図2〕。丹波地方にこれほどたくさんのマンガン鉱山が集中してい

［図1］

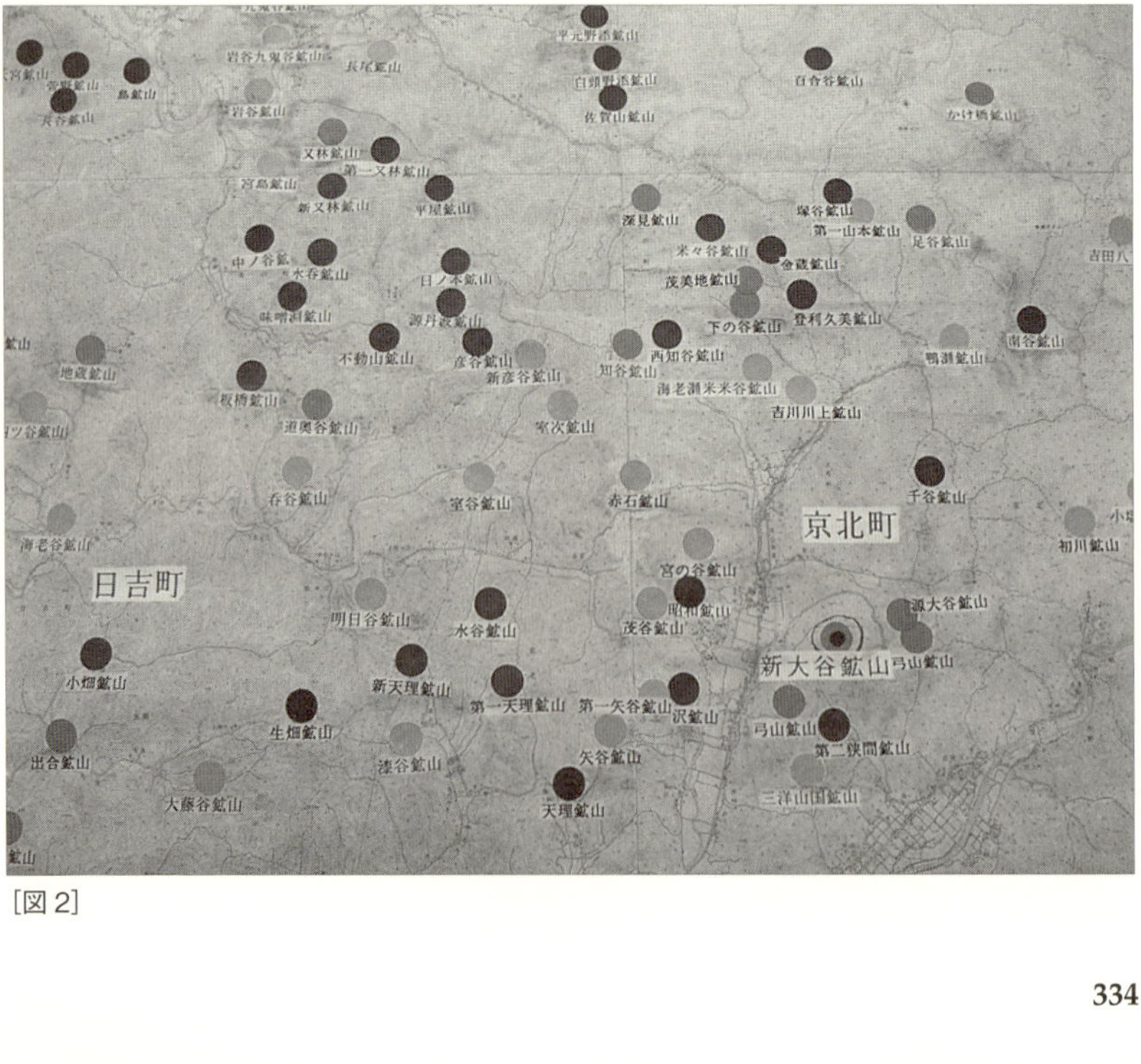

［図2］

たということを、この博物館の展示で初めて知ることができました。そのマンガン鉱山のうちの一つが、当初の役割を終え、その後、博物館として機能しているということになるわけです。

アジア太平洋戦争の最中、そして一九五〇年代から一九七〇年代ごろにかけて、この旧京北町（現在は京都市右京区）、それから旧日吉町・旧美山町（現在はいずれも南丹市）を中心とする丹波地方のマンガン鉱山の数は延べ三〇〇を数えたということが、この博物館の調査で明らかになっています。鉱山開発そのものはすでに明治時代から始められ、そして安い海外の輸入マンガンが大量に入ってくるようになった一九七〇年代から一九八〇年代の初頭にかけて、次々とマンガン鉱山が閉じられたという歴史を持っています。

［図3］

マンガンは、小学校の理科の実験でもご承知の通りだと思いますが、乾電池の材料としてよく知られております。また陶磁器とか瓦の釉薬、瓶の色付けなどにも使われますが、同時にこれが、戦略的な軍事物資であったということが丹波地方に多くのマンガン鉱山を拓かせた理由です。一九三〇年代が丹波地方のマンガン鉱山採掘のピークでした。戦時中、丹波のマンガンはドイツにも輸出されて、Uボートの電池原料としても使用されました。それほど質がよかったといわれています。

戦時中、石炭やマンガンをはじめ、軍需物資として重要な鉱物の採掘は人海戦術で行われていました。戦争の激化とともに多くの成人男性が戦場に駆り出され、不足した労働力を補うために動員されたのが、徴用、あるいは「募集」で、そして強制連行で連れてこられた膨大な数の朝鮮人労働者、あるいは中国人たちでした。

記念館によれば、丹波地方約三〇〇のマンガン鉱山には、およそ三〇〇〇人以上の朝鮮人の人たちが採掘や運搬などの重労働に従事していたことが、聞き書きによって明らかにされています。丹波地方ではタングステン、ニッケルなどマンガン以外の鉱山や、あるいは近くの地域の軍需工場にも強制連行で連れてこられた人たちがいて、そこからマンガン鉱山に移動した人もいました。九州や北海道の炭鉱に強制連行され、そこから逃げてきた人びとも数多くいました。また生活の困窮からマンガン鉱労働に従事していた被差別部落の人も数多く働いていました。飯場や坑内では日本語よりも朝鮮語が話されることが多かったという記録が残っています。

これが丹波マンガン記念館の一部です〔図3〕。展示館ですが、「鉱山資料庫」と書いてあります。後でも申し上げますが、個人が単独で、寄付も募ってつくられたものです。公の支援を一切受けておりません。

この方が、この館の設立者である李貞鎬《イジョンホ》さんです〔図4〕。「じん肺」ですでに他界されておりますけれども、一九八九年の五月、このひとりの在日朝鮮人、元マンガン鉱労働者が私財をなげうって設立したのがこの記念館です。李貞鎬さんは初代館長に就任したのですが、記念館設立のわずか六年後の一九九五年に、マンガン鉱労働者の多くが罹患し苦しみ抜いた「じん肺」で帰らぬ人となってしまわれました。

李さんは幼いときにお父さんを失われ、お母さんが帰国した後にマンガン鉱を採掘していた伯父さんに引き取られて、丹波地方のマンガン鉱を転々とし、四〇年間ほどの鉱夫生活を送りました。

しかし、考えていただきたいのは、展示施設や旧マンガン鉱山の坑道を含む、これだけの規模の野外博物館、フィールドミュージアムが、なぜ個人の力で設立され、運営されているのかということです。マンガン鉱閉山後、李貞鎬さんは、マンガン鉱山の歴史を公に継承していくために、当時の京北町役場に出向いて、町長に、この記憶を公で残し、博物館として整備・公開していくべきだ、町を主体とする第三セクター方式で博物館を設立すべきであると申し入れ

丹波マンガン記念館の外で、李貞鎬さんが
子供達に語りかける。マイクは使わない。
ゆっくりとした太い声が響く。「皆さんは、
このあたりの鉱山で、昔、朝鮮人達が苛酷な
労働を強いられていたことをしっていますか」。
次第にざわめきが消え、子供達の顔が真剣
になる。

［図4］

に行ったそうです。これだけたくさんの鉱山の歴史が、朝鮮人労働者の過酷な労働の歴史が土地に刻み込まれている。その土地に刻み込まれた記憶を継承すべきだと、申し出をしたのです。しかし、残念なことに町当局からこの提案は拒絶されました。この件に対する町の姿勢は冷淡で、当時の町長はゴルフ場とレジャー施設の建設に目を向けていました。

しかし、朝鮮人マンガン鉱山労働者の記憶を、公的な歴史として位置付けることの必要性を、李さんは強く感じておりました。公的な歴史に登録する十分な価値があると彼は考えたのです。その根底には、日本社会にある鉱山博物館の展示がこの側面をまったく無視している、つまり働いている人たちの姿、その歴史、その人たちがいったい誰でありどんな労働を強いられたのかということを無視していることに対する批判がありました。

李さんは次のように述べています。「日本でいつまでも局外者としての人生を送る立場を選んだ人たちは、基本的人権を奪われるばかりではなく、日本人なら誰しも最も大切に思うこと、社会への貢献を評価し、数々の思い出を集め継承していく場所、それさえも持つことを許されないのだということを、人生を通じて学んできた。朝鮮人も日本人と同じように彼らの祖先が生活していたところに出掛けることができるはずだ。そして、先人たちがどんな状態に置かれていたかを学ぶだろう。もしいまわれわれが死んでしまうと、私たちの歴史は消えてしまう。誰かがこの歴史を語り継がねばならない」。

これは、丹波マンガン記念館で出されているガイドブックの一節です。丹波マンガン鉱山労働者の記憶。それは公としてはできれば残したくない、パブリックヒストリーとして残したくない、まさに公によって継承を拒否された記憶だったわけです。そしてそれは、日本の植民地主義がもたらした「負の記憶」「加害の歴史」を公が静かに静かにそぎ取る行為だった。そう考えております。私には、それが植民地主義による歴史の被害者を深く傷つける暴力と思えてなりませんでした。

少し展示を見てみたいと思うのですが、これは、当時の生活の場所、朝鮮人飯場です〔図5、6〕。丹波地方は豪雪地帯で、冬は氷点下一〇度以下になることもままあったそうです。非常に厳しい気候条件の中での労働であったわけです。飯場の食事と書いてありますが、

[図5]

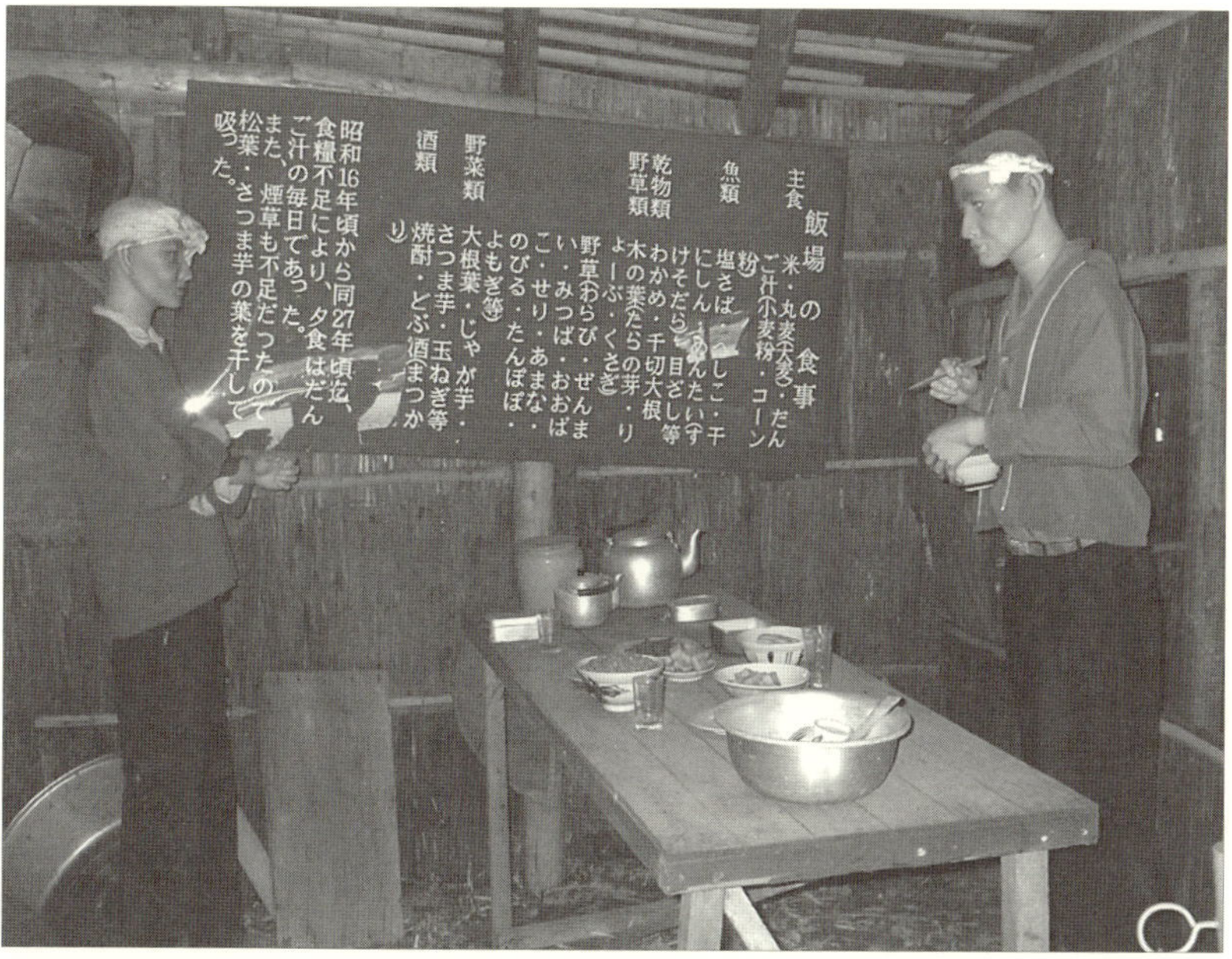
飯場の食事
主食
米・丸麦(大麦)・だんご汁(小麦粉・コーン粉)
魚類
塩さば・しこ・干にしん・めんたい(すけそだら)・目ざし等
乾物類
わかめ・千切大根
木の葉(たらの芽・りょーぶ・くさぎ)
野草類
野草(わらび・ぜんまい・みつば・おおばこ・せり・あまな・のびる・たんぽぽ・よもぎ等)
野菜類
大根葉・じゃが芋・さつま芋・玉ねぎ等
酒類
焼酎・どぶ酒(まつかり)
昭和16年頃から同27年頃迄、食糧不足により、夕食はだんご汁の毎日であった。
また、煙草も不足だったので松葉・さつま芋の葉を干して吸った。
[図6]

［図7］

主食の米や麦、そして塩サバや干ニシンの他は栄養価の低い野草などを食べてしのいだということが、伝えられております。

在日朝鮮人労働者が立ちながら食事をしている場面が再現された展示では、普及品のマネキン人形が使われています〔図6〕。博物館の展示機材は高価なので、個人立の民間の博物館展示では、ままこういうような光景が見られます。当時の労働者の姿を模した特注のマネキン人形を展示するにこしたことはありませんが、この違和感が、かえって一種の迫力を生み出しているように思えます。

これは「ベタ車」という、山陰本線の殿田駅《とのだ》（現在の日吉駅）までマンガン鉱石を運んでいた牛車で、運搬の様子の復元展示です。朝鮮人の労働者が増えると、それまで採掘作業をしていた被差別部落の人びとが運搬を担うようになりました〔図7〕。それから、これが先ほど地図で示した新大谷鉱山ですが、日本最後のマンガン鉱山が博物館化した姿です。その入り口を示した写真です〔図8〕。

この方は李貞鎬さんの跡を継がれた、息子の李龍植《イヨンシク》さんです〔図9〕。現在館長を務められておられます。体の大きな方ですけれども、これが坑内への入り口です。いろいろな人たちが見学できるように、天井のかさ上げをしたのだそうです。

実際は写真右側に映っている小さな看板にある矢印が坑口の高さで、「たぬき掘り」と呼ばれる方法で掘った小さな穴でした。非常に窮屈な格好で中に入っていかざるを得ない厳しい労働条件だったということです。

手掘りで採掘し、戦時中、照明はサザエの貝殻に油を入れたものを使用したといいます。この写真は、ダイナマイ

［図8］

［図9］

[図10]

[図11]

ト普及前に行われていたノミとハンマーによる「セツトウ掘り」の様子です。おおかた、一九三〇年代まで続けられていたようです〔図10〕。こういう昔の、いまでは想像もしにくいマンガン鉱採掘の現場が、ここでは復元されております。

これはもう機械化された後の状況ですね〔図11〕。写真右側の矢印の部分がマンガン鉱で、非常に細い。大きく塊になっているのではなくて、細脈掘りといって、非常に細い岩盤のような部分を掘り進めるということを聞きました。

これは展示館（鉱山資料庫）の方になりますけれども、本当に素人の、まったく素朴な列品展示です。ただ素朴だからこそ、実は淡々と実物が並んでいるからこそ伝わってくるものがあるのではないかと思いま

[図12]

[図13]

[図14]

す。文字による説明が過多ではなく、空間を埋めてしまうような「モノ」の迫力が、この素朴な展示の中にあるような気がします〔図12、13〕。

そこに並んでいるのは、当時の生活用具とか、生産に使っていた道具類ですが、よく見るとその一つ一つの「モノ」から伝わってくるものがあります。

それからここには、丹波地方のマンガン鉱山で働いていた在日朝鮮人たちの聞き書きと写真が展示されています。結果的にこれらは、時期がたつにつれて次々と遺影になっていくわけです〔図14〕。

これは、この丹波マンガン記念館から少し離れたところにある追悼碑です。二〇〇三年に建てられたのですけれども、「産業発展の礎となった人々に捧ぐ」と書かれています〔図15、16〕。全国じん肺患者同盟京都府連合会というところがこれを建てているのです。この中に先ほど写真でご覧いただいた、この館を設立された李貞鎬さんの名前も出ていますが、彼の名前は本名では刻印されませんでした。「仁川文吉」と、ここに刻まれていますが、この名前が李貞鎬さんの通名なのです〔図17〕。亡くなってもなお本名を刻印されないという事実。ここにもさまざまな問題があるような気がします。

［図15］

［図16］

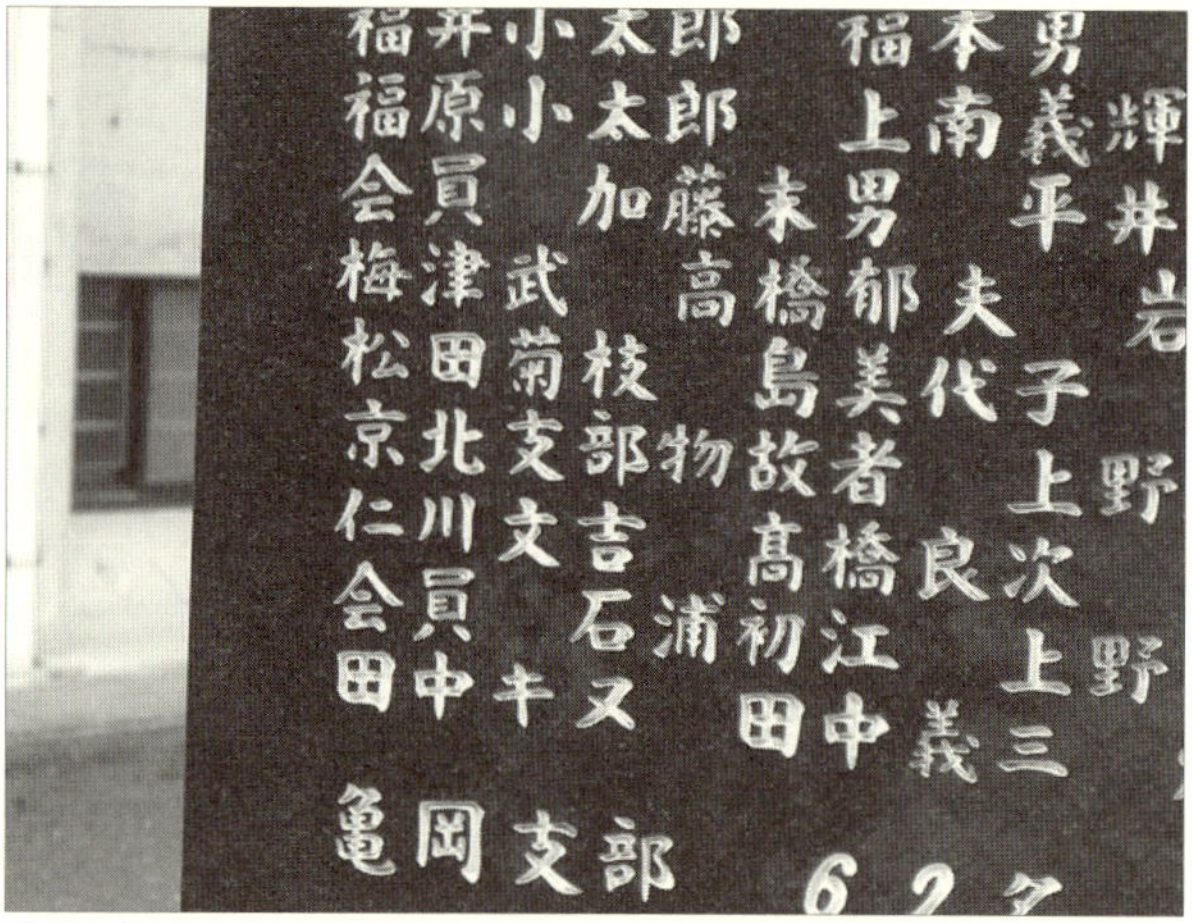

［図17］

李貞鎬さんの言葉があります。「ワシは、将来歴史資料館を建てたい。昔の鉱夫たちの資料を集めて、その生活をパノラマにしたい。ワシも、ここで鉱山やっていたという塚（墓）を建てたいんや」。そしてそこには、苛烈な重労働に耐え、その結果、「じん肺」などで次々と倒れていった先輩労働者の鎮魂を心の底から願う、李さんの姿が重なります。

「マンガンのところに菩提寺を作ろう、マンガンの寺を作ろうと思うとるんです」。生前の李さんの姿と言葉が、記念館の展示や、あるいはそこで頒布されている本やビデオの中に残されています。数多くの鉱山道具や証言記録などの展示スペースとなっている「マンガン鉱山資料庫」。質素なこの展示空間に、優しそうなまなざしで子どもたちを前に話し掛ける李さんの姿があります〔図4〕。

丹波マンガン記念館の外で、李貞鎬さんが子どもたちに語り掛けます。マイクは使いません。ゆっくりとした太い声が響きます。「皆さんは、このあたりの鉱山で、昔、朝鮮人達が過酷な労働を強いられていたことをしっていますか」。次第にざわめきが消え、子どもたちの顔が真剣になる。李さんの姿を収めた写真のキャプションには、そう記されています。

李貞鎬さんが自ら企画し、丹波マンガン鉱山史を記録する会が製作したビデオには、記念館建設への意欲と目的について語る李さんの姿があります。

「採鉱場と選鉱場と、いろいろそういうものを学校として成り立つか成り立たないかしらんけど、いっぺんそれをやってみようと思うとるんです」。忘却されようとしている朝鮮人マンガン鉱山労働者の歴史を子どもたちに語り継ぐ。人びとに伝えていく。まさに丹波マンガン記念館は歴史教育の場でもあるのです。

私は、この博物館に学生を連れて何回か見学に行きました。しかし、李貞鎬さんとは残念ながら会うことができませんでした。亡くなる前にこの博物館を見学できていたらと、本当に後悔しています。ビデオの中に出てくる李貞鎬さんの姿、それは、「じん肺」で呼吸が苦しくなって、自力で歩くことさえできず、息子さんにおぶさりながら精力的に歩かれて、あの展示を作っている姿であるわけです。その姿は、自らの記憶、被害の記憶を抹殺されかねないということに対する怒りと、そのような「暴力」に対する抵抗そのものだと、私は感じています。

d 「他者に対する想像力」をはぐくむ

自ら体験していない、弾圧された人々の過去をどのように学び、そして思い出すのか。そのための有用な手段の一つが「歴史を逆なでする」博物館だと私は考えます。

その意味で、この博物館、丹波マンガン記念館の活動や、そして初代館長の李貞鎬さんの姿は、まさにベンヤミンの言う「歴史を逆なでする」姿そのものに私には思えました。記憶の抹殺、そのような「暴力」に対して、博物館という手段を用いて、文化・教育の視点で抵抗する姿。丹波マンガン記念館には、その精神が息づいていると思います。そして、それは息子さんである李龍植現館長にしっかりと受け継がれています。「歴史を逆なでする」博物館、それは植民地主義によるさまざまな被害や抵抗の記憶を抹殺しようとする「暴力」に抵抗する博物館です。「他者に対する想像力」をはぐくむ館だと思います。

欧米における博物館発達の歩みを見れば分かるように、博物館というものは、帝国主義、それから植民地主義の産物という歴史的側面を色濃く持っています。現代においても、多くはその本質から完全に抜け出てはいません。しかし、丹波マンガン記念館のような博物館活動は、歴史の被害者の記憶を軸に植民地主義への抵抗を試みているという意味で、博物館そのものの持つ本質を変化させる試みでもあるのではないかと、私は考えます。

植民地主義の犠牲となった人々、その人々の生産・生活・被害記憶の掘り起こしと継承のための博物館運動。今後、このような当事者あるいは支援団体による、地域での歴史り起こし運動や、継承のための博物館運動を支えていくためには、財政基盤の強化も必要です。

この博物館は、これまでに数千万円もの資金がつぎ込まれていて、大きな借金を抱えていると聞いています。一時は運営継続を断念するという事態にまで追い込まれました。日本には、この種の博物館や美術館が他にもあります。先日も埼玉県にある「原爆の図」で有名な丸木美術館が経営危機に陥りました。公がほとんど援助をしなかったり、距離を取ったりということで、このような苦しい経営を強いられているところが相当数あります。私たちは、この現実を批判的に考えていく必要がある、状況を変えていく必要があると思います。

最後にある言葉で締め括りたいと思います。先年亡くなりましたけれども、パレスチナ系アメリカ人で現代の知の巨人と言われたエドワード・サイードが、被支配の状況におかれている民族――彼の場合はパレスチナが中心です――が、自らの歴史を葬り去られてしまうことに、どのように対処すればよいのかという問い掛けに対して、著書の中で次のように述べています。

「葬り去られようとする歴史の、その語り手の誠実さが、絶え間なく攻撃にさらされるような状況を決して許さないこと」。

サイードのこの言葉を胸に、それは実は私たちの仕事なのだということを、皆さん方とできるだけ共有できることを願い、この報告を終わりたいと思います。

［註］本フォーラムでの報告後に、李龍植著『丹波マンガン記念館の七三〇〇日――二〇万来館者とともに』解放出版社、

二〇〇九年、が刊行された。ぜひ、一読されたい。また、本報告作成に際し、取材・写真等で多大な御協力をいただいた丹波マンガン記念館および李龍植館長に厚く御礼申し上げます。

第3回フォーラム② ホロコーストを次世代に伝える

中谷剛

a アウシュビッツと田中正造

私の伯父は画家で油絵をやっていたのですが、丹波で生活をしていました。君塚先生のお話を聞かせていただいて、緑にあこがれてあそこで生活をしていた伯父のことを思いながら、非常に複雑な思いがありました。

私は、皆さんに何かをお伝えしようということよりは、学ばせてもらおうという気持ちでポーランドから来ました。そういった意味では、お礼ということになるかどうか分かりませんけど、私の経験を少しお話しできればと思います。

アウシュヴィッツ強制収容所。これは説明の必要もないと思いますが、当時ドイツが占領していたポーランドにあります。私がどうしてアウシュヴィッツの強制収容所でガイドをしようと思ったのか、それは、小学生のときの講演会がきっかけだったんです。ある学者さんがいらっしゃって、アウシュヴィッツの話をしたんです。小学生ですから、どうしてわざわざ講演にやって来て、そんな暗い話をするのかなと、みんなしらけていたわけです。いつ終わるかと壁の時計を見ながら聞いていたところ、私の心に、この学者さんの言葉がちょうど留ったんです。それは、アウシュヴィッツというところでは、よそ者、よそからやってきた人間だということで、何百万人も殺されたのだ、という言葉でした。

そのときに何か胸を突くような感じがありました。というのは、皆さんの中でもそんな経験があるかもしれませんが、私は小学校三年生の九月に転校してきた一人だったんです。四月じゃなくて九月というのは非常に微妙なところで、もう学校がはじまっているわけで、夏休みを経過しての途中編入なんですね。私は神戸市の生まれですが、親の転勤で栃木県の足利というところに引っ越しました。そのときに、言葉がやっぱり非常に違っていて、普通にしゃべることが難しい状況になった。周りの目が気になって、いじめというわけではないんですが、何となくよそ者扱いされているなという、そんな気持ちがありました。

半年ぐらいずっとおとなしい子どもでいた経験があって、それがこの学者さんの、よそ者ということで何百万人も殺されたという言葉につながったんです。それが最初のきっかけでした。そういった意味では、皆さんが今日私の話を聞いていただいている、そのきっかけと非常に似ているようなところはあるんじゃないかなと思います。皆さんの中にも、土曜日の午後にこんな暗い話をされて困ったものだなと受け止める方がいらっしゃっても、これは別に不思議じゃない。私もその一人だったからです。

中学校のときの経験も少しそれに関係があります。中学校は足利市の協和中学校というところでした。そこに英語の先生がいらっしゃったのですが、授業の途中でその先生が居眠りをはじめたんですね。普通だったら居眠りというのは私たち生徒の特権なのに、教えている先生が、英語の授業中にうつらうつらしはじめた。これはショックで、何だ、この先生はと思って、担任の先生に聞いてみたわけです。

すると担任の先生は申し訳なさそうに、この英語の先生——嶋田早苗先生というのですが——は、田中正造の末裔なんだが……と言うのです。田中正造というのは足尾銅山による河川の汚染に対して、庶民と一緒になって闘って、天皇に直訴をした大変な人であって、その方の末裔である。それで、いまご親戚の方が危篤になっていて、もう一週間ずっと寝ずに看病しているんだと、こういう話だった。このときに、田中正造という名前と出合ったんですね。すごい人なんだなという印象をもったわけです。

その後私は、隣の町の佐野高校へ進学しました。佐野は田中正造の出身地で、生家も残っています。この田中正造とアウシュヴィッツがなんで関係があるのか、ということですが、ちょっとここから話が飛んでしまいます。私が学生のころは冷戦の時代で、東ドイツと西ドイツが分かれていて、ベルリンの壁もありました。いまのように欧州連合が拡大していくような、そんな時代じゃなかった。いつ原子爆弾が落ちてもおかしくもない時代で、誰か大統領がボタンを押せば、世界が滅びる。原子爆弾が飛ばされるまであと何分だなんていうことを示す時計があったくらいです。これは、いまの学生さんたちにはもしかしたら想像できないかもしれません。世界の関心は核戦争に向いていたわけです。

ちょうど高校二年生のときのことでした。授業を前倒しして、夏休み期間中から補習授業をやっていたのですが、歴史の先生がこうおっしゃったんです。明日、九月一日は関東大震災があったり、ヨーロッパで戦争がはじまった、非常に嫌な日だと。明日何もなければいいなと。そう言った次の日に、韓国の大韓航空の飛行機がソ連の戦闘機に撃墜されたんです。旅客機でした。そのことにすごくショックを受けました。どうして普通の乗客が何百人も乗っている飛行機を、簡単に――簡単と言っていいのか、言葉に語弊があるかもしれませんが――撃ち落とすようなことができるのか。このことがとてもショックだったんです。

それで、田中正造のことを思い出したのです。もちろんテレビのニュースなんかを見れば、いろいろな政治家の言葉はコメントとしてありました。けれども、一般の人がそのことをどう思っているか知りたかった。たとえば田中正造と庶民はいろいろな対話をしている。ヨーロッパに旅行に行けば、もしかしたらテレビとか新聞とか以外に、そういう話が聞けたり、見られたりするんじゃないかなと思った。そんな自己満足的な目的もあって、大学のときに、ヨーロッパを一人旅したわけです。

だから、いまになってみれば、小学校時代からのことがなんとなくあって、それが大学時代のヨーロッパ旅行に結びついていたといえます。

b　ポーランドの人たちとの出会い

そのときは西ヨーロッパからベルリンの壁を渡って、そして東ヨーロッパを列車で渡って、シベリア鉄道の一番東のハバロフスクまで移動しました。

もちろん、小学校のときに説明を受けていたアウシュヴィッツには、必ず寄ろうという気持ちがありました。でも、アウシュヴィッツに行くことは最後の目的ではなくて、その当時の社会の状況を、その場所に行って自分で確かめてみようというのが最初でした。

実際にソ連の人と話をしたんですが、あまり反応がよくなかったんです。大学に入って少しロシア語を勉強していました。自分のロシア語がもしかしたら下手だったのかもしれないんですが、勉強も兼ねて話をしてみたけれども、何か反応がよくない。それで、ちょっとしらけてしまったんです。

けれども、アウシュヴィッツに行くために寄ったポーランドでは、すごくたくさんの人と出会ったんですね。どういった人たちかというと、自由を求める人たち、民主的な社会を求める人たち、そういった人たちとの出会いです。

クラクフという、ポーランドの南部の町に泊まることにしていました。当時は社会主義時代で、いまのような自由な社会ではなかったので、日本でホテルを予約すると、すごく立派な高級ホテルしか取れなかったんです。私は学生ですからジーンズとかトレーナーとか、そんな格好で旅行していたので、本当に不釣り合いなホテルに泊まらされた。泊まっている人も、みんな外国からの訪問者とか、ポーランド人であっても政界の非常に立派な人ばかりで、ほとんど話はできませんでした。

それで、二日目からそのホテルはやめて、民宿に泊まろうと宿を探したんです。たまたまいい宿が見つかって、その結果、ポーランドの庶民たちと接触ができるようになりました。最初コーヒーショップに入って、たばこを吸いながらコーヒーを飲んでいると、学生らしき人が周りを囲んできて、どこから来たのかと言うわけです。日本からと答えると彼らは目を輝かせて、そうかそうかと、こそこそと話しはじめるんです。ポーランドは本当に自由がないし、経済もよくないし、これはみんないまの政府の責任だとこっそりと言うんです。

これもいまでは信じられないことですけれど、当時は私服で、自分の国に対して悪口を言う人を見張っているような人たちがたくさんいたらしく、それでこっそりと話しかけてくるわけです。それが僕にとってはとても新鮮でした。僕らは生まれてからずっと自由で、民主的な社会なんか当たり前のような生活をしていたので、ああ、自由というのは彼らにとってこんなに価値があるものなのか、ということを学ばせてもらったんです。それからポーランドという国にすごく興味を持つようになって、それで移住することになるんです。

ヨーロッパをずっと旅行している間に、西ドイツと東ドイツという二つの国に分かれていて、ポーランドも壁の向こう側だし、ほかにもフランスもイタリアもある。その、どの国の人と片言で話してみても、みんな親切で普通に反応してくれるわけです。どうしてこの人たちが、私たちも含めて、お互いにけんかしなくちゃいけないんだろうと、非常に単純な疑問がわきました。私の性格からして、疑問がわいたということは、それは解決しなくてはいけないことを意味します。それでどういう解決方法を選んだかというと、自分を実験台にしてみようと思った。たとえば言葉もほとんど分からず、いまから住もうという国の文化もほとんど知らず、ぽんと身を乗り出してみて、生活していけるのかどうか、ちょっと試してみようということです。もちろんそれは無謀なことなので、失敗することは前提です。ただ、みじめな生活をするのはよそう、私たちがいま生活しているような状況を自分がそこで保てるかどうか、このことを試してみようと思った。それで大学を卒業してもう就職していたんですけれども、三年働いて少しお金を貯めて、ボーナスもらって、二十五歳でぽんとポーランドへ行ってしまったんです。

c　アウシュビッツのガイドになる

アウシュヴィッツの強制収容所の案内をしているのもその流れです。ポーランドに行けば、ポーランドの戦争の歴史とかヨーロッパの戦争の歴史とかを、当然学ばなくちゃいけない。アウシュヴィッツの歴史だけではなくて、ポーランドのことを学ぶということは、そこに住みはじめるうえで当然大事なことだと思ったんです。一番不安だったのは、その社会に溶け込めるかどうかです。それがやっぱり問題で、語学がうまくなったり歴史の勉強をしたりしても、その社会の人たちが本当に私を認めて受け入れてくれるのかどうかも不安だった。そういった意味では努力しなくちゃいけないなと思って、まずそこからはじめたんです。こんなことは、皆さんにまねしてやってほしいとは思わないんですけれど。ポーランドに住んで、もう一五年になるんですが、私がこうやって講演に招かれて話をさせていただいているのは、そういったことが可能だということを証明しているようなもので、自己満足の域ではそれなりに目標は達成しているわけです。

アウシュヴィッツはいま、ポーランドの国立博物館なんです。そういった意味ではガイドになるには試験がある。その土地に入れば郷に従うというか、そういった国の資格を取るということは、語学の勉強になるし、その一つのハードルとして最初は勉強をはじめました。アウシュヴィッツの歴史に関してもともと大学で勉強していたとか、何かそこに非常に興味があったとか、歴史を伝えるべきだと考えていたわけではなく、時の流れに合わせて動いていったような感じなんです。でも学ばせていただけることはたくさんあって、それがいまとなっては非常によかったなと思っています。

もちろん、道のりはそんなに平坦ではなくて、最初はうまくいきませんでした。たとえば、まず住むためには許可証が必要ですよね、外国に住むわけですから。これは日本に来ている外国の人もそうでしょう。その許可が出るまでは旅行者扱いですから、働くこともできない。でもやっぱり何もやらないわけにはいかないので、建築現場の仕事とかしました。これはもしかしら怒られるかもしれません。不法労働ですから。でもこれが役に立ちました。建築現場の仕事をしているところで使われる言葉は、辞書にない言葉が多いわけです。いろんな下品な言葉がたくさんある。でも、道を歩いていると、みんな下品な言葉を話しているわけですから。

そういったことが積み重なり、失敗もしながらそれは肯定的に受け入れていきました。最初の三年間はあまりうまくいかなかったんです。途中でお金も尽きて、日本に帰って、三か月ぐらいアルバイトをして、またお金をためてポーランドに戻って、ということが一回、二回と続きました。だからやっぱり難しいことは難しく、平坦な道ではありませんでした。これは、逆に外国から日本に来ている人たちがどれほど大変なのか、どうしてユダヤ人たちがヨーロッパに来てあれだけ大変な思いを受けたのか、そういうことを自分で実体験をすることになったのだと思います。決して不法労働を推薦するわけじゃないですけれど、不法労働をしている人たちの環境というのは、私は日本というお金持ちの国から来ていたので単純に比較はできませんが、でもそれなりに感じることはできました。そういったこまごまとしたことが、このアウシュヴィッツと、アウシュヴィッツを引き起こした要因と非常に結び付いていると思うんです。

アウシュヴィッツの博物館のことを具体的にお話をすると、私たちのようなガイドは二五〇人います。沖縄のひめゆりの方たちと対照的に、戦争体験した人はもう案内人としては一人もいないんです。戦争体験者はもうほとんど引退しました。ですから戦争を体験していない人たちばかり、ちょうど皆さんと同じぐらいの年齢の人たちもたくさんいらっしゃいます。

そういった意味では、歴史を伝えるという作業、次の世代に引き継ぐという作業が終わりつつあって、そしてそれが実りとなっているといえます。アウシュヴィッツに来る見学者の数も増えてきています。もし皆さんも西ヨーロッパに旅行に来る機会があったら、ご自身の目でアウシュヴィッツを見ていただきたいんです。歴史はずっと風化していくものと思われていたけれども、二〇〇四年ぐらいから見学者の方も増えてきました。これはヨーロッパの人たちにとっても、すごくうれしいことのようです。

私もアウシュヴィッツを案内するわけですが、私はやはり日本人なので、外国の歴史を説明していることになる。要するに広島の原爆のことを、外国の人が外国からやってきて話をしているようなものですから、ある方にとっては非常に違和感があると思うんです。あそこの場所で亡くなった人たちの気持ちが分かるわけはないだろうということもあるだろうし、歴史背景も知らないのに、そんな断片的なことを話してどうなるんだという気持ちは、おそらく私が案内をはじめたころは、ポーランドの人たちはまずみんな感じていたと思います。試験には通ったけれども、博物館が私を採用するのを恐れたのも、それが第一の理由でした。

博物館にたいして私は、ヨーロッパの人たちが、ヨーロッパで起きたヨーロッパの人の恥ずかしいこと、恥ずかしい歴史を、次の世代にどうやって伝えようとしているのか、その伝え方を学ばせてほしいと、こう言ったんです。さすがにそう言われると博物館の人も仕方なく、それはそうだということになって、そこから私もガイドができるようになったんです。

この、歴史を伝えるという場合に何を伝えるのかということ。これはやはり私たち日本人にとっても興味のあることでなければなりませんが、それが民主主義社会の問題でした。さきほどお話をしたように、民主的な社会とか自由の価値というのはそれだけ大きいのだということを、自らも感じていたし、それを失うということは非常に不幸だという意識が、学生時代の旅行のときに根づいていたので、その価値観を伝えるいうことは大事だと思ったのです。

というのは、ナチス・ドイツとかドイツ第三帝国とかいわれますけれども、その政治的なトップにいたヒトラーという政治家は、皆さんご存じかもしれませんが、ワイマール時代というドイツの民主的な社会の中で、普通選挙で選ばれていった政治家なのです。ヒトラーが合法的に政権を獲得した中から、アウシュヴィッツみたいなことが現実に起きた。つまり、民主的な社会のシステムだけでは不十分だということが示された歴史があったわけです。つまり、民主的な社会ということ以外に、何かがなくてはいけないということを教えられた。このことをやはり、日本の方にお伝えするべきではないかなと思いました。

d　許すことはできても、忘れることはできない

もう一つは、戦争に参加した、参加しなければならなかった国、もしくは占領された国、そういったいろいろな国々の国際関係の問題です。ヨーロッパの人たちは、そういった戦争による傷をどうやって癒やそうとし、もしくは解決しようとしているのか、そのことをやはり学ばせてもらいたい。学んだことを日本の方に伝えたいという気持ちがあったんです。

ポーランドもそうですけれども、韓国の人と話していてもそういうことを言われます。国として被害に遭ったような人、歴史的に必然的に被害の側に置かれてしまった、そういう社会的な土壌があるような人たちは、必ずこう言うんです。戦争の歴史に対しては、過去のことだから、もう許してあげてもいいということは言えても、それを忘れるべきではないと。

いわゆる被害に遭った人たちの気持ちとして、忘れてはいけないという思いがすごく強い。これを日本の方にお伝えするということは、私たち日本人として、さっき君塚先生がおっしゃったようなことがらを、私たちは忘れてはいないんだよという一つのメッセージにもなるわけです。

韓国や中国の、大変な目にあった人たちのことを、日本人も考えているんだなと。これは、ヨーロッパでも、言葉ではもう謝ってくれたんだからそれ以上はいい、行動で示してくださいということを、よく政治家同士話をすると聞きますけれど、その行動の部分に当たるんじゃないかなと思うんです。過去のことだからもういいじゃないかという風潮、これは日本では非常に強いと思うんですが、逆にそれが国際関係で、非常に不信感を招く原因になっていると思います。ヨーロッパの場合も、戦後の冷戦の時代があって、なかなかうまくいかなかったんですけれども、最近は

そのことに気がついてきています。私たちは忘れていません、アウシュヴィッツまで行って、ユダヤ人のことを考えているんですよとこう言うことによって、ああ、そうか、ヨーロッパであんなことが起きたけど、ヨーロッパの人もこのことを記憶しようとしてくれているんだなと、ユダヤ民族の人たちが思ってくれるような、そういった流れがある。それは安心感を与え、信頼関係を構築させることになります。そして、それはいずれ、パレスチナの問題が解決される一つの要因にまでつながっていくのではないかなという期待を、何となく僕は持っているんです。

でもその過程はとても大事で、地道なものです。別に政治家のひと言でも謝罪でもない。博物館に見学に来ている人たちがたくさんいて、それを見ている被害者であるユダヤ人たちがいる。彼らの気持ちもやはり大事です。このあたりの、といったらいいんでしょう、国際関係が成熟していくプロセスというのを、いわゆる第三者的に見させてもらうというのは、日本とアジアの将来の関係を考えるのにとても役に立つんじゃないかなと、こう思ったんです。

最後は、いわゆる差別・偏見の問題です。なぜユダヤ人がそんなに嫌われ、やはりアウシュヴィッツで犠牲になった、いまではロマと呼ばれるジプシーの人たちも排除されたのか。よく質問が出るんですが、非常に難しい問題です。どうしてユダヤ人は嫌われるのか。どうしてロマが嫌われるのか、さらには、どうして西ヨーロッパの人は東ヨーロッパに対して蔑視感を持っているのか、あるいは、どうして同性愛者やエホバの証人の信者に対して、何か自分とは違う存在だなんて思ってしまうのか。もちろん、皆さんに均一的に当てはまることではないわけですから、一つの答えにはまとめられないんです。私の主観的なお答えはできるにしても、それが皆さんにすべて当てはまるわけではありません。

でも、やはり避けては通れない問題です。目的として差別や偏見をなくそうと思っても、そんな特効薬はおそらくないわけです。もしかしたら何年も何十年も何百年も、差別や偏見をなくす教育に重点を置いていけば、それなりの環境ができてくるのかもしれませんが、すぐに消えるわけではありません。

そういった意味では、本質を変えることはできない。それに変わるものを必要とする。これがもしかしたら、そういった戦争の歴史、戦争が原因で起きた結果を、世にさらしておく、そしてそれを関心を持って時々見学し、考えてみるということなのかもしれません。いわゆる答えは出ないんですけれども、そういったことを導いてしまった要因を、いろいろと教えてくれる場所がアウシュヴィッツである。けれども、当事者であるとなかなか見えづらいことがあります。

たとえば日本から来たエホバの証人の人、同性愛者の人たちをグループで案内することがあります。彼らは私にたいして最初から、私たちはエホバの証人だとか同性愛者のグループだとかを言わないんです。私の話を聞いて、この中谷というやつに言っていいかどうか、一応私の出方を見てから、最後に話してくれることがあるわけです。つまり、彼らは日本の社会において、そういった色目で見られているという意識がすごく強い。多くの日本人は、そんな目で見てはいないと思っているわけです。差別なんかしていませんよと。直接的にはしていないかもしれないけれど、でも往々にして多数側、強い側にいることに気付いていない。日本にいると、そのことをとくに感じられないことも多いでしょうから、逆に少数派になってそれを感じてみる、そのことを伝えていくということは、もしかしたら日本でいつも多数派になって生活している人にとっての、ひとつの警鐘になるんじゃないかという気もあるわけです。

こんなことを説明するまでもなく、民主的な社会というのは、常に多数派が勝っていく社会です。そういった意味では少数派のことを考えない社会になってしまっていて、それこそ独裁政治よりも怖い社会になることがある。これが、ホロコースト、アウシュヴィッツの歴史が証明したことでもあるんです。この三点が、私がアウシュヴィッツを案内している大きな理由なんです。

私は、沖縄の元ひめゆり学徒隊の方々のことがすごく心に残っています。沖縄のひめゆりのおばさまたち、宮良ルリさんをはじめ数名が、アウシュヴィッツにいらっしゃったのは、二〇〇三年九月のことでした。

私も最初は誰が来たのか分からずに案内していたんですけれども、あの方たちの、言葉では表現できない姿勢とか、話の内容とか、そして最終的に「中谷、君はなかなかいいことをやっているじゃないか」と、こう言ってくれたこと、これが非常に心の支えになっているのです。今回は、ひめゆり平和祈念資料館の仲田さんがこの場に出席されるということなら、私も喜んでお供しますということでここに来たのです。

この後お話ししていただく、仲田さんにバトンタッチして、私もまた学ばせてもらおうと思います。

第3回フォーラム③　ひめゆり資料館を継承する

仲田晃子

a　体験していない者として

私は、第一回目のフォーラムにも参加させていただきましたが、その後、今日まで、青山学院の先生方や学生さん、あるいは卒業生の方、いろいろな方から声を掛けていただく機会がありました。たとえば、先週も中等部の生徒さんたちがいらっしゃいましたし、卒業論文で沖縄戦の記憶の継承についてテーマとして取り上げたいので、インタビューしたいとおっしゃる方も来られました。女子短大の先生方とも、結構時間を取ってお話しする機会もあり、前回のフォーラムに参加した方も、していない方も、いろいろな方にお声を掛けていただきました。

私が前回お話ししたということ、その本当に小さな接点をつかまえて、お声掛けくださったことに、すごく感謝をしています。そういうことが力にもなったり、お話を通していろいろなことを考えたりすることがたくさんありました。あらためてこういう機会をつくってくださっている皆さんに感謝申し上げたいと思います。

今回、松尾先生の方からは、普段仕事をしていて困っていることなどあれば教えてほしいと言われて、何をお話ししようかなと考えたんです。普段困っていることというと、さほどないんですけれども、取材攻めにあったりすることがあって、それはとても困る、というか大変なことでした。

私が取材を受けて新聞に出たり、テレビや雑誌に出たりするときは、戦争体験もしていないのに戦争体験を話す、偉い、すごい人とか、ありがたい人とか、そういう感じに描かれる記事がほとんどで、それは実際の私とかみ合っていないと思って、すごく不安になったりしていたんです。記者の方だけではなく、普通の一般のお客さんからも、体験がない人が戦争体験をどうやって継ぐんですかということは、しょっちゅう受ける質問で、その質問への答えにはものすごく困っています。

というのも、私は、戦争体験者と同じように戦争体験を分かるとか、継ぐことができるとかいうふうには、まったく思っていないところがあって、だからといって、やらなくてもいいということにはならない。また、戦争のことを考えたり、継いでいくということは、体験者のためにやっているわけではまったくない。私が知りたいとか、やっておいた方がいいような気がするとか、そういう、私がやりたいということでやっているということがあります。それで、質問される方からするとたぶん、腑に落ちない答えをしていると思います。

どうやって戦争体験を継ぐんですかという質問が出るのは、たぶん私の普段の仕事や、その仕事について私がどういうふうに考えているのかということが、皆さんに見えないということに原因があるのだろうと思います。それで、今日はひめゆり資料館がどういうふうにできてきて、いまあって、これからどうしようとしているかというお話を簡単にしたいと思います。

b　資料作りからはじまった資料館

ひめゆり平和祈念資料館は一九八九年にできました。戦後六〇年以上たっていることからすると、まだできたてだと私は思うんです。けれども、この資料館は決して当たり前に存在しているわけではないということを、最近すごく感じていて、その重さみたいなことを考えることがあります。

戦争体験者の方たち、ひめゆりの方たちは、戦後の長い時間の中で、体験というものを、ほとんど人には話していないんです。早い時期に手記を残した方も何人かいらっしゃるんですけれども、いまやっているような講演活動など、たくさんの方に自分たちの体験を知ってもらいたいというかたちで証言とか言葉が発せられるようになったのは、本当に、資料館づくりがはじまるころにはじまったと言っていいと思います。戦後三〇年、四〇年という時間は、ほかの沖縄戦の体験者と同じように、皆さん黙しているという状況だったと思います。

そういう中で、沖縄の中ではいろいろな契機があって、沖縄戦を振り返ったり、語りだすことになるんです。忘れ去られようとしていることへの危機感だとか、また、というかまだ戦争をやっている状況への危機感、また自分のところにも、火の粉がいつ来てもおかしくないということへの危機感などがたくさんあって、とにかく戦争を体験した被害みたいなものを、きちんと伝えていかないといけないんじゃないかというふうに、たくさんの人が思うようになります。

資料館づくりがはじまったのは一九八〇年代に入ってからです。ひめゆり資料館はひめゆり同窓会がやっている私設の、私立の資料館で、元ひめゆり学徒の方たちが資料作りから、ほとんど手弁当ではじめました。

たとえば、もちろん沖縄戦の研究者の方の手も借りながら資料作りをしていくんですが、そのなかで、証言を聞き取りする作業を行いました。同じひめゆり学徒といっても、陸軍病院に動員されて生き残った方だけでも九〇名を超えています。それ以外にも、一緒に動員されないで自分の家族と逃げていたとか、自分の住んでいる地域に駐屯していた部隊に協力して戦闘に巻き込まれた人たちがたくさんいます。動員されてもされなくても、沖縄戦に巻き込まれた人たちがたくさんいるので、それぞれの証言を取るという作業をまずやっています。

このころは、まだ教職に就かれている方もいましたが、学校が終わって帰ってきて、家事を終えて、たとえば家族が寝てから後で証言のテープ起こしをやるんだけれども、なかなか進まなかったとか、ずっと大泣きしてしまって大変だったという話なんかもよく出てきます。けれども、そういうことからはじめているんです。

あとは資料を探しに行く、展示するための資料を集めたりします。自分たちがその時にいた病院の壕や、ガマなどに入っていって調査をします。そのときに遺骨が出てきたり、そこに置いていったものが出てくるんです。これはたぶん誰それさんの筆箱だろうとか、誰々が持っていた持ち物だということが分かるものもあったり、誰のものかは分からなくても、明らかに女学生の持ち物なので、おそらく誰かお友達のものだろうというものがたくさん出てきました。そういうものを一つ一つ拾っていきながら、資料館づくりをしていきました。

資料館のオープンに関しても、私立で公的な支援を受けないということで、どういう規模にするのかとか、そういうことも含めて、みんなで議論しています。ちょうどその時期というのは、沖縄戦のことを残すことに賛同してくれる世論というものがあったんです。ですから寄付金もいっぱい集まりました。そして、沖縄戦の研究者だけでなく市民の声に押されて、声だけではなく手も借りて資料館が出来上がっていきます。建物を建てるために、まず募金集めをして、戦前からの同窓会が持っていた土地と建物がありましたので、それを担保に入れてお金を借りるというかたちでオープンさせてきました。

c　証言員の体験を語り継ぐこと

ひめゆり資料館の大きな特徴ですが、いま現在も、元ひめゆり学徒の方と一緒に、すべて決めて運営しています。学芸員に大きな権限があるとかということはなくて、もちろん専門分野で力を発揮できるところは学芸員がやったりすることもありますが、ほとんどすべて一緒に決めていきます。次の企画展をどうするかとか、毎日入る感想文を全部読んでいって感想文集を編んだりだとか、そういう作業を日々、元ひめゆり学徒の方たちとやっているわけです。

彼女たちはずっと、自分たちの体験をどうしても伝えたいという思いでやってきた。ところが、じゃあ、自分たちがこれまでと同じように、資料館の活動ができなくなったときどうするかということを、ここ五年ぐらいで真剣に考えはじめたところらしいのです。お歳を考えれば、びっくりすることですけれども、もっと早くから準備されていたらいいのに、とも思うんですが、本当に具体的に次世代に継ごうということが発想され、実際にそういうかたちになってきたのは、ようやくここ最近のことです。

ひめゆり学徒の体験をつないでいくために、資料館でまずやったことは、証言の映像を撮るということでした。資料はいっぱいありますけれども、自分たちの顔と言葉をやはり残しておきたい。ということで、証言の記録を少しずつはじめたのが一九九四年ごろです。その映像は資料館の中では使われていますが、表に出してたくさんの方々に見ていただくとか、ビデオにして配ったり販売するとかということはしていません。あくまで資料館の中で、聞いていただくための証言撮りです。それは広めるというよりは記録ですね、記録のための証言映像です。

二〇〇四年の四月には展示をリニューアルしました。最初の展示は、物に語らせるというコンセプトがあり、説明文が少ない展示でした。誰かが説明しないと分からない展示だったんです。注射器が置いてあったり、樽が置いてあったりしますが、それが何なのかという説明がほとんどなかった。それで、ひめゆりの方たちは、自分たちでつくった資料館なんだから、自分たちのこととして、展示室に立って説明をしようということになりました。それが証言員というかたちで、いまでも続いています。当番を組んで館内での説明にあたっているんです。

そういうかたちでずっと資料館をやってきたんですが、証言員の仕事も、自分たちがいなくなったときに展示が分からなくなる、説明文がないために何だか分からなくなるというのは困る、ということで説明文を増やした展示になりました。新しい展示はすごく説明文が多くて、まともに読むと、たぶん一日出てこられない展示になっています。けれどもそれも、自分たちがいなくなってもちゃんと思った通りに伝わるようにということで増やしているのです。

けれども、説明文を増やすことで、伝わるようになったからいいかというと、どうもそうだとも思えなかったようです。彼女たちは証言員の仕事をずっとやってきて、来館者の方と直接お話しすること、対面して説明することの重要性みたいなものを、その活動の中から感じ取ってきていたんです。私たちができなくなったら、もう中で立って説明する人はいらないのかというと、そうでもないだろうということになりました。それで、二〇〇五年から私が、説明員というかたちで資料館で働くことになったのです。

この説明員というのもあまりなじみがない肩書というか職名です。私も何かはっきりしないなと思っていたんです。証言員がいままでしてきていた仕事を継いでくれる人ということで、説明員ということになりました。戦後世代の学芸員もいますけれども、学芸員は展示の説明には当たっていなかったので、その部分をやってほしいということで、資料館に来ました。

私はそれまでは大学にいて、あとはフリーターみたいなことをしていて、たとえば誰かに説明するとかガイドするとかいったかたちで、戦争を伝えるということはしたことがなかったんです。できないけどやろうという、とても軽い気持ちで資料館に勤めることになりました。

沖縄の中では平和ガイドと呼ばれている人たちがたくさんいて、わりと広がりを持っています。市民の運動のようなかたちで、平和ガイドがされているんです。たとえば修学旅行生のバスに乗り込んで、一日戦跡案内をするとか、ガマに入るときに案内をするとか、そういうことをやっています。そういう方たちは、ほとんど戦争体験者ではないのです。

ここ数年の間で、若い世代の平和ガイドがとてもたくさん出てきています。私よりも年が少ない、皆さんと同じぐらいの世代の、二十歳前後の大学生もそういうことをやっているんです。大学生をしながら、休みの日に修学旅行のガイドをするとか、授業をサボって修学旅行のガイドをするとかしているんです。彼らの活動を知っていたので、私にも何かできるんじゃないかというような、ものすごく軽い気持ちで資料館に来ることができました。

私は資料館で証言員の仕事を継ぐことになっていたので、まず、証言員が展示室内で何をしているのか、最初に見せてもらうことにしました。そこで、彼女たちの活動、「語り部活動」とも呼ばれたりしている証言員の活動は、語り部というイメージからはみ出るようなことをいっぱいしていたんです。

たとえば、もちろん戦争体験を話しているんですけれども、逆にそこに来たお客さんの戦争体験を聞いたりしている。たとえば私のところで空襲がありましたとか、私の父はこうこうこうでとか、直接体験者じゃなくても、おじいさんは南方に行っていてどうだとか、艦砲射撃が私の地域にもあったんですよという話とか、戦争体験をずっと聞いていたりする。そういう中で、たとえば地上戦は空襲とは違うので伝わりにくいということも分かったりする。証言員が、地上戦を説明するために必要な自分の体験などを話しているのも、たぶんそういうやりとりの中から得てきたものだと思います。

それから、質問を受けたりしています。質問にうまく応えられないことも多いみたいなんですけれども。質問も本当にさまざまで、たとえば中学生ぐらいだと、日本はどこと戦争していたんですか、沖縄と日本が戦争していたんですか、とか。あるいはどうして逃げなかったの、とか。そういう質問にも、閉口せずに一生懸命答えています。

そういう姿を見ていると、当たり前のことですけれども、一方的にしゃべっているわけでもなく、来てくださる方のことをよく見て、何が見えていないのか、どう言ったらうまく伝わるかということを、常にずっと考えながらやってきている。お客さんとやりとりしながら、自分の体験が何なのかということを、考えたりしている姿が見えてきました。

それだったら、私にもできそうだというふうに思いました。戦争体験を一人称で私は語ることはもちろんできないけれども、お客さんの話を聞いたり、中には、とてもよく戦争のことを知っている人がたくさんいるので、教えてもらったり、本質的な質問をされることがすごく多くて、本当に思考や言葉を鍛える、すごくいい契機になったりする、そういうことを続けていくことはできるだろうと考えています。

そう思いながらも、彼女たちがやっているようには、戦争体験は言えない。まず私が伝えるとすれば、彼女たちから聞いた証言から考えたことだとか、その証言を整理して話すこと、歴史的に話すことということも必要になってくると思います。証言を聞いて感じたこと、彼女たちは自分たちの体験をいまどう思っているのか、どういう思いで資料館をやっているのかということについても、私は伝えていきたいというふうに考えています。

彼女たちは、自分の戦争体験について話すんですけれども、私はたぶん、彼女たちを通して戦争を見るし、彼女たちがどういうふうに戦後生きてきたのかということについての話をしています。そういうことをしていくことが、たとえば戦争のあった六十何年前と、いまとの時間をうまくつないでいくことになるんじゃないかなと今は考えて仕事をしています。

第3回フォーラム④　パネルディスカッション

佐藤泉（司会）：これからパネルディスカッションに入りたいと思います。

今日お話しいただいた方は、三人とも戦争を体験した世代ではありません。その上で、この問題に深くかかわることを日々のお仕事になさっている方たちです。まさにその意味から今日のフォーラムにお呼びしたわけですが、思っていた以上のお話を伺えたかと思います。今回のフォーラムは当初、体験していない戦争をどういうふうに受け取って語り伝えるのかという課題を立てていましたが、そういう発想を組み替えて下さるようなポイントが、お話の中にはたくさんあったと思います。この点を中心にパネルディスカッションの中で深めていけたらと思います。

さて、パネルディスカッションに入る前に、この場においでになれなかった方の手紙をひとつ紹介させていただきたいと思います。青山学院大学の理工学部に隆先生という方がいらっしゃいます。この春ご定年を迎えて、いまは名誉教授になられました。

中谷さんがアウシュヴィッツ博物館のガイドに就任なさって間もない一九九九年に、隆先生ご夫妻がアウシュヴィッツ博物館を訪問しました。そのときに中谷さんが、ほとんど半日くらいをかけてガイドをしてくださったそうです。隆先生はもちろん、ガイドをなさった中谷さんにとっても、この時のことが大変深い印象として残っている、という話を、今回の企画に当たった松尾先生に中谷さんがメールのやりとりの中で伝えてくださいました。

隆先生は、ちょうど今日、アメリカで先生ご自身が会長をなさっている学会が開催されているため日本を留守にしていらっしゃいます。そこで渡米なさる前のお忙しい中、ご無理を申し上げまして、アウシュヴィッツを訪問したときの印象記を寄せていただきました。その文章を朗読してみたいと思います。よろしくお願いします。

朗読：中谷さんが一九九九年の私どものアウシュヴィッツ訪問をご記憶とのことでしたので、そのとき何をお話したのかと、細い記憶の糸をたどってみましたが、確信できるようなことは思い出せませんでした。ただ、中谷さんから丁重なメールをいただき、それと合わせて私の記憶をたどりながら当時の印象を述べてみます。

アウシュヴィッツが現地ではオシフィエンチムと呼ばれていることを知ったのはこのときでした。木立の中の第一強制収容所の入り口で中谷さんにお会いして、われわれはすぐに見学に歩き始めました。レンズの落ちた眼鏡の山、女性の頭髪の山、薄汚れた衣服の山、傷だらけのかばんの山、これらは極一部の遺品に過ぎないとの、中谷さんの説明でした。コルベ神父が餓死を強要された室、近くの銃殺に使われた死の壁、入り口には〝Arbeit Macht Frei〟〔働けば自由になる〕の空々しい言葉を掲げた鉄製の門額、高圧電流が走っていたといわれる鉄条網、プロトタイプのガス室、三基ある人体焼却炉と搬送道具、いずれを見ても当時の〝狂気〟としか思えないものばかりが鬼気迫る勢いで次々と現れました。この収容所には、当時の収容所責任者であったヘスが、のちに処刑された〝絞首台〟がそのまま残されていました。さらに、第二収容所ビルケナウに車で移動したとき、昔見た映画〝夜と霧〟の最初と最後に現れる収容所の列車門がそのままの姿で建っていました。この門の内側はまさに〝地獄〟の入り口であったのかと思うと慄然としたことを思い出します。また、収容所の中に入ると、鉄路が数本に分れており、昔見た映画で貨車から下ろされる人々の姿が見えるような気持ちでした。破壊された大量殺戮のガス室、真ん中に排便溝のある粗末な二段の寝所十数棟などが、その日の青空のもとに点在していました。

見学のあと、最初の場所に戻る前のひと時、ビルケナウの門前で中谷さんと少し話をする時間がありましたが、少なくともわれわれは、ここで見聞した〝過去の事実の重さ〟に圧倒されていたことでありました。中谷さんに、〝なぜ、異国にきてまでこのようなお仕事をなさるようになったのか〟とのわれわれの問いかけに、〝自分は、人間が過去に起こした過ちを、今後二度と引き起こして欲しくないとの思いから、自分にできることをしたいのだ〟と言われたことを覚えています。

以上が、私どもがオシフィエンチムを訪れたときの印象です。言葉にしてみて思いますのは、決して十分にそのときの〝驚きや憤慨や疑問〟などを表現できているとは思いません。私にとっては、中谷さんの冷静な語り口、忠実な事実表現がむしろ当時の〝狂気と悲惨〟がより強烈にまた心に響くように伝わってきたのだと言えます。そしていまは、私は私なりに、中谷さんが伝えようとすることを聞き取れたのかな、と思っています。

佐藤：ありがとうございました。以上が隆先生の印象記です。

中谷さん。以前いただいたメールに、当時アウシュヴィッツを訪問なさった隆先生のある一言が心に残っていると、お書きになっていたかと思います。その「一言」のことを少しお話しいただけますでしょうか。

中谷剛：私は一〇年前に案内をはじめたんですが、隆先生とお会いしたのは、ちょうどその二年目のことでした。こういった場所の歴史を案内するわけですから、ここを訪れた人にどうやって案内をしたらいいのか、試行錯誤からはじまったんです。これは犠牲者の方にとっては申し訳ない表現かもしれませんが、どんな表情をして説明したらいいのかとか、涙もためないで説明するのはちょっと不謹慎じゃないかとか、いや、あんまりまじめに悲惨な話ばっかりしていると、見学している人たちも大変だから、途中で息抜きにちょっと冗談でも入れてみようかとか、そんな不謹慎なこともやったわけです。いろいろな方から怒られたり、それはいいと言われたり。

隆先生が一番、私にとってはいいポイントになっていただいた方なんです。案内して二年目でしたから、みんなが私の案内を必要とするわけじゃない。アウシュヴィッツという博物館は、案内人を雇わなくても、自分で自由に入ることもできるところです。それで、大学の先生から案内してほしいと言われたことは、これは光栄でした。大学の先生がガイド二年目の私を説明役に付けるのは、これは光栄だというのが最初の印象でした。

もっと印象的だったのが、隆先生は非常にダンディーでおしゃれな方で、奥様と一緒にいらっしゃったのですが、「中谷君、戦争というのはひどいことは分かっているんだ。平和が大事なことも当然分かっているけど、じゃあ、それを伝える目的はどういうことなんだ」と、そんなに厳しい言い方ではなく遠回しに、お話しされたんです。いままで人類は戦いを繰り返してきた、これからも繰り返す可能性は十分ある、その案内をするんだったら、きちんとその目的を明確にするべきじゃないかというようなニュアンス……。この一言だけだと誤解を招く可能性があるのですが、そういったたぐいのことを言われた。

それがいいポイントになったというのは、その日から私の案内の仕方が変わったからです。つまり、伝える目的がはっきりしました。具体的には、何をすれば将来こういったことが繰り返されないことになるのか考えていくことを、その日からはじめたわけです。考えるためには材料が必要で、歴史を眺めているだけでは非常に難しいことです。これは学術研究員の人たちの研究成果を見ることも一つあるのですけれど、さきほどの仲田さんのお話にもあったような、見学される人たちとの会話から、それを得ようとしたわけです。

だから申し訳ないんですが、案内をしながら、見学されている方たちから私は学んできたんです。

たとえば新聞記者の方がおり、テレビ局の方もおり、大手自動車メーカーの方もおり、いろいろな職業を持っている方たちが来られたわけです。戦争のことばかりに携わっているわけではなく、たとえば自動車を売るために南アフリカに行けば、南アフリカはこんな感じだ、いまケープタウンはこうなっている、アパルトヘイトはあったけれど、実際にそこに身を置くとこんな感じだよといった話を聞かせてもらう。その後もメールで連絡をいただけるんです。つまり、具体的ないまの問題に結び付けてアウシュヴィッツを案内する、そういうことを考えるきっかけになってきた。そのターニングポイントになったのが隆先生との出会いでした。

佐藤：お三方は、それぞれのお立場から、博物館、資料館に深くかかわってきた方たちだと思います。私たちは、博物館には過去の史料が展示してあり、そこに行けば過去の何かが分かるだろうというふうに単純に思ってしまいがちです。今日は君塚先生から、私もほとんど何も知らなかったマンガン記念館のお話をうかがいました。そこには、自分たちの生存の痕跡が葬り去られてしまうという危機感がある。自分たちの記憶が消されてしまおうとするときに、その動きに抵抗するものとして博物館が作られたのだというお話でした。記憶をめぐる大変緊張したせめぎ合いの場となっている、そういう博物館のイメージが、今日のお話を通して感じられました。

また、仲田さんのお話にあった、来館者の方とのやりとりの中で、ひめゆりの方たちが自分の体験を理解し直していく、そういうプロセス。これは私の思い込みで、ひめゆり資料館は戦後すぐからあったと、つい思っていたんですね。ところが、ひめゆり資料館は設立の準備が八三年からはじまり、開館は一九八九年とのことでした。戦争から大変長い時間がたってからできたんですね。たぶん体験者の方たち自身、どう語るのか、試行錯誤がその中であったのかと思います。

仲田さん、ひめゆり資料館の創設に至るような、その時代の背景はどうだったんでしょうか。仮に「戦後」というにしても、沖縄は日本と違った戦後史を歩んできました。そのことで何かお話を伺えたらと思うんですが。

仲田晃子：難しいですね。歴史家の仕事を要求されていますけれども。

沖縄戦の体験者は、沖縄戦のことをもちろん戦後すぐから話していたわけではありません。いま沖縄戦のことを知ろうとすれば、各市町村がやった体験聞き取りの大きな仕事がありますけれども、それが出てきたのは一九六〇年代の終わりごろなんです。それまでは戦争体験というのは、もちろんつらくて話せなかったということが一つはあると思うんですけれども、語る必要もなかったということがあると思います。具体的に誰がどんな体験をしたかということを知らなくとも、語られなくても、その痛みみたいなものが沖縄の社会全体として共有されていたんだろうと思います。

けれども、だんだんと戦後世代が増えていきます。沖縄では弾が降るという形の戦争は終わったにしても、戦争状況というものは目の前で続いていくんです。基地がまず残ります。アメリカ軍が沖縄戦のときに攻めてきたけれども、それ以降ずっと、アメリカ軍が沖縄に残っている。そして、それ以降世界各地に沖縄の基地から出て行って、どこかで人を殺して帰ってくる。そういう戦争状況というものはずっと続いているんだけれども、一方で戦争体験者が少なくなって、戦争の記憶、どういう体験がなされたのかということが分からなくなっていく状況が出てきました。

そういう中で日本への「復帰」ということが政治日程に上ってきたんです。沖縄の人たちが日本への復帰を求めたのは、まずは憲法九条下への復帰という意味で、復帰運動がなされてきました。復帰したら、基地に取られた土地が返ってきて、自分のもといたところに帰れると思っていたんです。戦争をしないということを九条はうたっているわけですから、日本に帰れば九条が沖縄にも適用されて、戦争にもうこれ以上巻き込まれなくてすむ、戦争しなくてすむ、というイメージです。けれども復帰してみると、米軍基地が残っただけではなくて自衛隊が入ってくることになった。実際の感覚としては軍隊が増えるということになっていきます。

そうなると、どんどん戦争に向かっているという感覚なんです。これは生活感覚で、政治的にどうこうということではなくて、本当にもう戦争に向かっているんじゃないかという危機感が、体験者の方たちの中にどんどん出てくるんです。そういう社会的な動きの中で、沖縄戦というのは何だったのかということのとらえ返しみたいなものが、あらためて起こってくるというのが、復帰前後のことなんです。

八〇年代になると、一フィートフィルム運動といって、アメリカの公文書館にある沖縄戦の映像フィルムを買い取って、沖縄で上映しようという運動も全県的に起きてきた。沖縄戦とは何だったのかということをもう一度、とらえ返していく時期が、八〇年代になると思います。ひめゆりの方たちのなかにも、復帰を前後してその沖縄戦のことを語りだしたという方がいて、そういう流れの中で資料館もできてきたということになります。

いま、平和学習をしようとすれば、体験者の話を聞いたり、博物館に行ったりということはすごく当たり前で、みんながすぐできることになっているんですが、こういうかたちになってきたというのは本当についい最近のことで、それまではそういう状況というのはなかったといえると思います。

佐藤：復帰が一九七二年で、その前後から沖縄戦とは何だったのか、その記憶の掘り起こしが進んでいった。それ以前は、みんな沖縄戦の、ある意味で痛みの部分を知り過ぎるほど知っていた方たちばかりですので、それを語り伝えるという発想は、現在のようなかたちではなかったということですね。ここには戦争の語り、それ自体の戦後史が描かれているような気がして、仲田さんの話を興味深く聞きました。

そしてもう一つ、平和憲法の日本に帰ることとして思い描かれていた復帰のもとで、実際には軍事化が進んでしまったという生活実感があって、その危機感が沖縄戦の掘り起こしという運動に広がりを与えたということだったかと思います。証言が残される、資料館や博物館が存在する、それは自然にそこにできてきたわけではないんですね。ある状況や危機意識があって、そこから過去が振り返られる。その過去は、今と切り離された過去ではありません。それで再度君塚先生のお話についてですが、マンガン記念館の場合、存在そのものが衝撃的です。博物館の存在というか、それを見ることの難しさということも感じます。博物館の在り方というのが、結局私たちの歴史認識の在り方を変えるような一つの契機になるのではないか、そんな気さえしてきます。

君塚仁彦：私はまだアウシュヴィッツには行っておりません。行くチャンスは過去にあったんですけれども、逃してしまいました。というよりも、日本人として、日本が過去にかかわった戦争の歴史、侵略の歴史や記憶が刻み込まれた場所、回らなければいけない場所が、日本国内、沖縄、アジアにたくさんあるということ、まず、そのことが最初に意識されているのかも知れません。沖縄に行ったり、それからアウシュヴィッツに行かれた日本の人たちが国に帰ってきて、どういうような行動を取られたり、あるいはどういうようなお考えを持たれたのかという部分も非常に大切なのかなと、先ほどからお二人のお話を聞いていて考えていました。

中谷さんのお話の中で、「もう謝ってくれなくてもいい、けれども忘れない」というくだりがありましたが、これは本当に大切なことです。私も数年前に、韓国のソウル近郊の堤岩里というところに行ったときに、教会が運営している博物館を見学する機会を得ました。堤岩里教会事件という、植民地支配に反発する住民を日本軍が虐殺した事件が、一九一九年四月に起きました。その現場に博物館が建っていて、大量虐殺が行われた場所が博物館化しているのです。日本人としては行くのが非常につらい場所の一つでもありますけれども、ここ数年は少しずつ足を運ぶ人が増えてきているという話を聞きました。

その博物館展示で、足が動かなくなった展示がありました。展示には、こういうキャプションが日本語で書いてありました。「許そう、しかし、忘れない」というキャプションなんです。許すけれども、私たちは忘れないと。その後、ここで何があったかということの展示とその説明が、英語、朝鮮語、それから日本語で淡々となされていました。これは私にとっては非常に重くて、先ほどの中谷さんのお話と通底するような、つまり、やった側は忘れるけれども、やられた側というのはなかなか記憶から消し去ることができないということを示していると思います。

それから、仲田さんのお話との関連では、当事者が次々と亡くなっていくなかで、その記憶をどのように継承していくのか、その語りの質や、あるいは空間のつくり方や共有の仕方ということが、いま真剣に問われていると思います。この二つのことを、さまざまな、それこそ「歴史を逆なでする博物館」を回りながら、ずっと考え続けています。

私が足を運ぶ場所は博物館だけではなくて、たとえば韓国でいえば、アメリカの軍事演習場の跡とかもあります。こういう場所も、韓国では平和運動のためのフィールドミュージアムにしようという構想があります。ですから、博物館というのは、楽しく学べる場所という側面も当然ありますけれども、そういうことだけではなくて、緊張を伴った記憶をめぐる戦いの場というか、そういう側面がある。当事者たちが亡くなった後、そこに実は当事者の人たちが希望をつなごうとしていて、それを引き受ける人たちが、どのような行為が取れるかということが、真剣に問われる段階に入ってきているのではないか。そういうふうに思いながら、お二人のお話を聞きました。

佐藤：ありがとうございます。私は、さきほど君塚先生が映してくださったスライドの、デパートのマネキンが立っている画像にギョッとしました。この記念館がどのようにして建てられたかを知らずに見れば、単純に変なものが立っているな、貧相だなと思ったに違いないのです。私財が投じられたとおっしゃっていましたが、そもそも資金がたくさんあるわけではない、そのようにして作られるのでなければあり得なかった博物館、そのようにして残すのでなければ残らなかった記憶の意味を、読まなければなりませんね。楽しく学べれば、それに越したことはない。ですが、そうではない博物館の在り方、あるいは博物館の見方ということを考えさせられました。あの写真は重いです。

旅行ガイドには載っていない博物館かもしれませんが、その存在を知るということはとても大事だと思いました。御自身も紹介なさっていましたが、『前夜』の連載では、堤岩里その他、私たちが気づくことのできないでいる博物館のことを、君塚先生がご紹介なさっています。関心をもたれた方は、ぜひお手に取ってご覧になっていただければと思います。

さて、許そう、しかし、忘れない、という堤岩里の言葉。虐殺の跡地。博物館は、また同時に墓地でもある、追悼の場でもある、ということを今日のお話から感じました。

中谷さんのアウシュヴィッツに関するご本の中にも、そんな一節があったかと思います。私たちは忘れていない、このことを繰り返し表明し続ける、戦争を語るということにはそういう側面があると、中谷さんはおっしゃっていました。これは全く気付かなかった視点で、とても印象深くうかがいました。

中谷：アウシュヴィッツではヨーロッパの歴史を説明しているわけですけれども、やはり案内していて目に付くのは、見学している中国や韓国の人たちの姿です。実は日本人の見学者よりも、韓国人の見学者は四倍も多い。ほとんど日本のグループはみえない。あちらこちらで韓国の言葉が行き交っている。彼らがどうしてここに来ているのか、日本人として興味があるので、韓国の旅行会社の添乗員と話をするんです。

最初はなかなか握手もしてもらえませんでした。日本人を憎んでいるから、というより、何で日本人がこんなところで私に握手してくるんだという戸惑いみたいなものでしょう。やはり彼らは、見学しながらアウシュヴィッツのことも考えているけど、六〇年前の自分たちの国のことも思っている。つばまで吐かれたことも何回かありました。やはり当時の様子を思い出して、いらいらする人もいるんでしょう。

それが何回もこう手を差し出していると、徐々に握手してくれるようになった。その後「韓国の人はどう思っていますか」と、お話を聞くと、「いや、もう過去のことだから」と言ってくれるんです。「でも私たちはお父さんやお母さん、おじいちゃんやおばあちゃんから聞いてきたから、これは忘れないし、忘れるべきではないんだ」と、こうおっしゃるんです。

これはポーランド人も、ユダヤ人もそうでしょう。私はポーランドに住んでいて彼らと密着しているので、それをいつもいつも聞かされるわけです。ドイツ人を加害者と決め付けてしまうのではないけれど、戦争をはじめた国には間違いない。そういった意味では私たち日本人も、沖縄の問題も含めて、この問題は避けるべきじゃないし、むしろ将来のためにうまく活用するべきだと思うんです。

佐藤：そうですね。よく未来志向というような言葉が使われます。未来志向には賛成ですが、本当に未来を大事な課題にするならば、戦争を本当の意味で終わらせなければなりません。それをすらりと通り抜けては、実は未来に何も始まらないし、終わらないという気がします。

私たちは沖縄戦の事実を聞く立場ですが、聞くという立場を受動的にではなく、捉え直したいと思います。ときには身が縮む思いもするような韓国や中国の方たちの記憶もそうですし、沖縄戦もまた、ただ過去の事実を聞くというだけでない、信頼に基づく対話を始めるためにも聞く側の姿勢を組み替えながら戦争の記憶を引き継ぐという考え方が必要になる時期かもしれません。

仲田さんが以前、ひめゆりの証言員の方たちを尊敬するが、それは彼女たちが戦争を体験したからというよりも、それ以上に語り伝える資料館を創設してそこで語っていく活動を造り出したことだとおっしゃっていたのを思い出しました。記憶の継承の仕方には、そういう敬意や、何か心を寄りそわせていくプロセスで生まれる心情の部分も多いのかと思いました。うまく言葉にできない部分で啓発された点が、今日はとても多いです。仲田さんの言葉も、中谷さんの言葉も、日々のお仕事の中で言葉を探して言葉をつかんでいく、そういう言葉だということを感じます。

さて、語り伝えるということですが、たとえば中谷さんの最初のお話にありました、ポーランドの社会で生活して、社会に溶け込む努力、受け入れられようとするその努力を通して、故郷から引き剥がされるように遠く離れたポーランドまで連れてこられてしまったユダヤ人、そういう人たちの気持ちを想像する、想像力の回路ができてきたということだったんでしょうか。

中谷：これはちょっとデリケートな問題ですが、間違いなく私の方が恵まれているわけです。なぜかというと、私は日本という生まれた国を持っているからです。どこで失敗しようが、日本には両親もいるし、日本に帰れば、まあ、それなりに社会保障をもらえるかもしれない。しかしユダヤ人は国がないわけです。つまり失敗しようが成功しようが、そこでずっと生活しなくちゃいけない。だから、そこで拒否されたということは、人類から拒否されたようなものですね。これが大きな違いです。これはロマにもいえることです。もう少し話を広げれば、たとえば日本でエホバの証人という宗派が宗教活動を禁止されれば、同じ運命に遭うかもしれません。そこが決定的な違いです。

決して彼らの気持ちが分かったということではない。いまの日本よりずっと、平和で自由もあって、バブル経済の時代を過ごした私ですが、それでも、そういった意味では、ポーランドに住むことが、一つの取っ掛かりになったかもしれません。

佐藤：歴史の中で殺害されていった人々と、今の私たちと、それは本当に徹底的に違う。けれども、その違う人のことを想像しなければならない。けれども、すんなり想像できると簡単に思ってしまうわけにもいかない……。まさに二律背反のような難問です。自分のものではない記憶に寄り添おうとするときの難しさが中谷さんの経験の内に折り込まれているのだろうかと、今のお話を聞きました。

何より、君塚先生がお話しになった、日本に強制連行されて来た朝鮮の方、中国の方、この方たちのことを私たちは想像する責任があります。にもかかわらず、被害と加害の立場の違い、絶対に一緒にできないような違いがある。その難問の手掛かり、博物館という、今と過去のメディアの中にその手掛かりはないものでしょうか。

君塚：博物館は、可能性があると同時に、さまざまな問題系が絡み合う存在です。この前、東村山市に国立ハンセン病資料館という博物館ができました。そこに行ってみて、強制隔離という悲惨な歴史があったことはすぐに分かる。見学した人も、みなさん、「分かった」と感想を書くわけです。しかし、そこで何が「分かった」のかということが実は問題です。だから、まずは「分かった」と文字で書いてみて、「分かった」自分を確認するような心の動きや行為を大切にする必要があります。それは何らかの取っ掛かりにはなると思います。繰り返し「分かった」自分を確認するということをきちんと見ていく必要がある。

具体的な例をあげると、それはなかなか難しいんですけれども、私が勤務している大学の学生さんに、国立ハンセン病資料館の展示見学の感想文を課題で出してもらったことがあります。すると、こんなにひどい人権抑圧状況があったということを初めて知ってよかった、分かった、と書く。しかしそれは、知識の上で分かった自分に一定の満足感を覚えていて、そこで思考が止まってしまっているのではないかということを感じるのです。そのような場面が、何回もありました。

仲田さんも中谷さんも、説明をされていて、見学者との対話の中で、さまざまなことを感じられた。仲田さんのお話の中に「日本のためにありがとう」という見学者の心ない発言が「語り部」の方々にぶつけられるというくだりがありました。博物館体験、つまり展示を見たり、そこで話を聞いたりということに対して技術的なことだけが、いろいろな本やメディア、また博物館学という学問分野の中で語られています。けれども、やはりそこで語ることの意味、それを聞くことの意味、聞いた後どうなのかといった点が深められないと、あまり意味はないと思います。

むしろ、そこに行って何かこう、ギザギザした気持ちになったとか、そういうような気持ちを持って帰ってもらって、それをレポートにぶつけてもらった方が、私はかえって意味があるなと期待しているのですが。

私が学生を連れていく場所は、戦闘があったような場所だけではなくて、丹波マンガン記念館もそうですけれども、生産の場、生活の場というような場所なのです。ただ、この丹波に関しても、労働者が勝手に逃げられないように、監視役の職員が入口と出口のところに立ち、一定のエリアから逃げられないようなかたちで強制労働が行われていた。そういう事実も含めて語り伝えていかなければいけないと思います。私たちが知らなければいけないこと、知って満足するということ以上に、そのことを知った上で何をしなければいけないかということを、真剣に考える時期にきているんじゃないのかと強く思います。

佐藤：そうですね、考えるのを終わりにしない、やめてしまわないということはとても大事なことだと思います。お二人の説明員、ガイドの方たちは、日々のお仕事の中で、毎日そういうことをお考えになっている。私も戦争について関心を持ってはいますが、日々それを考える、というスタイルではありません。今日、お話をうかがっていて、戦争の記憶に絶えず関心を向け続ける方だからこその英知、へんな言葉ですが、そういう日々だからつかみ取ることができたなにかを、分けてもらったように感じた箇所がいくつもありました。

実は、フォーラムの前の打ち合わせのときには、はなはだ人の悪いことを言っていたんですよね。「今日来てくれた方たちには、ぜひ居心地悪くなって帰っていただこう」とか（笑）。仲田さんも、何ておっしゃっていたんでしたっけ。

仲田：不安にして帰そう（笑）。

佐藤：不安にして帰そう、今日の集まりはそういう集まりですので、ぜひ皆様にも不安になって帰っていただこうと、すみませんが是非ともお願いします。それは、考えることを終わりにしない、それを繰り返すことによって、やっとその遠くに何かの未来が見えるだろうと、ややまとめすぎの言い方になりましたが、この場自体も継続していく試みであると思っています。今日も、その入り口を、三人のお力を借りて開くことができればと思って行われた催しでした。

これでパネルディスカッションのコーナーはこれでひとまず閉じさせていただきたいと思います。ありがとうございました。

［執筆者紹介］

松尾精文（まつお・きよぶみ）
一九四五年生まれ。青山学院大学文学部教授。訳書：アンソニー・ギデンズ『近代とはいかなる時代か?』一九九三年。同『国民国家と暴力』一九九九年。同『ギデンズとの対話』二〇〇一年（いずれも而立書房）など。

佐藤泉（さとう・いずみ）
一九六三年生まれ。青山学院大学文学部教授。著書：『漱石　片付かない〈近代〉』NHK出版、二〇〇二年。『戦後批評のメタヒストリー――近代を記憶する場』岩波書店、二〇〇五年。『国語教科書の戦後史』勁草書房、二〇〇六年。共著：新城郁夫編『沖縄・問いを立てる3　攪乱する島――ジェンダー的視点』社会評論社、二〇〇八年、青山学院大学文学部日本文学科編『異郷の日本語』同、二〇〇九年など。

平田雅博（ひらた・まさひろ）
一九五一年生まれ。青山学院大学文学部教授。著書：『イギリス帝国と世界システム』晃洋書房、二〇〇〇年。『内なる帝国・内なる他者――在英黒人の歴史』同、二〇〇四年。共編書：北川勝彦・平田雅博編『帝国意識の解剖学』世界思想社、一九九九年。伊藤定良・平田雅博編『近代ヨーロッパを読み解く――帝国・国民国家・地域』ミネルヴァ書房、二〇〇八年。平田雅博・小名康之編『世界史のなかの帝国と官僚』山川出版社、二〇〇九年など。

宮城晴美（みやぎ・はるみ）
一九四九年生まれ。沖縄国際大学・沖縄大学・琉球大学非常勤講師。著書『母の遺したもの――沖縄・座間味島「集団自決」の新しい事実』高文研、二〇〇八年。共著：屋嘉比収編『沖縄・問いを立てる4　友軍とガマ――沖縄戦の記憶』社会評論社、二〇〇八年。沖縄県史料編集室編『沖縄県史　各論編5　近代』沖縄県教育委員会、二〇一一年など。

吉川麻衣子（よしかわ・まいこ）
九州産業大学非常勤講師。二〇一一年四月より沖縄大学専任教員。共著：高松里編『サポート・グループの実践と展開』金剛出版、二〇〇九年。論文：「沖縄県における「戦争体験者中心の語り合いの場」の共創に関する研究――調査と実践の臨床心理学的・社会的・歴史的意義」、九州産業大学大学院国際文化研究科博士学位論文（未刊行）、二〇〇八年。「沖縄県の高齢者を対象とした戦争体験の回想に関する基礎的研究」、『心理学研究』二〇〇四年。

北村文昭（きたむら・ふみあき）
一九五五年生まれ。青山学院大学教育人間科学部教授。共著：福田憲明・坂倉重雄『カウンセリングを学んで生かす――カウンセリング研修テキスト』第一高等学院、二〇〇六年。論文：「面接の展開点に向けて」、『青山学院大学心理臨床研究』第9巻、二〇〇九年。「問題から課題へ」、同第10巻、二〇一〇年など。

宋連玉（そん・よのく）
一九四七年生まれ。青山学院大学経営学部教授。著書：『脱帝国のフェミニズムを求めて』二〇〇九年、有志舎。共編著：宋連玉・金栄編著『軍隊と性暴力』二〇一〇年、現代史料出版。

君塚仁彦（きみづか・よしひこ）
一九六一年生まれ。東京学芸大学教育学部教授。編著書：『平和概念の再検討と戦争遺跡』明石書店、二〇〇六年。共編著：王智新・君塚仁彦・大森直樹・藤澤健一編著『批判 植民地教育史認識』社会評論社、二〇〇〇年。論文：「「異文化」とされる側の記憶と表象――在日朝鮮人と博物館運動」、『国立歴史民俗博物館研究報告』１４０、二〇〇八年。「在日朝鮮人ハンセン病回復者の記憶と記録」、東京外国語大学海外事情研究所編『クァドランテ』第九号、二〇〇七年など。

新倉修（にいくら・おさむ）
一九四九年生まれ。青山学院大学大学院法務研究科教授・弁護士。共著：日本弁護士連合会『国際刑事裁判所の扉を開く』現代人文社、二〇〇八年。共編著：浦田賢治・新倉修・吉井蒼生夫・中村芳昭『いま日本の法は』日本評論社、二〇〇一年。論文：「国際刑事裁判所規程の批准と国内法整備の課題」、『法律時報』七九巻四号、二〇〇七年など。

杉浦勢之（すぎうら・せいし）
一九五四年生まれ。青山学院大学総合文化政策学部教授。共著：橋本寿朗編『日本企業システムの戦後史』東京大学出版会、一九九六年。伊藤正道・鷹見誠良・浅井良夫編著『金融危機と革新——歴史から現代へ』日本経済評論社、二〇〇〇年。石井寛治・杉山和雄編『金融危機と地方銀行——戦間期の分析』東京大学出版会、二〇〇一年。『東京証券取引所50年史』東京証券取引所、二〇〇二年。加藤栄一・馬場宏二・三和良一編『資本主義はどこに行くのか』東京大学出版会、二〇〇四年など。

［フォーラム講演者紹介］

中谷剛（なかたに・たけし）
一九六六年生まれ。ポーランドのオシフェンチム市在住。一九九七年より、アウシュヴィッツ国立博物館公式ガイド。『ニューズウィーク日本版』二〇〇五年十月二十六日号で特集『世界が尊敬する日本人一〇〇人』のひとりに選ばれた。著書：『アウシュヴィッツ博物館案内』凱風社、二〇〇五年。『ホロコーストを次世代に伝える——アウシュヴィッツ・ミュージアムのガイドとして』岩波ブックレット、二〇〇七年など。

仲田晃子（なかだ・あきこ）
一九七六年生まれ。二〇〇五年四月より、ひめゆり平和祈念資料館説明員。共著：屋嘉比収編『沖縄・問いを立てる4　友軍とガマ——沖縄戦の記憶』社会評論社、二〇〇八年。

戦争記憶の継承　語りなおす現場から

2011年3月20日　初版第1刷発行

青山学院大学総合研究所創立20周年記念特別研究プロジェクト
編著者©＊松尾精文・佐藤泉・平田雅博
発行人＊松田健二
発行所＊株式会社社会評論社
東京都文京区本郷2-3-10　tel.03-3814-3861/fax.03-3818-2808
http://www.shahyo.com/
印刷・製本＊倉敷印刷

ISBN978-4-7845-1503-5 C0030　Printed in Japan